Oi³
9

à conserver

VOYAGE ARCHÉOLOGIQUE

DANS

LA RÉGENCE DE TUNIS

TOME PREMIER

L'auteur et l'éditeur déclarent réserver leurs droits de reproduction et de traduction à l'étranger.

Ce volume a été déposé au ministère de l'intérieur (direction de la librairie) en octobre 1862.

Paris. — Typographie de Henri Plon, imprimeur de l'Empereur,
8, rue Garancière.

VOYAGE ARCHÉOLOGIQUE

DANS

LA RÉGENCE DE TUNIS

EXÉCUTÉ ET PUBLIÉ

SOUS LES AUSPICES ET AUX FRAIS

DE M. H. D'ALBERT, DUC DE LUYNES

MEMBRE DE L'INSTITUT

PAR V. GUÉRIN

Ancien membre de l'École française d'Athènes
Membre de la Société de géographie de Paris, agrégé et docteur-ès-lettres
chargé d'une mission scientifique

OUVRAGE ACCOMPAGNÉ D'UNE GRANDE CARTE DE LA REGENCE
ET D'UNE PLANCHE REPRODUISANT LA CÉLÈBRE INSCRIPTION BILINGUE DE THUGCA

TOME PREMIER

PARIS

HENRI PLON, IMPRIMEUR-ÉDITEUR,

8, RUE GARANCIÈRE

MDCCCLXII

Droits de traduction réservés

AVANT-PROPOS.

Chargé par Son Excellence M. le ministre de l'instruction publique et par M. le duc de Luynes, qui, dans sa munificence habituelle, avait voulu faire lui-même les frais de la mission, de recueillir en Tunisie les inscriptions que j'y pourrais trouver, j'ai exploré, pendant l'année 1860, sinon la totalité, du moins une grande partie de cette Régence. Comme résultats de mon voyage, j'ai rapporté 568 inscriptions ou fragments d'inscriptions dont j'ai pris la copie et en même temps l'estampage, quand cela m'a été possible. Ces inscriptions se divisent ainsi : 536 latines, 28 puniques, 3 coufiques et 1 libyque ou berbère. Les unes sont inédites, les autres, au contraire, ont déjà été publiées. Les inscriptions puniques, par exemple, sont en partie connues, grâce aux travaux de M. l'abbé Bourgade, et c'est dans l'espèce de petit musée fondé à Tunis par ce savant ecclésiastique que je les ai estampées sur les blocs brisés ou intacts qui en sont revêtus.

Les trois inscriptions coufiques n'ont pas encore été publiées. J'ai estampé l'une à Sousa, l'antique Hadrumetum, sur une petite colonne de marbre qui appartient à M. Espina, vice-consul de France, et les deux autres à

Tunis, sur des plaques de marbre qui sont la propriété de M. l'abbé Bourgade. L'inscription libyque ou berbère provient de Sbiba, l'ancienne Colonia Sufetana, où S. Grenville Temple l'avait déjà vue avant moi.

Quant aux 536 inscriptions latines, je les ai ramassées çà et là en parcourant la Tunisie d'une extrémité à l'autre. Je n'ai pas la prétention, bien entendu, d'avoir visité toutes les ruines qui couvrent le sol de la Régence, ni d'avoir épuisé, dans les localités que j'ai étudiées, toutes les recherches épigraphiques que l'on pourrait y entreprendre. Une pareille exploration, pour être tant soit peu complète, devrait embrasser d'abord, comme de juste, la surface entière du pays, et exigerait ensuite, avec des fouilles habilement dirigées sur beaucoup de points différents, non-seulement la collaboration éclairée de plusieurs archéologues, mais encore le concours favorable des autorités indigènes et des habitants eux-mêmes, se prêtant volontiers à l'entrée des chrétiens dans les maisons particulières et dans les monuments publics, sans en excepter les zaouïas et les mosquées. Que pouvais-je donc faire seul pendant les quelques mois que j'avais à passer en Tunisie? Je me suis efforcé néanmoins, après le P. Ximénès, Peyssonnel, Shaw, Hebenstreit, Desfontaines, Frank, S. Grenville Temple, Falbe, Pellissier, MM. Berbrugger, Rousseau, Tissot, Espina et l'abbé Bourgade, après tous ceux, en un mot, qui ont déjà recueilli des inscriptions dans cette contrée, soit de retrouver, quand elles existaient encore, celles qui avaient été précédemment transcrites, afin de contrôler sur les lieux mêmes les copies qu'on en avait faites, soit surtout d'en découvrir de nouvelles, et d'ajouter, pour ma part, quelque chose aux précieux résultats des investigations de mes devanciers. Dans ce but, j'ai sillonné la Régence durant huit mois consécutifs et glané en quelque sorte, chemin faisant, les inscriptions dont j'ai parlé. C'est assurément une moisson bien faible, en comparaison de celle que l'on obtiendrait si l'on pouvait étudier à fond ce pays, comme, depuis un certain nombre d'années, on étudie l'Algérie. J'avouerai même que parmi ces inscriptions il en est quelques-unes qui n'ont qu'une importance fort médiocre; d'autres sont tellement tronquées et mutilées qu'il est difficile d'en tirer parti; mais d'autres aussi éclairent d'une nouvelle lumière l'histoire et la géographie des antiques provinces de la Numidie, de la Zeugitane et de la Byzacène : plusieurs, par exemple, m'ont révélé le nom et l'emplacement d'anciennes villes, presque toutes très-considérables, qui n'avaient point encore été retrouvées, et dont je décrirai en leur lieu les ruines.

Tout en poussant ces recherches épigraphiques à travers une grande partie de la Tunisie, j'ai examiné en même temps avec soin le pays que je parcourais. J'ai donc pensé qu'il ne serait point inutile pour la connaissance d'une contrée jadis si célèbre et aujourd'hui assez rarement visitée dans son intérieur par des Européens, de publier le journal de mon voyage, journal qui permettra au lecteur de me suivre pas à pas et d'explorer pour ainsi dire avec moi, jour par jour, étape par étape, les diverses localités où je le conduis tour à tour.

Au fur et à mesure de mon récit, j'intercale les inscriptions que j'ai copiées dans chaque endroit, de telle sorte que la description des monuments debout ou renversés auxquels elles appartenaient puisse servir à les mieux faire comprendre, comme elles contribuent elles-mêmes à expliquer ces monuments.

Ayant accompli quatre explorations successives pour étudier le pays, j'ai divisé ma relation en quatre parties. La première, qui est de beaucoup la plus longue, et dont l'étendue plus grande répond à celle du voyage qu'elle analyse, remplit à elle seule le premier volume. Les trois autres sont contenues dans le second. Celui-ci renferme, dans le chapitre consacré à Thugga, une planche qui reproduit très-fidèlement la fameuse inscription bilingue qu'on voyait autrefois en cet endroit, et qui, depuis quelques années, a été transportée au Musée Britannique. Cette planche a été gravée et réduite d'après un estampage pris sur la pierre originale et envoyé de Londres à M. le duc de Luynes. Par l'exactitude avec laquelle elle a été exécutée, elle pourra permettre aux orientalistes de rectifier l'explication donnée par Gesenius d'après les copies relevées en Tunisie par MM. Grenville Temple et

Honegger, et d'apprécier celles qui ont été proposées depuis par M. de Saulcy et le Dr Judas. A ce même volume est jointe également une carte détaillée de la Régence, où mes divers itinéraires sont indiqués par quatre lignes peintes différemment, afin qu'on puisse plus facilement les suivre, comme autant de fils conducteurs distincts, à travers le réseau général que la carte présente. Cette dernière, réduite d'après celles du Dépôt de la guerre, mais avec plusieurs modifications et adjonctions, ne porte guère que les noms des localités que j'ai visitées. Je donne ces noms avec l'orthographe qui m'a paru le mieux répondre à la manière dont je les ai entendu prononcer. A côté des dénominations modernes, j'ai placé les dénominations antiques, partout où, soit des preuves convaincantes, soit de simples conjectures, fondées sur de grandes probabilités, m'autorisaient suffisamment à établir un pareil rapprochement.

Au nombre des ouvrages que j'ai consultés sur ce sujet, je signalerai particulièrement :

I.

Parmi les auteurs anciens.

1° Divers passages d'Hérodote, de Scylax, de César, de Strabon, de Ptolémée, de Pomponius Méla, de Pline, de Solin, d'Ethicus, de Martianus Capella, de l'Anonyme de Ravenne, etc., que Shaw a pour la plupart reproduits à la fin de son second volume.

2° L'Itinéraire d'Antonin.

3° La Table de Peutinger.

II.

Parmi les auteurs du moyen âge, soit arabes, soit autres.

1° La Description de l'Afrique, par Ibn-Haucal, traduite de l'arabe en français par M. Mac Guckin de Slane (1842).

2° La Description de l'Afrique septentrionale, par El-Bekri, traduite de l'arabe en français par M. Mac Guckin de Slane (1858).

3° La Géographie d'Édrisi, traduite de l'arabe en français par Paul-Amédée Jaubert (1836).

III.

Parmi les auteurs modernes.

1° Extraits de Léon l'Africain, traduction française; Lyon, 1556.

2° L'Afrique de Marmol, traduction de Perrot d'Ablancourt, 1647.

3° Voyages dans plusieurs provinces de la Barbarie et du Levant, par Shaw, traduction française; 2 vol.

in-4°, 1743. — Shaw a été chapelain de la factorerie anglaise, à Alger, de 1720 à 1732. D'une érudition très-variée, il a, pendant un séjour de douze années en Afrique, parcouru les Régences de Tunis et d'Alger. Dans son ouvrage, l'un des plus importants, sans contredit, que nous possédions sur ces deux contrées, il traite de la géographie, de l'histoire naturelle, du gouvernement et des mœurs des pays qu'il a visités, et il essaye, par des rapprochements quelquefois erronés, mais souvent aussi fort exacts, d'identifier les noms modernes avec les noms antiques. Ce savant docteur avoue dans sa Préface les obligations qu'il a eues au P. Ximénès et aux manuscrits de Peyssonnel que lui avait prêtés M. Bernard de Jussieu. Il attribue au religieux espagnol l'honneur des notions géographiques et des inscriptions anciennes qu'il a insérées dans son livre relativement à la partie occidentale de l'antique Zeugitane. C'est également à ce même religieux que Maffei s'avoue redevable des inscriptions de l'Afrique septentrionale qu'il a publiées dans son *Museum Veronense*.

4° Voyages dans les Régences de Tunis et d'Alger par Peyssonnel et Desfontaines, publiés par M. Dureau de la Malle, en 2 vol. in-8° (1838). Médecins l'un et l'autre, ces deux naturalistes avaient été chargés d'explorer, dans l'intérêt de la botanique principalement, les parties septentrionales de l'Afrique. Le premier accomplit son voyage de 1724 à 1725, le second de 1783 à 1786. Ils s'efforcèrent en même temps de joindre aux renseignements qu'ils fournissaient pour les sciences naturelles, d'autres non moins profitables pour l'histoire et la géographie.

5° De antiquitatibus romanis per Africam repertis; Leipzig, 1733, in-4°, par Hebenstreit. C'est une dissertation latine peu développée et peu instructive. Ce médecin allemand exécuta son voyage en 1732. Les quatre lettres du même auteur, adressées en allemand au roi de Pologne Auguste II, ont été après sa mort recueillies par Bernoulli, *Sammlung Kleiner Reisen*, Berlin et Leipzig, 1780, et traduites par M. Eyriès en 1830, *Nouvelles Annales des voyages*, t. XLVI, p. 7-90.

6° Recherches sur l'emplacement de Carthage, suivies de renseignements sur plusieurs inscriptions puniques inédites, de notices historiques et géographiques, etc., par C. T. Falbe, capitaine de vaisseau et consul général de Danemark; Paris, 1 vol. in-8°, 1833.

7° Excursions in the Mediterranean, Algiers and Tunis; 2 vol. in-8°; Londres, 1835, par S. Grenville Temple. Cet ouvrage est, avec celui de Shaw, le plus savant et le plus exact que nous ayons sur cette matière; c'est le récit d'un voyage fait en Barbarie pendant les années 1832 et 1833. Lieutenant-colonel de cavalerie au service de Sa Majesté Britannique, S. Grenville Temple décrit avec précision toutes les localités et tous les monuments qu'il a visités.

8° Géographie ancienne des États Barbaresques, d'après

l'allemand de Mannert, par MM. L. Marcus et Duesberg. Paris, 1842; 1 vol. in-8°.

9° Univers pittoresque, Afrique ancienne : Carthage, par MM. Dureau de la Malle et Jean Yanoski; — Numidie et Mauritanie, par M. L. Lacroix; — Afrique chrétienne et Domination des Vandales en Afrique, par M. Jean Yanoski. Paris, 1844.

10° Wanderungen durch die Küstenlander des Mittelmeeres ausgeführt in den Jahren 1845, 1846 und 1847, von Dr Heinrich Barth, in zwei Bänden. Berlin, 1849.

11° Univers pittoresque, Afrique moderne : Tunis, par le docteur L. Frank; travail revu et accompagné d'un Précis historique, par M. J. Marcel. Paris, 1850.

12° Description de la Régence de Tunis, par E. Pellissier, membre de la Commission scientifique d'Algérie. 1 vol. grand in-8°; Paris, 1853. — M. Pellissier ayant habité plusieurs années la Régence en qualité de vice-consul de Sousa, l'a parcourue à diverses reprises, et les détails qu'il nous donne sont surtout d'un grand intérêt en ce qui concerne l'état actuel de la Tunisie, son administration, ses produits, etc. Au point de vue archéologique, il a ajouté peu de chose aux découvertes des voyageurs qui l'avaient précédé.

13° Divers articles insérés dans l'Annuaire de la Société de Constantine, 1854 et 1855, et dans la Revue africaine, 1857, par M. Tissot.

14° Itinéraires archéologiques en Tunisie, publiés dans

la Revue africaine, 1857 et 1858, par M. Berbrugger. Ce savant bibliothécaire d'Alger avait exécuté son voyage en 1850.

15° Fouilles à Carthage, par M. Beulé. Paris, 1860. Cet ouvrage résume les belles fouilles si habilement exécutées par l'auteur, en 1859, sur le plateau et les pentes de Byrsa, ainsi que sur l'emplacement des ports et de la nécropole de Carthage.

Je ne dois pas non plus oublier de signaler deux autres ouvrages qui sont d'une importance capitale pour l'histoire religieuse de l'Afrique, et qui contiennent en même temps beaucoup de détails géographiques sur les nombreuses villes épiscopales qui y sont mentionnées, à savoir :

16° Historia persecutionis Vandalicae, par dom Ruinart. 1 vol. in-8°, Paris, 1694.

17° Africa christiana, par Morcelli. 3 vol. in-folio; Brescia, 1816.

En terminant cet Avant-propos, j'ai un devoir de reconnaissance à remplir envers M. L. Renier, qui, lors de mon départ pour la Tunisie, m'avait déjà fourni une foule de notes et de renseignements utiles, et qui depuis mon retour a bien voulu m'éclairer encore des lumières de sa science consommée en épigraphie et revoir les copies de la plupart de mes inscriptions, d'après les estampages que j'ai rapportés. J'ai aussi à remercier M. le général Creuly, qui a examiné mon manuscrit avec le soin le plus minutieux et le plus bienveillant, et qui, avec toute l'autorité que lui donne l'étude profonde qu'il a faite de la géographie et de l'histoire du nord de l'Afrique, m'a communiqué plusieurs observations dont j'ai profité. Grâce à leurs doctes conseils, grâce aussi à ceux que j'ai reçus de M. Guigniaut et de M. Egger, qui ont daigné prendre tant d'intérêt à mes précédentes missions, et notamment à celle-ci, j'espère que cet ouvrage sera un peu moins indigne du généreux patronage dont il est en quelque sorte le fruit, et des regards de la critique qu'il va maintenant affronter.

V. Guérin.

Paris, ce 26 septembre 1862.

PREMIÈRE PARTIE.

VOYAGE EN TUNISIE.

CHAPITRE PREMIER.

Débarquement à la Goulette. — Un mot sur ce bourg et sur le lac qui le sépare de Tunis. — Arrivée dans cette dernière ville.

Parti de Marseille le 6 janvier 1860, et après avoir relâché successivement à Stora et à Bône, le *Kabyle*, paquebot à bord duquel j'étais monté, doublait, le 12 du même mois, vers les six heures du matin, le ras Sidi-Ali-el-Mekki, l'ancien promontoire d'Apollon. Ce promontoire forme, avec le ras Addar, jadis promontoire de Mercure, autrement dit encore cap Bon, situé à soixante-six kilomètres environ vers l'ouest-sud-ouest, l'immense golfe de Carthage, aujourd'hui golfe de Tunis.

La mer, qui depuis plusieurs jours avait été violemment agitée, s'était calmée pendant la nuit, et nous glissions rapidement sur la surface aplanie du golfe célèbre dans lequel nous entrions. J'attendais avec impatience qu'un rayon de l'aurore vînt en illuminer les contours et percer la brume qui couvrait ces rivages où dorment les ruines de tant de cités détruites. Derrière nous fuyait l'île Plane, appelée encore Kamela, la Corsura des anciens; dans un lointain obscur apparaissait, vers l'ouest, l'île montagneuse de Zembra, le Djamour-el-Kébir des Arabes, l'Ægimurus des Grecs et des Romains. Bientôt nous distinguons le lac de Porto-Farina et les trois forts de cette petite ville. Un peu au sud du lac, l'embouchure de la Medjerdah, le fameux Bragadas de l'antiquité, se révèle à nos yeux, sous les premiers feux du jour naissant, par un courant jaunâtre que ce fleuve pousse fort avant dans la mer. « Non loin de là, me disais-je, gisent les débris d'Utique, dont le nom même a péri dans la mémoire des habitants actuels, mais qu'a consacré pour la postérité le souvenir toujours vivant de Caton. »

Cependant l'hélice du *Kabyle* continuait à fendre ces vagues qu'ont sillonnées tant de flottes depuis le jour où le vaisseau de Didon fugitive vint aborder sur ces parages, portant dans ses flancs tout l'avenir d'une ville nouvelle. Cette ville, dont les destinées ont été si grandes et qui a failli un instant, par l'épée de son Annibal, conquérir l'empire du monde, absorbait alors toute ma pensée, et plus je m'approchais des lieux qui furent jadis son berceau et qui depuis longtemps ne sont plus que sa tombe, plus les nombreux et mémorables souvenirs qu'elle rappelle se pressaient en foule devant mon imagination, plus aussi j'aspirais à contempler les derniers vestiges de sa grandeur évanouie.

C'est au milieu de ces réflexions et de cette attente que nous dépassâmes le cap Kamart; vingt minutes après nous étions en présence du cap et du village de Sidi-bou-Saïd, et bientôt le capitaine, me montrant du doigt quelques pans de murs gigantesques renversés le long du rivage, et, sur une colline solitaire, une petite coupole surmontée d'une croix : « Voici, me dit-il, les débris de Carthage; voici la chapelle de Saint-Louis, bâtie par la France sur le sommet de l'antique acropole de cette ville. »

Il n'en fallait pas tant pour m'émouvoir profondément. J'avais vu en Phénicie les ruines de la patrie de Didon et de la métropole de Carthage; j'avais vu aussi, en Palestine et en Égypte, les traces du pieux monarque qui, en léguant à la France des revers, lui a légué néanmoins plus que de la gloire et des triomphes dans l'éclat sublime de ses vertus. Maintenant c'était l'ombre de la fille de Tyr que j'avais devant les yeux, fille qui fut plus puissante et plus illustre encore que sa mère; et sur le tombeau de cette cité anéantie, planait, immortelle, l'une des plus pures personnifications de la France elle-même dans l'ombre vénérée du plus saint de ses rois. Je saluai avec respect ces deux grands souvenirs, et, les associant ensemble dans mon esprit, je tenais encore mes regards attachés et sur l'emplacement désert de cette ville et sur ce sanctuaire isolé, que déjà le *Kabyle* s'apprêtait à jeter l'ancre dans la rade de la Goulette.

La Goulette, comme on le sait, est le port de Tunis. Cette ville est séparée de la mer par un grand lac qui communique avec le golfe au moyen d'un canal creusé probablement de main d'homme, et dont la largeur ne dépasse guère vingt-deux mètres. Les Arabes donnent à l'embouchure de ce canal dans la mer le nom de Foum-el-Oued (la bouche du canal, mot à mot de la rivière, à cause du courant qui y règne), ou, plus ordinairement encore, de Halk-el-Oued (le gosier du canal), dénomination que les Italiens ont traduite par la Goletta et les Français par la Goulette.

A droite et à gauche de ce canal s'allonge une double langue de terre se rattachant d'un côté, au nord, aux collines de Carthage, et de l'autre, au sud, à celle du village de Radès. Ce canal divise également en deux parties distinctes un bourg auquel il a donné son nom, ou, pour parler plus exactement, celui de son embouchure. Chacun de ces deux quartiers est environné d'un mur d'enceinte sans fossé. Celui du nord renferme le bourg proprement dit, une forteresse et une batterie; celui du sud contient les palais du bey, le sérail vieux et le sérail neuf, un bassin carré de cent mètres de côté environ, l'arsenal et le bagne.

Les navires de commerce mouillent dans la rade, en dehors du canal et en face de la forteresse, à une distance plus ou moins grande, selon l'importance de ces bâtiments; la rade, en effet, a peu de fond, ce qui contraint les gros vaisseaux de guerre à jeter l'ancre à quatre kilomètres environ de la Goulette, un peu au-dessous du cap Sidi-bou-Saïd, l'ancien cap Carthage. Cette rade est du reste vaste et assez sûre, à cause de l'enfoncement du golfe, si ce n'est toutefois quand les vents du sud-est ou ceux du nord-ouest y soufflent avec violence; alors les capitaines ont besoin de redoubler de précautions, afin de préserver leurs navires des risques qu'ils pourraient courir. Dans tous les cas, cet éloignement forcé de la ligne de mouillage rend longs et pénibles, quelquefois même dangereux, dans la mauvaise saison, l'embarquement et le débarquement, qui doivent se faire au moyen de simples balancelles.

A peine débarqué sur les quais de la Goulette, je rendis ma visite à M. Cubison, vice-consul de France. Dans la maison occupée par ce fonctionnaire sont trois inscriptions latines qu'il eut la bonté de me signaler : l'une provient d'El-Djem (Thysdrus), la seconde de Sidi-Daoud-en-Noubi (Missua); je les reproduirai lorsque je décrirai ces deux localités. Comme je n'ai pu apprendre d'où la troisième a été tirée, je vais la donner ici. Elle est gravée sur un piédestal engagé dans un mur; la voici :

1.

CONDITORI ADQVEAMPLIFI
CATORITOTIVS ORBISROMANISVI
ACSINGVLARVMQVARVMQVE
CIVITATVMSVARVMADQVE
OR...MLIBERALITATE
CLEMENTIAESVAEAVGEND.
DOMINONOSTROCONSTANTINO
MAXIMO PIOVICTORI PERPE
TVO SEMPER AVGVSTO
M...IVSERVCIANVSVCPRO
CONSVLETVICESACRAIVDICANS
....SALVTIPERPETVITATIQEIVS

(*Estampage.*)

Ces trois inscriptions n'ayant point été trouvées à la Goulette, mais apportées d'ailleurs, ne peuvent éclairer la question de savoir si cette petite ville est de fondation moderne ou si, dans l'antiquité, elle était déjà habitée. A la vérité, elle est construite presque tout entière avec des matériaux antiques; mais cela ne prouve rien, attendu qu'elle touche à Carthage, cette mine immense que l'on exploite depuis tant de siècles sans l'épuiser; attendu, en outre, qu'on y transporte fréquemment encore des blocs provenant des ruines de plusieurs points de la côte occidentale de la presqu'île du cap Bon, et entre autres de Moraïsah et de Sidi-Daoud-en-Noubi. Quoi qu'il en soit, l'histoire ancienne n'en fait pas mention. Nous savons seulement que le lac de Tunis était dès lors ouvert du côté de la mer; car, dans la troisième guerre punique, le consul romain Censorinus y fit entrer sa flotte, au dire d'Appien [1], et là elle faillit être incendiée par les Carthaginois, qui lancèrent contre elle des brûlots. Il est donc certain ou que ce lac communiquait naturellement avec la mer, ou que les Carthaginois avaient déjà ouvert le canal qui existe encore maintenant, et qui, au lieu d'avoir été creusé et construit par les Arabes, comme ceux-ci le prétendent, aurait été simplement réparé par eux à différentes époques. Le nombre prodigieux de vaisseaux que Carthage entretenait permet de penser que les deux ports de cette ville étaient insuffisants pour les contenir tous, et qu'elle avait dû de bonne heure mettre à profit, comme asile pour ses flottes en temps de paix, le vaste bassin du lac de Tunis, qui s'étendait en quelque sorte à ses portes. Dans ce cas, il est à croire, en admettant même que ce lac débouchât primitivement dans la mer, que les Carthaginois avaient régularisé cette ouverture par une double digue parallèle formant canal et bordée de quais. Il ne me paraît donc pas téméraire de

---

[1] Appien, liv. VIII, chap. xcix.

supposer que les fondations du canal actuel sont antiques et remontent à l'époque de la plus grande splendeur de Carthage.

Plus tard, quand cette ville eut été définitivement détruite par les Arabes, et que les princes musulmans qui succédèrent aux Aghlabites, aux Fatimites et aux Zéirites, eurent fait de Tunis la capitale de la Régence, ils comprirent la nécessité de réparer ce canal. Quelques-uns même entreprirent de le pousser, à travers le lac, jusqu'auprès de la ville, projet qui a été repris en dernier lieu par Hamoudah-Pacha, sous la direction du colonel Frank, mais qui toujours a été imparfaitement exécuté.

La forteresse qui défend l'embouchure de ce canal a subi plusieurs siéges; l'un des plus célèbres est celui qu'elle soutint en 1535 contre Charles-Quint, qui s'en empara, malgré les efforts d'une nombreuse garnison et l'habileté du fameux Khayr-ed-Din, plus connu sous le nom de Barberousse. Elle resta au pouvoir des Espagnols jusqu'en 1574. L'année précédente, don Juan d'Autriche en avait augmenté les défenses et en avait confié le commandement à l'intrépide Porto-Carrero. Celui-ci repoussa pendant quarante jours les assauts répétés de l'armée de Sinân-Pacha; enfin, après une résistance acharnée, il dut succomber au nombre, et toute la garnison fut passée au fil de l'épée. Le vainqueur, une fois maître de ce château fort, en ordonna la démolition; mais il fut ensuite reconstruit dans l'état à peu près où on le voit maintenant.

Une batterie l'avoisine; on y remarque d'assez belles pièces de différentes formes et de différents calibres : il en est une surtout qui attire les regards; elle est de fabrique italienne. Son énorme culasse est ornée d'une tête de saint Pierre ciselée avec art.

Le bourg s'est agrandi et peuplé de plus en plus, depuis quelques années principalement : il a une physionomie moitié orientale et moitié européenne ; les Européens, en effet, constituent une bonne partie de sa population ; ils atteignent le chiffre de dix-huit cents environ, la plupart Maltais ou Italiens, auxquels il faut joindre quelques Français.

La paroisse catholique est desservie par des pères capucins. Non loin de là est l'établissement des sœurs de Saint-Joseph de l'Apparition, qui s'occupent en même temps de l'éducation des jeunes filles et du soin des malades.

L'hôtel du gouverneur de la place n'a rien, extérieurement du moins, qui mérite l'attention.

De l'autre côté du canal s'élèvent, protégés par une batterie, les deux palais du bey. L'un de ces palais, ou le vieux sérail, est actuellement abandonné par Son Altesse ; le sérail neuf, construit sur un plan moins irrégulier que le précédent, est meublé avec luxe ; le bey l'habite à l'époque des grandes chaleurs, lorsqu'il se rend à la Goulette pour y prendre des bains de mer.

L'arsenal qui avoisine ce palais est en ce moment l'objet de diverses réparations ; une partie distincte est affectée au logement de ceux qui sont condamnés à la carak, c'est-à-dire aux galères. J'ai vu passer une bande de ces malheureux, ils étaient chargés de fers et vêtus à peine de quelques misérables haillons. Le bagne où on les renferme est d'une horrible malpropreté, et ils sont soumis à la surveillance de garde-chiourme qui les traitent quelquefois avec une brutalité révoltante.

Deux routes conduisent de la Goulette à Tunis, l'une par terre, l'autre à travers le lac. Quand on prend la première, on suit d'abord au nord du bourg une langue de terre sablonneuse sur laquelle on a établi une chaussée et qui se projette entre la mer et le lac, c'est la Tænia de l'antiquité, appelée encore Ligula par les écrivains anciens, ce qui, sous une dénomination différente mais analogue, exprime la même chose. Puis laissant à droite Carthage et ses collines, on longe les bords du lac à travers une grande plaine qui est très-marécageuse en hiver, et passant au pied d'un coteau couvert de quelques oliviers et désigné par les Européens sous le nom de Belvédère, à cause du beau coup d'œil dont on jouit de son sommet, on atteint enfin l'un des faubourgs de Tunis.

La seconde route consiste à traverser le lac en bateau, et, une fois débarqué sur la terre ferme, à parcourir une avenue longue d'environ huit cents mètres qui conduit à l'une des portes principales de la ville. Cette route, plus directe et partant plus courte que la première, est de dix kilomètres environ ; c'est celle-là que je suivis.

Le lac de Tunis, ainsi appelé par les Européens, est connu des indigènes sous le nom d'El-Bahyrah (la petite mer). Quelquefois aussi ils le désignent par celui de Boghaz, mot qui, dans son acception restreinte, signifie détroit et s'applique alors très-bien au canal de la Goulette, mais qui, dans une acception plus large, embrasse aussi le lac tout entier. Ce vaste bassin, de forme à peu près circulaire, peut avoir dix-huit kilomètres de circonférence. Quoiqu'il ait jadis servi d'abri aux escadres romaines lors de la troisième guerre punique, et, par conséquent, à plus forte raison, aux flottes phéniciennes en temps de paix, il n'a jamais été très-profond ; car des sondages ont prouvé que cette profondeur n'avait jamais dépassé un mètre soixante-dix centimètres, et M. Beulé[1] en induit judicieusement que les bâtiments n'avaient pas dû, pour y naviguer, exiger plus d'un mètre trente centimètres de tirant d'eau, partant que les proportions des navires de guerre dans l'antiquité étaient beaucoup plus réduites qu'on ne l'a cru quelquefois.

Comme depuis la chute de Carthage, depuis le moment surtout où Tunis est devenu la capitale de la Régence, cette

---

[1] *Fouilles à Carthage*, p. 118.

ville s'est singulièrement agrandie et qu'elle ne cesse de verser dans ce bassin, ainsi que dans un réservoir commun, toutes les immondices de ses kandaks (on appelle de la sorte ses égouts), ce lac s'est peu à peu encombré d'une vase fétide qui s'accumule insensiblement et qui finira, à la longue, par le combler si on n'y remédie point. On remarque çà et là un grand nombre de bas-fonds qui ne sont recouverts que d'une légère couche d'eau, et qui, à l'époque des grandes chaleurs ou quand les vents font refluer le lac vers la Goulette, demeurent à sec et exhalent alors des miasmes pestilentiels. Les barques qui le traversent doivent avoir soin de suivre fidèlement un chenal qui est indiqué par des pieux plantés à droite et à gauche dans un limon épais. Ce chenal est lui-même peu profond : s'il était élargi et creusé plus profondément, s'il devenait, en un mot, un véritable canal navigable poussé d'un côté, en mer, jusqu'à la ligne de mouillage des gros bateaux, et de l'autre jusqu'à Tunis, où l'on établirait un port, on conçoit sans peine que l'importance commerciale de cette ville s'accroîtrait alors rapidement. Mais un pareil projet, qui a déjà été proposé plusieurs fois par des Européens à des beys différents, n'a jamais été réalisé.

Desfontaines [1] observe que les Tunisiens n'ont ni le pouvoir ni la volonté de l'exécuter, et qu'ils regardent même le peu de profondeur du lac comme leur sauvegarde contre les puissances chrétiennes. Que les Tunisiens ne puissent pratiquer ce canal et creuser ce port sous les murs mêmes de leur ville, à moins qu'ils ne soient fortement secondés dans l'accomplissement de ce grand travail, c'est ce que j'avouerai volontiers; mais qu'ils s'imaginent être par là plus à l'abri d'une invasion ennemie, c'est ce qui me semble très-contestable. En effet, il est reconnu généralement par tous ceux

---

[1] Desfontaines, *Voyage dans les régences de Tunis et d'Alger*, p. 89.

qui ont examiné la rade, qu'elle offre plusieurs endroits commodes pour un débarquement de troupes. Or, une armée ennemie qui aurait débarqué son matériel d'artillerie pourrait se dire maîtresse de la ville; ses remparts, ses bastions et ses forts, dans l'état où ils sont maintenant, ne pourraient pas opposer longtemps une résistance sérieuse. Tunis n'a donc rien à gagner, pour sa propre sûreté, à n'être point directement attaquable par une flotte. D'ailleurs, en augmentant les fortifications de la Goulette et en interdisant le passage de son canal à tout navire de guerre étranger, elle pourrait, sans crainte pour elle-même et au contraire avec un immense avantage pour son commerce, avoir sous ses murs un excellent port marchand, ce qui faciliterait singulièrement les embarquements et les débarquements, lesquels, dans l'état actuel des choses, sont longs et dispendieux. Que l'on calcule, en effet, le temps qu'exige et les frais que nécessite le chargement ou le déchargement d'un navire dont le point de mouillage est si éloigné de Tunis. Mais il faut, d'un autre côté, reconnaître que les Tunisiens ayant laissé, depuis tant de siècles, leurs égouts s'écouler dans le lac, qui est devenu ainsi une sorte d'immense sentine, ce ne serait pas une petite besogne que de le curer si tardivement et d'y entreprendre ensuite les travaux dont j'ai parlé.

Je m'embarquai à une heure à la Goulette, sur un bateau plat appelé sandal dans le pays et muni d'une voile latine. Celle-ci fut aussitôt déployée; mais bientôt le vent venant à tomber elle s'affaissa sur elle-même, et les matelots furent contraints de recourir à leurs perches pour faire avancer la sandal. Comme par ce moyen nous ne marchions qu'avec une extrême lenteur, je pus contempler à loisir et beaucoup plus longtemps même que je ne le voulais, l'admirable panorama qui se déroulait devant mes yeux. A ma gauche se dressaient à l'horizon les montagnes escarpées de Hammam-el-Lif, de Bou-Kourneïn et de Ressas; à ma droite s'étendaient les plaines célèbres que dominent les collines de Carthage ; devant moi enfin, Tunis entière avec son enceinte, ses forts, ses mosquées, s'élevait en pente douce sur un plan légèrement incliné. L'épithète de *blanche* qu'elle portait dans l'antiquité, comme le montre un passage de Diodore de Sicile[1], lui convient encore parfaitement de nos jours, tant à cause de ses maisons et de ses monuments qui sont extérieurement blanchis à la chaux, qu'à cause de la nature du sol de l'emplacement où elle est située, sol composé de terres calcaires ou d'une argile blanchâtre. De loin et considérée dans son ensemble, cette ville se présente sous un aspect qui séduit et qui enchante, et elle mérite alors, en partie du moins, les éloges pompeux que les Arabes lui décernent. Cette *Fleur de l'Occident,* comme ils l'appellent, resplendissait sous un ciel pur et azuré, éclairée par un soleil éblouissant. Quant au lac que notre sandal continuait toujours à traverser lentement, sa surface miroitante étincelait sous les rayons de cet astre, qui semblait ne s'être refroidi et presque éclipsé pour l'Europe, qu'afin d'embraser l'Afrique d'un éclat plus ardent. J'avais laissé en France la neige et des brouillards, je retrouvais ici, au commencement de janvier, un soleil de juin dont je cherchais en vain, sur cette barque découverte, à éviter les feux brûlants. Si les eaux du lac eussent été plus limpides, j'aurais volontiers envié le sort de ces bandes de jolis phénicoptères au plumage argenté et nuancé de pourpre, que je voyais s'y ébattre avec un grand bruit d'ailes et y plonger sans cesse leur cou gracieux.

Plusieurs îlots s'élèvent au-dessus de ce vaste bassin ; le plus considérable s'appelle Chekli. Il est entouré d'un môle qui tombe en ruine, et renferme un petit fort qui servait de lazaret et qui est actuellement abandonné.

A quatre heures de l'après-midi, je mis enfin le pied sur

---

[1] Diod. Sic., XX, 8, 7.

le quai de la marine, et je me dirigeai vers Tunis par la grande avenue que j'ai déjà mentionnée : puis, franchissant la porte dite Bab-el-Bahar (la porte de la mer), j'arrivai bientôt à un hôtel français tenu par M. et madame Tournier, dont l'obligeance et les bons soins sont connus de tous les voyageurs qui y sont descendus.

CHAPITRE DEUXIÈME.

Description générale de Tunis.

Après avoir rendu ma visite à M. L. Roches, consul général de France, et avoir remis à ce haut fonctionnaire les lettres officielles qui recommandaient à son bienveillant appui la mission dont j'étais chargé, je commençai immédiatement à parcourir en tout sens la capitale de la Régence : sans essayer ici de la décrire en détail, je vais me borner à en tracer une simple esquisse.

Si Tunis offre de loin l'aspect d'une belle et magnifique cité, on est vite désenchanté quand on en approche et surtout quand on y pénètre. L'illusion qui d'abord avait séduit, à distance, le regard et l'imagination du voyageur, s'évanouit soudain en présence de la réalité. J'étais, du reste, préparé à cette déception par tout ce que j'avais lu sur cette ville et par l'impression que j'avais éprouvée moi-même en visitant les cités les plus vantées de l'empire ottoman. Constantinople, par exemple, dont le panorama général contemplé de l'entrée du Bosphore surpasse peut-être en beauté et en grandeur celui que présentent la plupart des autres capitales du monde, déconcerte aussitôt l'admiration et perd tout son prestige une fois qu'on peut la considérer de plus près et qu'on commence à errer dans son enceinte. Ainsi en est-il de Smyrne, de Damas, d'Alexandrie et du Caire, villes dont la position est si admirable et le coup d'œil d'ensemble si frappant, et qui, parcourues dans leur intérieur, détruisent elles-mêmes le charme qu'elles avaient produit.

Bien inférieure à ces dernières villes et surtout à Constantinople, Tunis forme comme elles, intérieurement, un réseau confus et irrégulier de rues et de ruelles mal percées, mal bâties, encore plus mal entretenues. Aucun plan ne semble, en effet, avoir présidé à la construction de cette cité. Deux ou trois artères principales la sillonnent néanmoins dans une grande partie de son étendue, et sont comme autant de points de repère pour l'étranger qui s'aventure sans guide dans ce dédale presque inextricable. Quelques rues sont pavées plus ou moins complétement, mais la plupart ne le sont pas du tout, et pendant l'hiver, à l'époque des pluies torrentielles de cette saison, elles se transforment, dans les quartiers bas particulièrement, en de véritables fondrières, ce qui les rend souvent impraticables. Joignez à cela qu'elles sont rarement ou mal balayées, et qu'elles ressemblent quelquefois à des cloaques impurs de l'aspect le plus repoussant. Le quartier habité par les juifs et dans lequel pullule une population pressée et misérable ou affectant les dehors de la misère, est le plus immonde de tous.

Le quartier franc s'améliore peu à peu depuis quelques années. On y remarque, outre les hôtels des consuls, plusieurs maisons d'une assez belle apparence ; mais ce quartier, de même que celui des juifs, occupant la partie basse de la ville, est comme celui-ci inondé, à l'époque des grandes pluies, par les ruisseaux infects qui descendent de la haute ville ; ces deux quartiers sont, de plus, directement soumis à l'influence maligne des kandaks qui vont se déverser dans le lac, et qui, en été principalement, exhalent une horrible puanteur. On est en train, actuellement, de construire des canaux fermés pour remplacer ces hideux fossés à ciel ouvert.

Ce sera une heureuse et utile amélioration, qui était réclamée depuis longtemps par la salubrité publique.

Toute la ville haute est réservée aux musulmans et s'élève en amphithéâtre sur les flancs d'une colline dont la pente est peu rapide, et dont la kasbah ou citadelle occupe le point culminant.

Les Arabes comparent Tunis, pour la forme, à un burnous étendu dont la kasbah serait le capuchon. Alexandrie était de même comparée jadis par les Grecs avec une chlamyde.

La ville est située dans une espèce d'isthme compris entre deux lacs, l'un à l'est, c'est celui dont j'ai déjà parlé, l'autre au sud-ouest, et qui porte le nom de Sebkha-el-Sedjoumi. Ce dernier est presque entièrement à sec en été, et c'est alors un vaste bassin sablonneux recouvert d'une efflorescence saline, ce qui indique la nature du sol, et ce qui, pour le dire en passant, a fait donner à ce grand réservoir marécageux le nom de Sebkha, mot par lequel les Arabes désignent d'ordinaire les étangs salés.

Une enceinte crénelée, dans laquelle on pénètre par cinq portes, enferme la cité proprement dite. Le mur, sur beaucoup de points, est en très-mauvais état, et dans plusieurs endroits l'escalade, même sans échelle, y serait très-facile à des soldats agiles et exercés, à cause des espèces de degrés qui résultent de l'extrême dégradation des parois extérieures. Il va sans dire qu'exposé aux coups de quelques pièces de canon, un pareil mur ne pourrait pas résister longtemps, et que de larges brèches y seraient pratiquées en moins d'une heure.

Les deux faubourgs sont défendus par une enceinte un peu plus solide : ils s'étendent l'un au nord, l'autre au sud ; le premier porte le nom de Rebat-Bab-el-Souika, et le second de Rebat-Bab-el-Djezira.

On estime à huit kilomètres environ le pourtour de Tunis,

en y comprenant les faubourgs, mais tout l'espace que cette ville occupe est loin d'être complétement habité; des cimetières, des maisons détruites et des terrains non bâtis envahissent un espace assez considérable. Néanmoins, comme les rues sont fort étroites et que certains quartiers surtout sont surchargés de population, je suis porté à croire que le chiffre de soixante-dix mille habitants assigné par M. Pellissier [1] à la capitale de la Régence est trop faible, et qu'actuellement elle en renferme quatre-vingt-dix mille, répartis de la manière suivante :

    60,000 musulmans,
    20,000 juifs,
    10,000 chrétiens.

Ces dix mille chrétiens se subdivisent eux-mêmes ainsi :

    5,000 Maltais,
    3,000 Italiens,
      500 Grecs,
    1,500 Français, Espagnols, Allemands ou Anglais.

Dans cette dernière catégorie, ce sont les Français qui dominent; les Anglais, au contraire, sont très-peu nombreux.

Ici je ne dois point oublier de signaler un fait qui est incontestable, c'est qu'aucune influence européenne ne peut contre-balancer à Tunis celle de la France. Le consul général de cette nation y jouit d'une autorité et d'une prépondérance que les consuls des autres puissances, même celui d'Angleterre, ont renoncé à lui disputer. Les Maltais, à la vérité, et les Italiens, sont plus nombreux dans cette ville et dans les autres comptoirs maritimes de la Régence que les Français. Or, les Maltais sont sous la juridiction du consul d'Angle-

---

[1] Pellissier, *Description de la Régence de Tunis*, p. 51.

terre; mais, asservis malgré eux à la domination anglaise, ils ne peuvent, eux catholiques, regarder le drapeau de l'Angleterre protestante comme un drapeau national; et, d'ailleurs, ce drapeau est loin de les protéger comme il protége les sujets réellement anglais. La véritable patronne des chrétiens à Tunis, de même que dans tout le reste de l'empire ottoman, c'est la France. Cela est si vrai que le quartier européen, là comme ailleurs, s'appelle toujours le quartier franc. Depuis la conquête d'Alger surtout, les Tunisiens se sont habitués à regarder le pavillon français comme celui qu'ils doivent le plus craindre d'avoir pour ennemi, et celui qui abrite le plus puissamment toutes les diverses nationalités de l'Europe, en tant que chrétiennes. C'est sous ce pavillon également que les juifs se réfugient avec le plus de confiance, toutes les fois qu'ils ont à se plaindre de quelque avanie nouvelle.

Juifs et chrétiens habitent, comme je l'ai dit, la partie basse de la ville. Les Maltais et les Italiens occupent en outre les rues des faubourgs qui avoisinent le plus le quartier franc.

Les juifs ont sept synagogues; les chrétiens grecs célèbrent leur culte dans une chapelle qui a été réparée dernièrement. Quant à la paroisse catholique, elle est comprise dans les bâtiments du couvent capucin.

Tout le monde sait que l'honneur d'avoir fondé la première maison religieuse à Tunis appartient aux Pères de la Rédemption des captifs. De temps en temps quelques missionnaires franciscains ou dominicains venaient aussi les seconder dans leur pieux ministère; mais ce fut seulement en 1624 qu'une mission fut définitivement organisée. Elle fut confiée aux capucins par un bref d'Urbain VIII, du 21 mars de cette année. Dans la première partie du siècle actuel, les Pères de la Rédemption n'ayant plus d'esclaves à racheter, abandonnèrent leur maison. Le bey la donna quelque temps après aux capucins. Ceux-ci allèrent s'y installer et construisirent l'église qui sert actuellement de paroisse aux catholiques. Suffisante d'abord pour les besoins du culte, elle est devenue trop petite depuis que le chiffre de la colonie européenne s'est accru. Il est à croire que dans un avenir prochain la transformation et l'extension du quartier franc, par suite des nouvelles constructions qui ont lieu ou qui sont en projet, amèneront celle d'une autre paroisse plus vaste et plus digne tout à la fois de la majesté de la religion chrétienne et de la grandeur des diverses nations catholiques qui sont représentées à Tunis, et dont un pareil monument doit être le symbole et le centre commun.

En visitant le couvent des capucins, composé en ce moment de six prêtres et de quatre frères, je trouvai parmi eux un père français. Le R. P. Anselme, tel est son nom, habite la Régence depuis longues années. C'est un homme d'esprit, actif et prudent. L'expérience qu'il a des hommes et du pays, et l'habitude de l'administration, ont encore développé en lui sa pénétration naturelle. Il est attaché en qualité de vicaire général et de chancelier à la personne de Mgr de Rosalia, à qui il eut la bonté de me présenter.

Mgr Fedele Sutter, originaire de Ferrare, fut envoyé à Tunis en 1841, par le pape Grégoire XVI, avec le titre de préfet apostolique; bientôt après il fut revêtu de celui de vicaire du saint-siége, et, le 29 septembre 1844, il fut élevé à la dignité d'évêque de Rosalia *in partibus*. C'est un beau vieillard, encore vert, d'une taille et d'une mine imposantes. Il passe pour un théologien très-instruit, et il s'exprime avec une rare élégance. Il est impossible de n'être pas séduit par le charme de sa diction quand, n'étant pas forcé de s'énoncer en français, langue qu'il comprend parfaitement mais qu'il parle avec quelque difficulté, il peut librement, dans sa langue maternelle, s'abandonner à tout l'essor de sa vive imagination. Les figures les plus variées et les expressions les plus choisies arrivent comme d'elles-mêmes sur ses lèvres. Très-simple, du reste, et très-affable dans ses manières, il habite au couvent une modeste chambre, et sa vie est celle des autres moines.

Non loin de la porte de sa cellule, le R. P. Anselme m'a fait remarquer sur la paroi du mur d'une galerie deux dalles tumulaires qui y ont été encastrées en 1850; elles sont en marbre blanc et ont été trouvées à la Mohammédia, quand on a jeté les fondements d'une des ailes du palais du bey. Sidi-Mustapha-Khasnadar en fit don à Mgr Sutter, et depuis lors on peut les voir à l'endroit que je viens d'indiquer : l'une renferme les noms de trois évêques, et l'autre celui d'un sous-diacre appartenant à l'ancienne Église d'Afrique; je donnerai ces inscriptions à leur place, quand je dirai un mot de la Mohammédia.

Le R. P. Anselme eut également la complaisance de me montrer chez lui une troisième pierre tumulaire qui provient des environs de Tunis, mais sans qu'il ait pu m'indiquer au juste la localité où elle avait été trouvée.

Voici l'inscription dont elle est revêtue :

2.

FELICVLA·CAESARIS·N·
SERVA·PIA·VIXIT·ANNISXXV
FESTVS·PATER·ETEPITYNCHA
NVSCONSERVVS·EIVS·DE
SVO·FECERVNT·H·S·E.

A une faible distance du couvent des capucins, qui autrefois servait d'hôpital aux malheureux esclaves chrétiens, est l'établissement des sœurs de Saint-Joseph de l'Apparition. Ces bonnes religieuses, toutes Françaises, après avoir fondé d'abord plusieurs maisons en Algérie, se sont ensuite retirées à Tunis; plus tard, d'autres membres de la même congrégation se sont répandus jusqu'en Palestine.

Leur établissement dans la capitale de la Régence consiste en quatre petites maisons contiguës. Dans l'une, elles donnent l'instruction gratuite aux enfants pauvres; une autre est réservée aux petites filles de familles plus aisées qui peuvent payer une rétribution et dont les enfants sont reçues soit comme externes, soit comme pensionnaires. Une troisième renferme la pharmacie, et elles l'ouvrent chaque matin à tous ceux qui ont des plaies à panser ou des maladies à guérir. A quelque religion qu'ils appartiennent, qu'ils soient chrétiens, juifs ou musulmans, elles leur prodiguent indistinctement leurs soins, leurs médicaments et leurs conseils. Elles vont aussi soigner les malades à domicile, et elles sont souvent appelées dans l'intérieur des maisons musulmanes, dont le harem, interdit aux médecins, ne l'est point à elles.

Leur communauté se compose de douze religieuses. Si leur établissement était plus considérable, elles pourraient y admettre beaucoup plus d'enfants; mais leur dévouement dépasse leurs ressources, et bien qu'elles vivent dans la plus grande simplicité évangélique, elles sont parfois fort embarrassées pour faire face à toutes les dépenses de leur maison. J'ai déjà mentionné celle qu'elles ont à la Goulette; elles en ont une troisième à Sousa et une quatrième à Sfax; j'en parlerai quand je décrirai ces villes.

Les frères de la doctrine chrétienne n'ont été appelés à Tunis par Mgr Sutter que depuis peu d'années seulement. Ils occupent l'ancien couvent des capucins, où ils forment une communauté de dix religieux. Faute d'un local suffisant, ils ont été contraints de transformer en salle d'étude la chapelle des moines, qui jadis était la paroisse catholique de Tunis. Cette paroisse était beaucoup plus humble et plus restreinte que la paroisse actuelle, et le culte semblait s'y cacher timidement dans l'ombre et dans le silence. Il est heureux que ce sanctuaire, consacré par les souvenirs qui s'y rattachent, n'ait point perdu complétement sa destination première, et que, s'il a cessé d'être la demeure privilégiée de la prière, il soit devenu celle d'une instruction et d'une éducation religieuses.

Trois frères vont tous les jours tenir une école gratuite dans un local séparé, où cent cinquante enfants environ reçoivent dans différentes classes des leçons d'italien et de français. Les autres frères se livrent tout entiers aux soins du pensionnat établi dans leur maison même, où quatre-vingt-dix élèves apprennent le français, l'italien, l'arabe, le dessin, le calcul et la musique.

Une autre école, fondée bien antérieurement à celle-ci, existe encore à Tunis : c'est le collége de Saint-Louis, créé, il y a une vingtaine d'années, par M. l'abbé Bourgade. Depuis le départ de son directeur, et surtout depuis l'arrivée des frères, le nombre des élèves de cet établissement, malgré le zèle des quatre professeurs qui les instruisent, a diminué de moitié; il ne dépasse pas maintenant une soixantaine d'enfants, parmi lesquels j'ai remarqué plusieurs juifs et un musulman.

Une des salles de ce collége renferme un petit musée, formé peu à peu par M. l'abbé Bourgade. Ce musée consiste en divers objets antiques trouvés soit à Carthage, soit dans les environs, tels que débris de statues, dalles ou cippes funéraires, amphores romaines, vases de forme et de grandeur différentes, fragments de mosaïques, médailles et monnaies, etc. J'y ai estampé vingt-huit inscriptions puniques, presque toutes tumulaires. J'y ai également recueilli les inscriptions latines que voici :

CHAPITRE DEUXIÈME.

3.

Sur un cippe :

```
DIIS·MANIB
    SAC·
C·CAECILIVS
M·F·ARN·PAV
LINVS·PIVS·VIXIT
ANN·XXIII·H·S·E.
```

Estamp. IB, ligne 1, en monogramme.

4.

Sur un cippe :

```
D · M · S
L· ANTON
IO MARTI
ALI FRAT
RIPIISSIMO.
```

Estamp. TI, ligne 3, en monogramme.

5.

Sur un cippe, revêtu d'une inscription bilingue, l'une punique et l'autre latine; celle-ci, que je me borne à transcrire ici, doit être la traduction de la première dont j'ai rapporté l'estampage :

```
IASVCTA·SELIDIVI·F
VIXIT ANNIS LXIII·HONESTE.
```

6.

Sur un cippe brisé :

. M · S
. . . .IMIGENIVS
. .VS·VIX·AN·XXII
H · S · E·

7.

Sur un cippe brisé :

GRATIOSVS
VITALISINPACE.

8.

Sur un cippe brisé :

. . .NTIA
VALERIA
CANDIDA
IN PACE ☧

9.

Sur un petit autel votif dont la partie supérieure est brisée :

C·DECRIVS·CELADVS
VOTVM·SOLVIT·LIBES
ANIMO.

(*Estampage.*)

En quittant le quartier franc, je dois ajouter qu'avant peu d'années sans doute il aura subi une heureuse transformation et sera devenu le plus beau et le plus important de la ville, ou plutôt ce sera comme une petite ville européenne précédant la cité musulmane. Déjà, en dehors de la porte de la Marine, le long de l'avenue qui conduit au lac, un ingénieur français construit en ce moment le nouvel hôtel destiné à M. le consul général de France. Cet hôtel, conçu dans d'assez vastes proportions et digne de devenir l'habitation du représentant de la France, ne doit pas, m'a-t-on dit, rester isolé; mais si les projets qu'on a formés s'exécutent, l'avenue tout entière sera bordée, à droite et à gauche, jusqu'au lac, de maisons européennes, dans une longueur d'environ huit cents mètres. Ce plan une fois réalisé, on songera probablement enfin à creuser à travers le lac un chenal plus profond et plus large que celui qui existe actuellement, de manière au moins que les bâtiments d'un faible tonnage puissent venir débarquer ou embarquer leurs marchandises sur les quais mêmes de la Marine. Car, pour que des navires un peu considérables pussent s'avancer jusque-là, il faudrait, depuis la ligne de mouillage de la rade, entreprendre sur une longueur de plus de douze kilomètres des travaux tellement dispendieux, qu'on sera, je pense, forcé d'y renoncer, vu les ressources très-limitées de la Régence.

Disons maintenant un mot de la ville musulmane, de ses principaux monuments et de ses bazars.

Tunis abonde en mosquées. La plus belle et la plus vaste s'appelle Djama-ez-Zitoun (la mosquée de l'olivier). Elle est entourée d'un mur élevé qui dérobe aux yeux des infidèles l'architecture orientale et la forme même de ce temple. Comme en Tunisie les mosquées sont absolument interdites aux chrétiens, je n'ai pu y pénétrer; mais j'ai appris qu'intérieurement ce monument était orné de nombreuses colonnes, enlevées la plupart à des édifices antiques. Il est entretenu au moyen de legs pieux, connus sous le nom de habous, et renferme dans ses dépendances une école ou médrécé, à laquelle sont attachés une trentaine de professeurs, et que fréquentent plusieurs centaines d'étudiants. Un minaret qui ne manque ni de hardiesse ni d'élégance surmonte cet édifice.

Après la Djama-ez-Zitoun, la Djama-Sahab-et-Taba (la mosquée du maître du cachet), ainsi appelée parce qu'elle a été bâtie par le célèbre Yousouf Sahab-et-Taba, c'est-à-dire chancelier d'Hamoudah-Pacha, passe pour l'une des plus riches et des plus remarquables. Le ministre auquel elle doit son nom et sa fondation fit venir à grands frais, pour la construire et pour la décorer, de beaux blocs, soit en pierre, soit en marbre, et de superbes colonnes arrachées aux ruines de plusieurs villes antiques de l'intérieur ou tirées des carrières de l'Italie.

La mosquée Sidi-Mahrès mérite aussi l'attention dans le faubourg Bab-es-Souïka. Elle est couronnée de plusieurs coupoles qui environnent sa grande coupole centrale. Le saint qui y est enterré et dont elle porte le nom est considéré par les Tunisiens comme l'un de leurs principaux patrons. Aussi cette mosquée est-elle réputée inviolable. C'est un lieu d'asile pour les créanciers et pour les débiteurs.

Je n'oublierai pas non plus de mentionner la Djama-Djedid (ou la mosquée neuve), élevée par le bey Ahmed dans le faubourg Bab-el-Djezira.

10.

Près de la porte d'une ancienne mosquée qui sert actuellement de médrécé ou d'école, j'ai copié sur une colonne milliaire antique l'inscription que voici :

CHAPITRE DEUXIÈME.

```
        IMP·CAES·C·IVLIVS
        VERVS·MAXIMVS·PIVS
        FELIX·AVG·GERM·MAX·SAR
        MAT·MAX·DACICVS·MAX·PONT·
        MAX·TRIB·POTEST·III·IMP·V
        C·IVLIVS·VERVS·MAXIMVS
        NOBILISSIMVS·CAES·PRINCEPS
        IVVENTVTIS·GERM·MAX·SAR
        MAT·MAX·DACICVS·MAX·
        VIAM·A·KARTHAGINE·VS
        QVE·AD·FINES·NVMIDIAE
       ..P......... LONGA·INCVRIA
        ..... P... ADQVE·........
            RESTITVERVNT
                LXX.
```

MAXIMVS, ligne 2, est probablement une erreur que j'ai commise, comme me l'a fait observer M. L. Renier; lisez plutôt MAXIMINVS.

Le bey possède dans l'intérieur de la ville un palais appelé Dar-el-Bey (la maison du bey). Ce palais, qui ne mérite guère un pareil nom, extérieurement du moins, ressemble à une grande caserne. Il renferme plusieurs salles richement meublées; on y admire aussi l'élégance de quelques plafonds, que décorent de gracieuses arabesques, dont les capricieux détails semblent se jouer agréablement du regard. Bâti par Hamoudah-Pacha il y a une cinquantaine d'années, il n'est presque jamais habité par le bey; il est réservé d'ordinaire aux personnages de distinction que la politique ou une simple curiosité attire de temps à autre à Tunis. C'est ainsi, par exemple, qu'il a servi de résidence à la reine Caroline, femme de Georges IV, quand elle vint visiter cette ville; plus tard, en 1845 et en 1846, il reçut tour à tour comme hôtes momentanés le duc de Montpensier, le prince de Joinville et le duc d'Aumale.

. L'édifice que les Français nomment l'hôtel de la Municipalité offre encore dans son délabrement actuel des restes intéressants de son ancienne splendeur; on s'occupe maintenant à réparer cette belle demeure, qui commençait à tomber en ruine. Les plafonds en sont ornés de jolies arabesques.

La kasbah ou citadelle est située à l'extrémité la plus élevée de la ville. C'est un vaste château de forme rectangulaire et entouré de hautes murailles crénelées, dont le revêtement extérieur est très-dégradé. Il est fort mal entretenu et armé seulement de dix à douze pièces de canon reposant lourdement sur de vieux affûts. L'ancien palais des deys qui résidaient dans son enceinte a été rasé. On y remarque une mosquée qui remonte, dit-on, à Yahya, surnommé Abou-Zakarya, premier du nom, et date de l'année 630 de l'hégire ou 1232 de l'ère chrétienne.

Lorsqu'en 1535 Charles-Quint vint mettre le siége devant Tunis, Khayr-ed-Din, alors maître de cette ville, enferma dans la kasbah les vingt mille esclaves chrétiens que ses excursions sur les côtes de la Méditerranée avaient mis entre ses mains; mais, pendant que sorti de la place avec son armée il livrait bataille dans les plaines voisines à son redoutable adversaire, ces esclaves brisèrent leurs liens, s'emparèrent de la ville et en ouvrirent les portes à Charles-Quint.

Une fois en possession de Tunis, les Espagnols agrandirent la forteresse, et c'est à eux que l'on attribue l'aqueduc qui existe encore et qui l'alimente d'eau.

Ce même château fut depuis le théâtre principal de toutes les révolutions successives qui agitèrent tour à tour le trône de la Régence. La dernière et l'une des plus célèbres est celle qui éclata, en 1811, sous le règne d'Hamoudah-Pacha. Le 30 août de cette année, la milice turque, irritée de se voir enlever peu à peu tous ses priviléges et de n'avoir plus à intervenir dans l'élection des beys, dont la dignité était devenue héréditaire et le domaine d'une seule famille, forma le projet d'exterminer entièrement cette famille régnante et de rétablir les choses sur l'ancien pied. Les conjurés devaient ce jour-là, qui était un vendredi, massacrer Hamoudah-Pacha avec toute sa cour, au moment où, suivant son habitude, il se rendrait à la mosquée pour la prière. Averti à temps, ce prince ne quitta pas son palais du Bardo et déjoua ainsi le complot tramé contre lui. Les Turcs néanmoins, quoiqu'un peu déconcertés dans leurs desseins, résolurent d'éclater. Ils commencent par commettre dans la ville d'effroyables désordres, pillent un grand nombre de boutiques et vont ensuite se retrancher dans la kasbah. Là, ils élisent un nouveau bey et arborent le drapeau vert en signe de ralliement à l'autorité souveraine du sultan, dont Tunis s'était rendue indépendante. Dès le lendemain matin, une vive canonnade s'engage entre la kasbah et les autres forts restés fidèles au bey. Le concours de quelques artilleurs français mis par M. Devoize, consul de France, à la disposition de ce prince, décide vers le soir de la défaite des Turcs. Ceux-ci foudroyés de toutes parts, ou se rendent à discrétion, ou essayent de chercher leur salut dans une fuite précipitée.

Cette victoire affranchit définitivement le bey des exigences impérieuses de cette milice turbulente; ceux des révoltés qui échappèrent à la mort furent réorganisés de manière à ne plus être désormais redoutables.

A Tunis, comme dans la plupart des villes musulmanes, chaque métier occupe un quartier spécial, une rue particulière. Il y a aussi des marchés différents ou souks affectés à divers genres d'industrie ou à diverses espèces de denrées.

Ces souks, contigus presque tous les uns aux autres, forment autant de passages distincts, les uns voûtés, les autres couverts en planches. Ils sont bordés de chaque côté de petites boutiques où le marchand attend, nonchalamment accroupi, qu'on vienne lui acheter. Sans bouger de place, il peut d'ordinaire atteindre de la main et présenter à ses clients les objets qu'on lui demande. La chaussée du milieu est envahie tous les matins, principalement les jours des ventes à l'encan, d'une foule tellement compacte, qu'on est obligé quelquefois de s'ouvrir un passage de force, et en même temps tellement bruyante, qu'on en est littéralement assourdi. Les filous profitent de ce tumulte pour pratiquer de leur côté leur propre industrie, et leur dextérité déjoue très-souvent la police qui les surveille. J'ai entendu dire également que celle-ci ne vivait pas toujours en guerre avec eux, et que parfois une complaisance intéressée l'inclinait à fermer les yeux sur leurs exploits.

Les souks les plus remarquables sont le Souk-el-Bey, ainsi appelé parce qu'il avoisine Dar-el-Bey ou le palais du bey, le Souk-et-Tourk (le marché turc), et le Souk-el-Atarin (le marché des essences). Ce dernier est encore désigné sous le nom de Souk-et-Taybin (le marché des bonnes choses, des odeurs suaves), parce que l'atmosphère y est embaumée de l'émanation des parfums et des essences qu'on y vend. Celle de roses, entre autres, jouit d'une grande réputation dans tout l'Orient.

La confection des calottes rouges appelées fez à Constantinople, tarbouchs en Égypte et chechias à Tunis, occupe dans cette ville plusieurs milliers d'artisans. Le tissu en est très-solide et la couleur tenace. On en exporte une quantité considérable, non-seulement dans le reste de la Régence, mais encore ailleurs. C'est en effet la coiffure indispensable des musulmans et des juifs, soit seule, soit accompagnée d'un turban.

Parmi les autres articles indigènes qui se vendent dans ces bazars et qui méritent le plus d'attirer l'attention d'un étranger, je dois signaler surtout les burnous, les baïks et les belles couvertures de laine de l'île de Djerba et du Djerid.

Les babouches en maroquin jaune ou rouge, qu'on y confectionne en grande quantité, sont aussi estimées que celles du Caire, mais moins que celles de Caïrouan.

L'art de la broderie compte quelques ouvriers fort habiles, dont les mains exercées savent façonner ces riches brocarts qui éblouissent tant les Orientaux et qui sont réservés à la grandeur et à l'opulence.

Par contre, certains arts plus nécessaires végètent dans une véritable enfance. La serrurerie, par exemple, y est fort peu avancée; l'armurerie est également bien en retard des progrès qu'elle a faits en Europe; ce qui le prouve, c'est que nos fusils de rebut et nos plus mauvais sabres sont avidement recherchés des indigènes. L'art de la bâtisse y est grossier; celui du charronnage est nul, etc.

Sans entrer à cet égard dans de plus grands détails, il est un fait que je ne dois point oublier de mentionner, c'est qu'à Tunis, de même que dans tout l'empire ottoman en général, une routine inflexible enchaîne les arts et les métiers dans une sorte d'immobilité qui les arrête dans leur essor. Toute amélioration, tout progrès qui contrarie la tradition et l'usage, n'est adopté par le musulman qu'avec une secrète et instinctive répugnance. Il ne cherche point à innover, même pour obtenir un avantage réel, et s'il voit quelque heureuse innovation s'accomplir sous ses yeux, il la subit plutôt qu'il ne s'en réjouit. D'ailleurs, elle lui arrive toujours apportée par un chrétien, raison de plus pour qu'elle lui devienne antipathique et suspecte. Toutefois, à la longue, il en comprend l'utilité, il s'y habitue, il s'y façonne, et la pratique finit par le réconcilier avec les améliorations qu'on lui avait d'abord comme imposées. Comme le nombre des

Européens va toujours augmentant dans la capitale de la Régence et que leur influence grandit d'autant, la civilisation et les arts de l'Europe s'y naturaliseront peu à peu et transformeront insensiblement cette ville, où tant de choses réclament des réformes urgentes. Actuellement, ce n'est qu'un immense village très-poussiéreux pendant l'été, très-fangeux pendant l'hiver, et qui, pour mériter le nom de cité et surtout celui de capitale, aurait besoin d'un remaniement complet. Le quartier européen commence déjà à donner l'exemple ; mais avant de songer à embellir cette ville, il faut d'abord la débarrasser de ses égouts infects et la pourvoir d'une eau plus abondante et meilleure que celle dont elle use maintenant. Elle est réduite, en effet, à l'eau de ses citernes, qu'alimentent les pluies de l'hiver et qui sont loin de fournir suffisamment, en été, aux besoins de ses habitants. Il y a bien deux fesguias ou réservoirs près de ses murs ; il y a aussi autour d'elle plusieurs norias ou puits à roue et à godets ; mais l'eau de ces réservoirs et de ces puits, à l'exception de celle du Bir-el-Kelab (puits des chiens) qui est la moins chargée de sel, est généralement saumâtre et peu potable.

Pour obvier, d'un côté, aux miasmes impurs qui s'exhalent de ces kandaks, et, de l'autre, à cette pénurie d'eau qui est si pénible et si préjudiciable à l'époque des grandes chaleurs, deux travaux importants ont été conçus et s'exécutent en ce moment sous la direction éclairée d'ingénieurs français et sous l'active impulsion que leur donne le patronage de M. le consul général de France. Ces égouts à ciel ouvert vont, comme je l'ai dit, disparaître prochainement ; prochainement aussi, le fameux aqueduc de Carthage, rétabli, amènera à Tunis une eau intarissable et limpide qui circulera par mille canaux à travers la ville, coulera à flots de plusieurs fontaines, lavera les rues et répandra partout, par sa présence, la joie et la salubrité.

Il est également question de paver quelques rues; un jour aussi, peut-être, la ville, ou du moins le quartier européen, sera éclairé pendant la nuit; mais cette dernière innovation sera probablement beaucoup plus tardive, parce qu'elle est moins utile. A Tunis, en effet, de même que dans toutes les autres villes musulmanes, si la vie et le mouvement commencent à animer les rues dès le lever du soleil, cette vie et ce mouvement cessent aussitôt qu'il se couche; chacun se hâte de rentrer chez soi, et tout retombe dans le silence avec les ténèbres qui surviennent. Ceux qui sortent alors doivent se munir d'une lanterne, d'abord pour éclairer leurs pas et ensuite pour ne point être arrêtés comme des malfaiteurs par les patrouilles qui sillonnent la ville pendant la nuit. Les rues sombres et désertes, où l'on ne rencontre guère que des chiens qui errent dans l'ombre, et, de loin en loin, des sentinelles debout ou accroupies sous une voûte, ont, dans ce moment-là, quelque chose de lugubre et de sépulcral qui saisit l'imagination.

Cette distribution de l'activité et du repos, en ce qui regarde la vie extérieure du moins, d'après le partage même du jour et de la nuit, est profondément enracinée dans les habitudes des musulmans; elle semble, du reste, indiquée par la nature, et sous ce rapport nous aurions peut-être tort de les blâmer.

Avant d'abandonner Tunis et pour la faire connaître davantage au lecteur, il me resterait à résumer sommairement l'histoire de cette ville depuis le temps si reculé de sa fondation jusqu'à l'époque actuelle. Je devrais exposer dans un tableau rapide les diverses vicissitudes qu'elle a subies sous les différentes dominations qui se sont tour à tour succédé dans le pays, dominations carthaginoise, romaine, vandale, byzantine, musulmane. Celle-ci, comme on le sait, dure depuis onze siècles. Mais ce tableau a déjà été tracé d'une main aussi ferme que savante par M. J. Marcel, à la fin du tome VII de l'*Univers pittoresque,* et je ne puis mieux faire que de renvoyer le lecteur à cet excellent résumé historique. J'ai hâte maintenant de le transporter avec moi au milieu des ruines de Carthage.

CHAPITRE TROISIÈME.

Excursion à Carthage; description sommaire des ruines de cette grande cité.

C'est toujours un moment solennel que celui où l'on pénètre pour la première fois dans l'une de ces grandes capitales qui sont comme la personnification et le résumé vivant de tout un peuple. Mais si les capitales encore debout et dans tout l'éclat et le mouvement de leur vie et de leur puissance, captivent d'abord si fortement la curiosité de ceux qui les visitent et qui cherchent partout à y saisir la physionomie générale de la nation qu'elles représentent, les capitales mortes et ensevelies depuis longtemps sous la poussière de leurs débris, mais avec toute la gloire de leur passé, exercent sur l'imagination du voyageur qui arrive de loin pour contempler leurs ruines une impression plus profonde encore. Quand cette capitale surtout porte le nom de Carthage et qu'elle rappelle à l'esprit l'un des plus grands drames qui se soient joués dans le monde, on éprouve, en foulant le sol maintenant désert qu'elle occupa jadis, je ne sais quelle grave et mélancolique émotion qui subjugue l'âme tout entière. Là où les ruines manquent, on trouve dans cet anéantissement même de tout ce que l'homme créa autrefois, une source inépuisable de rêveries et un témoignage éclatant de la vanité des choses humaines; là, au contraire, où des ruines s'offrent à la vue, on les suit à la trace, pas à pas; on les considère avec un pieux respect. L'imagination même aime à les relever et à leur rendre une sorte de forme et de vie éphémère, en les peuplant de souvenirs.

Cette évocation du passé sur le sépulcre solitaire d'une grande cité est sans contredit l'un des charmes les plus puissants des voyages, charme que je renonce à décrire, parce qu'il a quelque chose d'indéfinissable.

Je n'entreprendrai donc point ici de dépeindre les impressions qui naissent en foule dans l'esprit, lorsque, après avoir franchi la plaine qui sépare Tunis de Carthage, on commence à distinguer les premiers vestiges et à parcourir l'emplacement de l'antique rivale de Rome. Ces impressions résultent à la fois de l'état actuel des lieux et de tous les souvenirs qui s'y rattachent. Sans l'histoire, en effet, la plupart des ruines parlent peu; avec l'histoire, au contraire, les restes d'un seul monument, que dis-je? une seule pierre a quelquefois une éloquence muette qui émeut et qui passionne. Si je voulais donc essayer en ce moment de donner au lecteur quelque idée de l'aspect général qu'offre aujourd'hui la plage à jamais fameuse où fut Carthage, en le conviant à s'asseoir un instant avec moi sur les ruines de cette ville, je devrais préalablement, pour faire jaillir de ces débris épars l'intérêt qu'ils renferment, exhumer de l'histoire et reproduire tour à tour à ses yeux les principaux événements dont ils furent le théâtre. Mais tout le monde connaît les admirables pages dans lesquelles l'auteur de l'*Itinéraire de Paris à Jérusalem*, avant de décrire les restes de la cité de Didon, retrace les différents actes du drame de Carthage, et raconte si éloquemment les destinées de cette ville depuis le jour où elle fut fondée par la princesse phénicienne, jusqu'à celui où elle vit, vingt et un siècles après, expirer saint Louis au milieu des décombres de ses temples et de ses palais détruits. Il serait par conséquent inutile, pour ne pas dire souverainement téméraire de ma part, de reprendre un pareil sujet. D'ailleurs, il a été depuis plus amplement développé par MM. Dureau de la Malle et J. Yanoski [1].

S'il m'est, en quelque sorte, interdit d'exposer l'histoire de Carthage, m'est-il davantage permis de décrire ses ruines? Après les nombreux voyageurs qui m'ont précédé, et dont quelques-uns ont étudié longuement et minutieusement le terrain, en ont relevé, comme Falbe, pendant des années entières, les moindres accidents, y ont pratiqué des fouilles aussi heureuses que savantes, comme plusieurs éminents archéologues, et en dernier lieu M. Beulé; ai-je bien le droit, moi qui me suis proposé plus particulièrement de parcourir l'intérieur de la Tunisie et qui n'ai jeté sur l'emplacement de Carthage qu'un coup d'œil rapide, de parler à mon tour des débris de cette ville célèbre et de tous les problèmes qu'ils soulèvent? Assurément non; aussi n'ai-je pas la prétention d'apporter sur cette vaste question des vues nouvelles ou plus approfondies. Mais, de même qu'avant de m'éloigner de Tunis, une curiosité invincible m'attirait d'abord vers Carthage, de même ici, par une sorte d'acquit de conscience qui, je l'espère, m'absoudra auprès des savants, il m'est comme impossible, avant de m'engager avec le lecteur dans le cœur de la contrée, de ne pas refaire de nouveau avec lui ce même pèlerinage archéologique, seul hommage que je puisse rendre aux mânes d'une grande cité, et en même temps seul moyen pour moi de payer ma dette de voyageur.

Après avoir marché six kilomètres environ, au sortir de Tunis, dans la direction du nord-est, on arrive à un puits près duquel le propriétaire d'un petit café vous invite à faire halte, et qui marque un peu plus que la moitié du chemin que l'on a à parcourir avant d'atteindre les premières ruines importantes de Carthage. Dans la route que l'on a suivie jusque-là, on a eu presque constamment le lac de Tunis à

---

[1] L'*Univers pittoresque*, *Histoire de Carthage*.

sa droite; à sa gauche on a, par intervalle, laissé derrière soi quelques bouquets d'oliviers d'une venue médiocre, et, la plupart, d'une vieillesse assez avancée. En hiver, le terrain est fangeux autour de ce puits; c'est un véritable marécage d'où l'on a quelquefois grand'peine à se tirer; plus loin encore, on rencontre d'autres flaques d'eau et d'épaisses masses de boue à traverser, le sol étant bas et naturellement humide, par suite des infiltrations du lac. En outre, les pluies de cette saison sont souvent torrentielles, et, faute d'écoulement, elles détrempent profondément la route qu'elles ravagent.

Cinq kilomètres au delà de ce puits, avant de monter sur la colline de décombres où vivent quelques familles arabes, dans le petit village de Malga, on passe auprès des ruines d'un amphithéâtre, ruines fort peu importantes actuellement, mais qui, par la configuration même du terrain, laquelle offre la forme d'une excavation elliptique évidemment artificielle, ne laissent aucun doute sur la nature du monument dont il s'agit. Il est assez difficile, comme l'observe Falbe[1], de déterminer exactement les dimensions de cet amphithéâtre. Il faudrait pour cela déblayer le terrain, qui est couvert de décombres. S. Grenville Temple[2] donne à la plus grande longueur de l'ellipse trois cents pieds sur deux cent trente de large, et à l'arène cent quatre-vingts pieds dans le premier sens sur cent dans le second. Suivant Falbe, la plus grande longueur de l'ellipse serait seulement de deux cent quarante pieds, mesure qui me paraît plus exacte.

Il est question souvent de cet amphithéâtre à l'époque des persécutions sanglantes que subit plus d'une fois l'Église de Carthage. Une foule de chrétiens y cueillirent la palme du martyre, déchirés par la dent des animaux féroces ou tombant sous le glaive des gladiateurs.

[1] Falbe, *Recherches sur l'emplacement de Carthage*, p. 39.
[2] S. Grenville Temple, *Excursions in the Mediterranean*, t. Ier, p. 106.

Qui n'a lu dans Ruinart[1] les pages admirables où sont racontées les morts glorieuses de tant de nobles et saintes victimes qui ont scellé de leur sang, en ce lieu, leurs croyances et leur foi? Parmi ces victimes, il en est une dont la figure resplendit entre toutes d'un éclat aussi doux que sublime, c'est celle de sainte Perpétue. En foulant les débris informes de cet amphithéâtre, je me représentais le trépas de cette héroïque jeune femme, qui, après avoir, comme fille et comme mère, brisé les liens les plus puissants à la fois et les plus tendres qui l'attachaient à la terre, affronta la mort avec une force et une sérénité d'âme égales à la grandeur de son sacrifice. Je me représentais également les dignes compagnons et la touchante compagne de son martyre, sainte Félicité, déjà couverts de sang et de blessures, se donnant mutuellement le baiser de paix avant de recevoir le coup mortel, en présence d'un peuple immense, ivre de pareils spectacles. Je les voyais tomber tour à tour, silencieux et résignés, sous le fer qui les frappait, et, pour couronner cet holocauste par une immolation plusieurs fois renouvelée, Perpétue expirant la dernière sans se lasser d'offrir sa vie, mais lassant la fureur de son bourreau, dont elle fut obligée de diriger elle-même la main tremblante et inexpérimentée.

Que de fois ce même amphithéâtre, quarante-sept ans plus tard, l'an 249 de notre ère, n'a-t-il point retenti de ces cris barbares : « Cyprien aux lions! Cyprien aux lions! » Aujourd'hui cette arène ensanglantée est retournée par la charrue; les caveaux où l'on renfermait les bêtes féroces sont détruits ou obstrués; les gradins où se pressaient tant de milliers de spectateurs ont disparu totalement, et le souvenir seul de tous les drames sanglants qui y furent joués a survécu à ce monument anéanti.

---

[1] Recueil de Ruinart, *Acta primorum martyrum*, p. 85 et suiv.

Il était encore assez bien conservé à l'époque où Abou-Obaïd-el-Bekri écrivait, c'est-à-dire l'an 1082 de Jésus-Christ.

« Le monument le plus curieux de Carthage, dit-il [1], c'est la maison de divertissement, que l'on nomme aussi Thiater (théâtre). Elle se compose d'un cercle d'arcades soutenues par des colonnes et surmontées par d'autres arcades semblables à celles du premier rang. Sur les murs de cet édifice, on voit les images de tous les animaux et des gens qui s'adonnent aux métiers. On y distingue des figures qui représentent les vents; celui de l'orient a l'air souriant; celui de l'occident un visage refrogné. »

Il est évident, comme le remarque avec raison M. Dureau de la Malle [2], que ce monument, bien que désigné par El-Bekri sous le nom de théâtre, est réellement l'amphithéâtre de Carthage.

La même confusion de nom a été commise par Edrisi. « Encore aujourd'hui, dit ce géographe arabe [3], qui composa son ouvrage l'an 548 de l'hégire (1154 de J. C.), on voit sur l'emplacement de Carthage de remarquables vestiges de constructions romaines, et, par exemple, le théâtre, qui n'a pas son pareil dans l'univers. Cet édifice est de forme circulaire et se compose d'environ cinquante arcades subsistantes.... Au-dessus de chacune d'elles s'élèvent cinq rangs d'arcades, les unes au-dessus des autres, de même forme et de même dimension, construites en pierres d'une incomparable beauté. Au sommet de chaque arcade est un cintre circulaire où se voient diverses figures et représentations curieuses d'hommes, d'animaux et de navires, sculptés avec

---

[1] *Description de l'Afrique septentrionale*, par El-Bekri, traduction de M. de Slane, p. 105.

[2] *Recherches sur la topographie de Carthage*, p. 189.

[3] *Géographie d'Edrisi*, traduite par M. Amédée Jaubert, *Nouveau Journal asiatique*, t. Ier, p. 375.

un art infini. En général, on peut dire que les autres et les plus beaux édifices en ce genre ne sont rien en comparaison de celui-ci. Il était anciennement destiné, à ce qu'on assure, aux jeux et aux spectacles publics. »

Ibn-Alouardi, écrivain du quatorzième siècle de notre ère, et Ibn-Ayas, qui vivait au commencement du seizième siècle, attestent tous deux, dans un passage cité par M. Dureau de la Malle[1], que de leur temps cet édifice était assez bien conservé.

Actuellement, comme je l'ai dit, la forme en est seule reconnaissable, et les arcades, démolies avec les gradins qu'elles supportaient, ont été emportées pièce à pièce.

A cinq cents mètres environ au sud-est des ruines de l'amphithéâtre, on distingue l'emplacement et l'enceinte d'un vaste cirque. Il est marqué dans le plan de Falbe au n° 64.

« Ce cirque, dit-il[2], a environ seize cents pieds de long et trois cent trente de largeur au milieu. La partie de l'épine (spina) qui existe encore a environ mille pieds. A l'extrémité orientale, tout près du chemin qui conduit de Malga à Douar-ech-Chot, on peut aisément reconnaître, entre deux fondements de murs, une ouverture qui a dû être l'une des entrées du cirque. Dans l'alignement de la spina et de l'autre côté du chemin, se trouve la ruine n° 73, dont la forme et l'élévation portent à présumer qu'elle était destinée à dominer le cirque tout entier, dont la forme ressemble à l'intérieur d'une carène. »

J'incline à penser, avec M. Dureau de la Malle[3], que les débris représentés sur le plan de Falbe au n° 73 sont les ruines des carceres et de l'édifice d'où le proconsul donnait le signal des courses.

[1] *Recherches sur la topographie de Carthage*, p. 190.
[2] *Recherches sur l'emplacement de Carthage*, p. 40.
[3] *Recherches sur la topographie de Carthage*, p. 198.

Ce cirque dut être souvent le théâtre de luttes passionnées ; car nous savons par saint Augustin [1] que les Carthaginois aimaient avec fureur cette sorte d'amusement.

Procope [2] nous apprend que cette enceinte servit de rendez-vous aux soldats qui se soulevèrent contre Salomon, leur général, lequel avait succédé à Bélisaire dans le commandement de l'Afrique.

Le petit village de Douar-ech-Chot, ainsi nommé parce qu'il est à une faible distance du rivage, avoisine au sud ce cirque.

Quant à celui de Malga, dont j'ai déjà parlé, il s'élève au nord de l'amphithéâtre sur une colline formée en grande partie de décombres amoncelés. Les habitants de ce village logent leurs troupeaux dans d'immenses citernes extrêmement délabrées, où aboutissait jadis, comme à un vaste château d'eau, le fameux aqueduc de Carthage.

« Parmi les curiosités de Carthage, dit Edrisi [3], sont les citernes dont le nombre s'élève à vingt-quatre, sur une seule ligne. La longueur de chacune d'elles est de cent trente pas et sa largeur de vingt-six. Elles sont surmontées de coupoles, et dans les intervalles qui les séparent les unes des autres sont des ouvertures et des conduits pratiqués pour le passage des eaux. Le tout est disposé géométriquement avec beaucoup d'art. Les eaux venaient à ces citernes d'un lieu nommé la fontaine de Choukar, situé dans le voisinage de Kaïrouan. »

Ce système de piscines constituait un rectangle assez régulier, dont il est difficile actuellement de déterminer les véritables dimensions, à cause de la chute des voûtes et de la destruction complète ou de l'enfouissement de plusieurs de ces citernes. On n'en compte plus, ou, du moins, on

---

[1] *Confess.*, liv. VI, chap. vii.
[2] *Bell. vand.*, II, 14, 18.
[3] *Nouv. Journ. asiat.*, t. Ier, p. 375.

n'en aperçoit plus maintenant que quatorze, dont treize parallèles les unes aux autres et une quatorzième courant dans une direction transversale aux précédentes. La largeur assignée par Edrisi à chacune de ces citernes est trop grande du double; quant à leur longueur primitive, autant qu'on en peut juger dans leur état actuel, elle paraît avoir été déterminée avec assez d'exactitude par l'écrivain arabe.

Une question se présente naturellement ici. Ces citernes sont-elles d'origine romaine ou remontent-elles jusqu'aux Carthaginois?

M. Dureau de la Malle[1] adopte et s'efforce par plusieurs raisons d'appuyer cette dernière opinion; il invoque également le témoignage du P. Caroni et de Leake. En un mot, il pense que ces citernes sont fort antérieures à l'aqueduc auquel elles servirent plus tard de réservoirs, mais pour lequel elles n'avaient point été primitivement construites. Autrement, s'il y avait une sorte de rapport nécessaire entre elles et cet aqueduc, comme tout porte à croire que ce dernier ouvrage est de l'époque d'Adrien, il faudrait en induire qu'elles-mêmes doivent être attribuées à cet empereur. « Utique, dit-il, colonie tyrienne fondée avant Carthage, offre aussi de vastes citernes et un aqueduc fort large. Or, ces deux constructions hydrauliques ne peuvent, à coup sûr, être de la même époque, car l'établissement de la dernière rend l'autre inutile. Rome, qui eut de si bonne heure des aqueducs remarquables, ne nous offre aucun vestige de grandes citernes publiques. Jérusalem, Tyr et Carthage employaient ce procédé pour abreuver leurs habitants, et ce n'est que plus tard qu'ils ont adopté la méthode grecque et romaine pour se procurer cet élément indispensable aux besoins de la vie. »

---

[1] *Recherches sur la topographie de Carthage*, p. 79 et suiv.

Cette assertion ainsi énoncée a, selon moi, sa part de vérité, mais en même temps sa part d'erreur. Affirmer d'une manière absolue que ces citernes sont puniques, c'est, à mon avis, émettre une opinion que dément leur mode de construction. Non-seulement leurs voûtes, mais encore leur disposition intérieure semblent attester une origine romaine. Les grandes piscines de Palestine et de Phénicie, par exemple, les fameux réservoirs de Salomon près de Jérusalem et les nombreux birkets ou bassins creusés soit par les Israélites, soit par les Phéniciens, n'offrent que des rapports très-éloignés avec les citernes qui nous occupent en ce moment. Est-ce à dire pour cela que celles-ci n'ont été construites qu'à l'époque où l'aqueduc attribué à Adrien l'a été lui-même et pour lui servir de réservoir principal? Mais alors, comment, avant Adrien, les Carthaginois pouvaient-ils se pourvoir d'eau? Outre les citernes particulières et les puits qu'ils avaient dû creuser en grand nombre, n'avaient-ils aucun système de vastes citernes publiques pour les besoins incessants et si divers d'une grande capitale? Cela n'est pas vraisemblable. J'incline donc à penser qu'une nécessité impérieuse les força à se construire de bonne heure des piscines publiques destinées à suppléer à l'insuffisance des citernes particulières et à recueillir les eaux pluviales. Ces piscines probablement ressemblaient à celles de la Palestine et de la Phénicie, et je m'imagine qu'elles consistaient simplement en de vastes bassins à ciel ouvert; plus tard, à l'époque romaine, elles furent voûtées et divisées, par conséquent, en plusieurs compartiments parallèles. Les citernes de Malga, si ma conjecture est fondée, sont donc puniques en ce qui concerne leur première origine, mais elles sont romaines par leur construction définitive.

J'ai déjà dit que l'aqueduc dont on fait honneur à Adrien y aboutissait. Cet aqueduc, l'un des ouvrages les plus gigantesques que les Romains aient exécutés en Afrique, amenait à Carthage, par un canal tantôt souterrain, tantôt porté sur de hautes et magnifiques arcades, les eaux limpides de deux sources abondantes, celle du Zaghouan et celle du Djougar. Je décrirai plus tard, en leur lieu, les divers tronçons encore debout de cet aqueduc prodigieux qui, par un détour immense, franchissant collines et vallées, disparaissant et reparaissant tour à tour, selon les accidents du sol, versait sans cesse dans les vastes citernes de Malga une eau intarissable qui de là se répandait par de nombreux canaux dans la ville entière. Il est probable qu'un canal spécial se dirigeait vers l'amphithéâtre situé près de ces citernes, de manière à pouvoir transformer, quand on le voulait, l'arène en naumachie. La partie de cet aqueduc qui aboutissait aux piscines de Malga est maintenant presque entièrement détruite; on distingue seulement quelques vestiges des piliers qui soutenaient les arcades, vestiges qui se prolongent à travers la plaine jusqu'aux collines d'Ariana.

Près de ces piscines, on remarque les ruines d'une tour qui jadis en défendait l'approche. Falbe n'a pas manqué de la signaler, et il suppose[1] avec raison que la mosaïque grossière en cailloux dont elle est revêtue intérieurement, indique une construction postérieure aux Carthaginois.

M. Beulé, précisant davantage la date probable de cette tour, pense qu'elle a été bâtie après l'an 424 de notre ère, lorsque Carthage, qui pendant plusieurs siècles était restée démantelée, fut de nouveau, sous Théodose le Jeune, environnée de murs.

« Les citernes[2], dit-il, avaient été laissées en dehors de la nouvelle enceinte, parce que l'aqueduc très-élevé auquel elles se reliaient aurait servi de pont aux assiégeants si on les eût comprises dans les fortifications. Au moins voulut-on assurer la provision d'eau si nécessaire à une ville assiégée.

---

[1] *Recherches sur Carthage*, p. 31.
[2] *Fouilles à Carthage*, p. 48.

Des citernes aux murailles de Carthage, il n'y avait pas vingt mètres de distance, et la tour, en écartant l'ennemi, assurait les communications. »

Dirigeons-nous maintenant vers l'antique Byrsa, dont nous ne sommes plus séparés que par un intervalle de sept cents mètres environ.

Cette acropole célèbre, dont le nom, dans les langues sémitiques, signifie forteresse, fut, comme on le sait, le premier berceau et resta toujours la citadelle de Carthage, tant que cette ville subsista. Elle dut même, dans le principe, former à elle seule toute la cité, cité qui fut fondée, l'an 814 avant Jésus-Christ, par une colonie phénicienne.

Je n'ignore pas, à la vérité, que quelques critiques ont contesté à cette colline la gloire d'avoir été l'acropole de Carthage, et qu'ils prétendent identifier Byrsa soit avec le Djebel-Khaouï, l'ancienne nécropole de la ville, soit avec la colline de Bordj-Djedid; mais comme leurs assertions ont déjà été réfutées plusieurs fois par divers écrivains, et, entre autres, par Chateaubriand, par Falbe, par M. Dureau de la Malle et, en dernier lieu, par M. Beulé, qui, au moyen des fouilles qu'il a exécutées, a produit pour l'éclaircissement de cette discussion des preuves plus convaincantes encore que celles qui avaient été fournies jusque-là, je crois qu'il est tout à fait inutile de chercher de nouveau à démontrer un point qui me semble désormais incontestable. J'admets donc comme un fait établi et qui n'a plus besoin d'être prouvé, l'identité de la colline actuelle de Saint-Louis avec cette fameuse Byrsa, à la fois chantée par la poésie et célébrée par l'histoire, qui fut le premier siége et le dernier boulevard de la domination carthaginoise.

La forme de cette colline est à peu près rectangulaire; elle domine la mer d'environ soixante-trois mètres. Ses flancs sont assez roides et escarpés, principalement de deux côtés: est et sud. Elle se dresse ainsi comme une acropole naturelle, que l'homme n'a plus eu qu'à fortifier pour la rendre imprenable.

M. Barth [1] frappé de la régularité même du plateau élevé qui la couronne, a pensé qu'elle était en partie artificielle et qu'elle avait été élevée par les Phéniciens à l'aide de terres rapportées, provenant des excavations gigantesques qu'ils avaient entreprises pour creuser les bassins de leurs deux ports. M. Beulé, par les divers sondages qu'il a exécutés, a réfuté cette hypothèse. Ce savant, en effet, a trouvé partout le rocher sur ce plateau à une faible profondeur qui varie de deux mètres trente-cinq centimètres à trois mètres quarante centimètres. Ce rocher consiste en un grès argileux de couleur jaunâtre; et comme il faut tenir compte du remblai considérable produit par les débris accumulés de nombreux monuments anéantis, on peut dire que ce noyau argileux était primitivement presque à fleur de terre et que, par conséquent, la conjecture de M. Barth est démentie par la réalité.

« L'idée contraire, dit M. Beulé [2], serait même beaucoup plus fondée, et l'on devrait supposer que les Carthaginois, loin de construire, à force de terrassements, une acropole artificielle, ont réduit une colline naturelle en la nivelant. Ainsi les Athéniens avaient fait niveler par les Pélasges le rocher, bien autrement dur, de leur acropole. »

Une fois parvenu sur ce plateau, dont le pourtour, en suivant les crêtes, est d'environ quatorze cents mètres, tandis que le périmètre de la colline, à la base, est de deux mille six cents mètres, ce qui équivaut aux deux mille pas que lui donnent les anciens, on ne distingue plus sur le sol que de faibles vestiges des divers édifices qui le couvraient. M. Beulé a indiqué et décrit tous ceux qu'une attentive et perspicace exploration du terrain lui a fait connaître. Je renvoie donc le lecteur à son ouvrage et aux planches qui l'accompagnent.

---

[1] *Wanderungen durch die Küstenländer des Mittelmeers*, p. 93.
[2] *Fouilles à Carthage*, p. 6.

Vers l'extrémité orientale de ce plateau s'élève la chapelle de Saint-Louis, au milieu d'un enclos entouré de murs. On sait que le bey Ahmed a concédé gratuitement à la France le sommet de la colline de Byrsa, pour y ériger un sanctuaire en l'honneur du pieux monarque qui avait consacré, par sa mort, sinon cet emplacement, du moins l'un des points de cette côte. Il est assez difficile, en effet, de préciser avec exactitude l'endroit où, le 25 août 1270, **Louis IX** *rendit le dernier soupir.* Quoi qu'il en soit, c'est au milieu des ruines de Carthage, où son armée était campée, qu'il succomba au fléau qui ravageait ses troupes. Mais indiquer nettement le lieu où se passa la scène sublime et touchante dans laquelle cet auguste monarque sembla bénir la France entière dans son fils Philippe et expira ensuite, humblement étendu sur un lit de cendres, c'est ce que, faute de renseignements contemporains bien précis, on ne peut, je crois, faire d'une manière incontestable. Toujours est-il que cette belle et sainte mort est l'un des plus grands souvenirs qui se rattachent à Carthage, et comme la colline de Byrsa est le point culminant de l'emplacement qu'occupait jadis cette ville, elle a été naturellement choisie comme le site le plus convenable pour le monument qu'on voulait y ériger.

Cette chapelle, construite il y a une vingtaine d'années et inaugurée avec une certaine pompe en 1842, a été bâtie sur les ruines du temple d'Esculape, le dieu Esmoun des Phéniciens. Petite, et d'une architecture médiocre, elle ne répond nullement ni à la grandeur du monarque auquel elle est dédiée, ni à celle de la nation qui l'a élevée. Depuis plusieurs années elle est fort mal entretenue, et la messe n'y est plus célébrée, même le jour anniversaire de la mort de saint Louis. Un pareil abandon est très-regrettable. Les musulmans vénèrent eux-mêmes encore la mémoire du roi franc qui les combattit, mais dont les vertus extraordinaires lui attirèrent, et sur les bords du Nil et sur les ruines de

Carthage, l'admiration et le respect de ses farouches ennemis. Ils auraient donc le droit d'être étonnés si nous, Français et chrétiens, nous laissions comme tomber en ruines, avec cette chapelle, le culte pieux que nous devons à l'une des gloires les plus pures du christianisme et de la France, et si nous semblions par là abdiquer, avec ce grand souvenir, la possession de la colline célèbre où nous l'avons comme localisé. Que si cette chapelle, à cause de ses proportions mesquines, devait plutôt être condamnée à périr que destinée à être réparée, il serait vivement à souhaiter qu'elle fût bientôt remplacée par un édifice plus vaste et plus digne tout à la fois de saint Louis et de la France, sanctuaire où chaque année, au moins, le jour anniversaire de la fête de ce monarque, toute la colonie française de Tunis serait officiellement convoquée pour assister à un office solennel en l'honneur de ce patron vénéré de notre nation.

J'insiste à dessein sur ce point, parce que si un peuple ne doit jamais se déshériter lui-même, à l'étranger, d'aucune de ses gloires, c'est surtout au milieu de l'empire ottoman qu'il doit les garder fidèlement, principalement quand elles offrent un caractère religieux, la religion étant considérée par les musulmans — et en cela je suis loin de les désapprouver — comme la base de la politique et comme le signe distinctif des nationalités.

Par une association d'idées qui honore singulièrement notre pays, et qui depuis l'époque des croisades s'est profondément enracinée dans leur esprit, ils ont l'habitude d'identifier sans cesse le titre de franc avec celui de chrétien ; c'est à nous à justifier et à maintenir cette habitude, et à inscrire toujours sur notre drapeau cette alliance intime du christianisme et de la France.

Ceux qui, en lisant ces lignes, s'imagineront qu'elles me sont dictées par un fanatisme aveugle, et que le meilleur moyen d'assoupir et d'éteindre celui des musulmans consiste à ne laisser voir dans sa personne que la nation à laquelle on appartient et jamais le chrétien, ceux-là, qu'ils me permettent de le leur dire, connaissent mal les mahométans. Les mahométans, il est vrai, en tant que sectateurs du Coran, sont ennemis de l'Évangile, mais ils ne comprennent pas qu'on ne soit ni pour l'une ni pour l'autre de ces deux doctrines, et que si on n'est point le disciple de Mahomet, on ne soit pas non plus celui du Christ. Un homme sans religion leur paraît un être incomplet, et un pavillon qui ne représente pas à la fois un symbole religieux et politique peut leur inspirer de la crainte quand il est celui d'une nation puissante, mais il ne leur inspire pas le même respect que celui qui porte cette double devise. Après avoir parcouru une grande partie de l'empire ottoman, et étudié sur les lieux mêmes l'histoire des divers peuples qui le composent, je me suis convaincu qu'auprès des races musulmanes la politique des nations chrétiennes s'amoindrit singulièrement, toutes les fois qu'elle se dépouille du caractère religieux dont on s'attend à la voir entourée et qui la relève aux yeux des masses.

Pour en revenir à la chapelle de Saint-Louis de Carthage, elle est environnée d'un bosquet dont les arbres, alignés en plusieurs allées, commencent déjà à répandre une ombre agréable. Ils rappellent involontairement à l'esprit le bois sacré placé par les poëtes autour du palais de Didon, dont M. Beulé a cru retrouver quelques débris sur ce même plateau de Byrsa.

> Urbe fuit media sacrum genitricis Elisæ
> Manibus et patria Tyriis formidine cultum,
> Quod taxi circum et piceæ squalentibus umbris
> Abdiderant [1].

Ce jardin est orné de divers restes d'antiquité disposés çà et là, et qui ont été trouvés soit à Carthage, soit en

[1] Silius Italicus, *Punica*, liv. I, v. 81.

d'autres points de la Régence. Ces restes consistent en fragments de statues, de moulures, de colonnes, de bas-reliefs mutilés, etc.

A droite et à gauche de la porte d'entrée règnent deux petits corps de bâtiment, dont l'un servait de logement à l'aumônier de la chapelle, et l'autre est habité par le concierge, qui garde seul cet enclos abandonné. Sous les galeries qui avoisinent ces bâtiments, on a incrusté dans les parois des murs un grand nombre de débris antiques formant, par leur assemblage un peu confus, une sorte de mosaïque très-bigarrée, mais qui ne manque pas d'intérêt pour l'archéologue.

J'y ai recueilli les inscriptions ou fragments d'inscriptions que voici :

11.

Sur une pierre tumulaire brisée :

 VICTORINA
IN PACE

12.

Sur une pierre tumulaire :

M·SILIVS·MAXIMVS·VXORI·SV
AECARISSIMAE·HICTVMVLVMFECIT
D · M · S
VIBIA·SATVRNINA·VIXIT
ANNISXXXIII·MENSES DVOS
DIES XVI

Estamp. l. 2, IT en monogr.

13.

Sur un petit autel rectangulaire :

   MERCV
   RIO·AVG
   SACRV
   PONPEIV
   S·IVLIA
   NVS·VO
   TVM
   SOLVIT

Estampage.

14.

Sur un fragment de pierre tumulaire :

  VSIMO·CE
  IXIT·AN

15.

Sur un fragment de pierre tumulaire :

   S
  IA VIXIT
  XI

16.

Sur une plaque brisée :

  PORIBVS
  NCIAM
  DVECT

17.

Sur un fragment :

FEL

J'ai copié et estampé dans ce même enclos une autre inscription fort intéressante. Elle a été découverte par M. Mattéi à El-Djem, et donne le nom antique de cette localité; je la reproduirai quand je parlerai de Thysdrus.

Je ne puis quitter la colline de Byrsa sans résumer en peu de mots ce qui concerne les fouilles qui y ont été exécutées par M. Beulé, en engageant le lecteur à consulter l'ouvrage, déjà cité, dans lequel ce savant les a lui-même racontées en détail.

L'enceinte de Carthage, telle que nous la connaissons par le récit des écrivains anciens, était l'une des plus remarquables de l'antiquité, par le périmètre immense, la hauteur, l'épaisseur et la construction particulière des murs qui environnaient cette vaste cité. M. Dureau de la Malle a reproduit, dans son ouvrage sur la topographie de Carthage, les divers textes qui se rapportent à ce sujet. Les murs de Byrsa, comme étant ceux de la citadelle, devaient être plus formidables encore; dans tous les cas, ils furent les premiers construits, Carthage ayant d'abord, sans doute, consisté simplement dans le plateau fortifié de son acropole. Au lieu donc d'entreprendre des fouilles sur l'emplacement de quelque temple célèbre, convaincu d'ailleurs que les temples de l'époque carthaginoise, renversés, puis rebâtis par les Romains, n'avaient point laissé de traces réellement puniques, M. Beulé préféra attaquer un problème différent et rechercher si les flancs de l'acropole ne recélaient point, sous la terre et les décombres accumulés, quelques restes des fortifications gigantesques qui les avaient jadis défendus. Ce savant pensait avec raison que des murs épais de dix mètres, hauts de quinze, construits en blocs massifs et par assises, n'avaient pas dû être détruits complétement par les soldats romains, et qu'il y avait chance d'en retrouver encore des vestiges considérables en ouvrant dans le sol, avec discernement et à certains endroits indiqués par la nature même du terrain, des tranchées plus ou moins profondes.

Sans entrer ici dans le détail des divers travaux que M. Beulé fit exécuter pour parvenir à son but, je me bornerai à dire qu'il rencontra d'abord, sous les premières couches du sol, les fortifications qui avaient été construites à l'approche des Vandales, sous Théodose II, l'an 424.

« Elles étaient, pour me servir des propres expressions de l'auteur [1], renversées par pans énormes, couchées à terre dans toute leur longueur.... L'appareil, ajoute-t-il un peu plus bas, en est fort singulier : quoique bâties avec du tuf, elles imitent la construction en briques. »

Après avoir traversé une épaisseur prodigieuse de débris divers ensevelis dans une poussière jaunâtre qui n'était autre chose que du tuf broyé, M. Beulé parvint enfin aux restes des constructions phéniciennes, et, continuant à pousser plus avant ses fouilles, il atteignit, cinq mètres plus bas, le sol de grès argileux, et avec lui la base des fortifications. Pour reconnaître le plan de ces fortifications, il fallait, à droite et à gauche, déblayer le terrain dans un espace assez considérable et sur différents points ; c'est ce que ne manqua pas de faire M. Beulé, et les résultats qu'il obtint lui permirent de se rendre un compte exact de la disposition des ruines puniques.

« Qu'on se figure, dit-il, un mur épais de dix mètres dix centimètres, entièrement construit en grosses pierres de tuf. Cette épaisseur n'est point massive ; elle contient des parties

[1] *Fouilles à Carthage*, p. 50.

pleines et des parties vides qui se succèdent. Si l'on se place en dehors de Byrsa, on a d'abord devant soi le mur qui faisait face à l'ennemi; il a deux mètres d'épaisseur. Derrière règne un corridor large de un mètre quatre-vingt-dix centimètres, qui passe devant une série de chambres demi-circulaires séparées du corridor par un mur épais d'un mètre. De sorte que, à proprement parler, le rempart qui s'offrait aux coups de l'ennemi était un massif de quatre mètres quatre-vingt-dix centimètres, dans lequel on avait évidé, à des hauteurs réglées, un passage couvert qui servait aux communications. Il restait donc une profondeur de six mètres vingt centimètres pour les salles en forme de fer à cheval. Elles étaient adossées à la colline de Byrsa, et leur cintre, appuyé et déguisé par un mur droit épais d'un mètre, regardait l'intérieur de la citadelle. Ce mètre déduit, les salles avaient quatre mètres vingt centimètres de profondeur, parce qu'il faut compter encore un mètre pour le mur du fond. Leur largeur était de trois mètres trente centimètres. Séparées les unes des autres par des murs transversaux d'un mètre dix centimètres, elles formaient une série continue.... Si la muraille avait trois étages, ainsi que nous l'apprennent les anciens, la même disposition devait se répéter aux deux étages supérieurs [1]. »

En même temps qu'il retrouvait des vestiges très-remarquables des murs de Byrsa, et sur ces murs la trace visible de plusieurs époques très-distinctes dans l'histoire de la construction primitive et des réparations ultérieures de cette enceinte, M. Beulé pratiquait d'autres fouilles sur le plateau de la même acropole. Ces fouilles, couronnées également de succès, mais que malheureusement il n'a pu poursuivre ni aussi loin ni aussi longtemps qu'il l'aurait voulu, ont valu à la science plusieurs résultats nouveaux. Bien que l'on sût

---

[1] *Fouilles à Carthage*, p. 59.

déjà que la chapelle actuelle de Saint-Louis avait été construite sur une partie de l'emplacement du fameux temple d'Esculape, presque tout restait encore à éclaircir sur l'étendue, la forme et le style de ce dernier monument, qui était comme le palladium de Carthage. Les constructions modernes ne permettent plus maintenant de fouiller commodément l'emplacement de ce temple. Toutefois, par une série de sondages, M. Beulé a retrouvé et suivi pendant près de cent mètres le gros mur qui devait servir de péribole à cet édifice. Ce mur a plus de deux mètres d'épaisseur, et il atteste à lui seul l'importance du monument sacré qu'il renfermait dans son enceinte. La plupart des temples de l'antiquité, du moins les principaux et les plus inviolables, étaient ainsi environnés d'une puissante muraille délimitant d'ordinaire un vaste espace rectangulaire dont ils occupaient eux-mêmes le centre. Tel était l'usage généralement pratiqué en Égypte et en Grèce; en Palestine, le temple de Jérusalem était de même enfermé dans un immense péribole construit avec des matériaux gigantesques.

Le temple d'Esculape à Carthage étant l'un des plus saints de la ville, et servant en outre, dans certaines circonstances solennelles, de lieu de réunion pour les délibérations secrètes du sénat, devait être protégé, et par l'inviolabilité religieuse dont le respect des masses l'entourait, et par la force matérielle d'une enceinte extérieure qui pût mettre ce sanctuaire, monument à la fois sacré et national, à l'abri des profanations ou d'un coup de main.

On sait qu'à l'époque de la prise et de la destruction de Carthage par Scipion l'Émilien, les ports et la ville étant tombés au pouvoir du vainqueur, Byrsa elle-même s'étant rendue, et les cinquante mille hommes, femmes et enfants qu'elle renfermait, l'ayant évacuée, le temple d'Esculape, qui s'élevait au sommet de cette citadelle, tint bon encore quelque temps. C'est là que se retranchèrent les transfuges romains, au nombre de neuf cents. Ils étaient commandés par Asdrubal, qui, entraîné par l'amour de la vie et voyant que toute résistance était inutile, quitta furtivement sa femme, ses enfants et ses soldats, et courut, un rameau d'olivier à la main, se jeter humblement aux pieds de Scipion. Scipion montra aussitôt aux transfuges cet époux, ce père et ce guerrier pusillanime qui ne rougissait pas de se déshonorer par une pareille lâcheté. Les transfuges, trahis par leur chef, mais non découragés par sa désertion, convaincus d'ailleurs que pour eux-mêmes il n'y avait rien à attendre de la pitié du vainqueur, conçurent, dans leur désespoir, une résolution héroïque : ils voulurent enlever à Scipion l'honneur de les forcer dans leur dernier asile; et, mettant le feu au temple où ils s'étaient retirés et où ils continuaient à se défendre, après avoir été contraints d'en abandonner les parvis, ils résolurent de s'ensevelir vivants sous les ruines fumantes de cet édifice, et d'échapper ainsi, par cette mort libre et volontaire, aux tortures qui leur étaient réservées. C'est alors que la femme d'Asdrubal, qui, protégée par la faiblesse de son sexe et par sa maternité, aurait sans doute arraché du grand cœur de Scipion une compassion si méritée, se montra plus magnanime encore qu'eux tous, et, loin de fuir l'incendie qui allait la dévorer, s'y précipita elle-même avec ses deux enfants, après avoir prononcé d'éloquentes et sublimes paroles que l'histoire a recueillies et consacrées.

Une autre femme, immortalisée par Virgile, avait en ce même lieu, s'il faut en croire la poésie, péri sur un bûcher, sept siècles auparavant. Cette femme, qui, sous le nom de Didon, a traversé tous les âges, et dont la passion et les poétiques malheurs semblent faire comme partie intégrante de l'histoire même de la fondation de Carthage, nous est représentée par Virgile succombant à la violence de son amour trahi et se punissant elle-même par un trépas prématuré de l'ingratitude et de l'abandon d'Énée, oubliant ainsi qu'elle était reine et fondatrice d'empire, et que les soins de son état naissant réclamaient d'elle qu'elle survécût à l'infidélité du héros troyen. Elle nous touche néanmoins et nous émeut profondément, et ce n'est pas sans attendrissement que nous relisons les plaintes, les regrets et les imprécations que Virgile met dans sa bouche, au moment où, sur le bûcher qui doit la consumer, elle va se donner le coup fatal. Mais, je l'avouerai franchement, quelle que soit la magie des vers du poëte latin et l'éloquence des gémissements de Didon mourante, j'aime encore mieux, pour mon compte, l'énergique simplicité des paroles qui sont attribuées à la femme d'Asdrubal, lorsque, à la vue de la fuite honteuse de son mari, tenant elle-même par la main ses deux enfants et promenant un fier regard, du sein des flammes qui commençaient à l'entourer, sur les ennemis qui l'assiégeaient et auxquels son grand cœur refusait de se rendre, elle adressa à Scipion ces mots si connus qu'Appien nous a transmis : « Romain, les dieux te sont favorables, puisqu'ils t'accordent la victoire. Souviens-toi de punir Asdrubal qui a trahi sa patrie, ses dieux, sa femme et ses enfants. Les génies qui protégeaient Carthage s'uniront à toi pour cette œuvre de vengeance. » Puis, se tournant vers Asdrubal : « O le plus lâche et le plus infâme des hommes! s'écria-t-elle, tu me verras mourir ici avec mes deux enfants, mais bientôt tu sauras que mon sort est encore moins à plaindre que le tien. Illustre chef de la puissante Carthage, tu orneras le triomphe de celui dont tu embrasses les genoux, et après ce triomphe, tu recevras le châtiment que tu mérites. »

Qu'il me soit permis de le dire, l'histoire ici me semble dépasser en grandeur la poésie, et la femme d'Asdrubal éclipse, à mon sens, la Didon de Virgile. Toutes deux, l'une à l'origine, l'autre à la chute de la même ville, nous apparaissent au sommet de la colline de Byrsa expirant sur un bûcher; mais l'une, qui devrait vivre pour ses sujets et pour le développement de la colonie qu'elle a fondée, se tue parce qu'un amant l'abandonne, dédaignant le cœur et le trône qu'elle lui offrait, pour aller, sous les auspices des dieux, jeter sur les bords du Tibre les fondements de la ville qui doit un jour détruire Carthage; seulement elle termine ses pathétiques imprécations par l'annonce prophétique du grand vengeur que l'avenir lui réserve dans la personne d'Annibal : l'autre s'immole également elle et ses deux enfants; mais c'est pour ne pas survivre et les faire survivre eux-mêmes à sa chère patrie, dont elle a défendu jusqu'à la fin les derniers restes et le dernier sanctuaire; elle meurt, et en mourant elle emporte intact avec elle l'honneur du nom carthaginois, qu'Asdrubal, son mari, venait de flétrir par sa lâcheté.

Le temple qui fut le théâtre de cet admirable dévouement, et qui fut alors détruit sans doute en grande partie, se releva ensuite de ses ruines ainsi que le péribole qui l'entourait, et dont les assises inférieures, encore en place, semblent remonter à l'époque carthaginoise. Ce nouveau temple reconstruit par les Romains a complétement disparu. Pour en exhumer quelques vestiges et essayer d'en retracer le plan primitif, il faudrait entreprendre sur l'emplacement même de la chapelle de Saint-Louis qui lui a succédé depuis vingt ans, des fouilles que cette chapelle rend actuellement impossibles. D'ailleurs, il est à croire que cette tardive exhumation n'aboutirait qu'à des résultats peu importants.

Ce temple était tout entier en marbre blanc et d'ordre corinthien, comme le prouvent les débris trouvés sur place par l'architecte français M. Jourdain, qui bâtit la chapelle de Saint-Louis, comme le prouvent aussi ceux que M. Beulé découvrit plus tard, en fouillant le palais qui avoisinait le temple. Ce palais, qui paraît avoir été celui des proconsuls romains, était un édifice considérable dont M. Beulé n'a pu déblayer qu'une faible partie; ce savant a néanmoins reconnu l'existence de sept salles parallèles et voûtées qui se terminaient en absides et s'appuyaient sur le mur d'enceinte du temple d'Esculape, mais à treize mètres plus bas, afin de ne pas masquer ce monument.

En face et au nord de la colline de Byrsa, s'élève une colline voisine presque aussi haute et étendue que cette dernière. On y remarque quelques ruines, restes informes de monuments complétement détruits, plusieurs citernes et des vestiges de mosaïques grossières. C'est sur ce plateau que jadis Carthage se glorifiait de posséder l'un de ses plus beaux temples, celui de Tanath ou d'Astarté, la Junon Céleste des Latins. Ce sanctuaire était l'un des plus célèbres de toute l'Afrique.

L'auteur anonyme des *Promesses* et des *Prédictions*[1] décrit ainsi ce monument, l'an 399 de notre ère :

« Apud Africam Carthagini Cœlestis inesse ferebant templum nimis amplum, omnium deorum suorum ædibus vallatum, cujus platea lithostrata, pavimento ac pretiosis columnis et mœnibus decorata, prope in duobus fere millibus passuum protendebatur. »

On voit par cette description que l'hieron de ce temple était immense et comprenait dans une même enceinte sacrée un grand nombre de temples ou plutôt de chapelles dédiées aux divinités inférieures qui, suivant l'élégante expression de M. Dureau de la Malle[2], formaient en quelque sorte le cortége ou la cour de cette grande divinité leur souveraine.

Le temple, le culte et les oracles d'Astarté, autrement dite Junon Céleste, durèrent et se maintinrent en grand honneur, malgré les efforts et les éloquentes remontrances des évêques de Carthage, jusqu'au milieu presque du cinquième siècle de l'ère chrétienne. En 421, enfin, sous

[1] Pars III, cap. xxxviii, n° 5.
[2] *Topographie de Carthage*, p. 168.

l'empereur Constance, pour détruire et extirper, s'il était possible, à jamais, un culte si vivace et pour ainsi dire indéracinable, culte que souillaient trop souvent de honteuses et impures pratiques, ce temple fut rasé de fond en comble, et son enceinte convertie en cimetière : toutes les chapelles qui l'environnaient furent également renversées.

Après ces deux temples célèbres consacrés aux deux divinités principales sous la protection desquelles Carthage s'était placée, je dois citer celui de Baal, qui s'élevait sur le forum. Quelques vestiges en subsistent encore. Falbe les a marqués dans son plan au n° 55. Ces débris, peu importants, se bornent à plusieurs pans de mur en blocage romain. L'édifice carthaginois avait été détruit et incendié lors de la prise de Carthage par Scipion ; il fut plus tard reconstruit à l'époque de la domination romaine, et jusqu'à présent tous les débris que l'on a découverts paraissent romains. On sait que le dieu Baal répondait à l'Apollon des Grecs et des Latins.

Le temple de Saturne à Carthage était fameux dans l'antiquité par les sacrifices humains qu'on y offrait. Diodore[1] nous apprend que la statue de ce dieu était d'airain et faite de manière à laisser rouler dans un gouffre embrasé les enfants qu'on déposait dans ses mains. Un passage de Tertullien[2] affirme que ces meurtres superstitieux et barbares, quoique abolis officiellement, étaient encore pratiqués en secret de son temps. Nous voyons dans ce même passage que ce temple était environné d'un bois sacré, et il est très-probable que ce bois sacré, *lucus,* occupait l'endroit où fut depuis le Lucus Vandalorum, lequel était au milieu de la ville. Le quartier où il était situé s'appelait Vicus Senis, dénomination qui provenait de l'habitude qu'avaient les Carthaginois d'appeler par respect Saturne *Senex* (le vieillard).

[1] Diod., XX, 14.
[2] *Apolog.*, cap. VI:I.

Il ne reste aujourd'hui de ce temple que quelques rares débris, à l'endroit marqué dans le plan de Falbe au n° 58.

Un autre temple qui, dans le même plan, est signalé au n° 70, au nord-est du précédent, est le mieux conservé de tous ceux qui existaient à Carthage. Sa forme est ronde. Il a 26 mètres 63 de diamètre; à l'intérieur douze piliers carrés en soutenaient le toit. Les murs en blocage étaient autrefois revêtus de marbre cipollin. M. Beulé [1] pense que ce pouvait être le sanctuaire de Cérès et de Proserpine dont il est fait mention dans Diodore de Sicile.

Les temples païens de Carthage, quand le christianisme finit par dominer complétement dans cette ville, furent les uns détruits, les autres consacrés au culte nouveau; un certain nombre de basiliques y furent également construites, et quelques-unes avec une grande magnificence. La liste à peu près complète s'en trouve dans les lignes suivantes de M. Dureau de la Malle [2] :

« Nous connaissons à Carthage, dit-il, vingt et un monuments de ce genre: la basilique de Tertullien, l'église Perpetua Restituta, la basilique de Faustus, celle de Saint-Agilée, la basilique nommée Majorum, la basilique des Martyrs Scillitains, celle de Célerine, la basilique appelée Novarum, celle de Gratien, la basilique Théodosienne, Honorienne, Théoprépienne, la basilique nommée Tricillarum, la basilique de la Seconde Région et la basilique de Saint-Paul dans la sixième. Justinien bâtit encore deux églises, celle de la Vierge dans le palais, et celle de Sainte-Prime hors du palais.... Deux autres avaient été élevées hors de la ville en l'honneur de saint Cyprien, l'une dans le lieu où il avait subi le martyre, la seconde dans la rue des Mappales, où son corps fut enseveli. »

[1] *Fouilles à Carthage*, p. 44.
[2] *Topographie de Carthage*, p. 214.

Un passage du poëte latin Felix [1] nous parle de trois monuments élevés par le roi vandale Thrasamond, et d'abord d'une basilique :

> Hic quoque, post sacram meritis altaribus ædem
> Egregiasque aulas, quas grato crexit amore,
> Condidit ingentes proprio sub nomine Thermas.

Ces divers édifices de l'époque chrétienne n'ont pas été plus respectés par les vainqueurs que les temples antiques, et il serait assez difficile maintenant, pour ne pas dire impossible, d'en retrouver et d'en signaler l'emplacement certain. Il est deux de ces basiliques, néanmoins, qui ont laissé sur le sol des vestiges assez considérables, principalement celle qui passe pour être la basilique de Thrasamond. Elle avoisine, près de la mer, le fort connu sous le nom de Bordj-Djedid, et elle a été fouillée, il y a quelques années, par le consul général anglais, sir Thomas Read, qui a fait, dit-on, transporter en Angleterre les belles colonnes de marbre veiné qu'il y a trouvées. Depuis, cette même ruine a servi et sert encore maintenant de carrière, et d'autres fûts de colonnes ont été déterrés pour être transportés à Tunis ou ailleurs. C'est ainsi que peu à peu disparaissent de siècle en siècle, d'année en année, pour ne pas dire de jour en jour, les débris jadis si gigantesques de Carthage. Ces débris qui frappèrent tant d'admiration El-Bekri et Edrisi, à une époque où les monuments auxquels ils appartenaient étaient encore en partie debout, sont incessamment enlevés et dispersés, et le voyageur qui parcourt l'emplacement de cette grande cité peut aujourd'hui avec plus de raison encore qu'autrefois le Tasse, répéter ces deux vers de sa *Jérusalem délivrée* (chant XV, stance 20) :

> Giace l'alta Cartago; appena i segni
> Dell' alte sue ruine il lido serba.

---

[1] *Antholog. vet. Latinor.*, III, p. 479-483, edit. Burm.

CHAPITRE TROISIÈME.

Ou ceux-ci, si souvent cités, de Sannazar, dans son poëme *De partu Virginis* :

> .... qua devictæ Carthaginis arces
> Procubuere, jacentque infausto in littore turres
> Eversæ. Quantum illa metus, quantum illa laborum
> Urbs dedit insultans Latio et Laurentibus arvis!
> Nunc passim vix relliquias, vix nomina servans
> Obruitur, propriis non agnoscenda ruinis.

Non-seulement Carthage n'est plus reconnaissable dans ses ruines, mais ces ruines mêmes sont condamnées à périr et périssent en effet de plus en plus, comme ces nécropoles antiques dont les tombeaux violés ne gardent même plus les ossements et les cendres qu'ils renfermaient jadis.

Toutefois, à côté de la basilique dont je viens de parler, il est une ruine immense dont les restes confus, présentant l'aspect d'un véritable chaos, échapperont encore longtemps à une destruction complète, parce qu'elle consiste dans d'énormes pans de mur en blocage renversés pêle-mêle sur le sol, comme par un tremblement de terre.

Les uns, comme M. Pellissier[1], y voient des thermes, peut-être les thermes Gargilians, où se tinrent, sous le règne d'Honorius, les fameuses conférences de Carthage au sujet du schisme des donatistes.

D'autres, comme M. Dureau de la Malle[2], se fondant sur un passage d'El-Bekri, peu concluant du reste, y placent le gymnase dont il est question dans Apulée, Tertullien et Salvien. Cette ruine est marquée dans le plan de Falbe au n° 67.

En continuant à s'avancer dans la direction du nord, on arrive au petit fort de Bordj-Djedid (le château neuf). Il est armé de quelques canons, et une faible garnison y est casernée. Le nom même qu'il porte indique qu'il a été

---

[1] *Description de la Régence de Tunis*, p. 233.
[2] *Topographie de Carthage*, p. 194.

rebâti, à une époque que je ne puis déterminer, sur les fondements d'une autre construction plus ancienne. Le premier château, qui fut pris par saint Louis et qui, jusqu'à l'érection de la chapelle en l'honneur de ce monarque à Byrsa, a depuis gardé dans le pays le nom de fort Saint-Louis, avait remplacé lui-même un édifice antique assez considérable.

M. Nathan Davis, qui a passé plusieurs années sur les ruines de Carthage, chargé qu'il était de les explorer pour le compte et au nom du gouvernement anglais, place le temple d'Esculape sur la colline de Bordj-Djedid, et, par cette seule innovation, bouleverse complétement toute la topographie de Carthage, en étayant son système sur un indice spécieux dont je crois inutile, après M. Beulé[1], de démontrer le peu de solidité.

A l'ouest de Bordj-Djedid, à la distance de deux cent cinquante pas environ, de magnifiques citernes me restent à signaler. Ces vastes réservoirs, moins étendus toutefois que ceux de la Malga, ont été admirés et décrits par tous les voyageurs qui ont visité Carthage, et sont regardés à juste titre comme l'une des ruines les plus remarquables de cette grande cité. Après tant de siècles d'existence, ils sont encore presque intacts, et, avec quelques réparations, ils pourraient continuer à servir.

Entièrement construits en maçonnerie de blocage, ils sont revêtus de plusieurs couches de ciment superposées. Au nombre de dix-huit, ils sont parallèles et séparés les uns des autres par un mur épais. Ils mesurent 30 mètres de longueur, 7 mètres 50 de largeur et 9 de profondeur, depuis le sommet des voûtes qui les recouvrent jusqu'au fond du réservoir; mais l'eau ne s'y élevait qu'à la hauteur de 5 mètres 50 environ. Ces bassins étaient desservis et surveillés au moyen de deux galeries latérales, longues de 135 mètres et larges

---

[1] *Fouilles à Carthage*, p. 28.

de 2 mètres 50, dont le sol était naturellement supérieur à celui des eaux. Aux angles, et vers le milieu de l'immense rectangle que forment ces divers réservoirs parallèles, réservoirs séparés par un mur, comme je l'ai dit, mais néanmoins communiquant les uns avec les autres par une ouverture centrale, des chambres voûtées et circulaires, aujourd'hui en partie démolies, semblent avoir été les loges des gardiens de ces citernes.

Cette piscine gigantesque n'était point alimentée, comme celle de la Malga, par l'aqueduc du Zaghouan et du Djougar ; elle recevait seulement les eaux pluviales, que de nombreux tuyaux et des pentes ménagées à dessein à l'entour lui amenaient de tous les points environnants.

Je viens de décrire sommairement les principales ruines qui ont survécu, sur l'emplacement de Carthage, à la grande destruction générale et aux diverses destructions partielles et successives que cette ville a subies et qu'elle continue à subir encore : je vais maintenant dire un mot de ses ports et de sa nécropole.

Ici, qu'il me soit encore permis d'emprunter à M. Beulé quelques-uns des renseignements nouveaux que ses fouilles ont acquis à la science.

Si quelques voyageurs ont cherché les deux ports de Carthage dans un endroit qu'ils n'ont jamais occupé, en les tournant arbitrairement, non pas vers le lac de Tunis, mais vers celui de Soukara, d'autres, et c'est le plus grand nombre, se laissant guider par une étude plus consciencieuse des documents que nous fournissent les anciens, et par un examen plus attentif des lieux, les ont vus et reconnus là où ils ont été réellement et où l'on en retrouve encore des vestiges apparents et irrécusables. Mais, si l'emplacement de ces ports ne pouvait plus être contesté sérieusement, il restait à en déterminer d'une manière plus nette le plan, la forme et la grandeur.

Ils consistaient, comme on le sait, en deux bassins, l'un intérieur, qui ne communiquait pas directement avec la mer, l'autre extérieur, que l'on traversait pour pénétrer dans le second; celui-ci était destiné aux bâtiments marchands. Au milieu du premier, qui était réservé aux navires de guerre, était une île entourée de grands quais, de même que les bords opposés du bassin. « Les quais, comme nous l'apprend Appien[1], présentaient une série de cales qui pouvaient contenir deux cent vingt vaisseaux. Au-dessus des cales, on avait construit des magasins pour les agrès. En avant de chaque cale s'élevaient deux colonnes d'ordre ionique qui donnaient à la circonférence du port et de l'île l'aspect d'un portique. »

Le port militaire s'appelait du nom particulier de Cothon; à l'époque de la domination byzantine, il prit celui de Mandracium. Il fut ruiné définitivement, ainsi que le port marchand, lors de l'invasion des Arabes en 697.

Aujourd'hui ce dernier est entièrement comblé, et l'emplacement qu'il occupait est planté de vignes et de figuiers; quant au port militaire, il a gardé sa forme circulaire, et, au milieu du bassin actuellement très-peu profond qui le constitue, s'élève une petite île décrite par les anciens, et qui à elle seule suffirait pour faire reconnaître immédiatement le Cothon creusé par les Carthaginois.

Cet îlot, où était jadis le pavillon de l'amiral, fut le premier point où M. Beulé transporta ses ouvriers. Après y avoir ouvert plusieurs tranchées, il retrouva les murs d'appui qui supportaient autrefois le quai dont l'îlot était environné, et ces murs d'appui, retrouvés, lui permirent de déterminer avec exactitude le périmètre primitif de l'île, périmètre moins considérable dans l'antiquité qu'aujourd'hui, accru qu'il a été par les terres et les débris de toute sorte qui peu

---

[1] Lib. VIII, 96.

à peu ont envahi une partie du bassin. Ce périmètre était dans le principe de 333 mètres, et le diamètre de 130.

Le quai avait 9 mètres 35 de largeur. Au nord, une petite jetée, coupée à son milieu par une ouverture transversale de 4 mètres 55 de large, qui livrait sous un pont passage aux barques, reliait l'îlot à la terre ferme. Les fondations du pavillon de l'amiral furent ensuite reconnues en partie par M. Beulé; les murs avaient 1 mètre 27 d'épaisseur, et étaient formés de gros blocs rectangulaires appareillés ensemble sans ciment.

L'île étudiée, M. Beulé explora les quais opposés, et les recherches qu'il entreprit l'amenèrent aux résultats suivants :

L'ensemble du port militaire ou du Cothon, dans sa grandeur primitive, avait un diamètre de 325 mètres et un périmètre de 1,021 mètres. La surface totale présentait 82,957 mètres carrés, dont 74,133 mètres carrés occupés par l'eau, et le reste par l'îlot central. Les cales où les galères étaient retirées ont disparu; néanmoins, quelques arrachements de murs furent pour M. Beulé une indication précieuse qui lui révéla que chaque cale, y compris le mur qui l'isolait de la cale voisine, occupait une largeur de 5 mètres 90. En donnant au mur 30 centimètres d'épaisseur, on voit que l'espace libre n'était que de 5 mètres 50 d'épaisseur. Ces cales étaient ornées de colonnes, lesquelles, à en juger par deux fragments, étaient engagées dans la tête du mur qui séparait chaque loge de galère.

Le goulet intérieur qui unissait le port rond ou militaire au port rectangulaire ou marchand, était complétement enterré.

M. Beulé s'assura par des fouilles qu'il avait 23 mètres environ de largeur. Il reconnut ensuite que le port marchand avait 456 mètres de long sur 325 de large, ou 148,200 mètres carrés. La largeur totale du quai, établi sur deux murs parallèles, était de 4 mètres 53. Quant au goulet extérieur, tel qu'il a été retrouvé par M. Beulé, il n'avait que 5 mètres 65 de large. Cette largeur si restreinte prouve à elle seule que ce n'est point là l'ouverture primitive, qui, d'après Appien, était large de 70 pieds, mais bien une ouverture postérieure datant soit de l'époque romaine, soit même de l'époque byzantine. Elle prouve aussi la petitesse des vaisseaux de l'antiquité, petitesse démontrée également par celle des cales du port militaire, lesquelles ne pouvaient pas contenir des bâtiments qui auraient eu en largeur plus de 5 mètres 50 hors bordage.

Pour de plus amples détails au sujet des ports de Carthage, je renvoie le lecteur au savant Mémoire de M. Beulé; il devra de même consulter cet ouvrage s'il désire avoir sur l'antique nécropole de cette ville des renseignements moins incomplets que ceux que je vais fournir ici en finissant.

Dans la même enceinte que la cité des savants, et protégée comme celle-ci par la grande muraille fortifiée qui coupait dans toute sa largeur l'isthme de Carthage, s'étendait, au nord, sur les pentes de la colline calcaire connue aujourd'hui sous le nom de Djebel-Khaoui, la cité des morts, dont l'immensité répondait à celle de la première.

Les flancs de cette colline recèlent en effet une quantité innombrable de caves sépulcrales creusées dans un roc tendre, sur un plan à peu près identique, et qui rappelle celui des tombeaux de la Palestine et de la Phénicie. Elles consistent d'ordinaire dans une chambre rectangulaire, dans les parois de laquelle sont évidés des trous assez profonds pour contenir un cadavre étendu. Se ressemblant toutes pour la forme, elles sont seulement plus ou moins vastes et ornées, selon qu'elles appartenaient à des familles plus ou moins considérables ou opulentes. L'entrée en était fermée par de grandes dalles de pierre qui s'appliquaient hermétiquement sur l'ouverture, et que l'on ne pouvait enlever ou écarter qu'avec difficulté, afin d'assurer davantage l'inviolabilité des sépultures. Néanmoins, presque toutes ont été violées ; les cendres des morts ont été jetées au vent, et les divers objets précieux ensevelis avec eux sont devenus la proie des nombreux profanateurs qui, tour à tour et d'âge en âge, ont pillé ces tombeaux.

CHAPITRE QUATRIÈME.

Visite au Bardo. — Grande fantazia arabe.

Avant de commencer définitivement l'exploration de l'intérieur de la Régence, je me rendis deux fois au Bardo. C'est le palais où réside d'ordinaire le bey. Il est situé dans une plaine poudreuse en été et fangeuse en hiver, à deux kilomètres et demi environ au nord-ouest de Tunis. On passe, avant d'y arriver, non loin d'un fort isolé destiné à défendre la ville de ce côté, et puis sous les arches hautes et étroites d'un aqueduc moderne attribué aux Espagnols.

Ce palais, dont l'apparence extérieure est plutôt celle d'une caserne fortifiée que d'un château princier, est environné d'un mur et d'un fossé, et flanqué de tours et de bastions, la plupart en assez mauvais état de défense. Plusieurs corps de bâtiment agencés ensemble sans goût, composent cette sorte de caserne, dans laquelle les beys aiment à se retrancher comme dans un asile plus sûr que l'ancienne kasbah, et surtout que leur palais de ville.

A peine a-t-on franchi la porte qui se trouve près de la façade principale, qu'on entre dans une espèce de rue, bordée d'un côté par les dépendances du sérail, et de l'autre par une foule de boutiques étroites et chétives, où sont installés autant de marchands, dont la présence forme en cet endroit une sorte de marché et de foire perpétuelle.

A l'extrémité de cette rue est le vestibule de l'appartement du premier ministre; puis une voûte sombre et tournante conduit à une première cour enfermée entre quatre murs élevés qui la font ressembler à celle d'une prison. Une autre voûte mène au harem. L'entrée du sérail est dans une seconde cour. On y monte par un escalier de quelques belles marches, et l'on arrive alors à une magnifique cour dallée en marbre, spacieuse et symétrique, autour de laquelle règne une galerie à arcades que soutiennent de jolies colonnes de marbre blanc. Le milieu de cette cour est orné d'une fontaine et d'un bassin.

Le trône du bey étincelle de dorures; il occupe toute la largeur d'une profonde galerie dont la porte est sur un côté de la cour du sérail. A l'entrée de cette même cour et donnant sur le vestibule, est une autre galerie destinée aux audiences de justice de Son Altesse.

Le bey donne ces audiences deux fois par semaine; dès le matin, tous ceux qui en appellent à lui envahissent les abords du palais.

On sait combien notre justice est lente et circonspecte, combien sa marche est prévoyante, quelquefois même embarrassée, à cause des entraves que la loi lui impose. De cette manière, elle risque moins de s'égarer, et ses pas sont plus assurés. Quand elle frappe, il est assez rare qu'elle atteigne un innocent. La justice musulmane est beaucoup plus expéditive et moins timorée. Le bey de Tunis, par exemple, termine à lui seul, dans une matinée, plus d'affaires que plusieurs tribunaux d'Europe réunis n'en pourraient examiner en une semaine. Les deux parties adverses plaident devant lui et exposent brièvement ce qui les concerne, sans l'intermédiaire d'avocats qui parlent en leur nom. Quand le bey croit avoir suffisamment saisi la vérité dans la cause qui lui est soumise, il prononce son arrêt, arrêt sans appel, et la sentence émanée d'une façon irrévocable de sa bouche souveraine est aussitôt exécutée.

CHAPITRE QUATRIÈME.

Tout le monde comprend facilement les avantages et les inconvénients d'une manière de juger aussi prompte, pour ne pas dire aussi précipitée. C'est la manière patriarcale, pratiquée jadis par tous les souverains et même, jusqu'à une époque assez avancée de notre histoire, par les rois de notre monarchie. Quand le prince qui juge a la perspicacité pénétrante d'un Salomon et l'impartialité incorruptible d'un saint Louis, la justice ainsi rendue l'est aussi bien et cent fois plus rapidement, par conséquent entraine beaucoup moins de frais qu'avec les lenteurs et les diverses combinaisons de notre procédure compliquée et savante; mais, d'un autre côté, si le juge, qui, en peu de temps, doit se prononcer définitivement et sans retour sur la vie et la fortune d'une foule d'individus, n'a ni les lumières nécessaires pour décider aussitôt en pleine connaissance de cause sur tant de graves questions, ni une droiture d'âme assez grande pour être au-dessus de toute partialité, on conçoit alors qu'une semblable manière de juger, si elle a l'avantage de ne pas faire trainer les choses en longueur, a aussi l'inconvénient de les terminer trop souvent d'une façon contraire à la vérité et à la justice. Tout dépend du caprice d'un maître absolu dont la volonté arbitraire est d'autant plus sujette à errer qu'elle se croit infaillible.

Le bey actuel, Sidi-Sadok, est, dit-on, animé de louables intentions; il n'ignore pas combien d'abus il a à corriger dans ses États, et il désire y porter remède. Déjà même le commencement de son règne a été marqué par plusieurs actes importants et par plusieurs améliorations notables.

Son premier ministre, Sidi-Mustapha-Khasnadar, est depuis longtemps l'homme le plus influent de la Régence. Grec d'origine, musulman par ambition, il a su, à force d'habileté et de prudence, se maintenir au pouvoir sous plusieurs beys différents et garder même comme ministre des finances, ce qu'indique le titre de khasnadar, un poste de confiance qui, en le préposant à la garde du trésor du bey, le place par cela même à la tête des affaires. M. le baron J. de Lesseps avait eu l'obligeance de me remettre une lettre de recommandation pour ce ministre, son vieil ami. Grâce à cette recommandation puissante, grâce aussi à celle de M. le consul général de France, Sidi-Mustapha, à qui je fus présenté par M. Baquerie, l'un des attachés du consulat, m'accueillit très-favorablement au Bardo, et il me promit tous les amar-bey ou ordres émanés de Son Altesse dont j'aurais besoin pour parcourir plus facilement la Régence. Il me promit également deux hambas, espèce de gendarmes qui forment la garde personnelle du bey et qui sont chargés d'aller porter ou exécuter ses volontés dans les différentes parties de ses États. Ils constituent un corps particulier qui est très-fier de ses priviléges et qui souvent abuse de la terreur qu'il inspire aux populations, comme messager et instrument des ordres de Son Altesse, en les rançonnant à son profit.

Dans la cour du sérail et sous les galeries qui l'entourent, j'eus l'occasion, la première fois que je visitai le Bardo, de voir et d'étudier un peu la physionomie des principaux personnages, soit indigènes, soit européens, qui jouent un rôle de quelque importance à Tunis. Mais peu de jours après, ce palais et ses abords m'offrirent un spectacle beaucoup plus animé encore, par suite de l'arrivée du général Khayr-ed-Din, qui apportait au bey, de la part du sultan, son firman et son caftan d'investiture.

Bien que les beys de Tunis soient maintenant, en réalité, indépendants de la Sublime Porte, et que l'hérédité, par ordre de primogéniture, soit devenue un droit et un privilége exclusif de la famille du bey actuel, néanmoins, au moment où ils montent sur le trône, il est toujours d'usage que, comme signe de vassalité, ils envoient un présent assez considérable à leur suzerain le sultan, et celui-ci semble consacrer, en retour, leur avénement par la remise d'un firman et d'un caftan d'investiture. Cette remise est ordinairement le signal de fêtes qui durent plusieurs jours. Comme l'arrivée de Khayr-ed-Din, rapportant de Constantinople la reconnaissance officielle de Sidi-Sadok en qualité de successeur du bey défunt, coïncidait avec la présence d'une petite armée campée autour du Bardo, sous les ordres du bey du camp, ces fêtes empruntèrent à cette réunion de troupes un éclat nouveau et furent célébrées par de grandes fantazias arabes auxquelles, en Tunisie, on donne habituellement le nom de *melab*.

Le bey du camp est, dans la Régence, l'héritier présomptif de la couronne. Il parcourt, chaque année, avec une armée de quatre ou cinq mille hommes, dans deux saisons différentes, le nord et le sud du beylik, le nord pendant l'été, le sud pendant l'hiver. Le but de cette promenade militaire est la perception de l'impôt. Le bey du camp règle en outre, chemin faisant, toutes les affaires qui sont soumises à son arbitrage ; il apprend ainsi à connaître les États et les hommes auxquels il est appelé à commander un jour.

Indépendamment de cette petite armée régulière campée autour du Bardo, et qui n'attendait pour se mettre en marche dans la direction du sud que la fin des fêtes qui allaient commencer, les principales tribus avaient député au bey pour cette circonstance solennelle de nombreux cavaliers dont le chiffre pouvait atteindre cinq à six mille hommes. La plaine qui environne le Bardo offrait alors l'aspect animé d'un camp. J'examinai ce camp avec d'autant plus d'intérêt, qu'il semblait personnifier la Tunisie entière, en me montrant réunis dans la même enceinte des représentants de toutes les tribus soumises au bey. Une chose me frappa, c'est l'apparence misérable de la plupart des chevaux que je voyais attachés au piquet devant chaque tente. Sauf les chefs, en effet, ces milliers de cavaliers accourus de tous les coins de la Régence étaient fort mal montés. Leurs chevaux maigres et efflanqués, dont beaucoup paraissaient exténués, tant par les privations de toutes sortes qu'ils avaient subies que par les longues marches qu'ils venaient d'exécuter pour arriver à Tunis, étaient loin d'égaler l'idée que je m'étais faite de ces chevaux numides si vantés dont ils sont néanmoins les descendants. Toutefois, lorsque les fantazias commencèrent, et que, suivant l'expression pittoresque des Arabes, la poudre se mit à parler, tous ces chevaux, oubliant leurs fatigues, s'animèrent soudain, leurs yeux languissants lancèrent des éclairs, et ces milliers de cavaliers, rivalisant ensemble d'entrain, d'habileté et de vitesse, exécutèrent pendant des heures entières, deux à deux, quatre à quatre, quelquefois même en plus grand nombre, des courses effrénées. Au moment où ils passaient avec une rapidité extraordinaire devant le palais et sous les yeux du bey, ils ne manquaient jamais de décharger leurs longs fusils en poussant ces cris gutturaux par lesquels ils semblent s'enivrer eux-mêmes, eux et leurs chevaux, et qu'ils ont l'habitude, dans leurs guerres, de faire retentir incessamment, afin de s'exciter au combat. Une centaine de cavaliers richement vêtus, armés de magnifiques yataghans et de fusils dont la crosse était ornée de nacre et d'élégantes ciselures en arabesques, se firent remarquer entre tous : c'étaient des chefs importants. Ils étaient montés sur de superbes coursiers au large poitrail, à la crinière ondoyante, à la queue fournie et flottante qui balayait en quelque sorte le sol. Des selles brodées avec art, des étriers argentés, de longues housses de soie de différentes couleurs, placées sur la croupe de leurs chevaux, les distinguaient facilement de leurs subordonnés, qui étalaient, au contraire, pour la plupart, tous les dehors de la pauvreté. Ils se livrèrent entre eux à de véritables assauts d'audace et de dextérité dans l'art de l'équitation. Je croyais assister à l'un de ces tournois du moyen âge que nos pères aimaient tant, et qui étaient le couronnement ou même le fond habituel de toutes les fêtes d'alors. Cavaliers intrépides, ces chefs arabes, fiers de l'admiration qu'ils excitaient, cherchaient à l'envi à déployer avec leur adresse l'incroyable légèreté de leurs nobles montures ; celles-ci semblaient jouir elles-mêmes avec orgueil des applaudissements qu'elles provoquaient de toutes parts, et ne se refusaient point à recommencer, sans trêve ni repos, quoique toutes ruisselantes de sueur, leurs courses enivrantes.

Comme l'ordre ne préside pas d'ordinaire à ces sortes de fêtes, et qu'il est difficile qu'il se maintienne toujours dans un tumulte si confus, deux accidents funestes signalèrent ces fantazias ; deux Arabes furent écrasés sous les pieds des chevaux et succombèrent à leurs blessures.

Quand les courses furent finies, plusieurs cavaliers d'élite se mirent à danser à cheval, au son du tambourin et d'une flûte très-primitive, la danse du yataghan. Cette danse est très-ancienne parmi les Arabes et a le privilége de les charmer singulièrement. Leurs chevaux eux-mêmes semblent y prendre goût, et il faut voir avec quelle grâce et quelle intelligente souplesse ils bondissent en cadence autour des musiciens, qui, par leurs accords plus ou moins précipités, ralentissent ou accélèrent leurs mouvements, tandis que les cavaliers qui les montent manient et font tourbillonner en tout sens avec une merveilleuse habileté la lame étincelante de leurs yataghans.

Les fêtes durèrent trois jours ; ensuite, les goums ou détachements des différentes tribus qui s'étaient rendus à Tunis, reprirent la route de leur campement habituel. La petite armée qui était rassemblée sous les ordres du bey du camp se disposa également à lever ses tentes pour commencer la longue tournée annuelle du sud de la Régence. Plusieurs personnes m'avaient donné le conseil de la suivre et de régler mon itinéraire sur le sien ; de cette manière, en effet, j'aurais pu voyager en pleine sécurité, sans avoir de frais d'escorte à payer; mais je crus ne devoir pas me conformer à cet avis, afin d'être plus libre dans mes mouvements et de pouvoir étudier et parcourir le pays plus à mon aise. Je préférai donc me composer une petite escorte qui m'accompagnerait partout, et qu'au besoin je pourrais augmenter, quand les circonstances et les localités l'exigeraient. Cette escorte se borna habituellement à deux hambas, Aly et Mohammed; à un domestique arabe, Messaoud, qui était chargé d'avoir soin des montures et du bagage; et à un drogman nommé J. Malaspina, ancien spahi français, qui me rendit pendant mon long voyage, par son intelligence et par son dévouement, des services signalés.

Les derniers jours du mois de janvier ayant été marqués par des pluies torrentielles, je fus retenu malgré moi pendant près d'une semaine dans la capitale de la Régence. Le 1ᵉʳ février enfin, le ciel s'étant un peu éclairci, je donnai le signal du départ.

CHAPITRE CINQUIÈME.

De Tunis à Sousa. — Oued Melian. — Darbet-meta-Sidna-Aly. — Hammam-el-Lif (peut-être l'ancienne Maxula). — Groumbélia. — Belad-Tourki. — Bir-el-Bouïta. — Kasr-el-Menara. — Henchir-es-Selloum. — Herglah, jadis Horrea-Cælia. — Arrivée à Sousa.

1ᵉʳ février.

A neuf heures cinquante minutes du matin, je quitte avec ma petite escorte les murs de Tunis. Nous sommes tous bien armés et assez bien montés. Le bagage avait été réduit au strict nécessaire, d'abord afin de ne pas trop tenter la cupidité des Arabes, ensuite pour que notre marche fût, autant que possible, constamment uniforme, et que l'allure de nos montures, n'étant pas ralentie par des fardeaux embarrassants, pût me permettre de mesurer avec assez d'exactitude par le nombre d'heures écoulées celui des kilomètres parcourus.

Sortis de la ville par la porte appelée Bab-el-Djezirah et par le faubourg du même nom, porte et faubourg qui, par corruption, ou, pour mieux dire, par abréviation, sont plus communément désignés sous la dénomination d'el-Dzirah, nous laissons bientôt à notre droite le tombeau de Sidi-bel-Hassen-el-Chadeli, qui s'élève sur une hauteur, et ensuite le hameau et la zaouïa de Sidi-Fethalla.

Quelques kilomètres plus loin, nous rencontrons un fondouk ou grande hôtellerie arabe, à l'usage des caravanes, appelée Chouchet-Radès, parce qu'elle avoisine le village de ce nom. Les pluies des jours précédents ont tellement défoncé la route, que nos montures n'avancent qu'avec la plus grande difficulté, et, dans certains passages, elles ont mille peines à se dégager de la boue épaisse et glissante des fondrières qu'il leur faut franchir.

C'est ainsi qu'après de laborieux efforts de leur part, nous arrivons à l'oued Melian, le Catada de Ptolémée. Nous le traversons sur un pont en pierre de cinq arches, qui a été construit en 1749, non loin d'un vieux pont écroulé. Cet oued est un des plus considérables de la Régence, qui, du reste, ne renferme qu'un petit nombre de cours d'eau importants ; il se jette dans le golfe de Tunis, un peu à l'est du village de Radès.

Les montagnes que nous longeons, à notre droite, sont d'un blanc grisâtre, et leurs flancs ont été en certains endroits taillés par la main de l'homme, qui y a puisé des matériaux de construction pour Carthage, pour Tunis et pour les bourgs ou villages voisins. Là où le roc ne se montre pas aux regards, elles sont couvertes de broussailles et d'arbustes, tels que du houx, du myrte, de l'arbousier et du lentisque.

Nous passons bientôt devant une fente profonde qui divise

l'une de ces montagnes en deux parties distinctes, et à laquelle les Arabes donnent le nom de Darbet-meta-Sidna-Aly (coup de notre seigneur Aly), prétendant que cette fente provient d'un violent coup de sabre asséné à la montagne par ce valeureux défenseur de l'islamisme. Suivant la tradition, ce guerrier se trouvant acculé en ce lieu par une troupe de chrétiens, échappa à la honte de tomber vivant entre leurs mains ou à la nécessité de périr sous leurs coups, en s'ouvrant par la lame puissante de son sabre, à travers les flancs rocheux et escarpés du mont qui barrait sa fuite, une issue inattendue. Cette légende merveilleuse, tout à fait conforme au génie arabe, rappelle naturellement à l'esprit celle qui attribue, dans une gorge célèbre des Pyrénées, un effet semblable à l'épée du fameux Roland.

A deux heures, nous atteignons Hammam-el-Lif. C'est un amas de quelques maisons au milieu desquelles on distingue celle du bey, Dar-el-Bey, par sa grandeur plutôt que par sa magnificence; car, extérieurement du moins, elle n'offre rien de remarquable. Ces maisons sont presque toutes adossées à la montagne; presque toutes aussi renferment des bains. Cette localité, en effet, est très-renommée pour ses eaux thermales; de là même le nom qu'elle porte.

Au moment où nous y arrivions, nous fûmes surpris par une pluie tellement torrentielle, que force nous fut de mettre pied à terre et de nous arrêter en cet endroit. L'oukil préposé à la garde de Dar-el-Bey nous offrit l'hospitalité dans la partie de ce palais qui est réservée d'ordinaire aux étrangers. Nous acceptâmes cette offre avec reconnaissance, et la pluie n'ayant point cessé de tomber jusqu'à six heures du soir, nous passâmes la nuit dans la chambre qui nous avait été préparée.

Hammam-el-Lif ou Hammam-el-Enf, car ces deux dénominations sont également usitées, possède, comme je l'ai dit, des eaux thermales très-précieuses. La température de ces eaux est d'au moins 40 degrés centigrades; elles sont très-efficaces contre plusieurs des maladies qui affectent la peau. Claires et limpides, elles sont légèrement salines et ferrugineuses. On les emploie soit comme bains, soit comme boisson. Elles attirent chaque année un assez grand nombre de baigneurs, et il est à croire que dans l'antiquité elles avaient dû de même déterminer en ce lieu la fondation d'un établissement thermal et d'un bourg attenant, dont les ruines auront servi aux constructions modernes de Hammam-el-Lif.

Par sa position, cette localité paraît être la Maxula de l'Itinéraire d'Antonin et de la Table de Peutinger.

Pline[1] cite une Maxulla qu'il nomme immédiatement après Carthage, et à laquelle il donne le titre de colonie.

Dans la notice des évêchés de la province proconsulaire, il est question d'un *episcopus Maxulitanus*. Seulement, comme Ptolémée signale deux Maxula dans le voisinage de Carthage, dont l'une plus ancienne que l'autre et pour cela appelée Maxula Vetus, je ne saurais dire laquelle de ces deux villes était la résidence de cet évêque.

2 février.

A sept heures du matin, nous nous mettons en marche. A notre droite se dressent les cimes jumelles du Djebel-bou-Kourneïn. De loin, les deux sommets, qui ont fait donner à cette montagne le nom qu'elle porte (montagne aux deux cornes), semblent presque se toucher; mais, en réalité, ils sont séparés par une vallée d'une certaine largeur. Les flancs de ce massif que précèdent et auquel se rattachent, du côté de Hammam-el-Lif, plusieurs collines, sont revêtus de hautes broussailles.

A sept heures quinze minutes, nous laissons sur notre

---

[1] Pline, V, 7.

droite une sebbala ou fontaine publique dont les eaux sont amenées au bassin qui les reçoit et d'où elles s'écoulent, par un aqueduc qui descend de la montagne.

Plus loin, un grand puits accompagné d'une fontaine porte le nom de Bir-el-Bey (puits du bey) et indique par là qu'il doit sa fondation à la munificence d'un bey.

Plus loin encore, nous rencontrons une autre sebbala. Çà et là quelques ruines romaines sans nom et très-indistinctes s'offrent à nos regards : les unes, plus considérables, sont les vestiges de villages ou de hameaux complétement détruits; les autres, moins étendues, ont appartenu à de simples fermes ou habitations isolées.

A neuf heures, nous sommes en face du Djebel-Ressas (la montagne du plomb), l'une des hautes montagnes de la Régence : elle est ainsi appelée à cause des mines de ce métal qu'elle recèle dans son sein, mines jadis exploitées et qui sont abandonnées maintenant.

A dix heures, nous franchissons l'oued Touniss.

A onze heures, nous arrivons à Groumbélia. Ce village contient environ six cents habitants. Le bey y possède un pressoir à huile et une maison où il entretient un oukil pour la gestion des biens qui lui appartiennent dans cette contrée, et qui consistent principalement en belles plantations d'oliviers. Je remarque à Groumbélia, dans quelques constructions modernes, des matériaux d'une époque beaucoup plus reculée et qui semblent prouver que là a dû exister un bourg antique.

A midi quarante-cinq minutes, nous poursuivons notre route.

Trois kilomètres au delà de Groumbélia, nous parvenons à Belad-Tourki, village de cinq ou six cents habitants, et qui a été construit sur l'emplacement et avec les débris d'un autre petit bourg détruit.

Bientôt après, nous traversons l'oued Tebournok, puis

l'oued el-Defla, ainsi nommé à cause des lauriers-roses qui bordent et même remplissent son lit.

Vers deux heures, à Bir-el-Arbaïn (puits des quarante), j'observe plusieurs petites enceintes en pierre du milieu desquelles s'élancent quelques palmiers et qui renferment des tombeaux. Les Arabes prétendent que ce sont ceux de quarante musulmans qui ont succombé près de là en combattant les infidèles.

A une faible distance d'El-Arbaïn, les ruines d'un ancien municipe méritent l'attention du voyageur. Comme je ne les ai visitées que dans une exploration ultérieure, je n'en parlerai pas pour le moment.

Nous nous engageons ensuite dans une khanga longue de quinze kilomètres environ. C'est un fourré, jadis très-épais et qu'on a depuis éclairci un peu, consistant en thuyas, en sapins, en pins d'une petite espèce, et en divers arbustes épineux qui recouvrent un sol accidenté. Le passage de cette khanga était autrefois redouté, à cause des crimes qui s'y commettaient. Mes hambas me font remarquer, de distance en distance, plusieurs petits tas de pierres indiquant l'endroit où des assassinats ont eu lieu. Ces petits tas portent généralement en Tunisie le nom de *mechad*, et, ainsi que l'annonce cette désignation, ce sont comme autant de témoins accusateurs du meurtre. Les Arabes ont l'habitude, quand ils passent auprès d'un tas semblable et que le crime qu'il rappelle est récent et n'a pas encore été vengé, d'ajouter une pierre à celles qui sont déjà amoncelées, en répétant cette imprécation : « Qu'Allah inflige au meurtrier une mort aussi cruelle que celle par laquelle il a fait périr un innocent ! »

A six heures du soir, nous faisons halte pour la nuit à Bir-el-Douïta ; là est un puits et un grand fondouk où s'arrêtent d'ordinaire les caravanes qui vont à Sousa ou qui en reviennent. Du haut des terrasses de ce caravansérail, je promène longtemps mes regards sur tous les alentours; une lune magnifique les éclaire. D'un côté, la petite ville de Hammamet, ses jardins et son golfe, de l'autre, une vaste solitude boisée, se déroulent devant mes yeux sous les rayons de l'astre qui les illumine. Le silence de la nuit n'est interrompu que par les cris plaintifs des chacals qui imitent les vagissements des enfants, cris auxquels répondent les aboiements des chiens dans un douar voisin. Tant que j'étais resté à Tunis, dans le quartier franc, je n'avais pour ainsi dire pas entièrement quitté l'Europe; ici, je suis en pleine Afrique. Au début de mon voyage, je ne puis m'empêcher de me reporter un instant en arrière par la pensée et par le cœur, et de tourner un regard ému vers la France, vers ma famille et vers mes amis. Daigne la Providence, à qui je me confie, me guider elle-même par la main à travers les contrées barbares que je vais explorer, et me ramener ensuite près du doux foyer où une mère m'attend !

3 février.

Partis de Bir-el-Bouïta à sept heures du matin, nous arrivons vers huit heures à Kasr-el-Menara.

Kasr-el-Menara, ou le château du Phare, comme les Arabes désignent ce monument, est un édifice circulaire reposant sur un soubassement carré. Son diamètre est d'environ 14 mètres, et sa hauteur actuelle de 10. Construit en blocage, il est revêtu extérieurement de beaux blocs rectangulaires, dont une partie a déjà été enlevée pour servir ailleurs dans des bâtisses modernes. La corniche qui le couronnait n'existe plus; il en est de même des petits autels qu'a vus Shaw, et dont chacun desquels portait le nom d'un personnage différent. Comme le remarque, très-judicieusement sir Grenville Temple[1], ce tombeau ressemble beaucoup

---

[1] *Excursions in the Mediterranean*, t. II, p. 8.

à celui de Cæcilia Metella, près de Rome, et à celui de la famille Plautia, près de Tivoli. Inférieur à ces derniers mausolées, il n'a pu être néanmoins érigé que pour une famille importante; les trois inscriptions lues par Shaw[1] étaient les suivantes :

L·AEMILIO	C·SVELLIO	VITELLIO
AFRICANO	PONTIANO	QVARTO
AVVNCVLO	PATRVELI	PATR.

Elles ont disparu avec les autels sur lesquels elles étaient gravées.

Ce monument avoisinant le bord de la mer, sur une petite colline, les Arabes se sont imaginé qu'on allumait jadis des feux sur son sommet, et que c'était un phare destiné à guider les matelots sur les flots; de là le nom de Kasr-el-Menara, ou simplement d'El-Menara qu'ils lui ont donné, et qu'il a conservé jusqu'à nos jours.

Près de ce mausolée on remarque les vestiges de plusieurs constructions antiques presque entièrement rasées, et qui jonchent le sol de débris peu distincts.

A neuf heures et demie, nous poursuivons notre route dans la direction du sud, en continuant à longer la côte à la distance de 2 kilomètres environ.

A dix heures, nous franchissons l'oued el-Kenatir sur un pont moderne. Le tablier repose sur une arche à ogive très-aiguë, et a par conséquent, comme la plupart des ponts bâtis par les musulmans, une double inclinaison très-prononcée. Près de là sont les débris d'un pont antique dont les arches sont à moitié écroulées.

A dix heures et demie, nous traversons sur un autre pont, également moderne, un second oued dont je n'ai pu savoir

---

[1] *Voyages de Shaw*, t. Ier, p. 207 (trad. française).

au juste le nom. L'un de mes hambas le désignait, sans en être sûr, sous celui d'oued el-Coucha.

Non loin de ce pont gisent près d'un puits deux tronçons de colonnes antiques.

A onze heures, nous laissons sur notre gauche un village ruiné appelé Henchir-es-Selloum et couvrant une colline d'environ 700 mètres de pourtour. En parcourant l'emplacement qu'il occupait, je distingue, au milieu de débris confus et insignifiants, quelques tronçons de colonnes antiques.

Je ferai observer ici, une fois pour toutes, au lecteur que le terme d'henchir est employé en Tunisie pour signifier une ferme et en même temps une ruine. Cette dernière acception est même la plus usitée.

A une heure, nous franchissons sur un pont moderne l'oued es-Seraouel. A notre droite s'étend une vaste sebkha, ou marais salé, que nous côtoyons pendant fort longtemps. Peu profonde, elle se dessèche en été presque entièrement.

Bien que nous ne soyons qu'au commencement de février, la chaleur est déjà très-forte, et des nuées de moucherons bourdonnent autour de nos chevaux et les importunent en leur piquant les flancs et surtout les naseaux. Ils s'élancent sans cesse et montent en tourbillons du milieu des plantes salines et marécageuses que nous foulons sur notre passage.

Vers deux heures, j'aperçois quelques vestiges d'une chaussée ancienne qui protégeait la route contre l'envahissement des eaux de la sebkha.

A trois heures, nous faisons halte un instant auprès d'un poste militaire établi là pour surveiller la côte. Il renferme une vingtaine d'hommes, sous le commandement d'un ious-bachi ou capitaine.

A trois heures vingt-cinq minutes, nous remontons à cheval.

CHAPITRE CINQUIÈME.

A quatre heures, nous franchissons l'oued Amouch sur un pont moderne de trois arches.

A cinq heures, nous arrivons à Herglah.

Cette petite ville est précédée et entourée de jardins que bordent et séparent les uns des autres des haies impénétrables de cactus. Le sol en est très-sablonneux; mais, au moyen d'irrigations, il devient propre à la culture, témoin la beauté des oliviers et des autres arbres de ces jardins. Un puits, probablement antique, est situé au nord et au bas de la ville. Celle-ci occupe une éminence peu élevée, et n'a que 1,300 mètres au plus de pourtour. La moitié de ses maisons sont abandonnées et tombent en ruine; je doute qu'elle ait maintenant au delà de huit cents habitants. Elle possède deux mosquées, l'une consacrée à Sidi-Saïd, l'autre à Sidi-bou-Mandil. Cette dernière est une zaouïa érigée en l'honneur d'un santon très-vénéré dans le pays, et dont le tombeau est le but de nombreux pèlerinages.

A l'endroit culminant du plateau d'Herglah s'élevait, il y a quelques années encore, un ancien et assez vaste édifice, d'origine byzantine probablement, et appelé par les habitants du nom général de Kasr (le château). Les murs en sont maintenant aux trois quarts renversés. Construits en blocage, ils étaient revêtus extérieurement d'un appareil de gros blocs, qui ont été enlevés pour servir à bâtir le pont dont je parlerai bientôt.

Du reste, sauf quelques pierres sculptées et cinq ou six tronçons de colonnes, il ne subsiste plus rien d'intéressant du bourg antique auquel Herglah a succédé. Ce bourg était celui d'Horrea-Cælia, marqué dans l'Itinéraire d'Antonin, à 18 milles d'Hadrumetum, aujourd'hui Sousa. La Table de Peutinger le signale également sous le nom d'Ad Horrea. Dans cette Table, on voit un grand bâtiment figuré à côté de ce nom, ce qui semble indiquer, comme ce nom même, que le bourg d'Horrea était jadis un entrepôt où l'on conservait les céréales destinées à être exportées. Dans la Notice des églises de la Byzacène, il est fait mention d'un *episcopus Horreae Caeliensis*.

4 février.

A sept heures trente minutes du matin, nous nous remettons en marche dans la direction du sud-sud-est.

A huit heures trente minutes, nous commençons à franchir, sur une chaussée d'un kilomètre de long, une grande sebkha appelée la Djeriba. Cette plaine basse et marécageuse, avant la construction de cette chaussée, qui est toute récente, était très-dangereuse en hiver, principalement à l'endroit que traverse un oued qui se jette à la mer sous la désignation de Halk-el-Mengel. Il se passait peu d'années sans que les caravanes eussent à y déplorer quelque accident. Malheureusement, pour construire cette chaussée, ainsi que le pont qui en occupe le milieu, on a employé des matériaux antiques enlevés à des monuments qui ont ainsi disparu ou en totalité ou en partie.

A neuf heures trente minutes, quelques ruines romaines attirent un instant mon attention. L'un de mes hambas me les désigne par le nom de Kasr-el-Blidah (le château du bourg); l'autre prétend qu'elles s'appellent Hanout-el-Hadjem (la boutique du barbier). Cette dernière désignation est assez commune en Tunisie, et est donnée par les Arabes en plusieurs endroits différents, à certaines constructions romaines qui leur paraissent être d'anciennes boutiques.

Des plantations d'oliviers commencent à se montrer à droite de la route que nous suivons. A gauche, elle est bordée de dunes de sable.

Une demi-heure plus loin, nous marchons entre une double ligne de vergers ou de plantations d'oliviers.

A dix heures trente minutes, nous rencontrons quelques ruines romaines, mais insignifiantes.

A onze heures, nous franchissons le lit large et peu profond de l'oued el-Hammam : il est presque à sec. La coupole blanche de la mosquée du village de Hammam-Sousa brille à nos yeux, à travers un bois de beaux oliviers.

La route où nous cheminons est très-sablonneuse, et nos bêtes n'avancent qu'avec beaucoup de peine, d'autant que le soleil est brûlant et qu'un vent chaud du midi embrase l'atmosphère, comme dans les jours les plus ardents de nos étés d'Europe.

A mesure que nous approchons de Sousa, je remarque de distance en distance, au milieu des plantations d'oliviers mêlés de figuiers et de quelques autres arbres fruitiers qui continuent à border la route des deux côtés, une suite de maisons de campagne, les unes encore debout, les autres, et c'est le plus grand nombre, en partie détruites et abandonnées. Par leur forme, qui imite une tour carrée, elles me rappellent celles de la Syrie et de la Palestine. Ce mode de construire les habitations des champs, exposées, par leur isolement même, à un coup de main, remonte en effet, en Orient, à la plus haute antiquité, comme nous l'attestent les saintes Écritures.

Vers midi dix minutes, enfin, après avoir traversé le lit desséché d'un autre oued, nous entrons dans la ville de Sousa par la porte dite Bab-el-Gharbi (porte de l'occident).

CHAPITRE SIXIÈME.

Départ de Sousa pour El-Djem, l'antique Thysdrus. — Description de l'amphithéâtre et des autres ruines de Thysdrus. — Retour à Sousa.

Après la lecture de l'amar-bey dont j'étais porteur, le khalife de Sousa m'accueillit avec beaucoup de bienveillance, et m'offrit aussitôt l'hospitalité à Dar-el-Bey. Cette maison, qui appartient au beylik, est située dans la partie haute de la ville. C'est là où ce gouverneur, sans résider lui-même, vient tous les jours rendre la justice. Sidi Ahmed-bou-Achour, tel est son nom, est un beau vieillard de soixante-quatorze ans, qui depuis fort longtemps est revêtu de l'autorité dont il jouit; son regard est fin, sa physionomie à la fois calme et expressive, et il passe pour très-expérimenté dans le maniement des affaires.

Je me rendis ensuite chez M. le vice-consul de France Espina, à qui j'avais été particulièrement recommandé par M. le consul général et par M. Beaumier [1], alors chargé de la chancellerie française à Tunis.

Établi depuis plusieurs années à Sousa, M. Espina a profité de sa position officielle et de son long séjour dans cette ville pour étudier à fond l'histoire et les vestiges encore reconnaissables, quoiqu'en petit nombre, de l'antique Hadrumetum. C'est à lui qu'il appartient plus qu'à personne de nous donner une monographie complète de l'ancienne capitale de la Byzacène, en remontant jusqu'à l'époque reculée de sa fondation et descendant ensuite, à travers les âges, jusqu'à l'époque actuelle, cette cité ayant toujours conservé, à cause des avantages de sa position et de la fertilité de son territoire, sinon sa splendeur première, qui s'est évanouie avec son premier nom, du moins un rang très-important dans la contrée. C'est à lui aussi de nous faire connaître les différents restes échappés au temps et aux Barbares de la ville antique et de sa nécropole.

Avec un vice-consul amateur d'archéologie et préparé par ses études antérieures à un sujet qu'il affectionne, je devais m'entendre facilement. Aussi notre connaissance fut-elle bientôt faite, et notre entretien roula presque immédiate-

[1] M. Beaumier, aujourd'hui vice-consul de France à Rabat et Salé dans le Maroc, est l'auteur d'une traduction fort estimée du *Roudh-el-Kartas* (ou Histoire des souverains du Maghreb).

ment sur les principaux objets qui à Sousa méritaient mon attention. Déjà nous commencions à parler ensemble d'épigraphie, lorsqu'une agréable surprise nous fut ménagée. Nous vîmes entrer le jeune prince d'Aremberg et son ami, M. le baron de Verneaux, récemment débarqués à Tunis, où je les avais vus et laissés. N'ayant que fort peu de jours à consacrer à la Tunisie, ils ne voulaient point quitter cette contrée, sur le rivage de laquelle les avait appelés le grand souvenir de Carthage, sans jeter préalablement un coup d'œil sur les ruines de l'un des plus beaux et des plus gigantesques monuments antiques de toute l'Afrique septentrionale. Ils venaient donc d'arriver à Sousa, pour se diriger de là vers El-Djem, célèbre par le fameux amphithéâtre que les Romains y ont jadis élevé. M. Léopold van Gaver, dont le père, banquier à Tunis, est l'un des hommes les plus éclairés et les plus estimables de la colonie française, les avait accompagnés dans ce voyage. M. Espina, à qui, après les premiers pourparlers, ils firent part de leur désir, s'empressa de leur donner tous les renseignements dont ils pouvaient avoir besoin et de leur faire ensuite les honneurs de Sousa. Leur départ pour El-Djem fut fixé au lendemain matin, et ils m'engagèrent eux-mêmes avec une aimable instance à me joindre à eux pour cette excursion et à accepter une place dans la voiture qui les avait amenés de Tunis.

5 février.

A six heures trente minutes du matin, nous sortons des portes de Sousa; la direction que nous prenons est celle du sud. A droite et à gauche de la route s'étendent de belles plantations d'oliviers.

A sept heures quinze minutes, nous traversons le village de Zaouiet-Sousa.

A sept heures quarante-huit minutes, nous distinguons

sur une colline, près de la route, les ruines d'une ancienne construction que les Arabes désignent sous le nom d'El-Kasr (le château).

A neuf heures trente minutes, nous laissons à notre droite le village de Menzel.

Un peu au delà de ce village les plantations d'oliviers cessent, et une plaine immense, dépourvue d'arbres et en grande partie inculte, se déroule devant le regard attristé. Dans le lointain brille, à l'ouest, sous les rayons du soleil, la vaste sebkha de Sidi-el-Hani.

A onze heures, nous faisons halte jusqu'à midi pour laisser respirer les chevaux.

Vers trois heures, nous commençons à revoir des plantations d'oliviers.

A trois heures trente-cinq minutes, nous arrivons à El-Djem, à travers une longue avenue de nopals. Depuis longtemps déjà nous avions aperçu à l'horizon une sorte de colline de pierre qui surgissait devant nous. A mesure que nous en approchions davantage, cette colline semblait grandir de plus en plus, et sa forme se dessinait plus nettement. Quand nous en fûmes plus près encore, nous pûmes contempler avec une admiration moins vague la masse imposante de ce superbe édifice, qui rivalise en beauté et presque en grandeur avec le Colisée de Rome.

A trois heures quarante minutes, nous descendons de voiture devant la maison du scheik.

El-Djem est un gros village d'environ mille habitants. Les maisons en sont mal construites et à un seul étage; beaucoup sont en ruines; mais les matériaux qui ont servi à les bâtir sont quelquefois très-remarquables, ayant été enlevés soit à l'amphithéâtre, soit à d'autres monuments de l'ancienne Thysdrus, à laquelle a succédé le village actuel. Cet amas informe de maisons basses et délabrées, du milieu desquelles s'élèvent seulement les minarets de deux petites mosquées, s'étend humblement au pied des ruines colossales de l'amphithéâtre.

Le grand axe de ce monument présente une longueur de cent quarante-neuf mètres environ, et le petit une largeur de cent vingt-quatre. Sa hauteur primitive devait dépasser trente mètres.

Quand on l'examine extérieurement, on voit se dresser devant soi une magnifique muraille ovale construite avec de beaux blocs de grès parfaitement équarris et appareillés. Cette muraille est en quelque sorte percée à jour par trois rangs superposés d'arcades, éclairant de hautes et larges galeries, et flanquées à l'extérieur de demi-colonnes dont les chapiteaux sont corinthiens, ou du moins modelés, avec quelques légères différences, sur ceux de cet ordre. Le troisième étage était lui-même surmonté d'un attique, aujourd'hui aux trois quarts détruit et décoré de pilastres d'un style analogue. Les arcades des étages inférieurs y étaient remplacées par des ouvertures rectangulaires en forme de fenêtres.

C'est vers 1695, d'après la tradition arabe, que l'on commença à démolir la façade extérieure, jusque-là demeurée à peu près intacte. Une bande considérable d'Arabes révoltés s'étant retranchée, à cette époque, dans ce monument, comme dans un château inexpugnable, Mohammed-Bey, pour les y forcer, et en même temps pour rendre impossible à l'avenir la transformation de l'amphithéâtre en forteresse, donna l'ordre d'y pratiquer une large brèche à l'extrémité occidentale du grand axe. Cette brèche, qui n'avait d'abord que l'étendue de trois arcades, a été ensuite très-agrandie, et depuis quelques années surtout, les Arabes de la localité s'acharnent avec une persévérance réellement déplorable à poursuivre l'œuvre de destruction commencée il y a cent soixante-sept ans. Ils extraient sans cesse de ce monument, comme d'une carrière inépuisable, de superbes matériaux de construction, soit pour leur propre usage, soit pour être vendus et transportés ailleurs.

Que si l'extérieur de l'amphithéâtre a déjà tant souffert des hommes, l'intérieur a subi des mutilations et des ravages beaucoup plus considérables encore. Tous les gradins sur lesquels les spectateurs étaient assis, toutes les marches des escaliers, gradins et marches en pierre qui reposaient sur des voûtes en blocage, ont disparu complétement. On pourrait croire, au premier abord, que cet enlèvement date de l'époque même de la conquête arabe. En effet, sous le règne du khalife Abd-el-Melek-ben-Merouan, l'an 69 de l'hégire (689 de notre ère), Tunis et Carthage étant tombées au pouvoir des hordes musulmanes commandées par Hassan-ben-Nâman, une femme courageuse nommée Damiah, et plus connue encore sous le nom de la Cahena (la prêtresse), osa s'opposer à la marche victorieuse des envahisseurs. Elle forma contre eux une ligue puissante des Grecs vaincus et des tribus berbères non encore soumises au vainqueur. La fortune favorisa sa valeur dans plusieurs combats; mais ensuite, contrainte de céder devant des forces supérieures aux siennes, Hassan-ben-Nâman ayant reçu des secours considérables, elle se retira dans l'amphithéâtre d'El-Djem, dont elle fit une véritable forteresse; par conséquent, on serait incliné à penser que dès lors les marches des escaliers et les gradins de la cavea furent enlevés, du moins en partie, pour boucher les nombreuses arcades des galeries inférieures, qui, autrement, eussent par leurs ouvertures donné accès à l'ennemi. Toutefois le passage suivant d'El-Bekri semble prouver que la cavea était encore intacte plusieurs siècles après, à l'époque où ce géographe florissait, c'est-à-dire l'an 1068 de l'ère chrétienne :

« D'El-Mehdiya à Sallecta, dit-il [1], on compte huit milles,

---

[1] *Description de l'Afrique septentrionale*, trad. de M. de Slane, p. 76-77.

et d'El-Mehdiya au château de Ledjem, appelé aussi le château de la Cahena, dix-huit milles. On raconte que la Cahena, se voyant assiégée dans cette forteresse, fit creuser dans le roc un passage souterrain qui conduisait de là à Sallecta, et qui était assez large pour laisser passer plusieurs cavaliers de front. Par cette voie elle se faisait apporter des vivres et tout ce dont elle avait besoin. Le château de Ledjem, situé à dix-huit milles aussi de la ville de Sallecta, a environ un mille de circonférence. Il est construit de pierres, dont plusieurs ont à peu près vingt-cinq empans de long. Sa hauteur est de vingt-quatre toises; *tout l'intérieur est disposé en gradins depuis le bas jusqu'au haut;* les portes (il s'agit ici des arcades) sont en plein cintre et placées les unes au-dessus des autres avec un art parfait. »

Cette tradition d'un immense souterrain se prolongeant d'El-Djem jusqu'à la mer subsiste encore dans le pays. Le fait est qu'il existe sous l'arène de l'amphithéâtre une grande galerie souterraine voûtée, dans l'intérieur de laquelle je me suis engagé par une ouverture laissée béante et où j'ai pu faire une trentaine de pas en rampant péniblement; il m'a été impossible de m'avancer au delà, le reste du souterrain étant presque complétement encombré de terre. Des deux Arabes qui y étaient descendus avec moi pour m'éclairer, l'un prétendait qu'il s'étendait jusqu'à Mahédia, l'autre jusqu'à Selecta.

Que faut-il penser de l'assertion d'El-Bekri à ce sujet, assertion dont la tradition s'est emparée et qu'elle a comme consacrée? Des fouilles et un déblaiement de ce souterrain pourraient seuls prouver d'une manière incontestable quelle en était l'étendue primitive; mais il est permis, je crois, de mettre tout d'abord au rang des fables et des exagérations orientales l'assertion d'El-Bekri et la tradition arabe qui veulent que ce souterrain ait été creusé par la Cahena jusqu'à la mer, à travers un espace aussi considérable. L'imagination arabe se complaît volontiers dans ces sortes d'hyperboles. La plupart des cavernes et des souterrains qui m'ont été montrés en Tunisie, et dont, à cause des éboulements survenus, on ne pouvait atteindre la fin, ce qui aurait rendu impossible toute fable de ce genre, avaient toujours, au dire des guides qui m'y accompagnaient, un prolongement immense. Ce n'est jamais, d'ailleurs, sans une sorte de terreur mystérieuse qu'ils osaient s'y aventurer, et cette terreur même, en réagissant sur leur esprit, naturellement porté à agrandir tout ce qui leur est inconnu, engendrait de leur part ces exagérations dont j'avais appris à me défier.

Quant à la galerie souterraine qui règne sous l'arène de l'amphithéâtre d'El-Djem, il est probable qu'elle avait une étendue limitée à l'enceinte de ce monument, et qu'elle conduisait aux loges destinées à contenir les bêtes féroces qui devaient servir aux jeux sanglants qu'on y célébrait. Quoi qu'il en soit, le sol de l'arène, par suite des démolitions successives qui ont eu lieu, est en quelques endroits très-exhaussé; celle-ci avait environ quatre-vingt-quatorze mètres de long sur soixante de large.

Une partie de la galerie extérieure du rez-de-chaussée a été utilisée par les Arabes d'El-Djem, qui y ont établi de petites boutiques. Quant aux autres galeries latérales, et surtout aux galeries supérieures, elles ont subi et subissent tous les jours des dévastations que l'on ne saurait trop regretter. Il est actuellement très-difficile de parvenir au sommet du monument, plus difficile encore d'en redescendre. Néanmoins, nous nous efforçâmes d'escalader la partie la plus élevée où il soit possible maintenant d'atteindre, et arrivés, non sans peine, en gravissant des voûtes à moitié démolies, jusqu'à la galerie supérieure, nous pûmes de là embrasser d'un même coup d'œil tout l'ensemble des ruines de ce vaste amphithéâtre, nous pûmes aussi promener au loin nos regards sur la contrée environnante. Le soleil inclinait alors à l'horizon. Son disque empourpré projetant ses feux mourants sur la surface du monument, surface déjà dorée tant de fois par ses rayons, cet édifice gigantesque resplendissait en ce moment d'un éclat doux et majestueux. Les énormes blocs séculaires dont il est composé semblaient s'animer et palpiter en quelque sorte, si je puis dire, sous la teinte chaude et rougeâtre qui les revêtait : peu à peu la vie et la couleur parurent les abandonner avec la lumière du jour qui s'éteignait, et la nuit les enveloppa de son voile funèbre. Nous redescendîmes avec précaution du faîte de l'amphithéâtre et nous nous dirigeâmes vers la maison du scheik, qui, dans l'intervalle, avait préparé en notre honneur un festin arabe.

A huit heures trente minutes du soir, nous retournâmes à l'amphithéâtre, qu'illuminait alors un splendide clair de lune. Tous ceux qui ont été à Rome et qui ont pu contempler à loisir le Colisée lorsque la lune, dans son plein, l'éclaire de ses rayons argentés, savent quel effet prodigieux produit ce monument, déjà si étonnant par lui-même, dans de pareilles circonstances de temps et de lumière. Le silence solennel de la nuit, la solitude qui entoure cet immense édifice, les grandes ombres que ses innombrables arcades et ses belles lignes architecturales projettent au loin sous les pâles rayons qui en dessinent vaguement les formes, l'espèce de mystère qui semble habiter ses longues galeries, à demi plongées dans des ténèbres incertaines et dans une clarté vacillante, tout subjugue alors puissamment les regards et l'imagination, tout invite en même temps l'âme au recueillement intime de la méditation et aux transports expansifs de l'admiration. Et puis, les souvenirs sacrés et profanes qui peuplent cette enceinte où se pressaient jadis tant de milliers de spectateurs, et cette arène à la fois rougie par le sang de tant de gladiateurs et purifiée par celui de tant de martyrs, se présentent comme d'eux-mêmes à la pensée.

Si l'amphithéâtre d'El-Djem, dont l'origine même est

incertaine, bien qu'on l'attribue généralement à Gordien l'Ancien, n'a pas le privilége d'évoquer autant de souvenirs, l'impression qu'il fait naître, considéré par un beau clair de lune, m'a paru aussi vive et aussi profonde que celle que j'avais éprouvée à Rome en visitant le Colisée dans des circonstances semblables. Tous les Arabes d'El-Djem s'étaient retirés dans leurs demeures. Pas une voix, pas un cri, si ce n'est, par intervalle, le chant lugubre du hibou, hôte ordinaire des vieilles ruines, ne troublait le silence de l'amphithéâtre. Nous errâmes longtemps dans son arène et sous ses galeries désertes. La lune, en se jouant à travers ses portiques, ses brèches immenses, ses voûtes à demi écroulées, produisait des effets d'ombre et de lumière qui avaient quelque chose d'indécis et de fantastique. A dix heures, nous regagnâmes le gîte qui nous attendait.

6 février.

Le jour n'était point encore levé complétement que nous nous dirigions de nouveau vers le même édifice. Nous désirions, du haut de la galerie supérieure, saluer pour la dernière fois ce monument, au moment où le soleil le dorant de ses feux naissants, en ferait ressortir avec éclat et l'ensemble et les moindres détails. A l'apparition de cet astre au-dessus de l'horizon, ce fut comme une illumination soudaine de l'amphithéâtre. Il se teignit tout à coup d'un reflet rose éblouissant. Je distinguai alors très-nettement les diverses inscriptions berbères et arabes signalées déjà par plusieurs voyageurs. Elles sont, en général, gravées peu profondément dans la pierre. A côté de quelques-unes sont figurés assez grossièrement des poignards et des yataghans.

Redescendus dans l'arène, et après avoir jeté un dernier regard sur cet édifice, considéré à juste titre comme l'une des merveilles de l'Afrique, nous allâmes examiner les vestiges, de jour en jour moins reconnaissables, de l'antique Thysdrus. Cette ville comprenait dans son enceinte le village actuel d'El-Djem; elle s'étendait, en outre, beaucoup plus loin, à la distance d'environ un kilomètre au delà de l'amphithéâtre. L'emplacement qu'elle occupait et dont on ne peut guère maintenant déterminer avec exactitude le périmètre, est en grande partie envahi par des jardins et des plantations de cactus. Ces ruines, souvent fouillées, ont servi longtemps et servent encore de carrière pour tous ceux qui veulent y chercher des matériaux de construction. Les seuls vestiges apparents et assez bien conservés de l'ancienne ville consistent aujourd'hui en deux réservoirs et en un certain nombre de citernes éparses çà et là : j'ai remarqué aussi l'area d'un temple complétement démoli et dont toutes les colonnes, à l'exception de quelques tronçons, ont été enlevées; enfin, sur un tertre, plusieurs gros pans de murs renversés, restes d'une construction très-puissante. La nécropole était à l'ouest de la cité. De nombreuses excavations prouvent que les Arabes ont fait des fouilles fréquentes en cet endroit, dans l'espérance d'y déterrer des lampes, des vases, des monnaies, quelquefois de beaux sarcophages de marbre.

M. Mattei a trouvé, il y a une quinzaine d'années, à El-Djem, une statue mutilée d'un goût très-pur, à laquelle la tête manque malheureusement. Il y a découvert également une inscription importante qui a été depuis transportée dans l'enclos de Saint-Louis à Carthage, ainsi que la statue précédente.

Voici cette inscription; elle est gravée sur une plaque de marbre dont la partie supérieure est brisée, et elle est elle-même, pour cette raison, incomplète :

18 [1].

```
NIORV . . OCQVI·THYSDRVM
EX·INDVLGENTIA·PRINCIPIS·CV
RAT·ET·COLONIAE·SVFFICIENS·ET
PER·PLATAEAS·LACVBVS·INPERTITA
DOMIBVS·ETIAM·CERTA·CONDI
CIONE·CONCESSA·FELICIS·SAECV
LI·PROVIDENTIA·ET·INSTINCTV
MERCVRII·POTENTIS·THYSDRITA
NAE·COL·PRAESIDIS·ET·CONSERVA
TORIS·NVMINIS·DEDICATA·EST.
```

(*Estampage.*)

Remarquez qu'à la première et à la huitième ligne de ce fragment, le nom de la ville est mentionné deux fois; elle s'appelait Thysdrus ou Thysdritana colonia. Bien que la moitié peut-être de l'inscription nous manque, on voit qu'il y est question d'une répartition abondante d'eau entre les habitants, répartition faite au moyen de réservoirs creusés au milieu des places publiques et de canaux qui la distribuaient, sous certaines conditions, aux maisons des particuliers. Le dieu Mercure y est désigné comme le patron et le protecteur de la cité. A quel empereur ou à quel citoyen fut-elle redevable de ce bienfait? l'inscription l'indiquait sans doute, mais ce qui en reste ne nous l'apprend pas.

Cette ville est signalée pour la première fois dans l'histoire par Hirtius [2] sous le nom de Tisdra. Après la défaite de

---

[1] Pellissier, p. 266.
[2] *De bello Afric.*, c. xxxvi.

Scipion à Thapsus, elle se soumit à César, qui la condamna à une amende de blé en rapport avec le peu d'importance qu'elle avait alors : « Tisdritanos[1], propter humilitatem civitatis, certo numero frumenti multat. »

Pline[2] la cite plus tard parmi les villes libres de l'Afrique sous la désignation de *oppidum Tusdritanum*.

Ptolémée en fait mention dans sa Géographie et l'écrit Θύσδρος (Thysdrus), ce qui est la véritable orthographe, comme le prouve l'inscription précédente. L'Itinéraire d'Antonin et la Table de Peutinger la mettent au rang des colonies; elle est écrite dans l'Itinéraire Tusdrus et dans la Table Thisdrus.

L'époque de la plus grande splendeur de cette colonie fut probablement celle de Gordien l'Ancien. Il fallait qu'elle renfermât au moment de l'avénement de ce prince une population considérable; autrement, comment aurait-elle pu songer à proclamer un empereur?

Shaw[3] suppose, et cette supposition a été depuis généralement adoptée, que c'est à cet empereur que l'on doit probablement attribuer le grand amphithéâtre dont j'ai décrit les ruines. Il l'aurait construit, ou du moins commencé, car son règne fut très-court, pour témoigner sa reconnaissance aux habitants de la ville où il avait été élevé à la pourpre.

La conjecture du savant voyageur anglais est vraisemblable, mais elle ne repose sur aucune base certaine. La pierre sur laquelle a dû être gravée jadis la dédicace de ce monument avec le nom de son fondateur, ou a disparu ou bien n'a point encore été retrouvée, ensevelie qu'elle est peut-être sous des décombres.

La seule inscription latine que j'aie vue à El-Djem m'a été montrée dans une maison particulière; elle est gravée

---

[1] *De bello Afric.*, c. XCVII.
[2] Plin., V, 4.
[3] *Voyages de Shaw*, t. Ier, p. 267 (trad. franç.)

sur un piédestal de marbre qui appartient à M. Mattei. La voici :

19 [1].

L·AELIO·AVRELIO
COMMODO
IMPERATORISCAESA
RIS·T·AELI·HADRI
ANI ANTONINI
AVG · PII · P · P · F
D · D · P · P

Une autre inscription, découverte à El-Djem par M. Espina, se trouve actuellement dans la maison de M. Cubison, à la Goulette, où je l'ai copiée. C'est une épitaphe chrétienne gravée sur une pierre tumulaire. Précédée du monogramme du Christ, elle est fort intéressante pour la forme des caractères, qui sont reproduits fidèlement ici :

20 [2].

☩
Δ|ω

ROSATVS
FIDEHISBI
XITINPA
CEANNOS
IIIIANSII
DPSTSPRI
DIEKAHEN
DASAPRIN
INDVII

[1] Pellissier, p. 409.
[2] *Bulletin de l'Athenæum franç.* Juillet 1855.

Après avoir achevé l'examen des ruines de l'antique Thysdrus, nous remontâmes en voiture, et reprenant la même route que nous avions suivie la veille, nous étions, le soir, rendus à Sousa.

CHAPITRE SEPTIÈME.

Description de Sousa, l'antique Hadrumetum.

7 février.

Désirant d'abord visiter les établissements catholiques de Sousa, le prince d'Aremberg, le baron de Verneaux, M. Léopold van Gaver et moi, nous nous dirigeons vers la paroisse franque. M. le vice-consul Espina a l'obligeance de nous y accompagner. Cette paroisse consiste en une humble chapelle qui est loin de pouvoir contenir, les dimanches et les jours de fête, les six cents catholiques fixés dans la ville. Elle est desservie par un moine dont l'éloge est dans toutes les bouches. Aussi aimé qu'estimé, le R. P. Augustin de Reggio, c'est le nom de ce digne capucin, reflète sur sa bonne et douce physionomie la paix inaltérable et la candeur de son âme. Plein de charité et de zèle, il ne rougit pas, quand il s'agit de sa petite église, de descendre jusqu'aux métiers les moins relevés, et les mêmes mains qui tiennent tous les jours l'hostie à l'autel s'abaissent sans répugnance aux travaux de menuisier et de maçon. Manquant de fonds, il supplée à tout à force d'économie et par les ressources personnelles d'une industrie ingénieuse. C'est lui-même qui, à ses propres frais, a pratiqué la chaussée qui, au sud de la ville, conduit du bord de la mer au cimetière catholique. C'est lui aussi qui, pour protéger les tombes des chrétiens soit contre la voracité des chacals, soit contre les profanations des musulmans, a fait entourer d'un mur l'enceinte qui les contient.

Comme la chapelle qu'il dessert est tout à fait insuffisante aux besoins du culte, les catholiques de Sousa, par l'intermédiaire de M. Espina et de M. le consul général de France, ont adressé une requête au bey, à l'effet d'obtenir de Son Altesse l'autorisation de bâtir sur un emplacement moins resserré une église à la fois plus grande et plus convenable. J'ai appris que cette demande leur avait été accordée.

De la paroisse catholique, nous nous transportâmes au couvent des sœurs de Saint-Joseph. Elles sont au nombre de cinq. Leur supérieure, la sœur Joséphine, est une femme de tête et de mérite. Installée à Sousa depuis une vingtaine d'années, elle est très-respectée des musulmans eux-mêmes, qui ont appris à connaître son dévouement et son courage, principalement à l'époque du dernier choléra. Médecin et même chirurgien au besoin, elle prodigue tous les jours aux malades qui viennent la voir ses soins, ses conseils et ses médicaments; elle a su en effet, par de véritables miracles d'économie et avec des ressources extrêmement limitées, fonder une petite pharmacie à l'usage des pauvres. En même temps qu'elle soigne les malades, elle élève l'enfance, de concert avec les quatre autres sœurs qui secondent son pieux ministère. Une cinquantaine de petites filles, dont vingt environ appartiennent à des familles aisées et payent pension, et trente, à cause de l'indigence de leurs parents, ne sont soumises à aucune rétribution, suivent les leçons de ces vertueuses institutrices, auxquelles il ne manque qu'un local plus étendu pour faire participer un plus grand nombre d'élèves au bienfait d'une éducation sérieuse et chrétienne. Malheureusement, la maison qu'elles occupent se ressent de l'exiguïté de leurs moyens d'existence. Leurs cinquante petites filles sont entassées dans deux étroites chambres où elles étouffent pendant l'été; dans une troisième, elles réunissent une quinzaine de petits garçons âgés de moins de sept ans, dont elles se sont chargées, à la demande de plusieurs familles. Des raisons que l'on comprend sans peine les empêchent de recevoir ni de garder cette dernière catégorie d'élèves au delà de l'âge que je viens d'indiquer. Il serait à désirer que, pour leur venir en aide, deux ou trois frères de la Doctrine chrétienne fussent envoyés à Sousa; ils verraient accourir dans leur établissement non-seulement les enfants des chrétiens, mais encore ceux des juifs et même de quelques musulmans.

Le reste de la journée fut consacré par nous à l'examen de la ville.

Sousa s'élève en pente sur le bord de la mer. Elle est environnée d'une enceinte crénelée ayant la forme d'un parallélogramme un peu irrégulier, dont le pourtour peut être évalué à 3 kilomètres. Les grands côtés, parallèles au rivage, regardent l'un l'orient, l'autre l'occident. L'angle sud-ouest, qui est en même temps le point culminant de la colline sur laquelle la ville a été bâtie, est occupé et défendu par la kasbah ou citadelle. Cette citadelle est elle-même dominée par une tour assez élevée, appelée El-Nadour, c'est-à-dire l'observatoire, dénomination parfaitement justifiée, car du haut de cette tour on observe au loin la mer. Quant à la ville, on la voit tout entière ramassée à ses pieds. Nous ne pûmes obtenir la permission de pénétrer dans la kasbah. Le khalife se prêtait volontiers à notre désir, mais le bimbachi ou colonel commandant de place opposa un refus formel à notre demande. Dans un voyage ultérieur, la porte m'en fut ouverte, et je visitai en détail cette citadelle; j'en dirai alors quelques mots.

Le mur qui enferme la ville est flanqué de distance en distance par des tours carrées, à demi engagées dans l'enceinte. Aucun fossé artificiel ne défend les abords de la place. Elle pourrait être très-facilement forcée sur plusieurs points; car la muraille n'est pas partout massive. Dans certains endroits, en effet, comme l'a déjà remarqué M. Pellissier, la plate-forme des courtines est soutenue par des arcades ouvertes du côté de la ville et fermées du côté de la mer ou de la campagne par une maçonnerie peu épaisse, ce qui, à la vérité, ne manque pas d'élégance, mais nuit à la solidité.

Trois portes donnent entrée dans l'enceinte, ce sont : Bab-el-Gharbi (porte de l'occident), vers le milieu de la branche occidentale de la muraille; Bab-el-Bahr (porte de la mer), au nord-ouest. Près de cette porte, un château flanque l'angle nord de la branche orientale et nord-est de la branche septentrionale. Ce bastion est de date assez récente, ayant été construit il y a une cinquantaine d'années. La troisième porte, Bab-el-Djedid (la porte neuve), avoisine Kasr-el-Bahr (le château de la mer); elle est ornée de pierres alternativement rouges et jaunes tirées des carrières de Zembra. Une batterie à barbette la défend.

Dans l'intérieur de la ville, la partie haute est presque exclusivement réservée aux musulmans; dans la partie basse habitent à la fois les musulmans, les juifs et les chrétiens. La population totale se monte au plus à 7,600 habitants, dont 6,000 musulmans, 1,000 juifs et 600 chrétiens; parmi ces chrétiens on compte 60 Français; les autres sont Italiens ou Maltais.

Les musulmans possèdent une douzaine de mosquées; les juifs n'ont qu'une synagogue, et les chrétiens, comme je l'ai dit, sont encore réduits pour le moment à une humble chapelle cachée en quelque sorte au fond de la cour d'une maison particulière.

Les bazars sont assez bien approvisionnés.

Le commerce principal consiste en huiles non raffinées que l'on exporte en Europe pour le savon; il est presque entièrement concentré entre les mains des chrétiens et des juifs. Plusieurs Européens se sont fait construire de grands magasins voûtés renfermant de profondes et nombreuses citernes capables de contenir une énorme quantité d'huile.

L'exportation de ce produit atteint environ par an six millions de francs.

De véritables forêts d'oliviers avoisinent en effet la ville, et bien que la culture et l'entretien de ces arbres laissent beaucoup à désirer, néanmoins telle est la fertilité naturelle et inépuisable de l'antique Byzacène, que la moderne Sousa a hérité en partie de la richesse et de l'importance de l'ancien comptoir maritime auquel elle a succédé.

8 février.

A sept heures du matin, le jeune prince d'Aremberg, M. le baron de Verneaux et M. Léopold van Gaver abandonnent Sousa pour s'en retourner à Tunis. M. Espina et moi nous les reconduisons jusqu'aux portes de la ville, où ils échangent avec nous des adieux et d'amicales poignées de main, et ensuite nous entreprenons une étude nouvelle et plus attentive des débris de l'ancienne cité.

Aucune inscription trouvée sur place n'a jusqu'à présent prouvé péremptoirement que Sousa ait été jadis Hadrumetum. Néanmoins, malgré l'avis contraire de plusieurs voyageurs, qui, à l'exemple de Shaw, transportent à Herglah la capitale de la Byzacène, tout semble démontrer, et les distances données par les itinéraires et les passages relatifs à cette ville que l'on rencontre dans les auteurs, et l'importance non interrompue de Sousa, sans parler des restes antiques qui subsistent et sont épars au dedans comme au dehors de son enceinte, qu'elle occupe bien réellement l'emplacement de la cité qui est désignée par les anciens sous les dénominations de Hadrumetum, Adrumetum, Adrumettos, Adrametos, Adramytos, Adrymès et Adrymé, dénominations analogues ou plutôt identiques, à terminaisons soit latines, soit grecques, et dérivées évidemment d'un mot phénicien.

Hadrumetum, en effet, comme nous le savons par Salluste [1], était une colonie phénicienne, ainsi que les autres places de commerce ou *emporia* établies sur la côte. Les voyageurs les plus récents et les plus sérieux, tels que Grenville Temple, Barth, Pellissier et d'autres encore, ayant réfuté victorieusement, à mon avis, l'opinion de Shaw, il me semble inutile de répéter après eux les raisons qui forcent en quelque sorte à placer à Sousa le comptoir le plus important de la Byzacène, c'est-à-dire Hadrumetum.

Cette ville souffrit beaucoup dans la campagne de César en Afrique, et comme elle était riche, elle fut condamnée par le vainqueur à une amende assez considérable. Sous Trajan, elle obtint le titre de colonie romaine, ainsi que nous l'apprend une inscription dont je me contenterai ici de citer le passage suivant [2] : « *Coloni coloniae Concordiae Ulpiae Trajanae Augustae Frugiferae Hadrumetinae.* »

A l'époque chrétienne, elle devint le siége d'un évéché et compta plusieurs martyrs célèbres dans les annales de l'Église.

Elle nous est signalée par Procope [3] comme une ville grande et bien peuplée. Démantelée par les Vandales, Justinien releva ses murailles, et elle prit alors quelque temps le surnom de Justiniana, par reconnaissance et par flatterie envers son bienfaiteur. Lorsque les Arabes s'emparèrent de l'Afrique, elle tomba au pouvoir d'Abd-Allah-ibn-ez-Zobeïr.

L'an 212 de l'hégire (827 de notre ère) Ziadet-Allah-ben-Aghlab la fit fortifier. Ce fut sous le règne de ce prince qu'une flotte musulmane de cent navires et portant dix mille hommes de troupes quitta le port de Sousa pour aller envahir la Sicile.

En 1537, cette ville fut attaquée à son tour par une flotte

---

[1] Sallust. *B. Jug.*, c. xix.
[2] Gruteri *Inscript.*, p. 362.
[3] Procop. *De ædif.*, VI, 6.

espagnole et maltaise qu'avait envoyée Charles-Quint au secours de son allié Moulay-Hassan, et en 1770 elle fut bombardée par une flotte française.

Bien que Sousa ait conservé à travers les siècles un rang considérable, du moins relativement aux autres villes de la Tunisie, la cité ancienne qu'elle a remplacée avait une étendue et une splendeur qui dépassaient de beaucoup celle de la ville actuelle.

Il est assez difficile, il est vrai, de délimiter maintenant avec exactitude l'enceinte primitive; toutefois, il est certain qu'elle renfermait dans son périmètre le Cothon ou port artificiel signalé par Hirtius. Le port actuel de Sousa n'est qu'une rade dont le mouillage est peu sûr par les vents d'est et de nord-est; il s'étend en face de la ville. Le port antique, au contraire, était déterminé et protégé par deux môles situés plus au nord. Ils sont armés chacun d'une batterie à leur extrémité. Le plus septentrional est appelé d'ordinaire par les Européens *Môle de la Quarantaine,* et le second *Pointe du Môle.* Un intervalle de 550 mètres les sépare. Quand la mer est calme, on distingue et l'on peut suivre avec une barque les restes d'un brise-lames faisant un angle ouvert avec le plus méridional de ces môles et couvrant le port, dont l'ouverture était rendue ainsi assez étroite, contre les vents d'est, les plus dangereux sur cette côte. Maintenant, l'espace compris entre ces deux môles est en grande partie ensablé, au point qu'on hésite d'abord à croire que là a jadis existé un port.

« Sousa, dit El-Bekri [1], a huit portes, dont celle qui est à l'est du bâtiment nommé Dar-es-Sanâa (l'arsenal) est d'une grandeur énorme; c'est par là que les vaisseaux entrent et sortent du port. »

Ce renseignement du géographe arabe prouve que de son

---

[1] *Descript. de l'Afrique septentrionale,* trad. de M. de Slane, p. 83.

temps, c'est-à-dire vers 1068 de notre ère, il y avait un bassin intérieur renfermé dans l'enceinte de la ville. Ce bassin ne pouvait être autre que le Cothon dont il est question dans le passage suivant d'Hirtius[1] :

« Reliquæ naves hostium promontorium superarunt, atque Hadrumetum in Cothonem se universæ contulerunt. »

Outre ce bassin intérieur, réservé probablement aux navires de guerre, il y en avait un autre extérieur où mouillaient les bâtiments marchands, et dont l'entrée était déterminée par l'ouverture laissée libre entre le môle septentrional et le brise-lames que j'ai mentionnés plus haut.

Aujourd'hui, ces deux bassins sont comblés et remplacés par une esplanade très-sablonneuse.

A l'époque du même géographe arabe El-Bekri, on admirait, à l'ouest de Sousa, les ruines d'un grand amphithéâtre.

« Deux autres portes de la ville, dit-il[2], sont du côté de l'occident et regardent le Melâb. Ce vaste édifice, de construction antique, est posé sur des voûtes très-larges et très-hautes, dont les cintres sont en pierre ponce, substance assez légère pour flotter sur l'eau et que l'on tire du volcan de la Sicile. Autour du Melâb se trouvent un grand nombre de voûtes communiquant les unes avec les autres. »

Ce monument, tel que El-Bekri le décrit ici, était très-certainement un amphithéâtre. Il n'en reste plus aujourd'hui le moindre vestige. Était-il compris dans l'enceinte de la ville antique? nous l'ignorons; toujours est-il qu'il ne l'était pas dans l'enceinte arabe due au prince aghlabite Ziadet-Allah.

« En dehors des remparts, poursuit El-Bekri, s'élève un temple colossal nommé El-Fintas par les marins; c'est le premier objet que les navigateurs découvrent en arrivant de la Sicile ou de tout autre pays. Ce monument a quatre esca-

---

[1] *De bello Afric.*, c. LXII.
[2] El-Bekri, *loco citato*.

liers, dont chacun conduit jusqu'au sommet de l'édifice. Il est si large, que la porte d'entrée est à une grande distance de celle par où l'on sort. »

Ce monument a de même subi une destruction complète. Le docteur Barth[1] pense néanmoins que les ruines connues aujourd'hui sous le nom de Hadjar-Maklouba (la pierre renversée) sont un reste de ce monument.

Ces ruines sont à 900 mètres environ de la porte Bab-el-Gharbi. Là, en effet, on remarque un plateau de forme rectangulaire et long de 200 pas. Il était entouré d'un mur très-solide. Deux énormes masses de maçonnerie composées d'un blocage très-dur, et désignées par les Arabes sous le nom de Hadjar-Maklouba parce qu'elles sont renversées, y attirent l'attention. Elles faisaient sans doute partie de deux tours séparées par une courtine, ce qui me porterait à croire que cette enceinte était celle d'un château destiné à protéger la ville du côté de l'ouest.

De ce même côté, et non loin des ruines que je viens de signaler, on distingue celles de grandes citernes antiques. Ces citernes sont divisées en huit réservoirs parallèles, dont sept existent encore en partie, et le huitième est détruit. Ils ont chacun 110 pas de long sur 8 de large, et sont coupés vers le milieu par des constructions modernes.

Vers l'ouest encore de la ville actuelle, et certainement en dehors de l'enceinte primitive, s'étendait l'ancienne nécropole. Cette nécropole a été fouillée à plusieurs reprises. De nombreuses chambres sépulcrales taillées dans un tuf assez tendre y rappellent, par leurs dispositions intérieures, les caveaux funéraires de la Palestine et de la Phénicie. Ces chambres sont presque toutes bouchées et obstruées. Des fouilles entreprises dernièrement sous la direction de M. Espina ont mis à jour une fort belle tombe de famille ornée

---

[1] *Wanderungen durch die Küstenländer*, etc., p. 153.

d'une mosaïque romaine qui représentait le labyrinthe de Crète et le Minotaure, avec ces mots : « *Hic inclusus vitam perdit.* »

Ces tombeaux, dont la première origine est sans doute fort ancienne, ont dû, comme la ville elle-même, changer plusieurs fois de possesseurs, et servir peut-être jusqu'à l'époque arabe. Depuis lors, la nécropole musulmane occupe un emplacement différent, au nord et au nord-ouest de la ville. Les tombes en sont tenues avec assez de soin et de temps en temps reblanchies à la chaux; quelques-unes sont construites avec des matériaux antiques.

Dans l'intérieur de la ville, une grande citerne publique qui sert encore aux besoins des habitants passe pour antique. Elle est soutenue par douze piliers surmontés d'arcades plus modernes. D'autres citernes antiques existent sous plusieurs maisons particulières.

Non loin de la porte de la mer, ou Bab-el-Bahr, s'élève en dedans des remparts un château appelé Kasr-er-Ribat. Il est à peu près carré et flanqué de trois tours sur chaque face; elles sont construites, ainsi que les murs qui les relient, avec des blocs très-réguliers qui semblent annoncer une époque antérieure à l'invasion arabe. La tour principale domine les autres d'environ 20 mètres; elle est ronde, et se fait remarquer par l'élégance de ses proportions architecturales.

Ayant obtenu du khalife la permission d'entrer dans ce château, nous ne pûmes néanmoins, M. Espina et moi, pénétrer au delà d'un double vestibule orné de quelques colonnes de granit que surmonte un chapiteau corinthien, d'origine byzantine probablement. Au delà, en effet, commence une enceinte sacrée qu'il ne nous a pas été donné de franchir.

El-Bekri fait mention de cette vaste construction dans le passage qui suit :

« Dans l'intérieur de la ville, dit-il [1], est situé le Mahrès-er-Ribat, bâtiment grand comme une ville et entouré d'une forte muraille; il sert de retraite aux hommes qui pratiquent la dévotion et les bonnes œuvres; ce mahrès renferme une seconde forteresse nommée el-Kasbah, et se trouve dans la partie septentrionale de la ville, immédiatement à côté de l'arsenal. »

Je ferai observer ici en passant, que dans les premiers siècles de l'islamisme une ligne de ribats couvrait les frontières de l'empire musulman. On les désignait ainsi, parce qu'ils servaient à lier ensemble (*rabat*) les territoires les plus exposés aux attaques de l'ennemi. La garnison qui les occupait était ordinairement composée de volontaires. Les disciples de Mahomet qui, pour s'attirer les grâces du ciel, s'y renfermaient pendant un temps plus ou moins long et s'y livraient à la fois aux exigences du service militaire et aux pratiques de la dévotion, prenaient le titre de morabet, mot dont les Européens ont fait marabout.

Le Kasr-er-Ribat de Sousa, avant de devenir un monastère et un fort musulman, a dû, je pense, être une forteresse byzantine, comme semble l'indiquer le caractère de sa construction.

---

[1] *Descript. de l'Afrique septentrionale*, p. 87.

9 février.

Je copie et j'estampe plusieurs inscriptions latines qui me sont signalées par M. Espina.

21.

Sur une colonne milliaire qui se trouve dans un médrécé ou école :

```
IMP·CAESAR·M·AV
RELIVSANTONINVS
PIVS·AVG·PARTHICVS
MAXIMVS·BRITANN
MAX·TRIB·POT·XX
CONSVLIIII·PAT·PAT
RESTITVIT
```

(*Estampage.*)

22 [1].

Sur la face principale d'un piédestal de marbre blanc appartenant à M. Espina :

```
L·TERENTIO AQVI
LAE GRATTIANO
QVAESTORI PRO
VINCIAE AFRICAE
AMICI OB PAREM
IN VNIVERSOSAEQVI
TATEM ET PROPRI
VM IN SINGVLOS
HONOREM
```

(*Estampage.*)

---

[1] Orelli, n. 5046. — Espina, *Revue afric.*, IIIe année, p. 369.

23 [1].

Sur l'une des faces latérales du piédestal précédent :

Q·VOLVSSIVS LAELIANVS
C·VOLVSSIANVS
CN·DOMITIVS CROTVS.....IVS
   CRISPVS
T·DECIVS FLAVIANVS
L·FABIVS MAXIMVS
L·MARCVS GALLIANVS
M·AVRELIVS RV...ANVS
T·CATTIVS MAXIMVS
P·LICINIVS MARTIALIS
C·MVNIANVS
L·FABRICIVS SABINIANVS
P·NVMITORIVS DONATVS
M·CORNELIVS FORTVNATVS
M·AVRELIVS AVRELIANVS
T·AVRELIVS...VRVSALARINIA
C·FABIVS SATVRNINVS

L·RENIVIANIVS POM
   PEIANVS
Q·VENIDIVS GALLIO.
P·MAGNIVS PEREGRI
   NVS
P·CREPEREIVS TER
   TVLLVS
T·TITIVS GALERIVS
C·FLAVIVS SATVRNINVS
L·ANNIVS RESTVTVS
T·CORNELIVS INGENVVS
L·ANNIVS DONATVS

(*Estampage.*)

[1] Espina, *Revue afric.*, IIIe année, p. 369.

24.

Sur une plaque de marbre en partie brisée et appartenant à M. Espina; les caractères en sont très-effacés :

```
IMP·CAES·M·AVRELL.................
  THIC·MAX·BRITTANNIC.................
  TRIBVNICIAEPOTEST·XX·CO.............
  PROD.....PROVIDENTIA.................
  CRAECONSVLENSVIASLONGA..........RVP
  TASS....PRINCIPII....................
  NIEI...............................OS
  DAM................................T
  QVAM....MAXIMVSPROCOSIIVC....AVIT
  ......................DVCTORIMVSIS
```
(*Estampage.*)

25 [1].

Sur un sarcophage de marbre blanc, actuellement placé sous la voûte de la porte dite Bab-el-Gharbi :

```
MEMORIAECASSIAEFECITDEODATVSCOIVGI
        ET MATRIFI
        LIORVM SVO
        RVM DIGNI
        SSIMAE
```

(*Estampage.*)   l. 5, AE forment un monogramme.

Le même jour, à deux heures de l'après-midi, en compagnie de M. Espina et de M. Sicard, son secrétaire, je me

---

[1] S. Grenville Temple, t. II, Appendice n° 1. — Pellissier, p. 258.

dirige vers le village de Zaouiet-Sousa, situé à 5 kilomètres au sud-ouest de la ville. Ce village a certainement remplacé un bourg antique. Nous remarquons en effet au coin d'une rue un fragment d'entablement élégamment sculpté : ailleurs quelques tronçons de colonnes attirent nos regards, ainsi qu'un piédestal de marbre blanc sur lequel est gravée l'inscription suivante :

26.

```
M · HYDATII . F
T · FL · VMBRIO
ANTISTIOSATVR
NINOFORTVNATI
ANO·C·V·PATRONO
AEMILIVS · MAIE
SIS·CVM·SVIS
```

(*Estampage.*)

Au milieu du village est une zaouïa bâtie en l'honneur d'un santon nommé Bou-Zabia ; il est très-vénéré dans le pays, et plusieurs de ses descendants existent encore.

_10 février.

Dans un nouveau et plus minutieux examen des principales rues de Sousa, je constate l'existence d'un assez grand nombre de colonnes antiques, presque toutes très-mutilées, engagées dans des constructions modernes. Plusieurs mosquées, en effet, de même que beaucoup de maisons particulières, en sont ornées à leurs angles, et ces nombreux débris de colonnes de marbre, en témoignant de la richesse et de la splendeur de la cité ancienne, contribuent à prouver, indépendamment de tout le reste, que celle-ci n'a pu être qu'Hadrumetum, la capitale de la Byzacène.

Au nord de Sousa s'étendent, le long de la côte, des jardins que les dunes, poussées par les vents, envahissent de plus en plus. Des touffes de figuiers, de vieux oliviers, des caroubiers gigantesques sont déjà aux trois quarts ensevelis sous les sables, qui bientôt les recouvriront complétement. A mesure qu'on s'éloigne du rivage, le terrain s'élève et des plantations d'oliviers forment autour de la ville une sorte de forêt presque continue. On y rencontre à chaque pas, épars sur le sol, des débris de poterie antique, et de distance en distance des puits creusés jadis pour en extraire de l'argile. Les potiers d'Hadrumetum ont dû être fort habiles, à en juger par la beauté des fragments de vases, brisés malheureusement en mille pièces, que l'on foule partout aux pieds. M. Espina s'est fait une petite collection d'un certain nombre de ces fragments, qui rappellent par leur légèreté, leur finesse et l'éclat de leur vernis, la délicatesse des vases de la Grèce et de la Sicile.

L'art de la mosaïque paraît aussi avoir été très-cultivé dans la capitale de la Byzacène, comme le prouvent les nombreux vestiges de pavés en mosaïque que l'on y découvre tous les jours et qui autorisent à penser que non-seulement les monuments publics, mais encore la plupart des maisons particulières tant soit peu opulentes, étaient décorées de ce genre d'ornement.

J'avais visité le cimetière musulman situé au nord de la ville; il me restait à connaître le cimetière juif et le cimetière catholique.

Le premier occupe la pente d'une colline, un kilomètre environ au sud-ouest de Sousa; il est parfaitement entretenu, les juifs ayant l'habitude de blanchir, chaque année, à la chaux les pierres sépulcrales qui recouvrent les cendres de ceux qui leur furent chers.

Près de là, sous une colline tufeuse, s'étendent en galeries souterraines d'anciennes carrières abandonnées.

Dirigeant ensuite mes pas vers le cimetière catholique, situé plus près de la mer, à l'est du précédent, je ne parcourus pas sans une secrète émotion cet enclos solitaire où, parmi les noms des morts qui y reposent, je reconnus ceux de plusieurs Français.

11 février.

En allant saluer pour la dernière fois le khalife Sidi-Mohammed-bou-Achour, je le trouve rendant la justice. Il venait de condamner un voleur à recevoir cent coups de bâton, et deux chaouchs étaient en train d'infliger ce châtiment au coupable, qui, suivant la coutume musulmane, subissait immédiatement sa peine sous les yeux mêmes de son juge. On sait que, dans l'empire ottoman, ce supplice est ordinairement appliqué sur la plante des pieds.

Près du khalife était un fou, bien connu à Sousa. Celui-ci habite Dar-el-Bey. Là, se promenant sans cesse dans la cour, il répète presque continuellement d'une voix de Stentor le même cri, qui n'est autre chose qu'un commandement militaire. C'est, en effet, un ancien officier qui, depuis quinze ans, est atteint d'aliénation mentale.

Si la folie est fort mal soignée par les musulmans, elle est, d'un autre côté, très-respectée par eux et entourée même de je ne sais quel caractère religieux qui la rend inviolable et sacrée. En vertu d'un pareil préjugé, ce fou jouit à Sousa d'une grande considération. Pendant les heures même où le khalife siége pour juger, il peut impunément troubler les séances par la répétition éternelle et monotone de son commandement favori. Sidi-Mohammed-bou-Achour ne cherche nullement à se débarrasser de cet hôte incommode. Au contraire, à l'exemple de la multitude, il le vénère tout le premier. Ce respect pour la folie est quelquefois poussé par les musulmans jusqu'aux dernières limites de l'absurdité. Il n'est pas rare de voir errer dans les rues des cités de l'Afrique ou de l'Orient des fous dans un état de nudité complète, se permettant publiquement envers les passants des libertés ou plutôt des licences abominables, sans que personne les en empêche. Le viol même leur est permis. Que dis-je? les femmes qui ont subi leur contact impur s'imaginent quelquefois avoir reçu du ciel une grâce toute particulière et ne rougissent pas de s'en vanter comme d'une faveur providentielle. C'est que les fous ne sont pas pour les disciples de Mahomet des êtres ordinaires. Ils leur attribuent des qualités supérieures et des communications directes avec la Divinité. La folie n'est pas à leurs yeux un affaiblissement ni une dégradation de la raison, mais c'est une sorte d'exaltation sublime des facultés mentales qui place ceux qui en sont possédés au-dessus de l'humanité et des lois qui régissent le commun des mortels.

Le même jour, M. Espina me conduit tour à tour chez les plus notables habitants du quartier franc. Parmi eux, M. Pittoretti me montre une intéressante collection, qu'il a réunie peu à peu, de monnaies et de médailles antiques trouvées dans la régence de Tunis. MM. Saccoman et Sicard me fournissent plusieurs renseignements utiles, ainsi que le brave commandant Bonaldi, Corse d'origine, qui est attaché depuis une vingtaine d'années au service du gouvernement tunisien.

CHAPITRE HUITIÈME.

De Sousa à Monastir. — Description de cette dernière ville, jadis peut-être Ruspina.

12 février.

A midi quarante-cinq minutes, je quitte les murs de Sousa, après avoir fait mes adieux à toutes les personnes que j'avais connues dans cette ville, et en particulier à M. le vice-consul Espina, qui m'avait comblé de prévenances et d'attentions, et dont je ne me sépare pas sans regret. Je côtoie avec ma petite escorte le bord de la mer dans la direction du sud-est.

A une heure dix minutes, nous laissons à notre droite la zaouïa de Sidi-bou-Hamida. Quelques jardins environnent la koubba ou coupole blanche sous laquelle reposent les restes du santon.

A deux heures, nous franchissons l'oued Hamdoun. A son embouchure dans la mer, des dunes de sable ont recouvert son lit, et c'est là que nos chevaux le traversent à pied sec.

A deux heures quinze minutes, nous rencontrons un second bras du même oued.

De trois heures à trois heures trente-cinq minutes, nous suivons une longue chaussée cailloutée et bordée d'un petit mur. Elle a été récemment construite à travers une grande sebkha dont le passage était auparavant fort dangereux en hiver, et qui s'appelle Sebkha-el-Melah-m'ta-Monastir.

Puis, tournant à l'est, nous entrons dans une région très-fertile, plantée de magnifiques oliviers. A droite et à gauche de la route, de beaux jardins, séparés et protégés par des ceintures de cactus, étalent une végétation luxuriante et témoignent de la richesse naturelle du sol. Çà et là de jolis palmiers dressent dans les airs, au-dessus des autres arbres qui les entourent, leur tige élancée et leur tête gracieuse ; de tous côtés nous apercevons des Arabes occupés à faire la récolte des olives.

A quatre heures quinze minutes, nous entrons à Monastir par la porte dite Bab-el-Gharbi (porte de l'occident) ; le khalife nous offre l'hospitalité à Dar-el-Bey.

Monastir, que les Arabes, par abréviation, prononcent quelquefois Mistir, passe pour avoir succédé à l'antique Ruspina, dont il est plusieurs fois question dans Hirtius [1], et qui devint la principale base des opérations militaires de César en Afrique.

Pline [2] la cite parmi les villes libres. Mentionnée dans la Table de Peutinger, elle est omise dans l'Itinéraire d'Antonin.

A l'époque de l'invasion arabe, elle n'avait qu'une importance fort secondaire et renfermait probablement alors un monastère chrétien, d'où sera dérivée la dénomination de la cité musulmane qui existe encore aujourd'hui.

Cette ville s'élève sur une presqu'île, non loin d'un promontoire auquel elle a donné son nom, et qui, dans l'antiquité, comme nous l'apprend le *Stadiasmus maris*, était couronné par un sanctuaire contenant un trophée de Dionysos.

Monastir est entourée d'un mur crénelé et flanqué de tours de distance en distance : cinq portes donnent entrée dans son enceinte. Ses rues sont mieux percées, plus larges et moins irrégulières que celles de la plupart des autres villes de la Tunisie. Ses mosquées, au nombre d'une douzaine, n'offrent, extérieurement du moins, rien qui mérite d'arrêter l'attention. Sa population atteint le chiffre de sept à huit mille habitants, parmi lesquels on ne compte que fort peu d'Européens : aussi la religion chrétienne n'y est-elle point pratiquée publiquement; aucune chapelle, aucun ministre du culte ne la représentent. Toutefois, comme cette ville est environnée d'un territoire fertile, que le commerce des huiles y est d'une certaine importance et qu'elle possède un assez bon mouillage à deux kilomètres environ, vers le sud, la France y entretient un agent consulaire, qui est en-même temps celui de plusieurs autres puissances chrétiennes.

---

[1] *Bello Afric.*, passim.
[2] V. 4.

CHAPITRE HUITIÈME.

13 février.

Je poursuis l'examen de la ville. La kasbah, située à l'angle nord-est, est défendue par une double enceinte et armée d'une trentaine de bouches à feu. Elle est dominée par une tour fort élevée, appelée El-Nadour. Ce vieux château est celui dont parle El-Bekri[1], et qui fut bâti l'an 180 de l'hégire (796-7 de l'ère chrétienne) par Herthéma-ibn-Aïen.

« C'est, ajoute cet historien géographe, une forteresse solidement construite. Au premier étage au-dessus du sol est une mosquée où se tient continuellement un scheik rempli de vertus et de mérite, sur lequel roule la direction de la communauté. Cet édifice sert de logement à une compagnie d'hommes saints et de marabouts qui ont quitté parents et amis pour s'y enfermer et y vivre loin du monde. »

Je ne serais pas éloigné de penser que ce ribat musulman, à la fois forteresse et monastère, du moins à l'époque d'El-Bekri, a remplacé le monastère chrétien que j'ai supposé avoir existé jadis à Monastir et avoir communiqué à cette ville le nom sous lequel elle est connue depuis l'invasion arabe.

Monastir possède en outre deux châteaux extérieurs : Bordj-el-Kebir, qui protége le mouillage, et Bordj-Sidi-Mansour, qui s'élève entre le mouillage et la ville.

Après avoir achevé le tour extérieur des remparts et des cimetières qui les avoisinent au nord, je descends vers la plage, et là, près de plusieurs tronçons gigantesques de colonnes de granit gris et rouge, à moitié ensevelis dans le sable, et qui, m'a-t-on dit, proviennent de Ben-Ghazi, d'où ils ont été apportés pour servir dans des pressoirs à écraser

---

[1] *Descript. de l'Afrique septentrionale*, p. 88.

les olives, je monte dans une barque, afin d'aller visiter trois petites îles peu éloignées du rivage. La plus septentrionale, appelée Djeziret-el-Hamam, doit ce nom aux pigeons et aux colombes qui y ont établi leur séjour et qui y nichent par centaines dans les trous des rochers. C'est un îlot qui peut avoir quatre cents mètres de circonférence au plus.

Au sud-est de cet îlot est une autre île plus considérable. Les Européens la désignent sous la dénomination de la Tonnara, parce qu'il y existait, il y a peu d'années encore, un établissement de pêche pour le thon. Sa circonférence est d'environ deux kilomètres. On y remarque les coupoles de deux santons, et, entre autres, celle de Sidi-Abou-el-Fadel-el-Ghedamsi. Le nom de ce marabout est celui que les indigènes donnent d'ordinaire à cette même île. En la parcourant, j'y rencontre une quinzaine de citernes creusées dans le roc et qui paraissent antiques. Au nord-est, du côté de la pleine mer, est un petit bassin pratiqué également dans le roc et qui est connu des Arabes sous la désignation poétique de Hammam-Bent-es-Sultan (le bain de la fille du sultan). C'est une salle de bain découverte et rectangulaire, mesurant environ 8 mètres sur chaque côté; elle est environnée d'un banc ménagé dans le rocher. L'eau y pénètre au moyen de deux petits canaux qui communiquent avec la mer. A l'extrémité opposée est un enfoncement demi-circulaire et voûté, entouré également d'un banc, et qui était une sorte d'apodyterium.

De cette île je passe dans la troisième, appelée par les indigènes Djeziret-el-Oustany (île du milieu), et par les Européens île de la Quarantaine.

Moitié plus petite que la précédente, elle est percée d'une cinquantaine de grottes artificielles qui consistent en chambres carrées hautes de 2 mètres et mesurant pour la plupart 2 mètres 50 centimètres sur chaque côté. Le plafond en est soit plat, soit légèrement concave. Le long des parois latérales, de petites niches ont été pratiquées. Là devaient être placées les lampes destinées à éclairer ceux qui habitaient ces grottes, ainsi que les divers objets ou ustensiles qui servaient à leurs besoins.

Ces différentes excavations, dont les unes sont isolées, les autres communiquent entre elles et deux ou trois se distinguent par des dimensions plus vastes, remontent très-vraisemblablement aux anciens habitants du pays, et je les regarde comme d'origine phénicienne. A l'époque chrétienne, elles ont pu devenir la retraite de moines; plus tard, elles ont servi d'asile à des pécheurs de thon; quelquefois aussi elles ont été habitées momentanément par des matelots ou d'autres passagers retenus en quarantaine; de là même le nom d'île de la Quarantaine que les Européens ont l'habitude de donner à cet îlot.

Je vais débarquer ensuite au fond d'une petite anse circulaire près d'un souterrain creusé dans le roc. Long de 35 mètres, large de 2 mètres 50 centimètres et haut de 2 mètres, il aboutit à un second souterrain transversal dans lequel l'eau de la mer peut pénétrer. Deux chambres, qui ont été jadis des salles de bain, sont désignées par les Arabes, comme le bassin de l'île de la Tonnara, sous la même dénomination de Hammam-Bent-es-Sultan.

En parcourant cette antique excavation, il me semblait visiter l'une de ces fraîches demeures des Néréides décrites par les poëtes et que l'imagination grecque principalement s'est plu à parer de charmes enchanteurs.

Sorti de ce souterrain, je monte sur un promontoire que défend un château appelé Bordj-Sidi-Mansour, parce qu'il avoisine un petit sanctuaire consacré à ce santon. Près de là est une belle maison de campagne appartenant à un général tunisien nommé Sidi-Osman. C'est un ancien renégat grec. Dans le salon principal, contrairement aux usages des musulmans, qui n'admettent pas, par principe, la représentation de l'homme, j'ai remarqué un certain nombre de gravures figurant les plus célèbres batailles de l'empire.

Au sud du promontoire Sidi-Mansour est le mouillage de Monastir, dont la distance à partir de cette ville répond à l'intervalle de deux milles, signalé par Hirtius [1], entre Ruspina et son port. « Ex oppido Ruspina egressus (Cæsar), proficiscitur ad portum, qui abest ab oppido millia passuum II. »

CHAPITRE NEUVIÈME.

De Monastir à Lemta. — Description des ruines de Leptis Parva.

14 février.

Après avoir fait mes adieux à M. l'agent consulaire français Niégo, et au khalife Sidi-Ammer-ben-Mabrouk, que je remercie de sa bonne hospitalité, je quitte vers six heures du matin les murs de Monastir.

Notre direction est d'abord celle du sud-sud-ouest. Nous côtoyons d'assez près le rivage.

A sept heures, nous laissons à notre gauche une petite île située non loin de la plage et appelée El-Enf; elle est cultivée.

A sept heures quinze minutes, nous traversons l'emplacement d'un village complétement détruit, connu sous le nom de Krigba.

A sept heures trente minutes, nous passons de même au milieu de quelques ruines très-indistinctes et voisines du rivage; on les appelle Frina. Près de là s'élève la zaouïa Sidi-Zaghouany.

Notre direction devient alors celle du sud-est.

---

[1] *Bello Afric.*, c. IX.

A sept heures quarante-cinq minutes, nous atteignons le village de Khenis. Il renferme environ cinq cents habitants; des jardins très-fertiles l'environnent.

A huit heures quinze minutes, nous laissons à notre droite le village de Ksiba-el-Mediouni. Sa population se monte à un millier d'âmes. Il est situé sur une colline dont les pentes sont bien cultivées. Au bas de ce monticule sont d'anciennes carrières que l'on exploite encore aujourd'hui.

Un peu plus loin, nous rencontrons la zaouïa leïla Souïna. Elle consiste en un petit sanctuaire construit fort grossièrement. A côté coule une source dont l'eau est réputée sainte et miraculeuse; aussi mes hambas, en bons musulmans, n'oublient-ils point d'en boire en passant.

A neuf heures quinze minutes, une autre zaouïa m'est désignée sous le nom de Sidi-Messaoud. A partir de ce point, nous marchons directement vers l'est.

A neuf heures vingt-cinq minutes, nous parvenons aux ruines de Lemta.

Ces ruines appartiennent à l'ancienne ville de Leptis Parva ou Minor, pour la distinguer de Leptis Magna ou Major (aujourd'hui Lebida), dans la Tripolitaine. Elle faisait partie des Emporia de la côte. Il en est question pour la première fois dans le Périple de Scylax. A l'époque des guerres de César en Afrique, elle était défendue par de puissantes fortifications.

« Labienus interim, dit Hirtius [1], cum parte equitatus Leptim oppidum, cui præerat Salerna, cum cohortibus tribus oppugnare ac vi irrumpere conabatur; quod ab defensoribus, *propter egregiam munitionem oppidi* et tormentorum multitudinem, facile et sine periculo defendebatur. »

Pline [2] la cite parmi les villes libres.

Dans l'Itinéraire d'Antonin, elle est marquée sous le nom

---

[1] *Bello Afric.*, c. XXIX.
[2] Plin., V. 4.

de Leptiminus et dans la Table de Peutinger sous celui de Lepteminus.

Dans la Notice des évêchés de la Byzacène, il est fait mention d'un *episcopus Leptiminensis*.

Sous Justinien, cette place était l'une des deux résidences du commandant militaire de la Byzacène : « Dux[1] vero Byzacenæ provinciæ et in Capsa et in *altera Lepte* civitatibus interim sedeat. »

Détruite probablement au moment de l'invasion arabe, elle n'offre plus aujourd'hui qu'un amas de ruines. Ces ruines occupent sur le bord de la mer un espace dont la circonférence peut être estimée à quatre kilomètres environ.

Le terrain qu'elles recouvrent çà et là est depuis longtemps en partie cultivé et envahi soit par des plantations d'oliviers, soit par des champs de blé ou d'orge semés d'une quantité innombrable de fragments de poterie antique que la charrue achève de briser de plus en plus chaque année.

Le long du rivage on distingue les vestiges d'un quai, et dans la mer, dit-on, quand le temps est beau et les vagues tranquilles, on aperçoit sous l'eau les restes d'une longue jetée qui défendait le port contre les vents du nord-est.

La mer entrait en outre dans la ville par une vallée naturelle que le travail de l'homme avait transformée en un canal artificiel. Cette vallée porte encore maintenant le nom d'Oued-es-Souk (la rivière du marché). Les petits navires pouvaient y mouiller : elle était bordée à droite et à gauche de maisons et de magasins actuellement renversés.

Leptis était alimentée d'eau par un aqueduc. Cet aqueduc, suivant les accidents du terrain, tantôt s'élevait au-dessus du sol, tantôt poursuivait sous terre son cours caché. Bien qu'il soit aux trois quarts détruit, on en reconnaît et on en peut suivre facilement la trace en beaucoup d'endroits.

---

[1] Justinianus. *Codex*, 1, 27, lex 2.

Ailleurs, les ruines d'un édifice très-considérable ont attiré mon attention; elles sont désignées par les Arabes sous le nom de Heufra-m'ta-Sedjen (le fossé de la prison). En réalité, c'était jadis un amphithéâtre. Il avait trois cent quarante pas de tour; l'arène mesurait cinquante pas de long sur trente-deux de large. Les galeries sont complétement détruites.

A quelque distance de là, une autre grande construction jonche de ses débris le sommet d'un monticule; les Arabes l'appellent El-Kasr (le château). Cet édifice a pu effectivement, par sa position élevée et par la solidité de sa masse, servir à protéger la ville.

Au sud de l'emplacement de cette antique cité est un petit village appelé Lemta, et dont le nom rappelle celui de Leptis. Il renferme cinq cents habitants. On y voit les ruines d'un château connu sous la dénomination de Kasr-Sultan-ben-Aghlab. Il consiste en une enceinte rectangulaire bâtie avec des blocs d'un assez puissant appareil et flanquée aux angles de petites tours rondes. En me dirigeant vers ce village, je rencontre, gisante dans un champ, une belle statue de marbre blanc mutilée : la tête, les bras et les jambes manquent. Elle représente un guerrier romain : la poitrine est recouverte d'une cuirasse parfaitement sculptée, sur le devant de laquelle sont figurés deux griffons; au-dessous de la poitrine est un ceinturon qu'ornent des têtes d'hommes et d'oiseaux mêlées ensemble.

CHAPITRE DIXIÈME.

Teboulba. — Ruines de Thapsus. — Dimas. — Arrivée à Mahédia.

A midi trente minutes, nous poursuivons notre marche dans la direction de l'est.

A une heure, nous sommes assaillis par une pluie torrentielle mêlée de grêle et accompagnée de violents coups de tonnerre. Nous venions de laisser alors à notre droite le village de Saïada, habité en partie par des pêcheurs. Il est situé près d'une petite anse où quelques barques sont mouillées.

En mer, à la distance, l'une de sept, l'autre de onze kilomètres du rivage, s'élèvent à notre gauche deux îles appelées Kouriateïn; ce sont les îles Tarichiæ (αἱ Ταριχεῖαι), mentionnées par Strabon [1].

Vers deux heures, nous entrons dans le bourg de Teboulba, où le khalife Ben-Aïach m'offre dans sa maison l'hospitalité la plus cordiale et la plus empressée. La pluie, qui continue de tomber à flots, m'empêche de sortir.

15 février.

Le matin, à six heures, je fais le tour de Teboulba. C'est un gros bourg de quatre mille âmes environ, qui a dû succéder à une petite ville antique. Il renferme quatre mosquées, deux zaouïas et deux écoles. Le territoire qui en dépend est planté de superbes oliviers ou semé de blé, d'orge et de divers légumes.

A sept heures, nous quittons Teboulba; j'envoie le bagage directement au village de Dimas, sous la garde de l'un de mes hambas et de Messaoud. Quant à moi, avec Malaspina,

---

[1] Strab., XVII, p. 1191.

le second de mes hambas, et un guide de la localité, je tourne mes pas vers le cap Dimas, jadis cap Thapsus.

A sept heures trente minutes, nous passons au pied d'une colline sur laquelle s'élève la coupole d'un marabout consacré à Sidi-Fodéili. Cette colline a dû être jadis fortifiée; elle commande tous les environs.

Nous nous rapprochons ensuite du rivage, que nous côtoyons vers l'est, ayant à notre gauche la plage et à notre droite une suite de collines dont l'une est couronnée par la coupole d'un marabout qui m'est désigné sous le nom de Sidi-Abdallah-ez-Zébéili.

Devant nous, à une faible distance du rivage, s'étend une île oblongue; elle est sablonneuse et inhabitée.

Nous parvenons enfin au cap Dimas, près duquel on admire encore maintenant les restes d'une belle jetée qui protégeait contre les vents et les vagues du large le port de l'antique Thapsus. Cette digue se prolongeait jadis beaucoup plus avant dans la mer. Dans son état actuel, elle mesure cent soixante pas de long sur onze de large. Formée de béton, elle est pavée de petites pierres régulièrement taillées et agencées entre elles.

La ville de Thapsus, si célèbre par la grande victoire que César remporta sous ses murs sur Scipion et le roi Juba, est aujourd'hui complétement ruinée. Le terrain qu'elle occupait a été livré à la culture, en sorte que non-seulement les traces de ses maisons ont disparu, mais que même la plupart de ses monuments publics ont été comme effacés du sol jusque dans leurs fondements. Chaque année, en effet, les paysans arabes qui exploitent l'emplacement qu'elle comprenait dans son enceinte, débarrassent les champs qu'ils cultivent des pierres dont ils sont jonchés et amoncellent celles-ci en tas, ou bien s'en servent pour délimiter leurs propriétés au moyen de petits murs de séparation grossièrement construits avec des matériaux de toutes sortes.

Néanmoins, je puis signaler comme encore parfaitement reconnaissables et d'une importance relative assez grande les ruines d'un kasr ou château. Il était assis sur un point élevé d'où l'on pouvait au loin dominer la ville, la mer et les campagnes voisines.

Plus au sud sont les débris d'un amphithéâtre. Il a quatre cent soixante pas de tour. L'arène mesurait soixante-deux pas de long sur quarante-quatre de large; elle est cultivée; les gradins n'existent plus.

A quelque distance de là, un immense rectangle renferme dans son périmètre vingt-cinq citernes, parallèles entre elles, dont chacune a quatre-vingt-deux pas de long sur quatre et demi de large. L'eau était amenée à ce vaste réservoir par un aqueduc dont j'ai pu suivre les vestiges pendant plusieurs centaines de pas.

Au sud de cet aqueduc s'étend une sebkha qui est probablement le lac salé dont parle Hirtius[1].

« Erat stagnum salinarum, inter quod et mare angustiæ quædam non amplius mille et quingentos passus intererant; quas Scipio intrare et Thapsitanis auxilium ferre conabatur. »

Le long de cette sebkha, vers l'ouest, s'élèvent une suite de monticules qui la commandent et dont plusieurs sont couverts de ruines; j'y remarque une dizaine de belles citernes parfaitement conservées et qui devaient se trouver jadis au-dessous de villas romaines.

Thapsus (Θάψος) est une ville d'origine fort ancienne. C'était l'un des comptoirs maritimes des Carthaginois. Nous la voyons signalée dans le Périple de Scylax. A l'époque des guerres de César en Afrique, elle est mentionnée comme place forte par Hirtius, et même après la défaite de Scipion et de Juba, elle osa encore résister au vainqueur, auquel elle

---

[1] *Bell. Afric.*, c. LXII.

ne se soumit qu'un peu plus tard, quand Utique, que ne défendait plus Caton, eut ouvert à César ses portes.

Pline[1] la cite au nombre des villes libres de la Byzacène. Dans la Table de Peutinger, elle est marquée sous le nom de Tapsus.

A l'époque chrétienne, elle était la résidence d'un évêque, comme nous l'apprend la Notice des églises épiscopales de l'Afrique.

Depuis l'invasion des Arabes, il n'en est plus question dans l'histoire.

A midi, je quitte les ruines de cette cité pour aller rejoindre mon bagage à Dimas. C'est un village d'environ cinq cents âmes. Je m'y rends par une route que bordent de magnifiques plantations d'oliviers; chemin faisant, plusieurs citernes antiques attirent mon attention.

De Dimas nous nous mettons ensuite bientôt en marche pour Mahédia. Nous traversons d'abord un bois d'oliviers, puis nous longeons dans la direction du sud la sebkha dont j'ai parlé plus haut.

A deux heures trente minutes, nous franchissons un petit oued, et tournant vers le sud-est, nous parvenons, à trois heures, à Mahédia.

CHAPITRE ONZIÈME.

Description de la ville de Mahédia.

Le khalife de Mahédia m'avait offert l'hospitalité à Dar-el-Bey, et je commençais à m'installer dans la chambre qu'il m'avait donnée, lorsque je vois arriver M. Lumbroso, frère de l'un des médecins du bey et agent consulaire de Naples, qui

---

[1] Plin., V, 4.

me prie à plusieurs reprises d'accepter dans sa propre maison un logement plus confortable. Dans la crainte de désobliger mon premier hôte, je refuse d'abord; mais ensuite, vaincu par les instances réitérées et amicales qui me sont faites, je suis M. Lumbroso dans son élégante demeure, qu'il a intérieurement meublée à l'européenne.

M. Portelli, agent consulaire anglais et qui, depuis la mort de M. Arnaud, remplit en même temps les fonctions d'agent consulaire français, arrive bientôt pour me voir chez M. Lumbroso. Après quelques minutes de repos et d'entretien préliminaire, je sors avec ces deux messieurs afin d'aller jeter sur l'ensemble de la ville un premier coup d'œil; nous nous dirigeons d'abord vers la kasbah.

Cette forteresse, de forme à peu près carrée, est située sur le point culminant de la presqu'île qu'occupe Mahédia. Elle est dans un état complet de dégradation. Ses canons, entièrement rouillés, reposent à terre ou sur des affûts vermoulus. Du haut de sa plate-forme, le regard embrasse toute la presqu'île et par conséquent toute la ville, dont l'étendue fut, dès le principe, délimitée par cette langue de terre; celle-ci s'avance dans la mer de l'ouest à l'est et peut avoir 4 kilomètres de pourtour : l'isthme qui la rattache au continent a environ 700 mètres de large. Cet isthme était, dit-on, coupé autrefois par un canal qui faisait communiquer ensemble les deux baies de Dimas et de Mahédia. M. Portelli m'a assuré qu'il y a peu d'années, quand on jeta les fondements de la zaouïa Sidi-scheik-Emtir à l'entrée du rebat ou faubourg, il avait lui-même observé les traces d'un long mur qu'il regardait comme celui qui bordait l'un des côtés de ce canal, creusé jadis par la main de l'homme.

Le soleil se coucha tandis que nous nous promenions encore sur les terrasses de la kasbah et que je tâchais de saisir la physionomie générale de la ville. Cette ville, autrefois si importante et si vantée par les auteurs arabes, est aujourd'hui bien déchue de sa puissance et de sa splendeur. De belles et épaisses murailles percées de nombreuses brèches, des tours découronnées de leurs créneaux ou même fendues jusqu'à leur base, beaucoup de maisons détruites ou très-délabrées, plusieurs mosquées démolies, d'autres tombant de vétusté, partout l'image de la désolation et de la mort, tel est le spectacle qu'offre actuellement Mahédia. Depuis le jour où elle a été démantelée par les ordres de Charles-Quint, elle ne s'est jamais relevée de sa décadence et de ses ruines, et elle n'a plus joué aucun rôle dans l'histoire : mais en remontant plus haut, nous voyons que si en 1551, après des assauts sanglants et plusieurs fois renouvelés, elle finit par tomber au pouvoir des Espagnols, qui en réparèrent les fortifications pour les démolir bientôt après, avant de l'évacuer, elle avait, en 1519, résisté victorieusement à Pierre de Navarre. En 1390, le duc de Bourbon l'avait de même vainement assiégée avec une flotte composée de Génois et de Français. En 1160, les musulmans l'avaient reconquise sur les Siciliens, lesquels s'en étaient emparés en 1147.

Quant à l'époque de sa plus grande prospérité, elle date de sa fondation même, c'est-à-dire de l'an 300 de l'hégire (912 de l'ère chrétienne). Dans cette année, en effet, elle fut fondée par Obeid-Allah, surnommé El-Mahdi, qui lui communiqua son surnom.

« La ville d'El-Mehdïya, dit El-Bekri [1], est environnée par la mer, excepté du côté occidental, où se trouve l'entrée de la place. Elle possède un grand faubourg appelé Zoüla, qui renferme les bazars, les bains et les logements des habitants de la ville. Ce faubourg, qu'El-Moëzz-ibn-Badis entoura d'une muraille, a maintenant environ 2 milles de longueur.... Toutes les maisons de Zoüla sont construites en pierre. La

---

[1] *Descript. de l'Afrique septentrionale*, p. 73 et suiv.

ville d'El-Mehdïya a deux portes de fer, dans lesquelles on n'a pas fait entrer le moindre morceau de bois; chaque porte pèse mille quintaux et a trente empans de hauteur : chacun des clous dont elles sont garnies pèse six livres. Sur ces portes, on a représenté plusieurs animaux. El-Mehdïya renferme trois cent soixante grandes citernes, sans compter les eaux qui arrivent par des conduits et qui se répandent dans la ville. Ce fut Obeid-Allah qui les fit venir d'un village des environs nommé Menanech.... Cette ville est fréquentée par les navires d'Alexandrie, de Syrie, de la Sicile, de l'Espagne et d'autres pays. Son port, creusé dans le roc, est assez vaste pour contenir trente bâtiments; il se ferme au moyen d'une chaine de fer que l'on tend entre deux tours situées une à chaque côté de l'entrée du bassin.... Obeid-Allah, voulant augmenter l'étendue de la ville, gagna sur la mer un terrain qui, mesuré du sud au nord, a la largeur d'une portée de flèche. El-Mehdïya est défendue par seize tours, dont huit font partie de l'ancienne enceinte; les autres s'élèvent sur le terrain ajouté à la ville.

Le djamé, la cour des comptes et plusieurs autres édifices ont été construits sur le terrain que l'on gagna sur la mer.

Le djamé, composé de sept nefs, est très-beau et solidement bâti. Le palais d'Obeid-Allah est très-grand et se distingue par la magnificence de ses corps de logis. La porte de cet édifice regarde l'occident. Vis-à-vis, sur l'autre côté d'une grande place, s'élève le palais d'Abou-'l-Cacem, fils d'Obeid-Allah. La porte de ce palais est tournée vers l'orient. L'arsenal, situé à l'est du palais d'Obeid-Allah, peut contenir plus de deux cents navires et possède deux galeries voûtées, vastes et longues, qui servent à garantir les agrès et les approvisionnements de la marine contre les atteintes du soleil et de la pluie. Obeid-Allah s'était décidé à construire la ville d'El-Mehdïya, à cause de la révolte d'Abou-Abd-Allah-ech-Chiaï, qui, secondé par une partie des Ketama, avait cherché à le détrôner, et dont les partisans furent massacrés par les habitants de Caïrouan. En l'an 300 (912-913), il commença par examiner l'emplacement de la nouvelle ville; cinq années plus tard, il avait achevé les fortifications, et dans le mois de choual 308 (février-mars 921) il alla s'y installer.... El-Mehdïya possédait plusieurs faubourgs, tous florissants et bien peuplés. Cette ville continua d'être le siége de l'empire fatémide jusqu'à l'an 334 (945-946), quand Ismaïl-el-Mansour, fils d'El-Caïm, étant monté sur le trône, se rendit à Caïrouan pour combattre Abou-Yezid. Il prit alors pour résidence la ville de Sabra, et après sa mort son fils El-Maad y demeura aussi. Dès lors, la plupart des faubourgs d'El-Mehdïya perdirent leurs habitants et tombèrent en ruines. »

Le géographe Edrisi, qui vivait un siècle environ après El-Bekri, nous transmet quelques détails analogues sur cette ville.

« A l'époque présente, dit-il [1], le commerce a diminué à Mahdia ; cette ville était le port et l'entrepôt de Caïrouan. Elle fut fondée par El-Mahdi-Obeid-Allah, qui lui donna son nom. Elle était autrefois extrêmement fréquentée, et le commerce y était très-florissant. Les constructions en étaient belles, les lieux d'habitation ou de promenade agréables, les bains magnifiques, les caravansérails nombreux ; enfin Mahdia offrait un coup d'œil d'autant plus ravissant, que ses habitants étaient généralement beaux et proprement vêtus. On y fabriquait des tissus très-fins. »

Ce géographe ajoute un fait curieux, c'est que Mahdia n'avait pas de cimetière de son temps et que les habitants allaient par mer ensevelir leurs morts à Monastir.

« De nos jours, continue-t-il, Mahdia se compose de deux villes, savoir : El-Mahdia proprement dite et Zouïla. La pre-

---

[1] *Géographie d'Edrisi*, trad. par M. Jaubert, t. Ier, p. **257** et suiv.

mière sert de résidence au sultan et à ses troupes; elle est dominée par un château construit de la manière la plus solide et dans lequel on voyait, avant la conquête de cette ville par le grand Roger, 543 de l'hégire (1147-1148), le réservoir dit des Voûtes d'or, dont les princes du pays tiraient vanité. Zouïla est remarquable par la beauté de ses bazars et de ses édifices, ainsi que par la largeur de ses rues et de ses carrefours. »

Ce passage nous montre que ce faubourg, jadis si populeux, mais qui déjà à l'époque d'El-Bekri avait été en partie abandonné, s'était de nouveau repeuplé, quand la ville avait repris de l'importance en redevenant capitale sous la dynastie des Zéirites.

« La ville, poursuit Edrisi, est entourée tant du côté de la terre que de celui de la mer de murailles en pierre, et le long du premier de ces côtés règne un grand fossé qui se remplit au moyen des eaux pluviales. »

Le grand fossé dont parle ici Edrisi est celui que j'ai déjà mentionné et qui, d'après la conjecture de M. Portelli, était jadis un véritable canal navigable rejoignant les deux rades que sépare la presqu'île de Mahédia.

Marmol, Espagnol originaire de Grenade, qui suivit Charles-Quint au siége de Tunis, et qui depuis, après avoir parcouru une grande partie de la Barbarie, soit comme homme libre, soit comme esclave, décrivit avec soin les villes et les contrées qu'il avait visitées, n'oublie pas dans son ouvrage de nous parler d'Africa : c'est ainsi qu'il appelle El-Mahédia, dénomination que cette place a gardée longtemps parmi les Francs, et qui témoigne à elle seule de son ancienne importance; car ce nom d'Africa indiquait que la ville fondée par El-Mahdi fut quelque temps la capitale des possessions des Arabes dans le nord de l'Afrique : elle résumait ainsi en quelque sorte, par cette appellation générale, toutes leurs conquêtes dans cette partie du Maghreb.

Marmol [1] nous donne sur cette ville des détails précis et intéressants, mais il se trompe en l'identifiant avec Hadrumetum, puisque c'est à Sousa qu'il faut, sans aucun doute, placer cette capitale de la Byzacène. Quelle est donc la cité antique à laquelle a succédé la moderne Mahédia? Shaw [2], réfutant l'opinion de de Thou qui voyait là Aphrodisium, ajoute :

« Cet endroit (Sallecto), ou bien El-Médéa, doit avoir été le château ou la maison de campagne où l'on dit qu'Annibal s'embarqua après s'être enfui de Carthage. »

Voici le passage de Tite-Live [3] qui a suggéré cette conjecture au savant voyageur anglais :

« Quum equi, quo in loco jussi erant, præsto fuissent, nocte via cita regionem quamdam agri Vocani transgressus (Hannibal), postero die mane inter Acillam et Thapsum ad suam Turrim pervenit. Ibi eum parata instructaque remigio excepit navis.... Eo die in Circinam insulam trajecit. »

El-Mahédia est effectivement située au sud de Thapsus et au nord d'Acilla.

Sir Grenville Temple [4] et M. Pellissier [5] ont adopté sans réserve l'opinion de Shaw. M. Barth [6], au contraire, incline vers celle du comte Castiglioni, qui, se fondant sur une ressemblance de nom entre Zouïla, le principal faubourg d'El-Mahédia, et la ville antique de Zella, mentionnée par Strabon [7] comme ayant beaucoup souffert pendant la guerre de César en Afrique, pense que cette dernière ville a été remplacée par celle qui fut bâtie par l'imam El-Mahdi.

Pendant que de la kasbah d'El-Mahédia j'examinais cette

---

[1] *Afrique de Marmol*, trad. de Perrot d'Ablancourt, t. II, p. 502.
[2] *Voyages de Shaw*, t. Ier, p. 246 (trad. française).
[3] Tite-Live, l. XXXIII, c. 74.
[4] *Excursions in the Mediterranean*, t. Ier, p. 137.
[5] *Description de la Régence de Tunis*, p. 266.
[6] *Wanderungen durch die Küstenländer des Mittelmeers*, p. 164.
[7] XVII, p. 575.

cité, dont MM. Lumbroso et Portelli me désignaient les principaux points et les édifices encore debout; pendant qu'aussi je repassais dans mon esprit les divers souvenirs que l'histoire a attachés à son nom et à ses ruines, le soleil, qui venait de disparaître à l'horizon, nous força à la retraite, et nous rentrâmes chez M. Lumbroso, remettant au lendemain une exploration attentive et détaillée.

16 et 17 février.

Je commence par visiter la paroisse catholique. C'est une humble et pauvre chapelle renfermée dans l'enceinte d'une petite maison particulière. Elle est desservie depuis quatre années par le R. P. Félix de Ferrare, moine capucin, et elle a été fondée elle-même il y a neuf ans. La population catholique de la ville, en y comprenant trois familles de Moukenine, bourg éloigné de vingt kilomètres vers le nord-ouest, se monte à cent quatre-vingts personnes et consiste en Maltais, en Italiens et en quelques Français.

A neuf heures du matin, je pars avec M. Lumbroso, M. Portelli et le R. P. Félix pour aller examiner les ruines de Bordj-Arif, situées à quatre kilomètres à l'ouest de Mahédia. Nous traversons d'abord le quartier appelé simplement El-Rebat, c'est-à-dire le faubourg, et ensuite la localité désignée sous le nom de Zouïla, dont j'ai déjà parlé, et qui jadis avait toute l'importance d'une ville. J'y remarque un grand nombre de jardins, séparés les uns des autres par des haies de cactus. Au milieu de ces jardins, et principalement à droite et à gauche de la route, règne une suite de maisons dont les trois quarts tombent en ruines.

Au bout de quarante minutes de marche à cheval, nous arrivons à une colline tufeuse qui a été autrefois exploitée comme carrière. Elle est excavée intérieurement. On y pénètre par une ouverture qui donne entrée dans une galerie d'abord basse et obscure, mais qui s'élève ensuite et est éclairée à son centre par un puisard creusé dans le roc.

Au pied de cette colline, dans un champ planté de magnifiques oliviers, on admire les ruines d'un sanctuaire musulman d'une grande élégance de forme, connu sous le nom de Bordj-Arif. Ce sanctuaire est regardé par M. Pellissier comme étant le mausolée de l'imam El-Mahdi lui-même. Mais cette assertion ne repose que sur une simple conjecture que rien jusqu'ici n'a confirmée. En effet, m'étant adressé à l'un des Maures les plus instruits de Mahédia, il m'affirma que ce monument n'avait jamais été un mausolée, et qu'il avait été fondé par un certain Arif, qui lui avait donné son nom. Quoi qu'il en soit, voici en peu de mots la description de ce charmant édifice, qui malheureusement est à moitié détruit.

Qu'on se figure un petit monument carré de neuf mètres sur chaque face. Il est flanqué aux quatre angles de tourelles engagées dans la construction. La courtine qui les sépare a six mètres de longueur. Au-dessus de ces tourelles et de cette courtine règne une frise revêtue d'une inscription en caractères neskhi. Cette inscription est très-mutilée, la frise ayant elle-même beaucoup souffert. Celle-ci, que borde un cordon élégamment sculpté, est surmontée aux angles du monument de quatre tourelles un peu plus petites que celles qui leur correspondent au-dessous. Ces tourelles, au lieu d'être unies extérieurement, sont divisées en plusieurs compartiments par des arcades très-élancées dont la forme est seulement indiquée. Sur les courtines on observe de même des arcades que figurent des espèces de sillons peu profonds. De cette manière, le nu des murs était dissimulé, sans que le monument fût découpé à jour. Ces deux étages de tourelles étaient couronnés par une coupole qui s'est écroulée. La chambre intérieure est carrée et n'a guère plus de six mètres sur chaque face. On pourrait d'abord croire avec M. Pellissier qu'elle a renfermé un caveau sépulcral, à cause d'une excavation assez profonde qu'on y remarque; mais cette excavation, d'après les renseignements qui m'ont été fournis, au lieu d'être due à l'existence antérieure d'un caveau sépulcral, proviendrait de fouilles pratiquées en cet endroit par des Arabes, dans l'espérance d'y trouver un trésor.

La position de ce sanctuaire est des plus agréables : entouré d'oliviers séculaires, il emprunte à la solitude et aux vieux ombrages qui l'environnent une sorte de charme mystérieux qui contribue à rehausser la grâce et la délicatesse de son architecture.

De retour à Mahédia vers midi, j'emploie le reste de la journée et celle du lendemain, 17 février, à parcourir en tout sens cette ville.

Mahédia forme dans la presqu'île où elle s'élève un grand ovale dont j'ai déjà évalué le pourtour à quatre kilomètres environ. Une enceinte de remparts très-épais, d'une hauteur assez considérable et flanquée de tours de distance en distance, l'enfermait tout entière, en suivant tous les contours du rivage. Ces remparts étaient revêtus extérieurement de pierres d'une dimension moyenne, mais très-régulièrement taillées. Démantelés depuis longtemps, ils sont complétement détruits en certains endroits; quelques parties sont encore intactes, d'autres dressent dans les airs ou inclinent vers le sol leur masse gigantesque, à demi démolie par l'homme. La porte d'entrée, du côté de l'isthme, était défendue par deux grandes tours, lesquelles appartiennent à un fort qui est aujourd'hui dans un état déplorable. Une longue galerie voûtée règne sous ce bordj. Sur ses plates-formes gisent étendus çà et là plusieurs mauvais canons rouillés qui ne pourraient être nuisibles qu'à ceux qui seraient chargés de les tirer; d'autres reposent sur des affûts tellement rongés de vétusté, qu'ils tomberaient en pièces si l'on essayait de les remuer.

Après avoir jeté un coup d'œil sur cette citadelle jadis si

redoutable, et qui était comme la clef de la défense de la place, mais actuellement si impuissante à la protéger, je fais le tour complet des murs d'enceinte.

Du côté du sud, je rencontre un bassin demi-circulaire; il était autrefois fortifié et défendu par deux bastions. Au pied de l'un de ces bastions, en plongeant son regard verticalement dans la mer, on distingue les traces d'un long quai construit en gros blocs rectangulaires et qui certainement remonte à une époque bien antérieure à celle des Sarrasins.

Plus loin, passant devant la kasbah et traversant un cimetière musulman dont les tombes sont très-mal entretenues, j'arrive au port qui est mentionné dans les auteurs arabes et dans Marmol. C'est un bassin creusé par l'homme. Sa forme est celle d'un rectangle. Il a 150 pas de long sur 82 de large. Son embouchure dans la mer ne dépasse guère 22 pas d'ouverture. Elle était défendue par deux tours, aujourd'hui rasées, entre lesquelles on tendait une chaîne. Ce port, entièrement factice et intérieur, est donc un véritable cothon, mais qui, à la différence de ceux d'Utique et de Carthage, affectait la forme d'un rectangle et non celle d'un cercle. Fort peu étendu, comme on le voit, il pouvait suffire néanmoins à renfermer un certain nombre de ces petits navires dont on se servait dans l'antiquité et au moyen âge.

Tout porte à croire que c'est là un travail phénicien; seulement les quais qui environnaient ce bassin et les vestiges des tours qui en protégeaient l'entrée attestent une époque plus récente. Presque à sec actuellement et en partie comblé, il pourrait être facilement déblayé, et plusieurs ingénieurs européens ont déjà proposé au gouvernement tunisien de le rendre, moyennant peu de frais, à la navigation; mais jusqu'à présent rien n'a été entrepris dans ce but.

Au delà de ce port est une petite anse; puis, suivant toujours la ligne des remparts plus ou moins démolis, j'atteins la pointe de la presqu'île. Là, j'aperçois un grand nombre d'excavations rectangulaires généralement fort étroites, les unes ayant deux mètres de long, les autres un mètre seulement, d'autres moins encore. Ce sont d'anciens sarcophages creusés dans le roc, tombeaux d'hommes ou d'enfants. La plupart ont été fouillés et ont perdu, avec leurs couvercles, les corps qu'ils renfermaient.

Cette nécropole n'est évidemment pas musulmane, et, pour mon compte, j'incline volontiers à la considérer comme très-ancienne, peut-être même comme phénicienne, nouvelle preuve, avec le port que je viens de décrire, qu'Obeid-Allah-el-Mahdi a construit sa ville sur l'emplacement d'une cité antique et de l'un des emporia ou comptoirs fondés par les Phéniciens sur cette côte.

De cette pointe extrême de la péninsule je me dirige vers un monticule où s'élève un marabout consacré à Sidi-Djaber. Ce monticule est environné et couvert d'un cimetière musulman; il était jadis habité, car il est parsemé de citernes antiques creusées dans le roc. Parmi ces citernes, il en est une surtout qui mérite d'être signalée ici. Éclairée par plusieurs regards, elle permet à l'œil d'en apprécier l'étendue et d'en sonder les mystérieuses profondeurs. Deux étages d'arcades superposées en soutiennent les voûtes.

A quelque distance de là, on m'a montré l'ouverture d'un souterrain, aujourd'hui en grande partie comblé, et que les habitants prétendent être d'un développement immense. A les en croire même, ce serait l'issue du fameux souterrain d'El-Djem, et ce serait par là que la célèbre Cahena enfermée dans l'amphithéâtre de cette ville aurait communiqué avec la mer, afin de se procurer des secours et des vivres. D'après El-Bekri, ainsi que je l'ai déjà rapporté, ce souterrain, dont l'existence est très-contestable, au lieu de s'étendre depuis El-Djem jusqu'à Mahédia, se serait dirigé vers Selekta.

Je longe ensuite toute la partie septentrionale des remparts, tantôt côtoyant le rivage, tantôt étant contraint de m'en éloigner un peu, par suite de l'éboulement d'énormes pans de murs renversés dans les flots.

Le côté occidental, qui fermait la péninsule et qui occupait toute la largeur de l'isthme, était la partie la plus fortifiée; elle était défendue par six tours, dont quelques-unes ont été entièrement sapées. La porte d'entrée était en outre protégée par le château que j'ai mentionné plus haut.

Toute cette enceinte porte en général le cachet de la même époque. Plusieurs voyageurs l'ont regardée comme espagnole; mais, à mon avis, elle est sarrasine, et remonte, selon toute probabilité, à Obeid-Allah lui-même. Quelques parties seulement ont été refaites ou réparées après les différents siéges que la place a subis; d'autres aussi ont pu être ajoutées pour compléter la défense.

On sait que Charles-Quint, devenu maître de Mahédia et se voyant dans l'impossibilité de la garder, donna à son armée l'ordre d'en détruire les fortifications, qu'il avait fait d'abord restaurer. Ses soldats ont bien accompli leur tâche, car la sape et la mine ont ouvert partout de larges brèches dans cette enceinte formidable, dont les parties laissées debout témoignent assez de ce qu'elle a dû être dans le principe.

J'ai peu de chose à dire de l'intérieur de la ville. Les palais et les belles mosquées qu'elle possédait autrefois n'existent plus ou tombent en ruines. La mosquée principale actuelle renferme d'élégantes colonnes; elle paraît remplacer une mosquée beaucoup plus ancienne, dont on distingue encore quelques pans de murs qui rappellent, par la régularité et les dimensions des pierres dont ils sont revêtus, les remparts que j'ai décrits. Les autres mosquées sont plus petites et moins dignes d'intérêt.

Mahédia est le siége d'un kadi et d'un khalife. Le chiffre de ses habitants ne dépasse pas en ce moment trois mille cinq cents âmes, sans y comprendre toutefois les faubourgs. Le commerce le plus important y consiste en huiles. C'est ce commerce qui a attiré et qui retient encore dans cette ville la petite colonie européenne qui s'y est fixée. Les chargements et les déchargements se font au sud de la presqu'île, près d'un mouillage assez sûr.

Je n'ai trouvé à Mahédia aucune inscription antique, mais seulement, sur une dalle tumulaire brisée qui recouvrait les restes d'un chevalier de Malte du nom de Jean-Eugène de Piscatory, l'épitaphe latine suivante :

27.

QUAE REGIO IN TERRIS NO
STRI NON PLENA LABORIS
EN IACET HIC HYEROSO
LIMITANUS MILES IOHAN
NES....NIUS DE PISCATO
RIBUS....ET SPLENDOR NOVA
RAE...... POST ANNOS
EIUSDEM MILITIAE QUADRA
GINTA VITAE VERO DUOS ET
SEXAGINTA INTEGERRIME FOR
TISSIME QUE ACTOS DUM PRO RE
TINENDA ISTA ARCE A REP·DEL
..... ET OPERAM NOVARIAE
INTENDIT INOPINATA MORTE
CORREPTUS EX HAC VITA MIGRA
VIT AD DOMINUM ANNO $\overline{\text{XRI}}$ $\overline{\text{NATI}}$
VITATE MDLIII·XIII KAL·FEBRUAR·
ADMONET TE HOSPES SI VIR SIES
OMNE TIBI SOLUM ESSE PATRIAM

Au bas de cette inscription sont les armes du défunt, consistant en deux dauphins que sépare une barre oblique et que surmonte une croix de Malte.

CHAPITRE DOUZIÈME.

Départ de Mahédia. — Ksour-es-Sef. — Selekta, autrefois Syllectum. — El-Alia, probablement l'ancienne Acholla.

18 février.

Je fais mes adieux au khalife et à M. Lumbroso, que je remercie de sa bonne et affectueuse hospitalité, et je quitte Mahédia afin de poursuivre ma route vers le sud. M. Portelli et le R. P. Félix m'accompagnent jusqu'à Selekta.

Partis à huit heures quinze minutes, nous côtoyons d'abord le bord de la mer en traversant le faubourg Kouach. Nous laissons bientôt à notre droite le cimetière catholique, et un peu plus loin celui des juifs.

Nous longeons ensuite pendant quelque temps la Sebkha-m'ta-Zouïla; l'eau en est douce, à la différence de celle de la plupart des sebkhas de la Tunisie.

A huit heures quarante-cinq minutes, nous atteignons le petit village de Bou-Redjidj. Là est une vaste carrière de pierre tufeuse et de grès, exploitée à ciel ouvert dès la plus haute antiquité probablement, et qui maintenant l'est encore. Les habitants de la localité prétendent que cette carrière a fourni les magnifiques blocs qui ont servi à construire l'amphithéâtre d'El-Djem.

Au delà s'étend une plaine en partie inculte et en partie cultivée : à son centre s'élève une koubba consacrée à Sidi-Chaouali.

A neuf heures quarante-cinq minutes, nous entrons à

Ksour-es-Sef. C'est un bourg considérable qui renferme une population de 5,000 âmes. Il possède plusieurs mosquées, cinq zaouïas et trois médrécés ou écoles. De superbes plantations d'oliviers l'environnent.

Shaw pense que ce bourg occupe l'emplacement de l'oppidum Sarsura dont il est question dans Hirtius [1]. Si la conjecture du savant Anglais est fondée, il faut ajouter un **X** à la distance marquée dans la Table de Peutinger entre Thysdrus et Sassura vicus, lequel est évidemment identique à l'oppidum Sarsura d'Hirtius; car l'intervalle qui sépare El-Djem de Ksour-es-Sef est de XXII milles romains et non de XII, comme l'indique cette Table.

Après quelques minutes de repos, nous nous remettons en marche pour Selekta, accompagnés d'un guide du pays. Cette localité est située à cinq kilomètres environ à l'est de Ksour-es-Sef.

Nous traversons d'abord de belles plantations d'oliviers, puis nous parvenons à une petite colline dont le sommet est couronné par les restes d'une ancienne construction qui semble avoir été un poste militaire. Nous franchissons ensuite une plaine inculte et couverte seulement de plantes aromatiques au milieu desquelles voltigent de nombreux essaims d'abeilles. Bientôt nous remarquons des amas de décombres jonchant çà et là des jardins cultivés qui appartiennent aux habitants de Ksour-es-Sef.

Chemin faisant, nous rencontrons plusieurs citernes antiques, et près de là, sur un plateau, les débris d'une jolie mosaïque. L'édifice qui la renfermait est complétement détruit.

Descendant la pente de ce plateau, nous sommes conduits par notre guide sur l'emplacement d'un monument qui a dû être un temple ou un palais, car on y a déjà déterré plu-

---

[1] *Bello Afric.*, c. LXXIV et LXXV.

sieurs colonnes magnifiques. Nous y admirons encore un superbe chapiteau en marbre blanc, d'ordre corinthien; à côté est étendu un fût de colonne en marbre gris nuancé de vert.

Parvenus sur le bord de la mer, nous observons le long du rivage les traces d'un quai; il se termine, au nord, à un petit promontoire appelé Ras-Djbouro, auquel tiennent une suite de récifs que rattachait jadis plus étroitement au continent une digue inclinant vers le sud-est.

L'anse que protégeaient ce promontoire et cette digue formait le port de la ville marchande. Un kilomètre au sud, un bassin renfermé entre deux môles dont les traces sont encore apparentes, constituait le port militaire, lequel était contenu dans l'enceinte de la ville forte.

Cette dernière était peu étendue. Le périmètre qu'elle occupait est déterminé très-nettement par des murailles très-puissantes dont il existe, du côté de l'ouest, des restes considérables. Ces murailles formaient une enceinte carrée de deux cent huit pas sur chaque face. Elles consistent en un blocage intérieur revêtu extérieurement d'un appareil de gros blocs.

Selekta est la Sullecti de la Table de Peutinger; Procope[1] l'appelle Syllectum et la cite comme la première étape de Bélisaire dans sa marche de Caput-Vada à Carthage.

Dans la Notice des siéges épiscopaux de la Byzacène, il est question d'un *episcopus Sublectinus*.

A quatre heures du soir, nous sommes de retour à Ksour-es-Sef. M. Portelli et le R. P. Félix me quittent alors pour rentrer avant la nuit à Mahédia. Je leur serre cordialement la main.

---

[1] *Bell. Vand.*, I, 15.

19 février.

Départ à huit heures du matin. Après avoir dépassé une zone plantée de vieux oliviers, nous entrons dans une vaste plaine dépourvue de toute végétation.

A dix heures, nous faisons halte à El-Alia. Des débris accumulés sur un monticule semblent ceux d'un château fort. Plus au sud, les vestiges d'un grand édifice et une belle citerne attirent mon attention. Jusqu'à la mer, le sol est jonché de matériaux, restes de maisons entièrement renversées. Le long de la plage, on remarque les traces d'un quai. Les Arabes prétendent que les habitants de cette ville, aujourd'hui détruite et déserte, ont été s'établir dans l'île de Malte.

El-Alia passe pour être l'ancienne Acholla de Tite-Live et de Strabon [1], l'Achola de Ptolémée, l'Achilla d'Hirtius [2], qui la range parmi les villes libres, l'Acolitanum oppidum de Pline [3]. Dans la Table de Peutinger, elle est désignée sous le nom d'Aholla. La Notice des évêchés de la Byzacène cite un *episcopus Acolitanus*.

Il existe quelques monnaies romaines de cette ville; elle y est appelée Achulla, nom qui se retrouve également sur une inscription bilingue, latine et punique, trouvée en cet endroit [4].

---

[1] Tite-Live, XXXIII, p. 48. — Strab., XVII, p. 1188.
[2] *Bello Afric.*, c. XXXIII.
[3] *Hist. nat.*, V, 4.
[4] Gesenius, *Monum. Phœnicia*, p. 319.

CHAPITRE TREIZIÈME.

Cheba. — Ras-Capoudiah, jadis Caput-Vada. — Emplacement du camp de Bélisaire et de Justinianopolis. — Emplacement présumé de Ruspae. — Meloulèche. — Kasr-Gigel. — Azeque. — Djebeliana. — Inchilla, probablement l'ancienne Usilla. — Arrivée à Sfax.

A onze heures quinze minutes, nous remontons à cheval et nous continuons à nous avancer à travers une plaine couverte çà et là d'épaisses broussailles.

A midi, j'examine en passant un petit village antique entièrement ruiné, appelé aujourd'hui Kherbet-Birin. Des ruines peu importantes jonchent un espace circulaire d'environ six cents pas de tour.

A deux heures, nous arrivons à Cheba. Les abords de ce village sont plantés d'oliviers et de figuiers gigantesques. Laissant mon bagage en cet endroit et prenant un guide du pays, je pousse une exploration jusqu'au promontoire connu maintenant sous le nom de Ras-Capoudiah, le Caput-Vada de l'antiquité.

A huit cents pas de Cheba, vers l'est, je rencontre quelques débris romains. Plus loin, dans la même direction, d'autres vestiges de constructions antiques et plusieurs citernes attirent mes regards. La plaine où nous cheminons est cultivée en céréales ou en fèves. Au bout d'une heure de marche, nous parvenons devant une enceinte jadis fortifiée. Elle était environnée d'un mur flanqué aux quatre angles d'une petite tour ronde. Au centre s'élève une grande tour carrée appelée par les Arabes Bordj-Khadidja. Sa hauteur est d'environ trente-cinq mètres. Elle est flanquée à l'ouest d'une tourelle engagée dans la construction; la partie inférieure est en talus. On monte dans ce bordj au moyen d'une échelle qui permet d'atteindre le premier étage; puis, un escalier tournant conduit à une plate-forme crénelée et pourvue de mâchicoulis.

J'ai trouvé dans cette tour un poste de six soldats : en cas d'attaque, ils n'auraient qu'à retirer à eux l'échelle mobile dont j'ai parlé.

Procope[1] nous apprend que Bélisaire débarqua en Afrique près du promontoire Caput-Vada, dont le nom, quoique corrompu, se reconnaît facilement dans le Ras-Capoudiah des Arabes. La presqu'île que termine ce cap fut aussitôt occupée militairement par le général de Justinien, qui s'y retrancha et la coupa par un fossé, afin de la séparer du continent. Il fortifia les deux extrémités de son camp par deux ouvrages avancés dont l'un est l'enceinte où s'élève le Bordj-Khadidja, et l'autre, situé plus à l'ouest, est une seconde enceinte dont les murs sont complétement détruits.

Quant à la ville de Justinianopolis, qui remplaça plus tard ce camp, et qui fut fondée pour consacrer le souvenir de l'heureux débarquement et des victoires des troupes impériales, il n'en existe plus que l'emplacement, ses maisons, ses édifices et ses remparts ayant été presque entièrement effacés du sol.

A cinq heures trente minutes, je reviens à Cheba, où je passe la nuit.

Près de ce village était peut-être l'ancienne ville de Ruspae, placée par Ptolémée non loin du promontoire Brachodes (Βραχώδης ἄκρα).

Shaw identifie ce dernier promontoire, dont le nom indique qu'il était entouré de bas-fonds, avec le Caput-Vada de Procope, dénomination latine analogue à la précédente, qu'elle ne fait que traduire. Si cette identification est fondée, la ville de Ruspae doit se chercher dans le voisinage de Cheba. Shaw la fixe à Sbiah, où quelques ruines peuvent en effet avoir appartenu à cette antique cité.

Elle est mentionnée dans la Table de Peutinger sous le

---

[1] *Bell. Vand.*, I, c. 15.

CHAPITRE TREIZIÈME.

nom de Ruspe. Dans la Notice des évêchés de la Byzacène, il est question d'un *episcopus Ruspensis*.

20 février.

A sept heures trente minutes du matin, nous nous mettons en marche dans la direction du sud-ouest. Le territoire que nous traversons d'abord est fertile en oliviers. Chemin faisant, je remarque un assez grand nombre de citernes et de puits antiques.

A sept heures quarante-cinq minutes, quelques ruines au milieu des broussailles attirent un instant mon attention; elles sont, du reste, si peu considérables qu'elles ne portent pas de nom particulier.

A huit heures, j'examine en passant les débris d'un kasr ruiné, qui s'appelle Kasr-Fninech.

A huit heures trente minutes, nous rencontrons un second kasr, également renversé, dont mon guide ignore le nom.

A neuf heures, un troisième kasr, dont quelques parties sont encore debout, m'est désigné sous la dénomination de Kasr-Bab-Henian.

A neuf heures quarante-cinq minutes, nous faisons halte quelques instants au village de Meloulèche.

A dix heures quinze minutes, je jette un coup d'œil sur les débris d'un henchir appelé Kasr-Gigel. Ce kasr, presque entièrement démoli, ne présente plus qu'une enceinte circulaire de quelques centaines de pas de tour. Le mur qui l'enfermait était environné d'un fossé. Au dedans, tout se réduit maintenant à un amas confus de décombres hérissés de broussailles. Au sud, près d'un vieux caroubier, gisent à terre deux tronçons de colonnes antiques en marbre, l'une unie, l'autre cannelée.

Plus loin, un autre kasr détruit et moins important s'appelle Kasr-Fodali.

A deux heures, nous faisons halte au village d'Azèque.

A trois heures trente minutes, nous poursuivons notre route vers le sud-sud-ouest.

A cinq heures trente-cinq minutes, nous arrivons au village de Djebeliana. Là, j'ai l'heureuse fortune de serrer la main d'un Français, de M. Thomas Mattei, Corse d'origine, qui m'offre pour la nuit, sous son humble mais hospitalière demeure, un abri que j'accepte avec reconnaissance.

Après avoir servi sous l'Empire et parcouru ensuite les mers comme capitaine d'un bâtiment marchand, M. Mattei est venu s'établir en Tunisie, où il habite déjà depuis de longues années. Homme de courage et d'aventures, il a accompagné M. Pellissier dans la plupart de ses explorations. Habitué à la vie simple et dure des Arabes, il a su acquérir sur eux un grand ascendant. En ce moment, une affaire d'intérêt l'avait attiré à Djebeliana, où il possède des oliviers et une petite maison. Quand il l'habite par occasion, il devient aussitôt le véritable scheik du village, et sa chambre est trop étroite pour contenir, le soir, les Arabes qui viennent alors s'accroupir en cercle autour de lui.

Il me fournit sur les contrées que j'ai l'intention de parcourir, plusieurs renseignements utiles. J'apprends aussi de sa bouche que j'ai laissé de côté sur ma route des ruines importantes; ce sont celles de Badria, près du bord de la mer, à deux ou trois kilomètres à l'est du Kasr-Gigel. Je prends note immédiatement de cette précieuse indication, et je ne manquerai pas d'aller avant peu la vérifier sur place.

21 février.

A huit heures du matin, je fais mes adieux à M. Mattei et nous nous mettons en marche.

Cinq kilomètres au sud de Djebeliana est le hameau d'El-Kheriba; il est situé au milieu de belles plantations d'oliviers. Avant de l'atteindre, nous avions rencontré sur notre route quelques ruines peu considérables auxquelles on donne le nom de Kasr-el-Medeni.

A neuf heures trente minutes, nous faisons halte à Inchilla. C'est un endroit actuellement inhabité. Il y a peu d'années encore, un petit village existait autour de la koubba de Sidi-Maklouf et de celles de deux autres santons musulmans. Aujourd'hui ce hameau est détruit et abandonné. Dans cette même localité florissait jadis une ville romaine d'une certaine importance, qui, si l'on en juge par les constructions ruinées éparses sur le sol, subsistait encore à l'époque byzantine et survécut même quelque temps à la conquête arabe. En effet, à une faible distance du marabout de Sidi-Maklouf s'élève sur un monticule une vieille mosquée musulmane. Aujourd'hui ouverte à tous les vents et commençant à tomber en ruines, elle est flanquée extérieurement de demi-tours rondes dont la partie inférieure s'enfonce en talus dans le sol. Intérieurement, elle forme une grande salle carrée soutenue par seize colonnes sur quatre rangées. Ces colonnes sont d'un seul fût et de marbre blanc : les chapiteaux qui les surmontent sont élégamment sculptés. Ornés de feuilles d'acanthe, de têtes de bélier et de divers oiseaux, ils sont eux-mêmes couronnés par un abaque. Quatre autres colonnes, également de marbre blanc, décorent le mihrab, c'est-à-dire l'espèce d'abside qui indique aux musulmans la direction de la Mecque, la ville sainte, par excellence, de l'islamisme et vers laquelle, pour cette raison, ils doivent toujours se tourner en priant.

Cette mosquée était autrefois entourée d'un mur dont on ne distingue plus maintenant que les fondements; elle a très-vraisemblablement succédé sur la même place à une église chrétienne; dans tous les cas, elle a hérité de ses colonnes, qui paraissent byzantines et qui ont pu être transportées d'un édifice voisin.

Près de là sont quelques citernes à moitié comblées. En

parcourant tout le terrain qui s'étend depuis cette mosquée jusqu'auprès de la mer, j'ai remarqué dans des champs cultivés des matériaux de toutes sortes qui jonchent le sol, une quantité innombrable de fragments de poterie et quelques débris de mosaïques.

C'est Shaw qui, le premier, je crois, a identifié cette localité avec l'Usilla de Ptolémée, l'Usilla municipium de la Carte de Peutinger, l'Usula civitas de l'Itinéraire d'Antonin, l'Usyla de l'Anonyme de Ravenne. Dans l'Itinéraire d'Antonin, cette ville est marquée comme étant à XXXII milles de Thysdrus et à XXVIII de Thenae. Or, c'est précisément la double distance qui sépare Inchilla d'un côté d'El-Djem (Thysdrus) et de l'autre de l'henchir Thiné, que je décrirai plus tard, et dont les ruines sont évidemment celles de l'ancienne Thenae.

La Notice épiscopale de la Byzacène cite un *episcopus Usulensis*.

A onze heures, nous quittons Inchilla, afin de continuer à nous avancer vers Sfax. Un vent d'ouest d'une violence extrême s'élève bientôt et contrarie singulièrement la marche de nos montures. Assaillis par des rafales incessantes, nous traversons lentement et péniblement une plaine inculte où ne croissent que des herbes sauvages et des broussailles, et où, çà et là, je remarque des troupeaux de moutons à queue très-épaisse et traînant presque à terre.

Vers une heure, à ces steppes succède une longue suite de jardins assez bien cultivés.

A trois heures, nous franchissons le lit d'une sebkha desséchée. Il est recouvert d'un beau sel blanc d'une très-grande finesse, qui, de loin, donne à cette sebkha l'apparence d'une plaine blanchie par la neige.

A trois heures trente minutes, nous entrons dans les murs de Sfax. Le khalife Si-Aly-ben-Atouch me fait un accueil très-bienveillant et m'offre l'hospitalité à Dar-el-Bey.

CHAPITRE QUATORZIÈME.

Description de Sfax, regardée généralement comme l'ancienne Taphrura.

22 février.

J'avais jeté la veille, avant le coucher du soleil, un rapide coup d'œil sur Sfax; aujourd'hui j'examine plus attentivement cette ville, l'une des plus importantes de la Régence, accompagné de M. Jean Mattei, vice-consul de France dans cette échelle et l'un des fils de M. Thomas Mattei, dont j'avais fait la connaissance à Djebeliana.

Sfax, chef-lieu de l'outhan ou district de ce nom, se divise en deux villes, délimitées par une enceinte spéciale. La ville haute, ou la ville proprement dite, est réservée aux musulmans. Elle contient sept mille habitants. Environnée d'un mur crénelé, elle est en outre, comme Sousa, flanquée de tours, les unes rondes, les autres carrées. Elle n'a que deux portes, l'une au nord, ouvrant sur la campagne; la seconde au sud, par laquelle elle communique avec le faubourg ou la ville franque.

Elle compte cinq mosquées, plusieurs zaouïas et trois médrécés. Ses bazars sont bien fournis. La kasbah ou citadelle est dans un état d'entretien satisfaisant, du moins comparativement à celles que j'ai pu visiter dans la Régence. Les canons dont elle est pourvue sont fort anciens, mais pas encore hors de service. Elle ne tiendrait sans doute pas à la moindre attaque sérieuse; toutefois, contre des Arabes, elle pourrait résister assez longtemps. Les murailles en sont très-épaisses, et j'y observe de nombreux matériaux qui ont dû être enlevés à des monuments antiques. J'avais fait la même remarque au sujet de plusieurs mosquées dont je n'avais pu, du reste, examiner que l'extérieur.

Une haute tour appelée El-Nadour (l'observatoire) s'élève

au-dessus de la ville entière; de la plate-forme supérieure qui la couronne, le regard embrasse, d'un côté, avec la ville, la vaste zone des nombreux jardins qui l'entourent, et de l'autre, le faubourg et la mer jusqu'aux îles Kerkennah, qui bornent à l'est l'horizon. La foudre étant tombée il y a quelques années sur cette tour, elle est lézardée en plusieurs endroits, et il est assez dangereux d'y monter.

De la ville musulmane, on descend par une pente assez douce dans la ville basse ou le faubourg, où habitent les juifs et les chrétiens, au nombre d'environ deux mille. Cette ville, complétement distincte de la première, s'étend le long de la rade. Une simple muraille l'enferme; elle communique au moyen de trois portes avec le dehors. Le quartier plus spécialement occupé par les juifs est, lorsqu'il pleut, d'une extrême saleté. Ceux-ci y possèdent une synagogue; ils se montent à treize cents individus au moins.

Les chrétiens, au nombre de sept cents, se composent en grande partie de Maltais, d'Italiens et de quelques Français attirés en ce lieu par le commerce des huiles et surtout par celui des éponges.

La paroisse catholique est administrée par le R. P. Augustin de Lucques, religieux fort zélé et qui entretient son église avec beaucoup de soin.

Près de son presbytère est l'établissement des sœurs de Saint-Joseph. Ces bonnes religieuses, réduites à trois seulement, faute de ressources et d'un local suffisant, ont pour supérieure la sœur Scolastique, que je suis très-heureux de revoir, après l'avoir connue en Palestine. Vouées au soulagement des malades et à l'éducation des enfants, elles rendraient à Sfax des services beaucoup plus grands si leur maison, moins exiguë, leur permettait de recevoir dans une salle particulière tous ceux qui viennent réclamer leurs soins ou leurs conseils, et d'admettre dans leur classe, pour les instruire, un nombre plus considérable de petites filles.

A la demande des parents, elles ont également consenti à se charger de l'enseignement d'une douzaine de petits garçons. Deux ou trois frères de la Doctrine chrétienne sont depuis longtemps désirés par la plupart des familles, dont les enfants végètent dans la plus complète ignorance ou s'adonnent de bonne heure au vagabondage.

La ville franque avoisine le port; tout le commerce par conséquent y afflue. La rade est sûre, mais peu profonde, et les gros bâtiments sont contraints de mouiller fort au large. Elle est protégée par deux batteries, dont la plus importante est appelée *Batterie de la Quarantaine*.

Le flux et le reflux sont très-sensibles sur ces parages, et la différence entre les hautes et les basses eaux est d'environ un mètre cinquante centimètres. A l'époque des équinoxes, cette différence est beaucoup plus considérable encore; elle est, m'a-t-on dit, de deux mètres soixante centimètres. Ce phénomène, assez rare dans la Méditerranée, est ici très-remarquable et aussi réglé, mais moins fort que dans l'Océan. Faute de le connaître, les navigateurs pourraient se trouver dans le plus grand embarras sur cette côte, semée d'ailleurs de bas-fonds [1], et qui depuis le Ras-Capoudiah fait partie de la petite Syrte tant redoutée des anciens.

Sfax manque de fontaines; l'eau qui alimente la ville provient des citernes particulières que chaque maison et chaque édifice public possèdent. Il y a en outre en dehors des remparts deux immenses réservoirs appelés Feskins, situés à dix minutes au nord; et plus près des murs, une vaste enceinte murée, désignée sous le nom de Nasriah (le secours), contient plusieurs centaines de citernes distinctes, fondées et entretenues par des legs pieux. A en croire le gardien qui me les montrait, elles égalent en nombre celui des jours de l'année.

---

[1] J'emploie ici le terme de *bas-fonds* dans le sens vulgaire; en marine, pour exprimer la même chose, on emploie, au contraire, le mot *hauts-fonds*.

Les jardins qui avoisinent la ville l'environnent d'une ceinture verdoyante, laissant toutefois entre eux et le mur d'enceinte une zone sablonneuse assez large. Ils consistent en une infinité d'enclos séparés les uns des autres par des haies de cactus, et où croissent admirablement sur un terrain sablonneux lui aussi, mais qui, au moyen d'irrigations, devient excellemment propre à la culture, des arbres fruitiers et des céréales.

Un bordj, ou habitation en forme de tour carrée, s'élève au centre de chacun de ces jardins, et auprès est creusé un puits dont les eaux plus ou moins abondantes rendent plus ou moins fertile le sol qu'elles arrosent. On estime le nombre de ces enclos à plusieurs mille, car il est peu d'habitants qui n'en possèdent un ou deux. C'est là que chaque famille a l'habitude d'aller s'installer pendant l'été, ou du moins d'aller passer plusieurs heures par jour.

Les arbres qui y dominent sont les oliviers; l'huile qu'on en extrait est assez bonne en elle-même; mais, faute d'une préparation suffisante, elle est beaucoup plus amère que les huiles raffinées de la Provence ou de l'Italie. Ainsi en est-il, du reste, de la plupart des huiles que l'on récolte dans toute l'étendue de la Régence. Aussi celles qui sont exportées soit à Marseille, soit ailleurs, ne sont-elles d'ordinaire destinées qu'à la fabrique et à l'éclairage.

Après l'olivier, l'arbre qui abonde le plus dans les vergers de Sfax est l'amandier. Ils renferment également un grand nombre de pistachiers, dont le fruit est excellent. Les figuiers y prospèrent de même fort bien. Ces différents arbres et d'autres encore sont çà et là dominés par d'élégants palmiers, qui commencent à devenir plus communs à mesure que l'on avance vers le sud de la Régence; les dattes qu'ils produisent néanmoins sont d'une qualité médiocre.

Parmi les légumes que l'on y cultive, je ne dois point oublier de signaler les concombres; on prétend même que c'est l'abondance de ce légume, appelé en arabe *fakous*, qui a fait donner à la ville le nom qu'elle porte actuellement.

Quelle était sa dénomination primitive, et d'abord a-t-elle succédé à une ville antique?

On n'en saurait douter quand on côtoie la mer à une faible distance au nord de la ville. Là, en effet, quelques débris de constructions romaines qui se suivent dans la longueur de plusieurs centaines de mètres, semblent les restes de magasins ayant appartenu à une place maritime; et puis au dedans de la ville, beaucoup de matériaux encastrés dans des constructions modernes accusent une origine plus ancienne.

Ptolémée et la Table de Peutinger font mention d'une ville appelée par le géographe grec Taphrura, et par la Table Taparura, et située entre Usilla au nord et Thenae au sud. Or, bien que les distances indiquées par Ptolémée et par la Table de Peutinger semblent s'y opposer[1], Sfax, par son importance et par sa position intermédiaire entre Inchilla, très-probablement l'ancienne Usilla, et Thiné, dont les ruines ont conservé leur nom primitif, paraît devoir être identifiée avec Taphrura ou Taparura.

Dans la Notice des églises épiscopales de la Byzacène, il est fait mention d'un *episcopus Taprurensis*.

23 février.

A quatorze kilomètres environ au nord de Sfax s'élève sur le bord de la mer une tour qui, étant située à la pointe d'un petit promontoire, s'aperçoit de loin. On l'appelle Bordj-Sidi-Mansour. Comme je l'avais laissée l'avant-veille à ma gauche à une assez grande distance, je vais la visiter de plus près. Elle avoisine la koubba du santon Sidi-Mansour, qui lui a donné son nom. Sa hauteur actuelle est de douze mètres et

---

[1] On sait que les distances données par Ptolémée et par la Table de Peutinger sont loin d'être toujours exactes.

sa circonférence de vingt-huit. Le corps principal de la tour est construit avec des pierres d'un assez bel appareil, et date peut-être de l'époque byzantine. Son sommet, au contraire, a été rebâti à une époque postérieure avec des matériaux plus petits. Ce bordj est actuellement abandonné.

De retour à Sfax après cette excursion, je fais mes préparatifs pour l'exploration que je dois entreprendre le lendemain.

CHAPITRE QUINZIÈME.

Henchir Belliana. — Henchir Ksour-Siad. — Louza. — Henchir El-Mesallah. Henchir Badria. — Smala des Métélit. — Henchir Rouga, jadis Bararus municipium. — El-Djem, nouvelle visite des ruines de Thysdrus. — Halte à Bir-Cheba, dans le camp commandé par le général Sidi-Bahram. — Kasr-Teniour. — Retour à Sfax.

24 février.

J'avais, en venant à Sfax, passé, sans les examiner, non loin de plusieurs ruines dont je ne soupçonnais pas alors l'existence et qui ne me furent signalées que plus tard. Désirant les visiter avant de poursuivre mon voyage vers le sud, désirant en outre explorer plus à l'ouest quelques henchirs qu'on m'avait dit être disséminés sur le territoire occupé par la tribu des Métélit, je quitte Sfax avec ma petite escorte à sept heures quarante-cinq minutes du matin. M. François Mattei, frère de M. le vice-consul de France Jean Mattei, se joint à nous.

Nous marchons dans la direction du nord-nord-est.

A neuf heures trente minutes, je remarque près de la route quelques débris de constructions romaines, mais peu importants.

A midi, nous faisons halte une demi-heure près d'un puits appelé Bir-el-Hadj-el-Meraoui-Metlouti.

A une heure dix minutes, nous traversons, sans nous y arrêter, les ruines d'Inchilla, que je connaissais.

A deux heures vingt-cinq minutes, on me signale le marabout Sidi-Ahmed-ben-Nafed.

Près de là gisent les débris d'un village musulman nommé Belliana. Ce village, aujourd'hui abandonné, occupait lui-même l'emplacement d'un bourg antique plus considérable.

A trois heures vingt minutes, nous foulons les vestiges d'un autre bourg antique qui s'étendait jusqu'à la mer, où il avait un petit port. On y distingue les restes de cinq châteaux appelés Ksour-Siad et connus également sous le nom de Ksour-Sidi-Mesarrah, à cause du voisinage d'un santon ainsi désigné. Ces châteaux environnaient le bourg et paraissent de construction byzantine; peut-être même remontent-ils jusqu'à l'époque romaine. L'un d'eux, de forme ronde, dominait le port.

Un peu plus loin, nous passons au pied d'un monticule appelé Koudiet-Rosfah, et qui a été jadis fortifié.

A quatre heures trente-cinq minutes, nous atteignons le village de Louza; il renferme quatre cent cinquante habitants.

25 février.

A huit heures du matin, départ.

A huit heures dix minutes, nous rencontrons quelques débris nommés Henchir-el-Louza.

Plus loin, sur le bord de la mer, d'autres ruines attirent mes regards; ce sont celles d'un bourg antique. Là existait jadis un petit port, et je remarque les restes d'un quai. Cette localité porte le nom d'El-Mesallah.

A neuf heures, un henchir beaucoup plus important réclame de ma part un examen moins rapide.

J'aperçois d'abord les restes d'un amphithéâtre. Il est aujourd'hui presque entièrement démoli; la forme néanmoins en est encore très-reconnaissable. L'arène, qui est maintenant cultivée, avait 50 pas de long sur 32 de large. Des espèces de contre-forts appuyaient la muraille d'enceinte, qui mesurait environ 320 pas de circonférence.

Cet amphithéâtre avoisine une nécropole dont les tombeaux ont été presque tous fouillés, et les pierres sépulcrales enlevées.

A quelque distance de là, un édifice ruiné m'est désigné sous le nom de Kasr-el-Felous (le château de la monnaie). Les Arabes l'ont appelé ainsi parce qu'on y a trouvé quelques pièces d'argent, et parce qu'ils s'imaginent que ce bâtiment renfermait jadis le trésor de cette cité détruite.

Plus au nord et plus près du rivage, un château aux trois quarts démoli s'appelle Kasr-es-Sas (le château du môle). Il était flanqué de deux tours dont on ne distingue plus que les soubassements. Le môle qu'il protégeait, et dont aujourd'hui de faibles vestiges seuls apparaissent sous les flots, avait été poussé assez avant dans la mer.

L'Arabe qui me servait de guide dans cette localité me montre encore plusieurs citernes, ainsi que les débris d'une grande construction à laquelle il donne le nom de Ghorfa, et qui, suivant lui, avait été un dépôt d'armes et d'habillements.

J'estime à 3 kilomètres au moins le pourtour de l'emplacement occupé par les ruines dont je viens de parler. La ville à laquelle elles appartenaient est appelée actuellement Badria, Batria ou Botria; car plusieurs Arabes des environs que j'ai consultés à ce sujet m'ont semblé adopter tantôt l'une, tantôt l'autre de ces trois dénominations, qui, au fond, diffèrent fort peu et ne sont que trois prononciations différentes du même nom. J'ignore celui qu'elle portait autrefois; peut-être se rapprochait-il du nom actuel, qui n'en serait qu'une simple altération. Je parlerai plus tard d'un second henchir Botria, que j'ai rencontré sur un autre point de la Tunisie, et que la carte du dépôt de la guerre identifie avec l'oppidum Botrianense, dont l'existence nous est révélée par la Notice des évéchés de l'Afrique. Comme cette notice ne nous apprend pas dans quelle province était situé le siége de l'*episcopus Botrianensis*, il est permis d'hésiter pour la place que l'on doit assigner à l'oppidum Botrianense entre les deux henchirs que je viens de signaler.

Si, au contraire, le nom de Botria ou Badria donné aux ruines qui nous occupent en ce moment n'a aucun rapport avec la dénomination antique de cette localité, j'inclinerais à identifier cet henchir avec la ville de Ruspae, dont il a été question plus haut, et que Shaw place à Sbiah, qui n'offre que des ruines beaucoup moins importantes. Dans ce cas, il faudrait peut-être aussi placer le promontoire Brachodes non plus au ras Capoudiah, comme on le pense généralement, mais au cap situé au sud du précédent, et appelé, ainsi que l'henchir qui l'avoisine, ras Badria ou Botria : car la ville de Ruspae, nous le savons par Ptolémée, touchait au promontoire Brachodes. Le ras Badria étant également entouré de bas-fonds, le nom de Brachodes lui convient tout aussi bien qu'au ras Capoudiah.

Notre direction jusque-là, à partir de Sfax, avait été celle du nord-nord-est ; elle devient maintenant celle de l'ouest.

A onze heures, nous faisons halte quelques instants dans un petit douar appartenant à la tribu des Métélit ; il est composé de douze tentes.

A midi quinze minutes, nous rencontrons les ruines d'un petit village antique entièrement détruit et dont personne ne peut me dire le nom.

A une heure, nous laissons, chemin faisant, derrière nous d'autres ruines également peu importantes.

A une heure trente minutes, nous traversons un troisième village presque complétement rasé.

A trois heures, nous parvenons à la smala des Métélit ; elle compte soixante-quatre tentes rangées en cercle dans un endroit appelé Bir-Koum-Maken. La tente principale, ou celle du kaïd de la tribu, se distingue de toutes les autres par ses vastes dimensions; elle est divisée intérieurement en six compartiments différents et est ornée de riches tapis. Si-Selim, c'est le nom de ce kaïd, est un Corse renégat et parent de la famille Mattei. En son absence, nous sommes parfaitement accueillis par son oukil.

26 février.

A huit heures du matin, nous quittons Bir-Koum-Maken, où nous avions passé la nuit, et nous poursuivons notre marche vers l'ouest-nord-ouest.

A neuf heures trente minutes, après avoir traversé des plaines incultes où errent seulement quelques troupeaux, nous arrivons à la zaouïa Sidi-Ahmed. Elle est environnée de jardins qu'enferme une ceinture de cactus.

Près de là s'étendent sur un espace dont j'évalue le pourtour à 5 kilomètres, les ruines d'une cité antique. Les constructions les plus importantes et les mieux conservées sont les suivantes :

1° Un théâtre. La forme en est encore très-reconnaissable; elle est indiquée par d'énormes pans de murs; soit debout, soit renversés. Le mur du postscenium avait 55 pas de long. A côté du théâtre, on remarque une espèce de forum, divisé en cinq galeries, larges chacune de 10 pas et longues de 70.

2° Deux vastes citernes. Les Arabes leur donnent le nom général de feskia, qui se prononce plus ordinairement en Tunisie fesguia. La plus grande est de forme elliptique et a 46 pas de long. Elle renferme sept réservoirs communiquant ensemble au moyen d'arcades construites avec d'admirables blocs parfaitement équarris et d'un tuf assez tendre. Ces arcades sont surbaissées. De distance en distance, des soupiraux ménagés dans l'épaisseur des voûtes laissent pénétrer l'air et la lumière au fond de ces réservoirs. Des conduits souterrains, en partie obstrués, établissaient différentes communications avec une seconde feskia de forme ronde et ayant à peu près 25 pas de diamètre. Celle-ci est de même partagée en plusieurs galeries ou réservoirs que divisent des arcades en plein-cintre, bâties en belles pierres de taille.

3° Une grande porte triomphale. Jadis revêtue d'un appareil de grands blocs rectangulaires, elle ne présente plus que deux masses informes en blocage. L'inscription qu'elle devait porter a disparu avec les pierres de taille du revêtement.

Les débris de plusieurs autres constructions considérables attirent encore mes regards; mais ils sont tellement confus qu'on ne peut guère les décrire.

Des fragments de colonnes, un beau chapiteau corinthien en marbre, un piédestal également en marbre gisent sur l'emplacement d'un édifice presque complétement effacé du sol.

A midi, j'abandonne le terrain que parsèment ces ruines et une quantité innombrable de matériaux de toutes sortes, sans y avoir découvert la moindre inscription.

Rouga, identifiée par Shaw avec la ville de Caraga, signalée par Ptolémée, doit l'être plutôt, comme l'ont pensé depuis plusieurs critiques, avec le Bararus municipium marqué dans la Table de Peutinger à VIIII milles au sud-est de Thysdrus, ce qui est précisément la distance qui sépare El-Djem de Rouga.

Dans la Notice épiscopale de la Byzacène, il est fait mention d'un *episcopus Vararitanus*. Comme le *b* et le *v* permutent sans cesse l'un pour l'autre, il est infiniment probable que la ville de Vararus, siége de cet évêque, doit être confondue avec le Bararus municipium de la Table de Peutinger.

De Rouga, nous nous remettons en marche pour El-Djem.

A midi trente minutes, nous franchissons un oued assez

profondément encaissé, mais sans eau; on ne peut m'en apprendre le nom.

A une heure vingt-cinq minutes, nous rencontrons sur notre route quelques débris romains qui me sont désignés sous la dénomination de Henchir-Ghreis.

A trois heures, nous arrivons à El-Djem, après avoir parcouru un plateau onduleux et légèrement accidenté par quelques collines. Cultivé seulement en deux ou trois endroits, il est partout ailleurs entièrement stérile; mais en approchant d'El-Djem, on voit la culture et les plantations d'oliviers qui reparaissent et se suivent.

Le scheik de ce bourg nous offre l'hospitalité. Accompagné de M. François Mattei et de Malaspina, j'examine de nouveau jusqu'à la nuit les ruines de l'antique Thysdrus, et en particulier celles de l'admirable amphithéâtre que j'ai déjà décrit.

27 février.

Avant de quitter El-Djem, nous allons visiter une fabrique de poudre qui avoisine la maison du scheik. Les terres de cette localité renferment en effet beaucoup de salpêtre; les habitants en retirent, dit-on, près de huit kilos par quintal, et ils en font de la poudre à canon, mais d'une qualité médiocre.

A huit heures trente minutes, nous nous remettons en marche, en suivant, pour retourner à Sfax, une route différente de celle par laquelle nous étions venus.

Après avoir dépassé la zone des jardins qui environnent El-Djem, nous entrons sur un territoire très-peu cultivé.

A dix heures quinze minutes, nous traversons une sebkha appelée Sebkha-el-Melah (le lac salé), ou encore Sebkha-m'ta-el-Djem (le lac d'El-Djem). Le lit desséché de cette sebkha est recouvert d'une croûte épaisse d'un sel extrêmement blanc.

CHAPITRE QUINZIÈME.

Au sortir de la sebkha, nous cheminons sur un plateau où ne croissent que des broussailles et de l'alfa, espèce de carex avec lequel les Arabes fabriquent des cordes, des nattes et divers ouvrages de vannerie.

A onze heures, nous faisons halte pendant trente minutes dans un douar composé de quelques tentes. Ce douar avoisine cinq ou six jardins bordés de cactus.

A midi, nous nous engageons dans une plaine immense, presque entièrement inculte, au milieu de laquelle font saillie çà et là quelques petits monticules.

A une heure trente minutes, nous faisons une nouvelle halte dans un endroit appelé Bir-Cheba. Pendant que nous commençons à nous reposer à l'ombre d'un vieil olivier, l'avant-garde de la petite armée qui est chargée de recueillir les impôts dans le sud-est de la Régence, arrive et dresse ses tentes sur un plateau voisin; bientôt les autres troupes suivent, infanterie, cavalerie, artillerie, le tout se montant à huit mille hommes de soldats réguliers. Enfin Sidi-Bahram lui-même, général du camp, survient à la tête de son état-major, et va se placer sous la vaste tente qui lui a été préparée.

Mes hambas se rendent auprès de lui, s'inclinent profondément en sa présence et lui baisent le bras droit, conformément à la coutume militaire du pays, puis ils lui apprennent qu'un Français désire lui parler. Sidi-Bahram m'envoie bientôt un officier pour me faire savoir qu'il est prêt à me recevoir. Il m'accueille lui-même avec beaucoup de courtoisie et de politesse, et je lui expose, par l'intermédiaire de mon drogman Malaspina, le plan et l'étendue du voyage que j'ai l'intention d'accomplir d'abord dans les contrées les plus méridionales de la Régence, lui demandant les conseils qui pourront me guider dans mes explorations. Comme il connaît de longue date toutes les tribus que je dois parcourir et les chefs qui les commandent, il s'empresse de me fournir à ce sujet les divers avis que lui suggère sa vieille expérience des hommes et de la contrée.

« Il y a plusieurs districts, ajoute-t-il, que je vous engage à ne traverser qu'avec une escorte plus considérable que la vôtre. Les pluies ayant manqué cette année presque totalement dans le sud de la Régence, les pâturages ont singulièrement souffert en beaucoup d'endroits, les blés et les orges ont à peine germé, et comme la misère est mauvaise conseillère, elle a multiplié les brigandages. Dans tous les cas, je vais donner l'ordre à l'un de mes spahis de confiance de vous accompagner jusqu'à Gabès, et je vous remettrai avant de partir un teskéré qui vous servira dans l'occasion. Pour aujourd'hui, faites-moi l'amitié d'accepter l'hospitalité dans mon camp; on va vous dresser une tente près de la mienne. »

J'acceptai avec reconnaissance ces conseils et cette offre obligeante, et je remis mon départ au lendemain.

28 février.

L'aurore n'avait pas encore paru, que déjà le tambour matinal retentissait de toutes parts dans le camp, et tous les soldats s'empressaient de lever et de plier les tentes. Les bagages sont chargés sur le dos des chameaux et des mulets, et les troupes se tiennent prêtes à se mettre en marche à la première apparition du soleil. La tente du général est encore debout; son état-major se réunit alentour pour assister à une sorte de lit de justice que Sidi-Bahram avait l'habitude de tenir tous les matins avant de monter à cheval. Je me rends moi-même auprès de lui.

Afin de faire honneur au titre d'étranger et surtout de Français que je porte, il me prie de m'asseoir à ses côtés sur le même tapis, pendant qu'une vingtaine d'Arabes sont introduits en sa présence, les uns comme accusateurs, les autres comme accusés. Il les écoute tour à tour avec attention, et son jugement prompt et sûr tranche vite les causes qui lui sont soumises.

La subtilité arabe est proverbiale, et sans avoir appris les ruses de la chicane, le Bédouin le plus grossier a d'ordinaire une fécondité merveilleuse pour en inventer. Il manie également la parole avec une rare facilité, et pour se défendre il n'a besoin de personne. Sous l'apparence de la bonne foi la plus entière, il sait déguiser habilement ses sentiments et ses pensées, et exprimer avec une non moins grande habileté les sentiments et les pensées qu'il n'a pas. Aussi, pour démêler dans son langage la vérité de l'erreur, surtout quand on est appelé à le juger et qu'il faut sur-le-champ, soit l'absoudre, soit le condamner, est-il besoin d'une pénétration d'esprit peu commune.

A sept heures du matin, Sidi-Bahram a expédié toutes les affaires litigieuses qui lui ont été soumises, et il se dispose à monter à cheval; mais auparavant il me remet le teskéré qu'il m'avait promis, et il donne l'ordre à l'un de ses spahis nommé Ahmed de se joindre à mes hambas jusqu'à Gabès. Je le quitte après l'avoir remercié de son bienveillant accueil, et je me mets moi-même en marche à sept heures quinze minutes, dans la direction du sud.

A sept heures trente minutes, nous passons devant une macera, ou pressoir à huile, qu'on me dit appartenir au bey, et qui s'appelle Macera-el-Bey.

A neuf heures quinze minutes, nous faisons halte jusqu'à dix heures près d'une autre macera, à l'ombre de quelques oliviers.

A onze heures trente minutes, nous rencontrons un petit amas de ruines dont on ne peut me dire le nom.

A midi, nous laissons derrière nous la koubba d'un célèbre santon appelé Sidi-Salah, et, franchissant l'oued du même nom, nous atteignons à midi quarante-cinq minutes les ruines de Kasr-Teniour. C'est un château en grande partie détruit. Il a été bâti sur une colline qui commande au loin la plaine. Les tours dont il était flanqué sont, les unes presque complétement démolies, les autres encore à moitié debout. Autour et au bas de cette colline et de cette forteresse s'étendait un bourg, aujourd'hui renversé et rasé de fond en comble. Un puits, quelques citernes et un grand nombre de matériaux qui jonchent confusément le sol, voilà tout ce qui en subsiste.

A une heure quarante-cinq minutes, nous parvenons aux premiers jardins de Sfax, et jusqu'à trois heures dix minutes nous cheminons sur une route très-sablonneuse, entre deux lignes de vergers ou de champs cultivés bordés de cactus.

A trois heures trente-cinq minutes, nous franchissons les portes de Sfax.

CHAPITRE SEIZIÈME.

Excursion aux îles Kerkennah. — Description de ces deux îles, la Cercina et la Cercinitis des anciens. — Retour à Sfax.

29 février.

Vis-à-vis de Sfax, à une distance peu éloignée, s'élèvent les deux îles Kerkennah.

A huit heures du matin, je m'embarque avec Malaspina et l'un de mes hambas pour la plus grande de ces îles, sur un petit bâtiment appelé loud par les indigènes. Un espace de mer très-peu profond et d'une largeur moyenne de 40 kilomètres environ la sépare du continent. Le loud où nous sommes est manœuvré par un réis, qui dirige le gouvernail, et par quatre matelots. Malgré la connaissance qu'ils ont de ces parages difficiles, semés de tant de bas-fonds, ils engravent deux fois, et ce n'est qu'avec la plus grande peine, et grâce à des efforts multipliés, qu'ils parviennent à se tirer d'embarras. Vers quatre heures enfin, nous débarquons dans un endroit appelé El-Mersa (le port). Près de là s'élève un bordj ou fort qui paraît d'origine arabe. Il est actuellement abandonné et en très-mauvais état. J'y trouve trois vieux canons rouillés et sans affût. Autour de ce fort, on remarque des ruines de quelque étendue, mais très-indistinctes, qui ont appartenu à une cité antique, et très-probablement à l'ancienne capitale de l'île. D'innombrables débris de poterie parsèment au loin le sol; çà et là aussi apparaissent des fragments de mosaïques. Je rencontre gisant dans un champ le tronc très-mutilé d'une statue en marbre blanc, découverte il y a quelques années par M. Espina, vice-consul de France à Sousa, dans des fouilles qu'il avait pratiquées en ce lieu. Ce tronc, qui n'a plus ni tête, ni bras, ni jambes, représentait un guerrier revêtu de sa cuirasse.

Non loin de là est un columbarium romain à deux étages; chaque étage renfermait une dizaine de niches sépulcrales ménagées dans les parois du columbarium, et destinées à recevoir des urnes funéraires. On y observe également une espèce de four qui devait contenir un corps tout entier, celui, très-vraisemblablement, du personnage principal qui était enterré dans ce tombeau de famille.

Nous nous dirigeons ensuite vers le village de Ramleh, où nous parvenons avant la nuit. Ce village est ainsi nommé, parce qu'il est situé sur un terrain très-sablonneux; des bosquets de palmiers l'environnent. Les maisons qui le composent sont très-espacées les unes des autres; il en est de même pour les sept autres villages de l'île. Nous y passons la nuit.

1er mars.

Au point du jour, guidés par un insulaire, nous nous dirigeons au nord, à travers une grande sebkha, vers une sorte de golfe qui s'enfonce assez avant dans les terres.

Comme ce golfe forçait les anciens habitants à faire un détour considérable pour passer de la partie sud-ouest de l'île dans la partie nord-ouest, ils avaient établi à l'entrée une longue chaussée, dont il subsiste encore des débris très-apparents.

Dans la partie la plus septentrionale de l'île est une ancienne tour arabe très-dégradée.

Nous retraversons ensuite la sebkha que j'ai mentionnée, et que l'on désigne indistinctement par la dénomination de Sebkha-el-Melah ou par celle de Sebkha-m'ta-er-Ramleh (lac du sel ou lac de Ramleh). Puis nous descendons vers une petite anse où le loud qui nous avait amenés la veille avait l'ordre de nous attendre.

Nous montons à bord à dix heures du matin, et je dis au réis de tourner sa proue vers les ruines de l'ancien pont qui rejoignait la grande île à la petite, en d'autres termes, l'île appelée Charki, ou l'orientale, à l'île appelée Gharbi, c'est-à-dire l'occidentale. Le vent nous favorise, et nous voguons d'abord à pleines voiles vers le but auquel nous tendons; mais bientôt les bas-fonds de la côte nous forcent de marcher avec prudence et lenteur, et de faire d'assez longs détours avant de songer à l'atteindre. Vers onze heures trente-cinq minutes, nous entrons enfin dans un oued, espèce de chenal assez étroit bordé à droite et à gauche par des bas-fonds que recouvre à peine un pied d'eau. Quant à cet oued, il a une profondeur de quatre à cinq mètres. Il semble avoir été creusé par le courant rapide qui règne entre les deux îles; peut-être aussi la main de l'homme l'a-t-elle régularisé et approfondi.

Le pont qui avait été jeté d'une île à l'autre avait au moins un kilomètre de long. Les arches sont renversées, et l'on ne distingue plus maintenant que la partie inférieure des piles sur lesquelles elles avaient été assises. Ce pont est-il romain, est-il antérieur à la domination romaine? C'est ce que je ne puis déterminer, l'appareil des pierres n'ayant point de caractère bien distinct.

Après avoir jeté un coup d'œil sur cet antique ouvrage, qui, à lui seul, suffirait pour attester l'importance relative de ces deux îles à une époque reculée, nous cinglons vers la tour qui s'élève à la partie sud-ouest de l'île Gharbi.

Cette île, plus petite que la précédente, renferme également une grande sebkha; elle n'a qu'un seul village, appelé Mellita. La tour, non loin de laquelle je me fais débarquer, est aujourd'hui abandonnée. Mal construite, elle est d'origine sarrasine et commence à tomber en ruine; sa hauteur est de 12 mètres. Quelques citernes et deux puits l'avoisinent.

Les deux îles Kerkennah sont l'une et l'autre couvertes de palmiers; mais les dattes que fournissent ces arbres sont petites et peu savoureuses. Après avoir coupé la tête du palmier, les habitants recueillent la séve qui continue à monter, et qui forme une sorte de liqueur, connue sous le nom de lagmi, qu'ils affectionnent singulièrement. D'abord douce et sucrée, elle s'aigrit bientôt par la fermentation et devient alors très-enivrante.

On remarque également dans ces îles quelques oliviers, un peu de vigne, et là où le sol n'est pas trop sablonneux, des champs que l'on ensemence d'orge, de blé et de lentilles.

La longueur de la plus grande est de 25 kilomètres. Sa largeur est très-variable, parce qu'elle est très-découpée; mais elle peut être estimée en moyenne à 7 ou 8 kilomètres. Plusieurs îlots l'environnent. La seconde n'a que 16 kilomètres de long sur 7 dans sa plus grande largeur. Elle est de forme à peu près elliptique.

La population des deux îles réunies atteint à peine trois mille habitants, disséminés dans neuf villages différents. Les uns sont cultivateurs, d'autres bergers; mais le plus grand nombre s'adonnent à la pêche et à la marine. Presque tous aussi savent fabriquer, au moyen de l'alfa, qui croît en abondance sur leur territoire, des nattes, des cordes et divers objets de vannerie.

Le poisson abonde autour de leurs rivages, et de tous côtés ils ont établi des pêcheries avec des branches de palmier enfoncées dans la mer, laquelle est généralement très-basse sur ces parages. Ces branches forment des espèces de longues avenues où le poisson s'engage, poussé par la marée, et qui le dirigent vers des chambres d'où il ne peut plus ensuite sortir. Mais la pêche la plus productive est celle des éponges. Pour les retirer de la mer, les indigènes font usage d'une longue perche armée, à son extrémité, d'un crochet en fer qui leur sert à les détacher des rochers auxquels elles adhèrent. Lorsqu'elles sont hors de l'eau, elles sont recouvertes d'une pellicule fine et transparente. On les enfouit pendant quelque temps dans du fumier ou dans de la terre, afin de faire périr les petits animaux qui y sont renfermés. On les lave ensuite pour les nettoyer et les débarrasser des corps étrangers qu'elles contiennent; enfin elles sont transportées à Sfax, où elles sont vendues et de là exportées ailleurs.

Dans l'antiquité, ces deux îles s'appelaient, la plus grande, Cercina ou Cercinna, nom identique au nom moderne, et la plus petite, Cercinitis ou Cercinnitis. Agathémère[1] et Pline[2] parlent l'un et l'autre d'un pont qui les mettait ensemble en communication. J'en ai signalé les débris. La grande renfermait une ville libre et du même nom que l'île. On n'a pas oublié que j'ai, après plusieurs autres voyageurs, mentionné les vestiges d'une cité antique près du fort abandonné au pied duquel j'ai débarqué en venant de Sfax.

Ce fut à Cercina qu'Annibal, obligé de fuir son ingrate patrie, se réfugia un instant, avant de chercher un asile auprès du roi Antiochus. Plus tard, cette île vit Marius,

---

[1] Agathémère, I, 5.
[2] Plin., V. 7.

chassé d'Italie, débarquer furtivement sur ses rivages. A l'époque de la guerre de César en Afrique, ses adversaires y ayant rassemblé de grands approvisionnements de blé, il chargea le préteur C. Sallustius Crispus, si célèbre comme historien, d'aller s'en emparer.

Cercina fut le lieu de déportation de Sempronius Gracchus, l'un des nombreux amants de Julie, fille d'Auguste.

La Notice épiscopale de la Byzacène fait mention d'un *episcopus Circitanus* ou *Circinitanus*. Il résidait probablement dans la capitale de la plus grande des deux îles.

Aujourd'hui, c'est aux îles Kerkennah que sont exilées d'ordinaire les femmes convaincues d'adultère et les filles publiques de la Régence qui ont encouru la vindicte de l'autorité. Depuis quelques années, néanmoins, on n'y a relégué qu'un très-petit nombre de ces malheureuses.

A deux heures, nous nous rembarquons pour Sfax, et vers cinq heures quinze minutes du soir, nous mettons le pied sur les quais de cette ville.

2 mars.

Cette journée se passe en visites faites par moi à la famille Mattei, et en particulier à M. le vice-consul de France, aux bonnes sœurs de Saint-Joseph, au R. P. Augustin et au khalife. Je fais aussi de nouveau et pour la dernière fois le tour de la ville.

C'est, sans contredit, l'une des échelles les plus importantes de la Régence. Avec une administration meilleure et une plus grande culture du pays environnant, elle le deviendrait bien davantage encore. Les écrivains arabes, tels qu'El-Bekri et Edrisi, la citent avec admiration; ils vantent ses monuments, ses bazars, son commerce, ses tissus de laine, le nombre, la richesse et l'industrie de ses habitants. Depuis l'époque de ces deux écrivains, Sfax a sans doute singulièrement perdu, et son port n'est plus aussi fréquenté qu'il l'était alors. Toutefois, il est loin d'être abandonné; et l'heureuse position de cette ville, la fertilité de ses jardins, l'abondance de poissons et d'éponges que l'on pêche sur ses parages, ses rapports continuels avec Gafsa, qui la met en relation avec les oasis du Djerid, ces causes et d'autres encore font que Sfax est moins en décadence que la plupart des villes de la Tunisie, et qu'elle en demeure toujours l'une des plus peuplées.

CHAPITRE DIX-SEPTIÈME.

Départ de Sfax. — Henchir-Thiné, jadis Thenae. — Mahrès.

3 mars.

M. François Mattei, qui m'avait déjà accompagné dans mon avant-dernière excursion, me propose de faire route avec moi jusqu'à Mahrès, où il a à parler au scheik, proposition que j'accepte avec empressement.

A sept heures quarante minutes du matin, nous quittons les murs de Sfax.

A huit heures dix minutes, nous traversons un petit oued sans eau, appelé Oued-el-Akareb (l'oued des scorpions). A droite et à gauche du chemin que nous suivons, s'étendent les jardins de la banlieue méridionale de la ville.

A huit heures trente minutes, un autre petit oued que nous franchissons m'est désigné sous le nom d'Oued-Bir-el-Mao.

A huit heures quarante-cinq minutes, nous laissons derrière nous les derniers jardins de Sfax, du côté du sud.

A neuf heures, nous distinguons à notre droite, à un kilomètre de distance, la koubba de Sidi-Abid. La localité où elle est située est, dit-on, infestée de scorpions et de vipères.

CHAPITRE DIX-SEPTIÈME.

A neuf heures quarante-cinq minutes, nous atteignons les ruines de l'henchir Thiné. Ce sont celles de l'antique ville de Thaena, Thaenae ou Thenae, qui, dans ses débris inhabités, a conservé presque sans altération sa dénomination primitive.

Au nord-ouest de l'emplacement qu'elle occupait s'élève une colline toute couverte de décombres. Là a dû probablement exister jadis une forteresse qui la défendait de ce côté. Je n'y ai trouvé que des matériaux confus et de petites dimensions, les plus gros ayant été depuis longtemps transportés à Sfax. Néanmoins, j'y ai remarqué le tronçon d'une colonne de marbre.

Au delà s'étend une plaine parsemée de débris antiques. Comme ces débris ne se suivent pas d'une manière continue, je suppose qu'ils doivent appartenir à un simple faubourg, peuplé de maisons de campagne plutôt que couvert d'habitations non interrompues.

Plus au sud, on distingue les traces d'un mur très-épais et très-bien construit, qu'on reconnaît aussitôt pour avoir été le mur d'enceinte de la ville proprement dite. Quoiqu'il ait été rasé complétement en beaucoup d'endroits, on peut le suivre, à quelques pans encore debout, pendant un espace assez considérable, et l'enceinte qu'il délimitait devait avoir plus de trois kilomètres de circonférence.

Dans l'intérieur de cette enceinte on ne trouve plus aucun vestige de rues ni même d'édifices publics, mais seulement des matériaux de toutes sortes, et principalement une quantité innombrable de petits fragments de poterie qui jonchent le sol. Ces débris de vases sont, en général, remarquables par le beau vernis qui les recouvre encore, ainsi que par leur légèreté et par leur finesse. En interrogeant attentivement tous les fragments divers que je foule aux pieds, j'aperçois sur un morceau de marbre brisé les cinq lettres suivantes :

28.

DIVI A

Ce morceau, large seulement comme la main, est le reste d'une belle plaque de marbre blanc sur laquelle avait été gravée une inscription en l'honneur de quelque empereur appartenant probablement à la famille des Antonins.

Ailleurs, sur l'emplacement de l'ancienne nécropole, je ramasse un autre fragment de marbre sur lequel on lit :

29.

DIS

Ce mot, comme on le sait, est le commencement de la formule consacrée qui précédait les inscriptions funéraires chez les Romains :

Dis manibus sacrum.

Tels sont les deux seuls lambeaux épigraphiques qui aient frappé mes yeux au milieu des ruines de l'henchir Thiné. Ils sont sans doute bien insignifiants. Néanmoins, comme ils sont gravés en magnifiques caractères sur un marbre blanc d'un poli parfait, ils témoignent, avec les jolis fragments de poterie qui abondent en cet endroit, d'une certaine splendeur dans cette antique cité.

Située sur le bord de la mer, elle avait un port de forme elliptique qui est aujourd'hui aux trois quarts ensablé. Ce port, du reste, n'a jamais dû recevoir que de petits bâtiments, qui choisissaient pour y entrer le moment de la marée montante : les plus gros étaient contraints de mouiller au large, à cause des bas-fonds de la côte.

Thenae a été probablement un comptoir maritime fondé dans le principe en ce lieu par les Phéniciens; mais les ruines que l'on y voit sont romaines, quelques-unes même accusent une époque postérieure aux Romains.

L'Itinéraire d'Antonin nous apprend que c'était une colonie. Dans une inscription lapidaire publiée par Gruter[1], nous lisons :

« *Decuriones et coloni coloniae Æliae Augustae mercurialis Thenitanorum.* »

Nous savons par Pline que Scipion le Jeune, en partageant le royaume de Numidie entre les fils de Massinissa, fit creuser un fossé immense depuis l'embouchure de la Tusca jusqu'à Thenæ, afin de marquer la limite du territoire romain et du pays des Numides. Dans la suite, lorsque Rome s'empara de la Numidie, ce fossé devint, à la vérité, inutile; toutefois, on le regardait toujours comme formant, du côté de Thenæ, la ligne de séparation entre l'Afrique ancienne et l'Afrique nouvelle.

« Ea pars, dit Pline[2], quam Africam appellavimus, dividitur in duas provincias, veterem et novam, discretas fossa inter Africanum sequentem et reges Thenas usque perducta. »

A l'époque chrétienne, Thenæ était la résidence d'un évêque. Depuis l'invasion arabe, elle a continué encore d'être habitée quelque temps, car on remarque d'anciens tombeaux musulmans dans la partie méridionale de l'emplacement qu'elle occupait.

A onze heures trente minutes, nous nous remettons en marche.

A midi quinze minutes, nous traversons un petit oued appelé Oued-ed-Dir-el-Heugla. Nous y faisons halte vingt minutes près d'un puits.

---

[1] Gruteri *Inscript.*, p. 363, n° 3.
[2] *Hist. nat.*, V, 3.

A une heure, nous passons non loin du marabout Sidi-Bouiah.

A deux heures trente minutes, nous laissons à notre gauche, près de la mer, le petit village de Nekta ou Négueta, car ces deux prononciations sont usitées.

A deux heures quarante-cinq minutes, nous franchissons l'Oued-ech-Chefar; il est à sec. C'est le même évidemment que Shaw appelle Oued-el-Thainee et qu'il identifie, mais à tort, avec le fleuve Tana dont il est question dans Salluste[1], et où cet historien nous apprend que l'armée romaine fit provision d'eau, dans l'expédition de Marius contre Capsa.

A trois heures quinze minutes, nous rencontrons un puits appelé Bir-el-Aouïna ou Bir-el-Achana.

A trois heures quarante-cinq minutes, avant d'arriver à Mahrès, j'observe sur une colline, à droite de la route, quelques débris de constructions romaines.

Mahrès est un bourg qui avoisine le bord de la mer et qui contient environ sept cents habitants. Il était autrefois plus peuplé, car beaucoup de maisons sont détruites ou abandonnées. On y remarque une ancienne forteresse, d'origine sarrasine probablement et actuellement en partie démolie. Étant monté sur l'une des tours qui la flanquent encore, j'ai pu de là contempler au loin l'immense solitude qui environne ce bourg, solitude désolante où le regard attristé ne découvre que de rares traces de culture. Partout ailleurs, ce sont de vastes steppes couvertes seulement d'herbes sauvages et d'alfa; les puits qui y ont été creusés de distance en distance ne renferment la plupart qu'une eau jaune et saumâtre.

On fabrique à Mahrès des nattes et divers autres objets de vannerie avec de l'alfa et du jonc.

Ce bourg passe pour être l'ancien municipe Macomades minores, ainsi appelé pour le distinguer d'une autre ville,

---

[1] *Bell. Jugurth.*, c. 96 et 97.

du nom de Macomades majores, située sur les bords de la Grande Syrte. Néanmoins, les distances indiquées par les Itinéraires le reportent plus au sud, et probablement jusqu'aux ruines d'Oungha, comme le suppose M. Tissot[1].

Le jour étant déjà fort avancé, nous nous décidons à passer la nuit à Mahrès. Vers le soir, je remarque que les chameliers d'une nombreuse caravane qui vient d'arriver s'empressent de lier avec une chaîne de fer cadenassée les deux pieds de devant de leurs chameaux. Ils prennent ces précautions dans la crainte des maraudeurs nocturnes. De la sorte, en effet, ces animaux ne peuvent pas être enlevés aussi facilement.

CHAPITRE DIX-HUITIÈME.

De Mahrès à Gabès. — Henchir Liche. — Henchir Oungha, jadis probablement Macomades minores. — Zaouïa Sidi-Maheddeb. — Emplacement présumé de Cellac-Picentinae. — Oued-el-Akarit. — Henchir Tarf-el-Ma, peut-être l'ancienne Lacene. — Oasis de Aïounet, de Ouderef et de Métouïa. — Emplacement probable de la station Ad Palmam. — Arrivée à Gabès.

4 mars.

Nous quittons Mahrès vers les six heures du matin.

A six heures quarante minutes, nous laissons à notre droite, à la distance de deux kilomètres environ, la koubba de Sidi-Amer-bou-Chahma.

A sept heures, nous passons devant quelques débris romains peu importants, connus sous le nom de Henchir-Liche.

M. Pellissier y voit, mais à tort, je pense, la station Ad Oleastrum mentionnée dans la Table de Peutinger; il faut la chercher plus au sud.

[1] Voir dans la *Revue africaine* (avril 1857) l'article de M. Tissot sur les routes romaines du sud de la Byzacène.

A notre droite, à la distance de trois kilomètres, brille au soleil la koubba de Sidi-Gherb.

Nous traversons quelque temps le lit d'une vaste sebkha desséchée, puis nous franchissons un oued qui m'est désigné sous le nom d'Oued-el-Kebir; il contient un peu d'eau saumâtre.

A sept heures quarante-cinq minutes, nous faisons halte aux ruines d'Oungha.

Ce qui frappe d'abord mon attention, ce sont plusieurs grandes citernes romaines; plus loin, sur une colline qui domine la mer, les débris d'une construction assez importante paraissent avoir appartenu à une forteresse.

En continuant à m'avancer vers le sud, j'observe, à une faible distance du rivage, les vestiges d'un grand édifice dont il ne reste plus maintenant que quelques substructions et les fragments d'une mosaïque. Plusieurs Arabes de Mahrès m'ont affirmé qu'on avait tiré des ruines de ce monument des colonnes de marbre marquées d'une croix, ce qui porterait à croire, si cette assertion est vraie, que c'était autrefois une église chrétienne.

Plus loin enfin, sur un plateau entouré jadis d'un mur et d'un fossé, s'élève une forteresse carrée qui mesure cinquante-cinq pas sur chaque face. Elle est flanquée de huit tours, les unes rondes à chacun des quatre angles, les autres carrées au milieu de chacune des faces. L'appareil des matériaux qui ont servi à sa construction est de dimension assez considérable, du moins en ce qui concerne le revêtement extérieur, et les blocs régulièrement équarris qu'on y a employés appartiennent presque tous à d'anciens monuments. Au dedans et au dehors de cette enceinte, de grandes citernes l'alimentaient d'eau. Ces citernes paraissent antérieures à la forteresse elle-même, qui offre une apparence antique sans l'être réellement; du moins, la tradition attribue la fondation de ce kasr aux premiers princes de la dynastie des Aghlabites.

Près de là est un petit sanctuaire musulman consacré à Sidi-Ahmed-ben-Afsa. En pénétrant dans cette koubba, j'ai remarqué qu'elle était soutenue par plusieurs colonnes de marbre surmontées d'un chapiteau corinthien, et qui sont probablement byzantines; elles ont été peut-être enlevées à l'église, actuellement ruinée de fond en comble, dont j'ai parlé tout à l'heure.

Oungha est identifiée avec Macomades minores par M. Tissot, avec Ad Oleastrum par sir Grenville Temple, et avec Praesidium Silvani par M. Pellissier. J'incline plus volontiers pour l'opinion de M. Tissot; car entre les ruines de l'henchir Thiné et celles de l'henchir Oungha, il y a juste l'intervalle de XXVII milles marqué dans la Table de Peutinger entre Thenae et Macomades minores; l'Itinéraire d'Antonin donne XXVIII milles.

Macomades, comme semble l'indiquer son nom, est un ancien comptoir phénicien. Pline[1] en fait mention. Ptolémée, dans sa Géographie, écrit par erreur Macodama (Μακόδαμα).

A l'époque chrétienne, cette ville avait un évêché, comme nous l'apprend la Notice épiscopale de la Byzacène, et elle s'appelait alors Macomadia Rusticiana.

A dix heures, je me remets en route, après avoir serré affectueusement la main de M. Mattei, qui s'en retourne à Mahrès et de là à Sfax.

Nous marchons péniblement, sous les rayons d'un soleil qui devient de plus en plus brûlant, à travers une plaine immense qui fatigue le regard par son affreuse nudité; pas le moindre arbuste ne récrée notre vue; des touffes d'alfa et des plantes aromatiques croissent seules çà et là.

A dix heures trente minutes, nous rencontrons quelques puits, dont l'eau est très-jaunâtre, dans un endroit appelé Heuglet-Khrefifia.

---

[1] *Hist. nat.*, V, 4.

A une heure quinze minutes, nous franchissons une colline oblongue et peu élevée qui coupe transversalement la plaine; on la nomme Dra-Rammed.

A deux heures, nous traversons un oued appelé Oued-Rann.

A deux heures vingt minutes, nous en rencontrons un autre du nom d'Oued-el-Kelba.

A trois heures, nous faisons halte dans un douar appartenant à la tribu des Mahedebahs.

Les Mahedebahs, au nombre d'environ trois mille cinq cents âmes, se prétendent tous issus d'un santon célèbre nommé Sidi-Maheddeb, dont la zaouïa est située vers le centre de la grande plaine au milieu de laquelle leurs divers douars sont disséminés. Longtemps exempts d'impôts à cause de cette descendance sacrée, et tenus seulement à héberger gratuitement les voyageurs et les étrangers, ils ont été depuis quatre ans soumis, comme les autres tribus de la Régence, à l'impôt des 36 piastres, sorte de capitation personnelle qui en Tunisie pèse indistinctement sur tous les hommes, à partir de l'âge où ils deviennent majeurs. Le scheik du douar où nous nous reposons nous engage à passer la nuit sous sa tente.

5 mars.

A six heures du matin, nous continuons à traverser dans la direction du sud la vaste plaine qui s'étend devant nous. Sur plusieurs points de gracieuses gazelles se jouent au milieu des touffes d'alfa, et semblent à peine effleurer la terre de leurs pieds légers. Nous lançons nos chevaux contre trois d'entre elles qui paissent à une centaine de pas de l'endroit où nous cheminons; mais elles se dérobent comme un trait à notre poursuite, et bientôt nos yeux même peuvent à peine les suivre.

A neuf heures, nous arrivons à la zaouïa de Sidi-Maheddeb.

CHAPITRE DIX-HUITIÈME.

Pendant que mes deux hambas, le spahi Ahmed et Messaoud se reposent dans le caravansérail qui avoisine la koubba du santon, je vais avec Malaspina examiner, à un kilomètre et demi de distance vers le nord-est, une petite ruine connue sous le nom de Haouïnet (la petite boutique). C'est une chambre carrée qui a 2 mètres 60 centimètres sur chaque face. Elle a été construite, ainsi que les colonnettes qui la flanquent, avec de petits matériaux qui dans le principe étaient revêtus d'un enduit stuqué dont on distingue encore quelques traces. Intérieurement, dix-huit niches cintrées, enduites elles-mêmes jadis d'un mastic puissant et disposées sur deux rangs, ont fait donner par les Arabes à cette chambre le nom qu'elle porte aujourd'hui. Le toit qui la recouvrait est entièrement détruit. Elle me paraît avoir été un columbarium romain; dans ce cas, chacune des niches dont je viens de parler devait renfermer une urne sépulcrale.

A dix heures trente minutes, nous repartons tous dans la direction du sud. Nous traversons bientôt une grande sebkha appelée Sebkha-Sidi-bou-Saïd.

A onze heures trente minutes, nous laissons à notre gauche une tour appelée El-Nadour. Elle s'élève sur une colline non loin de la mer. Construite avec de gros blocs enlevés à des monuments plus anciens, elle est attribuée aux premiers princes de la dynastie des Aghlabites. Quelques ruines l'environnent. C'est là que MM. Pellissier et Tissot placent Cellae Picentinae ou Cellae vicus, bourg indiqué dans l'Itinéraire d'Antonin comme se trouvant sur la côte, à XXVI milles au sud de Macomades et à XXX au nord de Tacapae. Grenville Temple, au contraire, et le docteur Barth le rapprochent de la Zaouïa-Sidi-Maheddeb. Dans ce cas, le columbarium romain que j'ai décrit et les matériaux mêmes avec lesquels on a bâti la zaouïa de ce santon, ainsi que le fondouk qui l'avoisine, auraient appartenu à ce bourg antique.

De midi et demi à une heure dix minutes, nous longeons l'oued Sidi-bou-Saïd. Le lit desséché de cet oued est large de 200 pas environ; plusieurs gazelles s'ébattent près de ses rives; elles fuient à notre approche d'une fuite précipitée.

A notre droite, dans le lointain, une chaîne de montagnes borne l'horizon.

A une heure trente minutes, nous traversons l'oued Oum-el-Gramm.

A deux heures quarante-cinq minutes, nous rencontrons une source appelée Aïn-Dreia.

A deux heures cinquante-cinq minutes, nous franchissons l'oued Akarit. Ses eaux, qui ne tarissent jamais, coulent entre des rives profondes et escarpées; des roseaux gigantesques croissent dans son lit. Il n'a guère plus de quinze kilomètres de cours, à partir du Djebel-Akarit, où il prend sa source, jusqu'à la mer, où il se jette. Par l'escarpement de ses bords, il forme une ligne de démarcation assez tranchée entre les plaines plus ou moins ondulées qu'il sépare.

Au delà de cet oued, un amas de pierres brutes de forme pyramidale désigne l'emplacement d'un meurtre. Là, je quitte la route directe de Gabès, et tandis que Malaspina, Mohammed et Messaoud se rendent avec le bagage droit à Métouïa, je me dirige avec Aly et Ahmed vers des ruines qui me sont signalées à l'embouchure de Tarf-el-Ma, torrent qui se perd dans la mer à cinq kilomètres au sud de l'oued Akarit.

Ces ruines sont celles d'une ville antique. Elle s'élevait sur deux collines que sépare l'oued Tarf-el-Ma. Aujourd'hui complétement détruite, elle n'offre plus aux regards qu'un amas confus de petites pierres couvrant ces deux collines et un plateau voisin le long de la mer; çà et là aussi on heurte, au milieu des broussailles et des hautes herbes, quelques gros blocs qui n'ont point encore été enlevés. A l'embouchure de l'oued était un petit port. La rade de Tarf-el-Ma est encore maintenant fréquentée par les navires, lorsqu'ils ne trouvent pas un abri assez sûr dans celle de Gabès, qui est souvent très-dangereuse.

Une pareille position n'a donc point dû être négligée par les anciens, et c'est sans doute l'une des stations marquées dans la Table de Peutinger comme étant comprises entre Macomades minores et Tacape. A en juger par les distances indiquées dans cette Table, c'était peut-être la station Ad Palmam, qu'un intervalle de XXII milles séparait de Tacape; du moins tel est le chiffre que donne la Table. En réalité, XVIII milles séparent en droite ligne l'henchir Tarf-el-Ma de Gabès, l'ancienne Tacape; mais en prenant par les oasis de Métouïa et d'Ouderef, on arrive par ce détour au chiffre de XXII milles.

A quatre heures trente minutes, nous traversons l'Oued-er-Rama.

A cinq heures vingt-cinq minutes, nous franchissons un autre oued un peu plus considérable, appelé Oued-el-Melah, à cause de la nature saline de ses eaux.

A cinq heures quarante-cinq minutes, nous rencontrons une source près d'un bouquet de palmiers qui l'ombrage. Une agréable oasis plantée de jolis dattiers l'environne; on l'appelle Aïounet.

A six heures quinze minutes, nous entrons dans Métouïa. C'est un village de cinq cents habitants environ. Ils cultivent des jardins très-fertiles, divisés par de petits murs de séparation en terre battue et arrosés par d'innombrables rigoles. L'arbre qui y domine est le palmier. Cet ensemble de jardins et cette forêt de dattiers constituent une oasis plus importante que la précédente.

Je croyais trouver à Métouïa Malaspina, Mohammed et Messaoud; mais, à ma grande surprise, ils n'y étaient point encore arrivés. Leur était-il survenu quelque accident? Avaient-ils été attaqués sur ces routes peu sûres, ou bien, par méprise, s'étaient-ils dirigés vers Ouderef? Dans cette incertitude, je me transporte avec Aly et Ahmed à ce dernier village, situé à trois kilomètres et demi au nord-ouest du précédent. Ouderef renferme trois cents habitants, qui sont, à ce qu'il paraît, souvent en guerre avec ceux de Métouïa. Leurs jardins, arrosés également par des eaux courantes, sont plantés de même de hauts palmiers. Là, pas plus qu'à Métouïa, nous ne trouvons ni Malaspina, ni Mohammed, ni Messaoud. Nous regagnons alors l'oasis que nous venions de quitter, et où heureusement, par une nuit déjà fort sombre, arrivèrent presque en même temps que nous mon drogman et ses deux compagnons, dont la marche avait été retardée par un accident beaucoup moins grave que celui que je commençais à redouter pour eux.

Aïounet, Métouïa et Ouderef forment trois oasis voisines qui, à cause de leurs eaux courantes, et par conséquent de leur fertilité, ont dû être habitées et cultivées dès la plus haute antiquité. Comme la Table de Peutinger marque un bien plus grand nombre de milles entre Macomades minores et Tacape que l'Itinéraire d'Antonin et qu'elle semble avoir exagéré les distances, à moins que la route qu'elle indique, au lieu de suivre directement la côte, ne décrivit plusieurs coudes dans l'intérieur du pays, il serait peut-être permis de diminuer de X la distance de XXII milles qui, d'après cette Table, séparait Tacape de la station Ad Palmam, la première que l'on rencontrait en remontant au nord vers Macomades minores. Dans ce cas, il faudrait placer cette station sur le territoire occupé par l'une des trois oasis précédentes; la dénomination de *Ad Palmam* autorise d'ailleurs la conjecture qu'elle était environnée de palmiers. Alors les ruines de Tarf-el-Ma, que j'ai identifiées avec Ad Palmam, seraient celles de Lacene ou Lacenae, qui en étaient éloignées de VI milles au nord; or, c'est précisément la distance qui sépare ces ruines de l'oasis d'Aïounet; elle est à peu près la même également entre ces ruines et l'oasis d'Ouderef. Ce serait donc, si la réduction que je propose dans le chiffre de XXII milles est fondée, soit à Ouderef, soit plutôt peut-être à Aïounet, où quelques débris de constructions romaines ont été trouvés sur une colline, qu'on devrait placer la station Ad Palmam.

6 mars.

A six heures trente minutes du matin, départ de Métouïa.

A sept heures quinze minutes, nous traversons un oued dont l'eau est salée, d'où lui vient le nom d'Oued-el-Melah.

A sept heures quarante-cinq minutes, nous passons à côté de la zaouïa Sidi-ben-Hassen, laissant à notre gauche le petit village de Rhennouge.

A huit heures, nous franchissons l'Oued-et-Thin (l'oued de la boue), ainsi nommé parce que son lit est souvent fangeux; il est peu considérable.

A huit heures vingt minutes, nous arrivons au village Bou-Chemma; deux marabouts y sont vénérés; un bois de palmiers l'environne.

En quittant la route de Gabès, que Malaspina, Mohammed, Ahmed et Messaoud continuent à suivre avec le bagage, je me transporte avec Aly sur le bord de la mer, à Kasr-ben-Amara. Le nom de cette localité semblait devoir me présager quelques ruines, mais je n'y trouve, près d'un oued appelé Ben-Amara, qu'un petit nombre de débris insignifiants épars sur un monticule qui avoisine le rivage, seuls restes d'une tour complétement démolie. Je rejoins ensuite l'avant-garde de ma petite troupe, et à neuf heures cinquante minutes nous parvenons à Gabès.

CHAPITRE DIX-NEUVIÈME.

Description de l'oasis de Gabès, l'ancienne Tacape. — Bourgs et villages qui la composent. — Ses magnifiques jardins. — Oued Gabès. — Port peu sûr. — Ruines de la ville antique.

Gabès n'est point à proprement parler une ville ramassée dans la même enceinte, mais un assemblage de deux bourgs et de plusieurs villages qui forment une seule et unique oasis arrosée par l'Oued-Gabès. Ces deux bourgs s'appellent, l'un Djara, l'autre Menzel; parmi ces villages, le plus considérable est celui de Chenneni.

C'est à Menzel que réside actuellement le khalife. Celui-ci, à mon arrivée, m'offre l'hospitalité à Dar-el-Bey.

On lit dans El-Bekri [1] la description suivante de Gabès :

« Gabès, dit-il, grande ville ceinte par une muraille de grosses pierres et de construction antique, possède une forte citadelle, plusieurs faubourgs, bazars et caravansérails, un djamé magnifique et un grand nombre de bains. Le tout est entouré d'un large fossé que l'on peut inonder en cas de besoin et rendre infranchissable. Gabès a trois portes; les faubourgs sont à l'est et au sud de la ville. La population se compose d'Arabes et d'Afarecs [2]. »

Edrisi [3] déclare également, un siècle environ plus tard, c'est-à-dire vers le milieu du douzième siècle de notre ère, que Gabès est une grande ville, bien peuplée, munie d'un mur très-solide et entourée de fossés.

Il est question de même de hautes et épaisses murailles comme enfermant cette ville dans Léon l'Africain [4], qui vivait au seizième siècle.

---

[1] *Descript. de l'Afrique septentrionale*, p. 49.

[2] L'auteur entend par le mot Afarecs les populations indigènes qui avaient subi l'influence de la civilisation romaine.

[3] *Géographie*, trad. de M. Jaubert, p. 255.

[4] Extraits de Léon l'Africain, p. 288.

CHAPITRE DIX-NEUVIÈME.

Aujourd'hui ces remparts n'existent plus, et au lieu d'être une cité unique comprise dans une seule enceinte, la capitale de l'Arad[1] est, ainsi que je l'ai dit, composée de deux bourgs et de plusieurs villages, chacun ayant son nom distinct, et néanmoins réunis tous sous la dénomination collective de Gabès, dénomination qui embrasse l'oasis dans son ensemble.

Menzel, l'un de ces bourgs, renferme environ trois mille cinq cents habitants. Aucun monument n'y mérite l'attention du voyageur. Les rues sont étroites, les maisons basses et généralement mal bâties; mais les matériaux employés dans leur construction sont la plupart d'assez grande dimension et proviennent d'édifices antiques démolis. Çà et là des colonnes mutilées sont engagées aux angles ou soutiennent les portiques de plusieurs mosquées et même de simples habitations; dans les bazars, on en remarque un certain nombre qui servent de piliers à de misérables échoppes. En un mot, tout annonce, dans la grossièreté des constructions modernes, la magnificence de la ville antique aux ruines de laquelle ces divers débris ont été empruntés.

En pénétrant dans la cour d'une maison inachevée, j'ai lu sur une petite colonne de marbre rougeâtre, gisant à terre, l'inscription que voici :

30.

```
IMP·CAES·L·D
AVRELIANO·PIO
FELICI·AVG·PON
TIFICI·MAX·GE
R·MAX·TRIB
POT·III·COS·II
PROC·  P P
M·P·  XIIII
```

(Estampage.)

---

[1] Tel est le nom de l'outhan dont Gabès est le chef-lieu.

Cette borne milliaire provient, à ce que j'ai appris, d'un henchir appelé Lemtou, à vingt kilomètres environ au sud-est de Gabès, distance qui s'accorde assez bien avec celle de XIIII milles romains dont il est ici question.

Djara, situé au nord-est de Menzel, en est séparé par un des bras de l'Oued-Gabès et par une plaine au milieu de laquelle s'élève un fort. Ce bordj est défendu par plusieurs mauvaises pièces de canon; j'y ai trouvé une dizaine de soldats et quelques prisonniers enfermés dans d'obscurs cachots.

Le bourg de Djara, comme celui de Menzel, est presque tout entier construit avec des blocs antiques. Il est un peu plus grand que ce dernier, et sa population est de quatre mille habitants. Le kaïd de l'Arad y possède une vaste maison qui a eu jadis quelque splendeur; aujourd'hui elle est très-délabrée.

Des rivalités réciproques qui souvent ont éclaté par des hostilités ouvertes et sanglantes, divisent ces deux bourgs. Chacun d'eux s'est longtemps disputé le privilége d'avoir le marché. C'est Menzel qui a fini par l'obtenir, et depuis lors son importance s'est accrue.

Quant à Chenneni et aux autres villages qui dépendent de l'oasis de Gabès, leur population réunie peut s'élever à deux mille cinq cents habitants, ce qui constitue pour l'oasis entière un chiffre de dix mille âmes.

Aucun Européen, du moins que je sache, n'y est en ce moment établi; mais un certain nombre de juifs s'y livrent au commerce ou à différents métiers. C'est un juif nommé Abram-Dey qui occupe le poste d'agent sanitaire, et qui en même temps, quand l'occasion s'en présente, remplit les fonctions d'agent consulaire au nom de différentes puissances de l'Europe.

Tous les voyageurs qui ont visité Gabès ont vanté à l'envi ses jardins. Qu'on se figure à droite et à gauche de l'Oued-

Gabès une suite de vergers d'une incomparable fertilité. Cet oued se divisant en deux bras et en plusieurs canaux qui alimentent à leur tour une multitude de rigoles, répand tout le long de son cours la fécondité et la fraîcheur. S'il venait à tarir, l'oasis délicieuse qu'il a créée et qu'il entretient ferait bientôt place au désert, et au lieu d'une terre grasse et limoneuse, on ne verrait plus qu'un sol aride et sablonneux. Il pleut, en effet, très-rarement à Gabès, et, sans ce fleuve bienfaisant et nourricier, les hommes seraient impuissants à rien tirer de cette terre, devenue rebelle à leurs efforts, tandis que, grâce à ses eaux intarissables, elle leur prodigue, avec un faible travail de leur part, les produits les plus abondants et les plus variés.

Ces jardins, séparés les uns des autres ou par des haies de cactus, ou par de petits murs en terre battue que hérissent des branches de palmier, sont partagés eux-mêmes en un grand nombre de compartiments autour desquels circulent, à certaines heures et en vertu de conventions réciproques, des ruisseaux vivifiants. Ces compartiments sont semés de blé, d'orge et de divers légumes. A l'entour croissent des figuiers, des amandiers, des citronniers, des grenadiers, des orangers; et, bien au-dessus de ces arbres confusément plantés, de magnifiques dattiers, à la tige svelte et élancée, dressent dans les airs leur panache verdoyant.

J'errai longtemps, accompagné du fils du khalife, à travers ces vergers enchantés, qui produiraient bien davantage encore si ceux qui les cultivent avaient plus d'énergie, ou que le fisc tunisien fût moins rapace. « Gabès, dit El-Bekri[1], abonde en fruits de toute espèce et surtout en bananes; aussi fournit-elle une grande quantité de fruits à la ville de Cairouan. Les mûriers y sont très-nombreux, et chacun de ces arbres nourrit plus de vers à soie que ne feraient cinq

---

[1] *Descript. de l'Afrique septentrionale*, p. 44.

mûriers dans tout autre pays. Cabès se distingue par la bonté et la finesse de sa soie; elle est même la seule ville de l'Ifrikiya qui en produise.... La canne à sucre y donne des produits abondants. »

Actuellement, ni la banane ni la canne à sucre ne sont plus cultivées dans l'oasis de Gabès, et comme l'industrie de la soie y est soumise à un impôt assez lourd, les mûriers y sont moins nombreux qu'à l'époque du savant géographe arabe.

On sait que le Coran interdit le vin aux musulmans; mais ils affectionnent beaucoup les raisins secs ou frais. Aussi la vigne est-elle l'une des productions et en même temps l'un des plus gracieux ornements des jardins de Gabès. Ses ceps puissants s'enroulent et grimpent comme le lierre autour du tronc des palmiers, et quand elle est parvenue à une certaine hauteur, elle court en festons d'un palmier à l'autre, ainsi qu'elle le fait en Italie pour les platanes ou les ormeaux.

Je n'oublierai pas non plus de mentionner, parmi les plantes ou arbustes cultivés à Gabès, la garance, le djedri, dont la racine teint également en rouge, et le henneh, dont les feuilles pilées et réduites en pâte produisent cette couleur jaune-orange qui est employée dans la teinture des étoffes, et que les femmes musulmanes et juives mettent de même en usage pour se teindre les ongles des pieds et des mains. Enfin, il est un arbre ou plutôt un arbrisseau que je ne puis manquer de signaler comme abondant dans cette oasis, c'est le rhamnus lotus. Il est considéré généralement comme étant ce fameux lotos aux fruits si doux, qu'au dire d'Homère il faisait oublier leur patrie à ceux qui en avaient une fois goûté.

Τῶν δ' ὅστις λωτοῖο φάγοι μελιηδέα καρπὸν,
Οὐκ ἔτ' ἀπαγγεῖλαι πάλιν ἤθελεν, οὐδὲ νέεσθαι [1].

---

[1] *Odyssée*, chant IX, vers 94 et 95.

Cet arbrisseau sauvage est très-commun dans le nord de l'Afrique, et principalement le long de la Petite Syrte et dans l'île de Djerba, c'est-à-dire dans la contrée où l'on place les anciens Lotophages chantés par la poésie et mentionnés par l'histoire. Il a de grands rapports avec le jujubier cultivé; mais il en diffère par la forme de son fruit, qui est sphérique et plus petit que la jujube. Il fleurit en mai, et les baies qu'il produit sont mûres dans le courant d'août et de septembre; le goût de celles-ci est agréable, et les Arabes en sont très-friands, comme les Lotophages auxquels ils ont succédé.

Au milieu de cette magnificence et de ce riche épanouissement d'une nature presque tropicale, j'oubliais facilement les heures, sans pouvoir rassasier mon admiration du beau spectacle que j'avais sous les yeux, spectacle qu'animait le chant de nombreux oiseaux qui gazouillaient en voltigeant d'arbre en arbre, lorsqu'à travers les palmiers le fils du khalife me montra le soleil qui inclinait à l'horizon, et m'avertit qu'il était temps de retourner à Menzel.

7 mars.

L'oued Gabès, dont je décrirai la source un peu plus tard, se jette dans la mer à deux kilomètres au nord-est de Menzel. Au moment du reflux, ses eaux baissent d'au moins deux mètres, et d'amères qu'elles étaient quand elles étaient pénétrées et grossies par les ondes de la Méditerranée, elles redeviennent douces et peu profondes. L'embouchure de ce fleuve sert actuellement de port à l'oasis, celui de l'antique Tacape étant depuis longtemps ensablé. Un fort appelé Bordj-Djedid (le fort neuf) protége la plage en cet endroit. Les petits navires qui entrent dans l'oued ou qui en sortent doivent profiter de certaines heures favorables que les marins du pays connaissent fort bien; il faut aussi pour cela que le vent soit propice. Autrement, s'il est contraire, ou si même, soufflant dans la direction que l'on désire, il est trop violent, aucun bâtiment ne se hasarderait impunément à franchir l'entrée de l'oued, qui, dans ces deux cas, est très-dangereuse.

J'avais appris la veille au soir, en revenant à Menzel, qu'il y avait dans le port un petit navire qui se disposait à faire voile pour l'île de Djerba aussitôt que la marée le permettrait, c'est-à-dire vers les deux ou trois heures du matin. Désirant ne pas laisser échapper cette occasion, je m'y rendis la nuit avec Malaspina et mes hambas. Nous étions à bord bien avant l'heure du départ, afin qu'au moindre souffle favorable nous puissions lever l'ancre; mais en vain attendîmes-nous jusqu'à quatre heures du matin, le reïs trouva que la mer était trop houleuse, et il nous déclara qu'il briserait infailliblement son bâtiment s'il essayait de forcer l'embouchure de l'oued, où les vagues étaient très-agitées.

Nous fûmes contraints de redescendre à terre, et nous revînmes à Menzel. Changeant alors de plan, et dans la crainte que les exigences du vent, jointes à celles de la marée, ne retardassent encore longtemps notre départ par mer, je résolus de gagner l'île de Djerba en suivant le littoral jusqu'au détroit qui sépare cette île du continent, détroit très-resserré et qu'il est assez facile de franchir en tout temps. Néanmoins, avant de me mettre en marche, je voulus parcourir de nouveau toute l'oasis de Gabès et examiner plus attentivement l'emplacement de la ville antique, sur lequel je n'avais pu, la veille, jeter qu'un coup d'œil rapide.

Tacape ou Tacapae, dont le nom primitif se retrouve, avec de légères modifications et la suppression de l'article Ta, dans la dénomination moderne Cabès (par adoucissement Gabès), s'étendait sur le bord de la mer, à une faible distance de Menzel. Ses ruines, qui disparaissent et s'effacent de plus en plus, sont éparses sur plusieurs collines où l'on ne remarque plus çà et là que quelques traces à peine distinctes de constructions, et cinq ou six citernes enduites intérieurement d'un ciment indestructible. Le sol est jonché partout d'une quantité innombrable de fragments de poterie. Ces collines, peu élevées, doivent être en partie factices et résulter d'amas considérables de décombres. Chaque jour on les fouille pour en extraire, comme d'une carrière inépuisable, des tronçons de colonnes soit en marbre, soit en granit, des débris de mosaïques, en un mot, une foule de matériaux et de fragments divers.

Près du village et de la zaouïa de Sidi-Bou'-l-Baba, santon vénéré comme l'un des Hadjem-Ressoul (barbiers du Prophète, c'est-à-dire de Mahomet), on aperçoit sur un monticule plusieurs gros blocs antiques, et entre autres cinq ou six tronçons de colonnes, restes d'un édifice assez considérable.

La ville de Tacape comprenait certainement ce village dans son enceinte, mais je doute qu'elle s'étendit beaucoup plus loin vers le sud. Il serait très-difficile, anéantie comme elle l'est depuis de longs siècles et transportée en quelque sorte pièce à pièce à Djara, à Menzel, à Chenneni et dans tous les autres villages de l'oasis de Gabès, de chercher maintenant à retrouver et à déterminer le périmètre exact qu'elle occupait autrefois. Tout ce que l'on peut dire, c'est qu'elle avait environ cinq kilomètres de circonférence et qu'elle était beaucoup plus rapprochée de la mer que les bourgs de Djara et de Menzel. Son port était formé par une petite baie, aujourd'hui presque entièrement comblée.

La Table de Peutinger mentionne Tacape comme une colonie.

Sous les Carthaginois et durant les premiers siècles de la domination romaine, cette ville faisait partie de la Byzacène ou des emporia de la côte; plus tard, elle fut annexée à la Tripolitaine ou à la province Subventana. A l'époque chrétienne, par exemple, l'*episcopus Tacapitanus* est compris au nombre des évêques de la Tripolitaine.

CHAPITRE VINGTIÈME.

De Gabès à l'île de Djerba.— Zerat.— Henchir El-Medeïna. — Henchir Roumia. — Tarf-el-Djorf. — Passage du détroit. — Arrivée dans l'île de Djerba.

8 mars.

La route qui de Gabès conduit à Tarf-el-Djorf, point où l'on franchit le détroit pour se rendre du continent dans l'île de Djerba, étant souvent infestée par des bandes d'Arabes vagabonds, le khalife voulut joindre à ma petite escorte habituelle six cavaliers supplémentaires. Nous nous mettons tous en marche à sept heures quarante minutes du matin.

A huit heures, nous rencontrons un petit village appelé Torrége. J'y remarque quelques gros blocs antiques; il est environné d'un bois de palmiers.

A huit heures dix minutes, nous passons devant un second village du nom de Menara.

A huit heures trente minutes, nous laissons derrière nous Teboulba, autre village entouré également d'une ceinture de palmiers.

A neuf heures, nous franchissons l'oued Serrak, qu'on prononce plus ordinairement Oued-Serrag (l'oued des voleurs). Son lit est assez large; il renferme un peu d'eau.

A dix heures, nous traversons l'Oued-el-Achana. Il est, dit-on, fréquenté par des sangliers qui se cachent au milieu des roseaux, des palmiers nains et des lauriers-roses dont son lit est rempli.

A dix heures quinze minutes, nous apercevons à notre droite, dans la plaine, le bourg de Zerigue-el-Barrania.

A dix heures vingt minutes, une petite colline oblongue s'étend transversalement devant nous; les Arabes l'appellent Koudiet-en-Noss (colline du milieu), parce qu'ils prétendent qu'elle est située à égale distance entre Tunis et Tripoli.

A dix heures quarante minutes, nous arrivons au village de Kettana, que d'autres prononcent Ketena.

Dans le lointain, nous distinguons au milieu de la plaine la zaouïa de Sidi-Sellem, dont la koubba est entourée d'un bouquet de palmiers.

Bientôt après, nous franchissons l'oued Ceder.

A onze heures vingt-cinq minutes, je quitte un instant la route pour aller examiner, à un kilomètre de distance, vers l'ouest, les ruines d'un henchir : elles consistent en un amas de pierres éparses ou amoncelées; quelques blocs considérables gisent çà et là. Mes guides ignoraient le nom de cette localité; mais c'est probablement l'henchir Lemtou, qui m'avait été signalé à Gabès comme étant celui d'où l'on avait tiré la colonne milliaire dont j'ai reproduit plus haut l'inscription. La distance se rapporte, en effet, assez bien avec le chiffre de XIV milles qui est gravé sur cette colonne.

A onze heures quarante minutes, nous traversons l'Oued-el-Ferd; son lit est très-large et semé de lauriers-roses, de palmiers nains et de différents arbustes.

A onze heures cinquante minutes, je jette un coup d'œil sur les ruines d'un kasr nommé Aïchoun. Elles sont peu distinctes; quelques gros blocs se remarquent parmi les décombres.

A midi trente minutes, on me fait observer sur les bords de l'oued Zerkin un grand nombre de ces petits tas de pierres appelés en Tunisie mechads, et qui indiquent l'endroit où un meurtre a été commis.

A trois heures quarante minutes, nous atteignons Zerat, village d'une quarantaine de maisons établies sur le bord d'un ravin. Les habitants en sont très-hospitaliers, et le scheik m'offre un abri dans la demeure vide d'un de ses parents, parti en pèlerinage pour la Mecque; lui-même est hadj, c'est-à-dire qu'il a accompli ce voyage sacré.

Cette localité, où j'ai observé un certain nombre de grosses pierres bien équarries et évidemment antiques, a dû être jadis un bourg de quelque importance, bourg dont la fondation avait été déterminée en cet endroit par une abondante source d'eau : celle-ci, un peu tiède, mais intarissable, est recueillie dans un bassin circulaire fort mal entretenu, car hommes et animaux vont s'y baigner et y boire en même temps.

De beaux palmiers, quelques oliviers, des figuiers et divers autres arbres fruitiers, croissent dans les jardins de Zérat.

La Table de Peutinger signale sur la route de Macomades minores à Leptis magna une station appelée Fulgurita, à XXV milles au sud-est de Tacape. Cette indication nous conduit droit à Zerat, qui occupe précisément la position que la Table assigne à Fulgurita. On serait donc en droit d'identifier ensemble ces deux localités. Toutefois, comme cette même station de Fulgurita, mentionnée dans l'Itinéraire d'Antonin sous le nom de Fulgurita villa sive Agma, y est marquée comme étant séparée de Tacape par une distance de XXX milles et non plus seulement de XXV, on doit admettre avec d'autant plus de réserve l'identification précédente, que V milles à l'est-sud-est de Zerat et par conséquent à XXX milles de l'ancienne Tacape, on trouve un henchir dont je vais parler tout à l'heure, et qui répond aussi bien aux données de l'Itinéraire d'Antonin que Zerat à celles de la Table de Peutinger.

9 mars.

Je m'étais aperçu la veille au soir que plusieurs des cavaliers supplémentaires que le khalife de Gabès m'avait donnés s'étaient montrés très-impérieux envers quelques habitants de Zerat, et que, sous prétexte de faire honneur à l'étranger qu'ils étaient chargés d'accompagner, ils voulaient exiger de ces pauvres gens bien au delà des devoirs habituels de l'hospitalité arabe. J'avais refusé pour moi tout ce qu'ils avaient demandé à mon intention, et je leur avais formellement défendu d'abuser pour eux-mêmes de mon nom et de la mission qui leur avait été confiée. Pendant la nuit, ils n'avaient pas tenu compte de ma défense, et ils avaient profité de mon sommeil pour mettre à une sorte de contribution forcée, dans l'intérêt de leur gourmandise, les principaux habitants du village. Ce qu'ayant appris le lendemain à mon réveil, je les congédiai immédiatement et je les renvoyai à Gabès, gardant seulement avec moi, outre mon escorte accoutumée, le spahi Ahmed, en qui j'avais pleine confiance.

A six heures du matin, je quitte Zerat.

A six heures quarante-cinq minutes, nous traversons l'oued Zegzaou; il est presque entièrement desséché.

A sept heures quinze minutes, près d'une sebkha, sur une colline peu élevée, j'examine un henchir connu sous le nom d'El-Medeïna. J'y observe une grande quantité de petits matériaux qui jonchent le sol, et çà et là quelques pierres d'un plus grand appareil. Les vestiges encore apparents de deux constructions assez considérables attirent surtout mon attention, ainsi que trois ou quatre tronçons de colonnes. Cet henchir étant éloigné de XXX milles de Gabès, il faut y placer la Fulgurita villa de l'Itinéraire d'Antonin, si la distance indiquée par cet Itinéraire n'est point erronée; si au contraire celle de XXV milles donnée par la Table de Peutinger est la véritable, c'est avec Zerat, comme je l'ai dit, que l'on doit identifier cette station.

A huit heures quinze minutes, nous commençons à entrer dans le lit desséché de l'Oued-ez-Zass : nous le suivons pendant longtemps.

A dix heures, un autre oued d'une extrême largeur et également à sec se présente devant nous; c'est l'oued Oum-Sasar; nous le traversons.

A onze heures trente minutes, j'abandonne la route pour aller visiter, sur le bord de la mer, les ruines assez étendues d'un henchir qui m'est désigné sous le nom de Roumia. J'y heurte à chaque pas des amas considérables de pierres dont quelques-unes, de grande dimension, ont dû appartenir à des édifices d'une certaine importance. Une crique peu développée a dû jadis servir de port à cette petite ville, qui est depuis longtemps déserte et ruinée de fond en comble. Ne serait-ce pas là le Templum Veneris de la Table de Peutinger, station intermédiaire entre Fulgurita à l'ouest et Gigti à l'est, et marquée dans cette Table au nord d'une presqu'île qui est celle que nous parcourons en ce moment?

A midi trente minutes, une caravane de vingt Arabes apercevant de loin nos armes qui brillaient au soleil, et nous prenant pour des maraudeurs appartenant à l'une des tribus pillardes qui habitent cette partie de la Régence, s'arrête soudain dans sa marche. Ils descendent tous précipitamment de leurs montures, se rangent en cercle, arment leurs longs fusils, et, plaçant au centre leurs femmes et leurs enfants, se disposent à soutenir l'attaque d'ennemis imaginaires : mais bientôt, à mesure que nous nous approchons et qu'ils distinguent sous mon burnous arabe des vêtements européens, ils reconnaissent leur erreur et remontent sur leurs chameaux. Quelques instants encore, et ils échangent avec nous des saluts amis, riant eux-mêmes les premiers de tout leur cœur des vaines craintes qui les avaient d'abord agités.

A une heure trente minutes, nous avons atteint l'extrémité de la presqu'île qui s'avance en se rétrécissant vers l'île de Djerba. La côte forme en cet endroit une sorte de mur de falaises escarpées et taillées à pic. Celles-ci surplombent au-dessus de la mer, qui en sape continuellement les fondements et en fait écrouler de temps à autre des pans énormes d'un grès plus ou moins compacte qui deviennent comme de nouveaux récifs contre lesquels les vagues se brisent quelquefois avec fureur. Cette partie du rivage est désignée sous le nom de Ras-el-Djorf ou Tarf-el-Djorf. Les falaises s'ouvrent en un certain point, et une brèche, d'une trentaine de mètres de large, permet à ceux qui veulent de là s'embarquer pour l'île de Djerba, de descendre par une pente douce jusqu'au bord de la mer.

Parvenus à cette brèche et n'y trouvant aucune embarcation, nous tirâmes plusieurs coups de fusil qui retentirent, à travers le détroit, jusqu'à l'île, laquelle n'est séparée du continent que par un intervalle de dix-sept cents mètres. Une barque bientôt se détacha du rivage qui nous faisait face et se dirigea vers nous à pleines voiles. A quatre heures du soir, nous mettions pied à terre à Bordj-el-Mersa, dans l'ancienne île des Lotophages ; à quatre heures trente minutes, nous arrivions à Houmt-Ajim, dont le scheik nous offrit l'hospitalité pour la nuit.

CHAPITRE VINGT ET UNIÈME.

Description générale de l'île de Djerba. — Houmt-Ajim. — Houmt-Souk ou Souk-el-Kebir. — Houmt-Cédrien, résidence actuelle du kaïd. — Henchir Borgo. — Houmt-Cédouikhes. — Henchir Rhaba-Taorit. — Henchir Thala. — Ruines de l'ancienne capitale de l'île. — Bordj-el-Kantara. — Rhir.

10 mars.

Djerba, l'ancienne île des Lotophages, peuple dont un vers d'Homère a suffi pour rendre le nom immortel, était appelée également Meninx. Scylax la désigne aussi sous la dénomination de Brachion (Βραχείων), à cause des bas-fonds et des bancs de sable qui l'entourent.

Un passage d'Aurélius Victor [1], où il est question de l'élévation à la dignité d'Auguste, dans cette île, de Gallus et de

---

[1] Aur. Victor., *Epitome*, c. XLV.

Volusianus, nous prouve que, dès le troisième siècle, elle portait le nom sous lequel on la connaît aujourd'hui :

« Creati in insula Meninge quae nunc Girba dicitur. »

La Table de Peutinger comprend de même une ville du nom de Girba, parmi les quatre qu'elle signale dans cette île.

Pline[1] évalue la longueur de l'île de Meninx à XXV milles et sa largeur à XXII, évaluation beaucoup plus juste que celle d'Agathémère, qui compte six cents stades de long sur cent quatre-vingts de large. En réalité, elle est de forme à peu près quadrangulaire, et entre les points extrêmes de sa longueur comme de sa largeur, on compte environ trente-trois kilomètres, ce qui répond aux cent quatre-vingts stades indiqués par Agathémère dans le sens de la largeur; mais cet écrivain en exagère singulièrement la longueur. Quant à la circonférence de l'île, elle doit dépasser cent cinquante-cinq kilomètres, en calculant les sinuosités de la côte.

Djerba est généralement plate, sauf quelques chaînes de collines peu élevées qui rompent l'uniformité de sa surface. Aucun cours d'eau permanent ne la sillonne; seulement, à l'époque des pluies, des ruisseaux momentanés découlent des collines dont j'ai parlé. Son sol, d'une grande fertilité, a besoin néanmoins, pour produire ce qu'on lui demande, d'un travail constant de l'homme, car il faut l'arroser incessamment. Aussi des puits sont-ils creusés de tous côtés à cet effet.

L'île est partagée en un très-grand nombre d'enclos où les habitants vivent sur le terrain qu'ils cultivent; ils y ont leurs demeures, qui sont de la sorte, pour la plupart, disséminées, au lieu d'être réunies en villages, en bourgs et en villes. Toutefois il existe sur différents points plusieurs cen-

---

[1] *Hist. nat.*, V, 7.

CHAPITRE VINGT ET UNIÈME.

tres principaux de population. Les cinq plus importants sont Houmt-Ajim, Houmt-Souk, Houmt-Cédrien, Houmt-Cedouikhes et Houmt-Gallala [1]. J'en dirai un mot tour à tour, à mesure que je les visiterai. Le kaïd qui résidait autrefois à Houmt-Souk séjourne actuellement à Houmt-Cédrien, où il s'est fait construire une vaste et riche demeure.

Les habitants, au nombre d'une quarantaine de mille, sont, en partie du moins, d'origine berbère. Les musulmans les regardent comme kharedjites, c'est-à-dire comme schismatiques. Jadis très-redoutés à cause de leurs brigandages, ils jouissent maintenant d'une meilleure réputation, et les Européens qui les visitent ou qui, en petit nombre, sont fixés au milieu d'eux, n'ont rien à craindre de leur part. Ils se divisent en cultivateurs, en tisserands et en marins ou pêcheurs.

Les cultivateurs, qui forment la majorité, sont plus laborieux que ne le sont d'ordinaire les Maures et les Arabes. Sans doute, ils sont loin de déployer cette activité industrieuse du fermier ou du colon européen, qui sait tirer de la terre tout ce qu'elle peut donner, qui sait même lui arracher, à force de labeur et d'intelligence, ce qu'elle semblait d'abord devoir refuser. Néanmoins, on ne peut méconnaître que cette île ne soit beaucoup mieux cultivée que ne le sont la plupart des terres en Tunisie. C'est là où j'ai vu les plus beaux oliviers de la Régence. Dans certains cantons, entre autres, j'en ai remarqué qui atteignaient des proportions colossales : l'huile qu'on en extrait est bien plus recherchée dans le commerce que celle même de Sousa et de Sfax. Des arbres fruitiers de toute sorte croissent dans les jardins, mêlés aux oliviers. D'élégants dattiers les dominent et par leur présence communiquent à ces vergers un aspect tout oriental. Ici plus rares, là, au contraire, plus multipliés et constituant de véritables

---

[1] Le mot *houmt* signifie quartier, centre de réunion.

bois, ils fournissent des dattes meilleures que celles des îles Kerkennah; toutefois, elles sont de médiocre qualité, comparées à celles du Djerid ou du Nefzaoua. J'ai observé qu'un certain nombre de ces arbres, en raison même du prix inférieur de leurs dattes, avaient été privés de leur tête, afin de produire du lagmi. En général, les dattiers que l'on dépouille ainsi de leurs branches supérieures dans le but de recueillir la séve qui continue à monter vers le faîte de l'arbre, comme pour vivifier ces branches absentes, s'épuisent rapidement et finissent par mourir, quand on en a retiré une quantité assez considérable de cette liqueur sucrée qu'on appelle lagmi et qui n'est autre chose que leur séve. Cependant ils ne succombent pas tous à cette énorme déperdition de leurs forces vitales, et avec du repos et des soins ils reprennent peu à peu et se couvrent de nouveaux régimes. On m'en a même montré qui avaient subi cinq ou six fois la même opération, sans paraître avoir rien perdu de leur vigueur première.

L'arbuste si célèbre sous le nom de lotos abonde toujours, à l'état de buisson, dans l'antique patrie des Lotophages. Je l'ai déjà décrit ailleurs.

Chaque verger renferme ordinairement plusieurs compartiments semés de blé et d'orge ou plantés de divers légumes.

La vigne est également cultivée en certains endroits. A Souk-el-Kebir, où il y a quelques centaines d'Européens et un plus grand nombre de juifs, on fabrique un vin d'un jaune doré qui rappelle ceux de Santorin ou de Samos.

La seconde classe des habitants de l'île, c'est-à-dire les tisserands, au lieu d'être entassés dans des ateliers communs, confectionnent, disséminés dans leurs maisons particulières, ces magnifiques couvertures et tissus en laine, en coton et en soie, pour lesquels ils n'ont point de rivaux dans la Régence. Cette industrie est, dit-on, moins florissante qu'autrefois; néanmoins, elle est toujours demeurée l'une des plus grandes richesses de l'île.

Les marins et les pêcheurs vivent le long des côtes. Les cinq mouillages principaux sont : Bordj-el-Mersa au sud-ouest, Bordj-Djelidje au nord-ouest, Mersa-es-Souk au nord, Rhir à l'est, et Bordj-el-Kantara au sud-est.

La pêche consiste en éponges, en poulpes et en divers poissons, dont une partie est consommée dans l'île; l'autre est salée et expédiée ailleurs.

Après cette courte description générale, je reprends la suite de mon journal.

A sept heures du matin, le 10 mars, nous quittons Houmt-Ajim, bourg peuplé de quinze cents habitants environ et entouré d'un territoire très-fertile. Notre direction est celle du nord-nord-est. Nous traversons successivement plusieurs houmts ou agglomérations diverses de maisons de campagne plus ou moins espacées les unes des autres. Chemin faisant aussi, nous rencontrons, de distance en distance, de petites mosquées qui sont autant de centres religieux pour ces habitations dispersées.

Ce qui me frappe surtout, c'est la beauté extraordinaire des oliviers. Quant aux céréales, elles n'ont guère réussi, à cause de l'extrême sécheresse de cette année; beaucoup de puits sont taris ou ne fournissent qu'une eau insuffisante pour les besoins d'un sol altéré. Par bonheur pour ces pauvres insulaires, vers les neuf heures, des nuages sombres, longtemps attendus par eux, chargent de toutes parts l'horizon; ils éclatent bientôt en une pluie torrentielle qui inonde la terre, à la grande joie des cultivateurs, dont nous entendons les cris d'allégresse, et qui, sur le seuil de leurs demeures, ne se lassent pas de la voir tomber comme un bienfait que leur envoie le ciel. Pour nous, la tête basse et enveloppés tout entiers dans nos burnous, nous hâtons le pas de nos montures et nous poursuivons silencieusement notre route.

A onze heures enfin, après avoir traversé l'île entière du

sud au nord, nous parvenons à Houmt-Souk, autrement dit Souk-el-Kebir. Le khalife m'offre l'hospitalité dans l'ancienne maison du kaïd, maison vaste et jadis somptueuse, mais qui, depuis que le gouverneur ne l'habite plus, est fort mal entretenue.

A midi, l'agent consulaire de France, Sidi-Mustafa-ben-Reïs, vient me rendre visite, accompagné de son chancelier, M. Mariano. Je trouve en lui un vieillard très-affable et très-obligeant. D'origine algérienne, il remplit depuis longtemps, de la manière la plus honorable, les fonctions dont il est revêtu. Aussi plusieurs autres puissances l'ont-elles choisi pour leur représentant.

A deux heures, la pluie ayant complétement cessé, je me disposais à parcourir Houmt-Souk, lorsque je reçois une nouvelle et agréable visite : c'est celle de M. l'abbé Bois, Savoisien de naissance, qui administre la paroisse catholique. Il me propose de m'accompagner lui-même à travers le Houmt, et nous sortons ensemble. Nous nous dirigeons d'abord vers son église. Elle est petite, mais très-bien tenue. Fondée en 1848 par le R. P. Gaëtano Maria de Ferrare, elle est depuis cinq ans confiée à M. l'abbé Bois, missionnaire encore fort jeune et plein de zèle, qui, avec des ressources très-limitées, se plait à la parer lui-même. Ses paroissiens sont peu nombreux; ils ne dépassent pas trois cents individus, la plupart Italiens ou Maltais. A la fois prêtre et instituteur, il partage son temps et ses soins entre le sublime ministère de l'autel et l'éducation de l'enfance. « Ce qui me manque surtout, me disait-il, ce sont des sœurs. D'abord elles élèveraient les petites filles, et ensuite je fonderais avec elles dans ma paroisse un hôpital, ou du moins un dispensaire, qui serait commun aux chrétiens, aux juifs et aux musulmans. — La religion chrétienne, ajoutait-il très-justement, doit se montrer partout, mais principalement dans les pays mahométans, escortée de la charité comme de sa fidèle compagne, et c'est par ses bienfaits qu'il lui convient le mieux de marquer sa présence. »

Non moins bon Français qu'apôtre ardent, l'abbé Bois n'oublie jamais, les jours de fête, d'arborer sur son église le drapeau de sa nouvelle patrie, et de le saluer en tirant lui-même une petite pièce de canon qu'il s'est procurée dans ce but.

De l'église nous nous rendons au cimetière catholique. Au centre s'élève une colonne à l'endroit où ont été enterrées les têtes des malheureux Espagnols avec lesquelles avait été construite la fameuse tour dite à cause de cela Bordj-Rious (tour des têtes), dont il est question dans tous les voyageurs qui ont visité l'île de Djerba. Cette tour existait encore il y a une quinzaine d'années. Elle a été détruite, à la demande de monseigneur Sutter, par le gouvernement tunisien. Les habitants voulurent d'abord s'opposer à la démolition de ce monument barbare, qui rappelait à leur souvenir une victoire remportée sur les Espagnols, le long de cette plage, l'an 1560; mais le bey tint fidèlement la promesse qu'il avait donnée à monseigneur Sutter, et il voulut que ses ordres fussent exécutés. Il s'honora ainsi lui-même en renversant ce trophée sauvage du fanatisme musulman. Aujourd'hui on distingue à peine l'emplacement que cette tour occupait, non loin du bord de la mer et à une faible distance du Bordj-el-Kebir.

Houmt-Souk est divisé en plusieurs quartiers; il renferme des fondouks assez vastes, un bazar couvert, partagé en quatre branches qui forment la croix, et deux mosquées principales, l'une pour les Hanéfites, l'autre pour les Malékites.

Le hara des juifs, espèce de ghetto où ils habitent à part, est éloigné d'un kilomètre au moins des autres quartiers. Il est le plus sale de tous, suivant l'habitude des enfants dispersés d'Israël, qui, dans tous les pays mahométans, affectent extérieurement les dehors de la plus grande misère, afin de moins provoquer la cupidité de leurs maîtres.

11 mars.

Je vais visiter avec M. l'abbé Bois la forteresse ou Bordj-el-Kebir. Flanquée de tours et environnée de fossés dans lesquels entre l'eau de la mer, elle est armée d'une vingtaine de gros canons, dont les uns remontent à l'époque de l'occupation espagnole, et les autres sont plus modernes. Les musulmans y vénèrent sous une koubba la dépouille d'un santon célèbre qu'ils appellent Rhazi-Mustapha, et dont ils vantent les exploits.

Au pied du fort, on a établi sur une plate-forme une batterie basse composée de seize pièces d'un fort calibre et destinées à protéger le port et la rade.

Le port, qu'avoisine un lazaret, est très-peu profond; les petits bâtiments seuls peuvent y pénétrer et s'y mettre à l'abri des vents derrière une digue courte et peu élevée. Quant aux navires tant soit peu considérables, ils sont contraints, à cause des bas-fonds de la côte et des alternatives de la marée, de mouiller très-loin en rade, à quatre ou cinq kilomètres environ du rivage. Lorsque la mer se retire, au moment du reflux, les eaux baissent de près de trois mètres.

L'abbé Bois ne pouvant pas m'accompagner plus loin, je poursuis avec Malaspina mon exploration de la côte vers l'ouest. Des falaises rocheuses la bordent, mais elles sont peu élevées. Au delà de ces falaises croissent des palmiers et des oliviers; des tourterelles et des colombes se jouent dans leurs branches et roucoulent en voltigeant d'arbre en arbre.

Parvenus au marabout Sidi-Salem, qui s'élève solitaire près d'une petite crique, nous faisons halte quelques instants, puis nous retournons à Houmt-Souk en côtoyant la grève, sur laquelle les vagues viennent mourir doucement. Le soleil est brûlant, mais l'ardeur de ses feux est tempérée par une légère brise qui court sur la cime des flots et rafraîchit délicieusement l'atmosphère.

Le soir, je dîne avec l'abbé Bois. Nous nous entretenons longtemps ensemble de la France. Bien que nous fussions loin d'elle dans l'île des Lotophages, nous ne voulions pas ressembler aux compagnons d'Ulysse, qui volontiers y auraient oublié leur patrie.

12 mars.

C'est aujourd'hui le jour du marché. Ce marché a lieu à Houmt-Souk deux fois par semaine, le lundi et le jeudi, et comme, ces deux jours-là, ce houmt est le rendez-vous d'une foule d'insulaires qui s'y transportent de tous les points de l'île, Houmt-Souk (le bourg du marché) s'appelle également Houmt-Souk-el-Kebir, ou tout simplement Souk-el-Kebir (le grand marché). Dès le matin, on peut à peine circuler dans les rues; les places et les bazars sont encombrés d'une multitude tellement compacte, qu'il faut s'ouvrir de force un passage à travers ces flots pressés d'hommes qui se heurtent en tout sens, et du sein desquels sort une rumeur immense, pareille au bruit d'une mer agitée. Outre les insulaires, un certain nombre d'Arabes et de Bédouins du continent sont accourus, soit pour vendre du bétail et de la laine, soit pour acheter des burnous et des couvertures.

Le kaïd Si-Saïd-ben-Aïad arrive vers les neuf heures. Tous les scheiks et les principaux habitants de l'île présents à Houmt-Souk vont tour à tour s'incliner devant lui et lui offrir leurs hommages; puis il commence à tenir un lit de justice et à juger les affaires qui avaient été remises à son haut arbitrage.

A dix heures, je lui suis présenté par l'agent consulaire Sidi-Mustapha. Il m'accueille avec beaucoup de courtoisie et de bienveillance, et m'invite à aller le lendemain dîner chez lui dans l'espèce de villa qu'il possède à Cédrien.

Je consacre le reste de la journée à examiner de nouveau le bourg. Peuplé d'au moins deux mille cinq cents habitants, en comprenant dans ce nombre les chrétiens et les juifs, il a été construit très-probablement sur l'emplacement d'une petite ville antique, car une semblable position n'a pas dû être négligée par les anciens. Toutefois les vestiges de l'antiquité ont entièrement disparu sous les constructions modernes. On me montre bien quelques grandes urnes sépulcrales pleines encore d'ossements et de cendres, mais elles n'ont point été découvertes à Houmt-Souk; on les a trouvées dernièrement à Mellita, village situé sur le bord de la mer, à quatorze kilomètres au sud-ouest du bourg.

13 mars.

A sept heures du matin, je fais mes adieux au khalife, à l'excellent abbé Bois et à l'agent consulaire Sidi-Mustapha. Son fils Ibrahim, son chancelier M. Mariano, Napolitain d'origine, un négociant maure et deux spahis, doivent m'accompagner jusqu'à Cédrien, indépendamment de mon escorte habituelle.

A huit heures, nous montons tous à cheval.

La route que nous suivons dans la direction du sud-est est d'abord très-sablonneuse. Nos chevaux n'avancent qu'avec difficulté au milieu d'un sable fin et profond. De distance en distance s'élèvent de superbes oliviers.

A neuf heures, nous passons devant une mosquée appelée Djama-ben-Gerban. A notre droite s'étend un houmt du nom de Kachaïn; il est situé dans une campagne fertile.

A dix heures, nous arrivons à Houmt-Cédrien. De beaux jardins environnent ce bourg. Ils sont plantés d'oliviers, d'amandiers, de figuiers, de grenadiers et d'abricotiers, qu'entremêlent de hauts et gracieux palmiers. Des vignes serpentent d'un arbre à l'autre, ou croissent séparément en ceps moins élevés. Dans chacun de ces vergers, des compartiments divers sont réservés à des légumes, d'autres plus étendus à des céréales.

Des puits d'où l'eau se déverse au moyen de norias dans un réservoir et de là se répand dans une multitude de rigoles, remplacent pour ces jardins les eaux courantes qui leur manquent et celles du ciel, qui sont quelquefois très-rares, comme cette année, par exemple.

Le kaïd Si-Saïd-ben-Aïad réside dans cette localité. Il y possède une belle habitation, meublée tout à la fois à l'européenne et à l'orientale. C'est l'un des proches parents du trop fameux Ben-Aïad, qui fut quelque temps le premier ministre, ou, pour mieux dire, le maître presque absolu de la Régence. Après y avoir amassé, à force d'exactions, une fortune immense, ce ministre crut un jour prudent de faire passer en Europe la plus grande partie de ses richesses, lorsqu'il s'aperçut que son crédit auprès du bey était sur le point de s'écrouler sous les intrigues de ses rivaux, jaloux de sa puissance et de son or; sous le poids aussi, de plus en plus lourd et menaçant, des malédictions publiques. Quand il eut ainsi sauvé du naufrage tout ce qu'il pouvait emporter de son trésor, il s'enfuit lui-même en France, et le bey, qui se disposait à confisquer tous ses biens, ne put mettre la main que sur ses propriétés territoriales, qui étaient disséminées sur différents points de la Tunisie.

Pour en revenir au kaïd de Djerba, à peine arrivé à Cédrien, je me rendis auprès de lui, accompagné de M. Mariano, de Sidi-Ibrahim et de Malaspina. Après le café et l'échange réciproque de ces nombreuses formules de politesse dont on est si prodigue parmi les musulmans, j'amenai la conversation sur l'île, sur ses ressources, sur la fertilité de son sol et sur les ruines qu'elle renfermait. Le kaïd m'apprit alors que, non loin de Cédrien, il y avait des débris assez étendus appartenant à une ville antique entièrement renversée, et que, si je le voulais, j'avais le temps, avant le dîner, d'aller les visiter. Je partis aussitôt avec deux de ses spahis, qui reçurent l'ordre de m'y conduire.

Cette ville est située à une demi-heure de marche environ, à l'est-sud-est de Cédrien. Elle s'étendait jusqu'auprès du bord de la mer, et une petite anse lui servait de port. L'emplacement qu'elle occupait porte encore aujourd'hui le nom de Borgo (le bourg). On le désigne également sous celui de Nasaft. Une quantité considérable d'amas de pierres jonchent le sol; mais tout est détruit de fond en comble, sauf un pan de mur encore debout, lequel est bâti avec de magnifiques blocs parfaitement appareillés.

A midi, nous sommes de retour à Cédrien pour le dîner, et le kaïd m'invite à me placer près de lui. Une dizaine d'autres convives se rangent autour de la table du festin. Celle-ci est surchargée de mets de toute sorte servis dans des plats de porcelaine dorée et apprêtés avec un art culinaire des plus raffinés. Quand les premiers convives rassasiés se furent retirés, ce fut le tour de mes hambas et des spahis qui m'avaient accompagné, puis des nombreux domestiques du kaïd, enfin d'une dizaine de pauvres, auxquels tous les restes furent distribués. Cette coutume musulmane de ne jamais donner un grand repas sans que les indigents en aient aussi leur part, m'a toujours paru très-touchante et véritablement patriarcale; elle serait digne d'être imitée par les chrétiens.

Le kaïd m'engagea alors, avec des instances pleines de courtoisie, à demeurer chez lui pendant deux ou trois jours. Mes hambas me pressaient vivement d'accepter cette offre; mais craignant que les bons dîners du kaïd ne produisissent sur eux l'effet du lotos sur les compagnons d'Ulysse, et qu'après avoir savouré les délices de cette nouvelle Capoue, ils ne fussent ensuite moins disposés à supporter les privations et les fatigues qui les attendaient dans les pénibles explorations que j'allais entreprendre, je résolus de les arracher immédiatement au charme qui commençait à les enivrer, et à deux heures trente minutes, je fis mes adieux et je présentai mes remerciments à Si-Saïd-ben-Aïad, et nous quittâmes tous Cédrien. M. Mariano et Sidi-Ibrahim s'en retournèrent à Houmt-Souk; pour nous, nous prîmes la direction de Houmt-Cédouikhes.

La route que nous suivons est bordée, à droite et à gauche, de fertiles vergers, entremêlés de champs de céréales.

A trois heures quarante-cinq minutes, nous parvenons à Houmt-Cédouikhes, où, surpris par une forte pluie, nous faisons halte pour la nuit.

14 mars.

A six heures du matin, nous allons examiner, à trois kilomètres à l'est de ce bourg, les restes d'une petite ville ancienne entièrement renversée. L'endroit où elle était située s'appelle aujourd'hui Rhaba-Taorit (les jardins de Taorit). On y voit beaucoup de pierres confusément entassées, et au milieu de ces vestiges d'habitations détruites s'élèvent les débris d'un monument carré mesurant huit mètres sur chaque face. Cet édifice, construit avec de belles pierres de taille dont les assises sont un peu en retraite les unes sur les autres, paraît avoir été un ancien mausolée. Découronné de sa partie supérieure, il renferme intérieurement huit petites niches cintrées, destinées sans doute à contenir des urnes cinéraires. Les habitants du pays donnent à cette ruine le nom de Dar-er-Roula (la maison de la magicienne), et ils racontent, au sujet de cette fée mystérieuse, des fables étranges dont je fais grâce au lecteur.

Trois kilomètres plus loin vers le sud, nous rencontrons les restes presque effacés d'un village antique dans un endroit appelé Thala. Les musulmans y vénèrent un santon en l'honneur duquel ils arborent de petits drapeaux près d'un bosquet d'oliviers.

En continuant à marcher trente minutes dans la direction

du sud, nous commençons à apercevoir les premiers vestiges d'une grande cité qui, par l'étendue du terrain qu'elle couvrait et par l'importance des constructions dont il subsiste encore quelques traces, semble avoir été jadis la capitale de l'île.

Elle comprenait un espace qu'on peut évaluer à cinq kilomètres de pourtour. Un mur d'enceinte dont on reconnaît encore çà et là les fondations l'environnait de toutes parts. Le sol qu'elle occupait est aujourd'hui livré à la culture, du moins en grande partie, et par conséquent la plupart de ses monuments ont été presque complétement rasés. Toutefois on distingue encore :

1° Une espèce de château-fort à murs très-épais et de construction romaine;

2° Plusieurs vastes citernes assez bien conservées;

3° Le long de la mer, sur des monticules factices résultant de décombres accumulés, les débris de quelques beaux édifices, sacrés ou profanes, dont on ne constate plus l'existence que par des fragments de colonnes et de statues mutilées.

Sur l'emplacement de l'un de ces monuments gisent trois chapiteaux en marbre blanc et plusieurs morceaux d'entablement sculptés avec une rare élégance. Un peu plus loin, les débris de huit statues, dont deux colossales, attirent l'attention. Les têtes manquent, ainsi que les jambes et les bras. Ces statues étaient, les unes en marbre blanc, les autres en marbre rougeâtre.

De nombreuses fouilles ont été pratiquées sur divers points de cet henchir. M. Pellissier y avait trouvé sur un piédestal une inscription qui a disparu. Des Anglais, m'a-t-on dit, sont venus, il y a peu d'années, dans cet endroit; ils passent pour en avoir enlevé des marbres précieux. En outre, le kaïd Si-Saïd-ben-Aïad, lorsqu'il a fait bâtir sa villa de Cédrien, en a tiré de beaux matériaux de construction.

La cité antique avait plusieurs petites criques qui lui servaient de ports. Près de Bordj-el-Kantara, où s'élève actuellement un fortin défendu par une dizaine de pièces de canon, un pont ou plutôt une chaussée, dont on distingue encore la trace assez loin dans les flots, rejoignait l'île au continent. Au milieu du détroit est un îlot sur lequel on a construit un second fortin appelé Bordj-el-Bab, parce qu'il semble la porte ou, si l'on veut, la clef de ce passage, qui a six kilomètres de large. Un peu plus à l'ouest, sur un autre îlot, un troisième fortin porte le nom de Bordj-Tarik-el-Djemal (le fort du chemin des chameaux), parce qu'au moment des basses eaux, les chameaux peuvent passer de l'île sur le continent, ou réciproquement, en suivant la ligne indiquée par ces deux îlots et par les fortins qui les couronnent.

De Bordj-el-Kantara nous nous dirigeons vers le port de Rhir, où nous devons nous embarquer pour Zarziss. Au bout de deux heures de marche, en côtoyant le bord de la mer vers le nord-nord-est, nous atteignons Bordj-Rhir, fortin armé de quelques pièces de canon, qui défend le port du même nom. Le reïs-el-mersa, c'est-à-dire le capitaine du port, se trouve sur le rivage, présidant au chargement de plusieurs bateaux. Il nous engage, à cause du mauvais état de la mer, à remettre au lendemain notre embarquement, et pour la nuit il nous offre avec beaucoup d'obligeance l'hospitalité dans sa maison. Elle est située à deux kilomètres de là, dans l'intérieur des terres, au milieu de belles plantations de palmiers, d'oliviers et de grenadiers.

CHAPITRE VINGT-DEUXIÈME.

Embarquement à Rhir. — Arrivée à Zarziss, l'ancienne Gergis. — Razzia arabe. — Excursion aux ruines de Medinet-Zian, peut-être celles de Ponte-Zita municipium. — Retour à Rhir.

15 mars.

A sept heures du matin, nous sommes à Rhir, et nous montons immédiatement à bord de la felouque qui doit nous transporter à Zarziss. Contrariés pendant deux heures par le vent, nous nous approchons néanmoins peu à peu de Bordj-Kastil, fortin situé à l'extrémité d'une presqu'île et qui défend l'entrée du détroit vers le nord-est.

A onze heures, une brise favorable se lève, et vers midi nous passons à pleines voiles à une faible distance de Ras-Marmor, promontoire du continent africain.

A deux heures, nous débarquons à Zarziss.

Le port renferme si peu d'eau, que notre felouque ne pouvant approcher de la terre, nous sommes contraints de nous y faire porter sur le dos des matelots.

Zarziss est un petit bourg de quatre cents habitants environ, éloigné d'un demi-mille du rivage. En y arrivant, j'ai le plaisir de serrer la main d'un Européen, de M. Columbani, Sarde d'origine, agent sanitaire de cette place. Il vit là isolé depuis plusieurs années avec ses deux fils. Nous faisons ensemble le tour de Zarziss, où je ne remarque aucune ruine antique. Néanmoins ce bourg, et par l'analogie de son nom et par la position qu'il occupe, paraît être l'ancienne Gergis dont il est question dans le Stadiasmus maris, et qui nous est signalée comme ayant une tour (Γέργις πύργος).

Aujourd'hui encore un petit fort carré, entouré d'un fossé, s'élève en cet endroit. Je l'ai trouvé armé d'une quinzaine de canons et gardé par douze soldats.

Au moment où je rentrais le soir dans la maison que le

scheik m'avait donnée pour y passer la nuit, des cris tumultueux retentissent dans le bourg; ils sont poussés principalement par des femmes et par des enfants, qui jettent l'alarme de tous côtés et annoncent qu'une cinquantaine de Bédouins appartenant à une tribu voisine viennent d'enlever plusieurs centaines de moutons et une trentaine de vaches dans les jardins qui entourent Zarziss.

Ces sortes de razzias sont très-fréquentes dans les contrées méridionales de la Régence, sur les frontières de la Tunisie et de la Tripolitaine, où habitent des tribus également indépendantes, de fait, du bey de Tunis comme du bey de Tripoli, et pour qui le pillage est une habitude invétérée.

La nuit qui survenait empêcha les habitants de Zarziss de poursuivre les ravisseurs; mais ils la passèrent sur le qui-vive, dans la crainte d'un nouvel enlèvement. Le scheik, à qui je parlai de mon projet d'aller, le lendemain matin, visiter les ruines de Medinet-Zian, situées à huit kilomètres à l'ouest dans la plaine, m'en dissuada vivement. Néanmoins, comme je savais qu'elles étaient importantes et que je ne voulais pas m'en retourner sans les avoir explorées, je convins avec lui qu'il ajouterait dix hommes bien armés à ma petite escorte habituelle, et que je me mettrais en marche de grand matin.

16 mars.

Il est cinq heures du matin, et aucun des hommes qui m'ont été promis ne se hâte de se rendre à l'appel. J'envoie à plusieurs reprises chez le scheik, qui arrive enfin avec l'escorte dont nous étions convenus la veille. Tous les fusils sont chargés au départ, et à six heures nous sommes en route.

Nous traversons d'abord une suite de jardins pendant l'espace de trois kilomètres. Ils sont plantés de palmiers, d'oliviers, de figuiers et d'amandiers, entre lesquels sont des carrés de blé et d'orge. Des tentes ou des cabanes en roseaux sont disséminées çà et là. On me montre, chemin faisant, l'endroit où, la veille au soir, les Bédouins ont exécuté leur coup de main, et l'un de ceux qui m'accompagnent prétend qu'il a perdu dans cette razzia une vingtaine de moutons; en même temps je l'entends qui appelle toutes les malédictions du ciel et des hommes sur la tête des brigands qui lui ont ravi une partie de sa fortune.

A six heures quarante-cinq minutes, nous faisons halte un instant à l'henchir Hamédi. Il consiste en un mur d'enceinte grossièrement construit et couronnant un monticule où l'on a établi jadis un poste d'observation.

A sept heures, nous apercevons derrière un pli de terrain et à moitié cachés par des broussailles une quarantaine de Bédouins accroupis et rangés en cercle. Leur premier mouvement est de saisir leurs armes à notre approche. Comme ils voient que nous ne nous disposons point à les attaquer, et que, d'un autre côté, nous sommes prêts à leur riposter, s'ils nous tirent des coups de fusil; que nous n'avons d'ailleurs avec nous aucune espèce de bagage qui puisse tenter leur cupidité, à l'exception de nos armes, dont la conquête pourrait leur coûter cher, ils nous laissent passer, et se contentent de nous lancer des regards obliques et menaçants.

Nous continuons à nous avancer dans une vaste plaine hérissée d'herbes et de broussailles, et qui serait très-fertile si la main de l'homme ne lui manquait pas.

A sept heures vingt-cinq minutes, nous atteignons les ruines de Medinet-Zian. Ces ruines sont éparses sur plusieurs collines peu élevées, en partie couvertes de hautes herbes et de ronces, et en partie ensemencées d'orge et de blé. Ces collines étaient couronnées d'édifices bâtis avec des pierres d'un très-puissant appareil, d'une taille très-régulière et bien agencées entre elles. L'un de ces monticules, de forme elliptique, était environné d'un mur d'enceinte dont les assises inférieures existent encore et accusent une construction très-soignée. C'était peut-être un fort, et la désignation des Arabes, qui l'appellent bordj, paraît fondée. Sur les autres monticules, des amas plus ou moins confus de magnifiques blocs, restes de monuments détruits, jonchent le sol. La trace et la forme de quelques-uns de ces monuments sont encore jusqu'à un certain point reconnaissables. Je signalerai particulièrement les vestiges d'un temple ou d'un palais qui a été bouleversé de fond en comble, par suite des fouilles qu'on y a pratiquées. On remarque sur l'emplacement qu'il occupait les débris de plusieurs statues. Elles sont en beau marbre blanc et paraissent l'œuvre d'artistes assez habiles; malheureusement elles sont très-mutilées; il y en a même que les Arabes ont mises en pièces, s'imaginant qu'elles renfermaient intérieurement un trésor caché.

Au bas de ces collines, dans la plaine, la direction de trois rues est indiquée par des lignes parallèles de décombres provenant des maisons qui les bordaient.

Une tradition singulière répandue parmi les habitants de Zarziss, c'est qu'un canal allait de Zian à la mer, amenant là, près du port, des flots d'huile qu'on recueillait ensuite dans des jarres ou dans des barils pour les exporter ailleurs. Il ne faut, sans doute, ajouter aucune foi à une pareille tradition; toutefois elle constate, dans son exagération même, l'ancienne fertilité de cette contrée, couverte jadis d'oliviers, fertilité que son sol possède toujours, et dont elle pourrait jouir encore si elle n'était point en proie au brigandage et qu'une autorité ferme et intelligente y encourageât l'agriculture.

Quel était le nom antique de Zian? Aucune inscription ne l'a jusqu'à présent révélé; mais peut-être faut-il placer là le Ponte-Zita municipium de l'Itinéraire d'Antonin, le même très-probablement qui, dans la Table de Peutinger, est marqué sous le nom de Liha municipium. A la vérité, la désignation de Ponte-Zita semble indiquer que ce municipe touchait au pont qui reliait le continent à l'île des Lotophages; mais ni à l'endroit où aboutissait ce pont sur la terre ferme, ni dans le voisinage le plus rapproché, aucune ruine de quelque importance ne m'a été signalée, et l'henchir Medinet-Zian, situé à quinze kilomètres de ce pont ou plutôt de cette chaussée, est le plus considérable de tous ceux qui l'avoisinent.

A neuf heures, nous nous remettons en marche pour Zarziss par une route différente de celle que nous avions d'abord suivie.

A neuf heures quarante-cinq minutes, nous arrivons à Kasr-Mouença, appelé également Souk-el-Kebir. C'est un bourg dont la plupart des maisons sont voûtées et à double étage, chose rare en Tunisie; beaucoup d'entre elles sont actuellement fermées, leurs habitants étant absents et ayant émigré ailleurs avec leurs troupeaux par suite du manque de pâturages, dû à l'extrême sécheresse de l'année.

Entre Kasr-Mouença et Zarziss, nous traversons des jardins naturellement fertiles, et qui le seraient bien davantage encore s'ils étaient mieux cultivés.

A dix heures trente-cinq minutes, nous sommes de retour de notre excursion.

Vingt-six kilomètres environ au sud-est de Zarziss, est un petit château que les Arabes appellent Bordj-Biban. Formant de ce côté la limite de la Régence de Tunis, il s'élève sur un îlot rocheux situé entre deux langues de terre qui s'avancent l'une vers l'autre, et baigné par la mer à l'est et par un grand étang à l'ouest. Je désirais aller le visiter; mais M. Columbani m'ayant assuré que c'était un simple fort arabe très-délabré, entouré de quelques misérables cabanes, je renonçai à cette exploration et je résolus de me rembarquer le lendemain matin pour l'île de Djerba, dont il me restait un district intéressant à parcourir.

17 mars.

A cinq heures du matin, nous levons l'ancre. Le vent nous est d'abord très-favorable et nous voguons avec rapidité; mais à sept heures il tourne au nord-ouest, et nous sommes contraints de faire de continuelles bordées.

A neuf heures, nous dépassons la pointe Ras-Marmor et nous commençons à traverser le détroit; la mer y est fort agitée, et plus d'une fois les vagues nous couvrent de leur écume et débordent dans notre petite felouque, qu'elles secouent affreusement. A l'horizon nous apparaissent les palmiers de l'île, dont la tête verdoyante semble se perdre dans l'azur du ciel; de distance en distance aussi blanchissent les coupoles des nombreuses mosquées qui la parsèment.

A dix heures trente minutes, nous laissons à notre gauche le Bordj-Kastil; à midi enfin, nous saluons avec joie le Bordj-Rhir, près duquel nous débarquons.

A une heure, nous sommes à cheval et nous nous dirigeons à l'ouest-sud-ouest, vers Houmt-Ajim.

CHAPITRE VINGT-TROISIÈME.

De Rhir à Houmt-Ajim. — Embarquement pour Si-Salem-bou-Grara. — Découverte de la ville de Gigthis. — Retour à Houmt-Ajim.

A partir de Rhir, nous suivons pendant deux heures une route bordée de jardins au milieu desquels l'habitation de chaque colon se cache d'ordinaire derrière des bouquets de palmiers ou d'oliviers.

A trois heures, nous passons près de la Djama-er-Riah (la mosquée du vent) et des maisons éparses de Houmt-Cédouikhes.

A trois heures trente minutes, nous cheminons à travers des collines qui forment dans la partie méridionale de l'île un plateau du haut duquel le regard embrasse un vaste horizon. On domine tout le bassin qui s'étend entre les deux détroits de Bordj-el-Mersa et de Bordj-el-Kantara ; au delà, vers le sud, l'œil se perd dans l'immense plaine où errent les douars des Ouarrhammas, et n'est arrêté que par la chaîne de montagnes au milieu desquelles cette tribu redoutée a établi ses principaux centres politiques et commerciaux.

A quatre heures, nous atteignons Gallala. Ce houmt est formé de la réunion de trois villages. On y fabrique beaucoup de vases de terre, et principalement de grandes jarres destinées à contenir de l'eau ou de l'huile. Cette industrie occupe la moitié au moins des habitants ; les autres s'adonnent à la culture du sol.

A quatre heures trente minutes, franchissant une sebkha desséchée, nous contournons une anse très-étendue, de forme demi-circulaire, qui s'arrondit entre deux promontoires, Ras-Bordj-Tabella et Ras-Ajim.

A six heures, après avoir traversé de superbes plantations d'oliviers, nous parvenons à Houmt-Ajim, où nous passons la nuit.

18 mars.

En causant, la veille au soir, avec plusieurs habitants d'Ajim, j'avais appris qu'en face de ce houmt, sur le continent, à la distance de vingt-trois ou vingt-quatre kilomètres, existaient près du bord de la mer de vastes ruines presque complétement inexplorées dans un endroit solitaire appelé Si-Salem-bou-Grara. J'avais immédiatement fait retenir à Bordj-el-Mersa une felouque pour m'y conduire le lendemain.

Aujourd'hui donc, 18 mars, à six heures du matin, je gagne avec Malaspina et mes hambas le port où la felouque nous attend. A sept heures, nous commençons à franchir le détroit. Poussés par un vent du nord très-vif, qui tend constamment nos deux voiles, nous cinglons droit vers le but que nous voulons atteindre. A dix heures, après avoir doublé successivement deux petits caps, nous débarquons au bas des falaises escarpées de Si-Salem-bou-Grara.

Ces falaises, en certains endroits, se dressent presque verticalement comme des murs de grès ou seulement de terre sablonneuse. Elles sont percées dans leurs flancs de plusieurs cavernes artificielles. Nous les escaladons par un sentier assez roide, et parvenus sur le plateau qu'elles bordent, nous apercevons d'abord les restes d'une grande enceinte circulaire qui paraît avoir été un fort. Elle a été construite avec des blocs d'un puissant appareil.

Nous franchissons ensuite un ravin, et la plate-forme d'une colline nous offre les débris d'un édifice considérable. Là je remarque plusieurs piédestaux à moitié ensevelis dans le sol ou sous des décombres. Les ayant fait dégager par les matelots de la felouque, je lis sur l'un d'entre eux l'inscription suivante :

31.

IMP·CAES
M·AVRELIO
ANTONINO
PIO·FELICI
AVG·
GIGTHEN
SES PVBLI
CE

(*Estampage.*)

Cette inscription, parfaitement bien gravée en beaux et grands caractères, est, comme on le voit, très-importante, car elle révèle le nom d'une ville dont la position n'avait point encore été retrouvée : c'est celle de Gigthis. Il en est question dans Ptolémée, dans la Table de Peutinger, dans l'Itinéraire d'Antonin et dans l'Itinéraire maritime. Ptolémée la désigne sous la dénomination de Gichthis; un manuscrit porte Githis. Dans la Table de Peutinger, elle est écrite Gigti et marquée à XV milles de Templum Veneris et à XVII de Liha municipium. L'Itinéraire d'Antonin la mentionne comme un municipe du nom de Gitti, à XXV milles d'Agma ou Fulgurita villa et à XXXV de Ponte-Zita municipium. Enfin, dans l'Itinéraire maritime, la distance entre l'île de Girba et Gitti est évaluée à XC stades; elle est de C en réalité.

La Notice des siéges épiscopaux de la Tripolitaine cite un *episcopus Gittensis*.

J'achevais à peine de copier et d'estamper l'inscription précédente, qu'un cri d'alarme fut poussé par l'un de mes hambas, que j'avais placé en sentinelle sur une hauteur. A ce cri, nous nous mimes aussitôt sur nos gardes, et bientôt nous aperçûmes plusieurs Bédouins qui rôdaient, armés jusqu'aux dents, au milieu des ruines. Ils s'approchèrent peu à peu de nous en silence; mais quand ils nous virent prêts à leur résister, ils se retirèrent comme ils étaient venus : le coup pour eux était manqué.

Je me remis immédiatement à ma besogne, un instant interrompue.

A quelques pas du piédestal dont je viens de parler, un second confirma, par l'inscription dont il était revêtu, la découverte que j'avais faite :

32.

L·VMMIDIO
QVIR·PACATO
ORDOPOPVLVSQ·
GIGTHENSISCON
FERENTIBVS ET
INCOLIS. . . . .
. . . .
. . . .
. . . .

La partie inférieure de cette inscription est très-mutilée; mais les premières lignes sont faciles à déchiffrer, et la quatrième renferme également, sous forme ethnique, le nom de la cité dont je foulais les débris.

En poursuivant mes recherches, je trouvai tour à tour sur la même colline les trois autres inscriptions que voici :

33.

Sur un piédestal :

C·VMMIDIO
QVIR
SEDATO
CVM ORDO
STATVAM
DECREVISSET
M·VMMIDIVS
SEDATVSPATRI
HONORECONT
SVA PECVNIA

34.

Sur un piédestal :

C·VMMIDIO
QVIR
SEDATO
C·VMMIDIVS
HATERIANVS
PACATVS
M·VMMIDIVS
SEDATVS
PATRI
INDVLGEN
TISSIMO
S· P· P

35.

Sur un piédestal :

QVINTO·FL·P·P·SAC·PROV.
SAC . . . . . TOTO . . . .
DDDDNNNNFFFFLLLL
VALENTINIANO THEODOSIO
ARC. . . . . SEMP. . . . .
OBMERITVMMAGNIFICELEGATI
ONIS. . . . PROVOTOTOTIVS
PROVINCIAE EX . . . .
. . QVINTVS VIR LAVDABILIS
SACERDOTALIS . . . .
CONFIDENTIBVS MERITIS
RESPONDE . . . TOTIVS PRO
VINCIAE CONSILIO
DECRETO ORDI
NIS
S· P· P

Les caractères de cette inscription sont maigres et mal formés; plusieurs sont aujourd'hui très-difficiles à déchiffrer.

Sur un autre monticule, un amas considérable de beaux blocs, restes d'un grand édifice renversé, attira ensuite mon attention; mais je n'y découvris aucune inscription.

Ailleurs, sur le penchant d'un ravin, j'observai les fragments d'une statue en marbre blanc et quelques tronçons de colonnes, les uns en marbre blanc, les autres en marbre rougeâtre.

En somme, la ville de Gigthis avait été bâtie sur un terrain très-accidenté. Assise sur plusieurs collines que divisaient des ravins escarpés, elle était, du côté de la mer, protégée par de hautes falaises. Son port était petit, et comme celui de tous les comptoirs maritimes établis le long des Syrtes, il était tour à tour, suivant les alternatives de la marée, à sec ou plein d'eau. Tous ses édifices étaient construits en blocs d'un puissant appareil. Fondée probablement par les Phéniciens, elle devint, sous la domination romaine, une ville municipale. Florissante encore à l'époque chrétienne, elle était alors, comme je l'ai dit, la résidence d'un évêque. Sa destruction date, sans doute, de l'invasion arabe. Actuellement ses vestiges solitaires et sans nom ne sont plus connus que sous celui d'un santon voisin, appelé Si-Salem-bou-Grara.

A quatre heures trente minutes de l'après-midi, nous redescendons au rivage et nous remontons dans notre felouque, espérant pouvoir atteindre, vers le commencement de la nuit, le port d'Ajim; mais la mer, déjà houleuse, est bientôt bouleversée par un vent si impétueux, que force nous est de jeter l'ancre à trois kilomètres à peine de la plage que nous venions de quitter. Nous passons ainsi la nuit entière affreusement ballottés par les vagues et continuellement occupés à rejeter hors de notre petit bâtiment l'eau que les lames y déversaient.

19 mars.

A quatre heures du matin, nous essayons de faire à grand'peine quelques bordées. Après d'impuissants efforts, nous sommes contraints de jeter l'ancre de nouveau. La violence de la tourmente est telle et les vagues se brisent avec tant de fracas contre les flancs de notre fragile embarcation, que nous commençons à redouter qu'elle ne puisse résister longtemps encore à un pareil choc. Vers midi enfin, le vent tombe peu à peu, et la sérénité qui reparait insensiblement sur la mer renaît en même temps dans nos cœurs et sur nos visages. Nous nous remettons en marche, et à quatre heures du soir nous débarquons à Bordj-el-Mersa, heureux de fouler d'un pied assuré cette terre hospitalière, que nous avions désespéré un instant de pouvoir atteindre. Nous gagnons ensuite Houmt-Ajim, où nous passons la nuit.

CHAPITRE VINGT-QUATRIÈME.

Un dernier mot sur l'île de Djerba. — Départ définitif de Bordj-el-Mersa. — Débarquement au fond de la baie de Zerat. — Retour à Gabès. — Excursion à la source de l'Oued-Gabès.

20 mars.

A six heures du matin je dis un dernier et définitif adieu à l'île de Djerba, île qui par la beauté de son climat et la fertilité de son territoire est l'une des plus agréables des côtes de l'Afrique septentrionale. Peuplée dès la plus haute antiquité sous le nom de Meninx ou encore d'île des Lotophages, elle renfermait plusieurs villes, et, entre autres, celle de Meninx comme capitale. Pline[1], en citant celle-ci, ajoute

---

[1] *Hist. nat.*, V., 7.

qu'elle était située du côté de l'Afrique. Il indique également une seconde cité, qu'il appelle Thoar, et qu'il place du côté opposé.

Ptolémée mentionne avec Meninx une autre ville du nom de Gerra.

La Table de Peutinger en marque quatre : Uchium, Haribus, Tipasa et Girba, dont le nom est celui-là même que l'île porte encore aujourd'hui.

On n'a point oublié qu'en décrivant les différents cantons de cette île, j'y ai signalé les ruines de plusieurs localités antiques ; les plus importantes sont celles qui avoisinent Bordj-el-Kantara : ce sont probablement les restes de l'ancienne Meninx.

Outre ces villes, l'île devait, comme maintenant, contenir un grand nombre de villages formés de maisons très-espacées les unes des autres et disséminées dans la campagne. Sa richesse provenait à la fois de la bonté du sol et de l'excellence de ses teintures en pourpre, par lesquelles elle rivalisait, au témoignage de Pline [1], avec Tyr elle-même.

Aujourd'hui encore cette île offre l'aspect d'un vaste jardin, et l'industrie de ses habitants est partagée, comme je l'ai dit, entre la culture de la terre, la fabrication de belles étoffes de laine, la pêche autour des côtes et le cabotage.

A cinq heures trente minutes du matin j'avais quitté Houmt-Ajim avec ma petite escorte, et à six heures nous montions à bord d'un kareb, bâtiment muni de deux voiles, l'une triangulaire, l'autre carrée, qui devait nous transporter à Gabès. Nous commençons par franchir le détroit avec une rapidité qui nous promet une courte navigation ; mais bientôt le vent tombe, les voiles s'affaissent, et un calme plat nous enchaîne dans une immobilité complète. A dix heures, un

---

[1] *Hist. nat.*, IX., 36.

léger souffle traverse de nouveau les airs et ride la surface unie et miroitante de la Syrte. Nous nous remettons en mouvement, longeant toujours, mais lentement, les côtes. A midi, nous passons devant les ruines de l'henchir Roumiah, dont j'ai déjà parlé. Le reïs me fait remarquer dans la mer, en cet endroit, les restes d'un môle qui protégait l'enceinte d'un port, aujourd'hui à moitié ensablé. A trois heures, le vent faiblit de plus en plus. Nous continuons à marcher néanmoins, poussés par un courant très-prononcé. A six heures, le reïs jette l'ancre dans une baie, n'osant pas s'aventurer pendant la nuit au milieu des bas-fonds et des courants de la Syrte.

21 mars.

A quatre heures du matin, le vent se lève, mais il nous est directement contraire. Renonçant alors à poursuivre par mer ma route jusqu'à Gabès, je me fais débarquer au fond de la baie où nous avions mouillé. Nous marchons pendant vingt minutes sur un terrain détrempé, qui est inondé à l'époque du flux, et sur lequel nos chevaux glissent et s'abattent plusieurs fois.

A sept heures, nous franchissons l'oued Zegzaou, qui doit probablement ce nom aux nombreux détours qu'il décrit.

A huit heures, nous faisons halte à Zérat.

A onze heures, nous nous remettons en marche pour Gabès, où nous parvenons à cinq heures du soir.

22 mars.

A six heures du matin, je pars avec le spahi Ahmed, afin d'aller visiter la source de l'Oued-Gabès, éloignée de sept kilomètres de Menzel.

Nous longeons d'abord cet oued sur sa rive droite, et j'admire de nouveau les superbes jardins qui bordent son cours et que fertilisent ses eaux. Nous laissons à notre gauche les collines de décombres sur lesquelles s'élevait l'antique Tacape; puis, dépassant la zaouïa Sidi-Bou-'l-Baba, et traversant successivement plusieurs ravins dans la direction de l'ouest-sud-ouest, nous arrivons à un plateau où l'on remarque un marabout consacré à Sidi-Ouriche. Autour de ce sanctuaire, le sol est couvert d'un grand nombre de tombes musulmanes. De là, nous descendons dans une vallée profondément ravinée en sens différents. Plusieurs sources y forment divers ruisseaux qui, au sortir de la vallée, coulent dans deux ravins principaux servant de lit à deux cours d'eau, dont l'un arrose les jardins de Chenneni et de Menzel, et l'autre ceux de Djara : ils se réunissent ensuite dans un lit unique avant d'aller se jeter à la mer sous le nom d'Oued-Gabès. Le parcours entier de ce petit fleuve, regardé par quelques voyageurs comme le Triton de l'antiquité, est à peine de onze kilomètres, depuis sa source jusqu'à son embouchure. Ses deux bras fournissent leurs eaux à plusieurs canaux, subdivisés eux-mêmes en d'innombrables rigoles qui serpentent et se ramifient au milieu des plantations de l'oasis.

23 mars.

Je jette un dernier coup d'œil sur l'emplacement et sur les débris de Tacape, et je recueille d'utiles renseignements sur les contrées que je vais parcourir.

C'est aujourd'hui le commencement du rhamadan ou carême des musulmans. Ce carême, qui dure un mois, est extrêmement sévère. Il consiste à ne prendre aucune nourriture et même aucune boisson jusqu'au moghreb, en d'autres termes, jusqu'au coucher du soleil. Je me suis convaincu qu'il était observé en Tunisie avec beaucoup plus de fidélité que dans plusieurs autres contrées de l'empire ottoman. Mes hambas mêmes, d'ailleurs assez peu scrupuleux, et bien que les fatigues du voyage qu'ils accomplissaient avec moi pussent les pousser à s'affranchir de cette règle, s'y sont constamment astreints avec une régularité qui ne s'est démentie que dans deux ou trois circonstances, quand ils succombaient sous le poids de la chaleur et sous les tortures de la soif, mille fois plus terribles et impérieuses que celles de la faim. Presque toujours en marche, quoiqu'à jeun pendant le jour, ils faisaient, en revanche, deux repas à partir du moghreb, le premier au coucher du soleil, et le second à minuit.

CHAPITRE VINGT-CINQUIÈME.

Départ de Gabès. — Oasis d'El-Hamma, jadis Aquae Tacapitanae. — Henchir Grado. — Henchir Guermad. — Kasr-Benia. — Kasr-Aïn-Oum-el-Hanach.

24 mars.

J'avais exploré les côtes de la Tunisie, vers le sud, jusqu'aux frontières de la Régence de Tripoli; mon intention était maintenant de traverser le beylik dans toute sa largeur jusqu'aux confins de l'Algérie, en visitant les principales oasis du Sahara tunisien, et de remonter ensuite vers Tunis, après avoir rayonné préalablement dans le cœur du pays.

A huit heures du matin, nous saluons pour la dernière fois les beaux palmiers de Gabès. Au sortir de cette oasis, nous cheminons vers l'ouest, dans une plaine stérile et légèrement ondulée.

A dix heures, nous suivons quelque temps une route creusée entre deux collines et qui certainement doit dater de la plus haute antiquité. Plusieurs mechads y marquent l'endroit où des assassinats ont été commis.

A onze heures, nous faisons une courte halte près d'un puits appelé Bir-Chenchou, parce qu'il est situé au milieu d'une plaine de ce nom. On descend au fond de ce puits par un escalier de soixante-dix marches. Près de là, sur un monticule, quelques gros blocs épars sont les restes d'un édifice considérable. Plus loin, sur deux autres collines, des blocs semblables jonchent le sol.

Nous continuons à traverser dans la même direction un désert nu et çà et là accidenté. Une vapeur chaude est répandue dans l'atmosphère et un vent du sud desséchant projette dans nos yeux une poussière fine et brûlante. Ce vent est appelé en Tunisie guebli; c'est le rhamsin de l'Égypte et de la Syrie, et le simoun de l'Algérie.

A une heure, nous arrivons à El-Hamma. Cette oasis est formée de plusieurs villages, qui sont : El-Kasr, le plus important de tous; Dabdaba, où nous demandons l'hospitalité au scheik; Soumbat, Zaouïet-el-Madjeba et Bou-Atouche. Des plantations de palmiers arrosées par des eaux courantes environnent ces villages. Ces eaux proviennent de quatre sources chaudes, dont trois se trouvent à Dabdaba et la quatrième entre Dabdaba et El-Kasr. Elles étaient jadis renfermées dans des bassins construits en fort belles pierres de taille et qui existent encore, du moins en partie, car beaucoup de blocs ont été déplacés ou enlevés. A chacun de ces bassins est adjoint un petit établissement de bains de construction moderne, mais divisé intérieurement en plusieurs compartiments qui sont antiques. La température de ces sources varie : la plus chaude a quarante-cinq degrés centigrades, celle qui l'est le moins en a trente-quatre.

Entre Dabdaba et El-Kasr s'étendait autrefois une ville qui portait le nom d'Aquae Tacapitanae, parce qu'elle dépendait de Tacape, dont elle était séparée par un intervalle de XVIII milles romains. Il en est question dans l'Itinéraire d'Antonin. Elle est complétement détruite actuellement, et ses débris ont servi à bâtir les villages modernes qui lui ont succédé, ainsi qu'un fort appelé Bordj-el-Hamma.

J'ai trouvé dans ce bordj quelques mauvaises pièces de canon et une garnison d'une trentaine de soldats. Il est de forme carrée et environné d'un fossé peu profond.

25 mars.

Nous quittons cette oasis à six heures quarante minutes du matin.

A sept heures, nous franchissons l'Oued-el-Hamma.

Nous marchons dans une plaine vaste et inculte que bordent, au nord et au sud, deux chaînes de montagnes d'une hauteur médiocre. Le vent du midi continue à souffler et à embraser l'atmosphère.

A dix heures, nous traversons l'oued Bersaf; il est sans eau.

A dix heures trente minutes, nous rencontrons un autre oued, appelé Oued-el-Kader.

A dix heures quarante-cinq minutes, un henchir, connu sous le nom de Grado, offre à mon attention les restes d'une enceinte carrée de trente-quatre pas sur chaque face; elle avait été construite avec de magnifiques blocs équarris avec soin, d'une très-grande dimension; l'assise inférieure seule existe encore. A quelques pas de cette enceinte en est une seconde plus petite qui semble avoir été un corps de garde avancé, la première ayant été probablement un poste militaire, destiné à surveiller la plaine. Non loin de là, on remarque une grande citerne oblongue, divisée en plusieurs compartiments.

A onze heures quinze minutes, nous franchissons l'oued Oum-ez-Zitouna, et quinze minutes plus loin, l'Oued-el-Guitla.

A midi quinze minutes, les débris d'un henchir me sont désignés sous le nom de Kasr-el-Guitla. Ce kasr mesurait quinze pas sur chaque face. Il était bâti sur un monticule avec d'énormes blocs superposés les uns au-dessus des autres sans ciment; l'assise inférieure est seule debout.

A une heure, nous apercevons à notre gauche, sur une hauteur, d'autres ruines, appelées Henchir-Guermad. C'est une enceinte longue de douze pas et large de six. Comme les précédentes, elle a été construite avec des pierres de taille d'un très-grand appareil et jointes sans ciment.

En cet endroit, un long mur ou peut-être une simple chaussée romaine traversait la plaine dans toute sa largeur, d'une chaine de montagnes à l'autre. On en suit encore la trace l'espace de plusieurs kilomètres.

A une heure quinze minutes, nous parvenons à Kasr-Benia. Plus important que les henchirs dont je viens de parler, celui-ci forme une enceinte de soixante-trois pas de long sur quarante-sept de large. Les assises inférieures sont en bossage; les autres consistent en magnifiques pierres de taille complétement aplanies. Quatre portes, une à chaque face, donnaient entrée dans ce château; elles étaient défendues, ainsi que les angles, par une petite tour carrée. Intérieurement, on observe plusieurs compartiments bâtis eux-mêmes avec de beaux blocs appareillés ensemble sans aucun ciment. Plusieurs de ces blocs sont ornés de sculptures; sur l'un, entre autres, sont figurés deux palmiers s'élevant à droite et à gauche d'une couronne.

Un peu au delà de Kasr-Benia est une colline que couronnent les ruines d'une enceinte fortifiée, d'environ trente-cinq pas de circonférence et construite de même avec des pierres colossales; cet henchir porte le nom de Bagueul.

Ces différents postes militaires, échelonnés de distance en distance et se prêtant un mutuel appui, servaient à maintenir dans la sujétion les tribus nomades qui parcouraient ces plaines.

A deux heures cinquante minutes, nous franchissons l'Oued-el-Hassan.

A quatre heures trente minutes, nous demandons l'hospitalité à un douar de la tribu des Beni-Zid. La journée avait été brûlante; la nuit est extrêmement fraîche; nous allumons des feux de broussailles pour nous réchauffer.

26 mars.

A cinq heures trente minutes du matin, nous sommes à cheval.

A six heures, nous arrivons à une ruine appelée Guedah-el-Oudat. C'est une enceinte rectangulaire de dix pas de long sur six de large, et construite avec des blocs très-considérables.

A sept heures, sur un monticule entouré d'un fossé, les débris d'une enceinte mesurant trente pas de circonférence me sont désignés sous la dénomination de henchir Oued-el-Hadj-Mahmed. Près de là est un puits antique, maintenant comblé, avec des auges en pierre à l'entour. Chemin faisant, nous voyons fuir à notre approche des troupes de gazelles qui errent dans l'immense solitude que nous parcourons.

A sept heures quinze minutes, nous franchissons l'Oued-el-Hadj-Mahmed.

A sept heures trente minutes, nous rencontrons un autre oued appelé Oued-el-Hasnam, et quelques pas plus loin, sur un monticule, l'henchir el-Hasnam, qui consiste en une enceinte rectangulaire mesurant vingt pas de long sur quinze de large et bâtie avec de gros blocs bien équarris et non cimentés. Un fossé l'environne. Quelques pans de murs sont encore debout.

A neuf heures quinze minutes, nous traversons l'oued Meiah; la plaine en cet endroit est désignée par le même nom, c'est-à-dire par celui de Bahirt-Meiah.

Devant nous s'élève bientôt, à notre droite, le Djebel-Toual.

A neuf heures quarante-cinq minutes, l'henchir Toual m'offre, sur une colline, les vestiges d'un poste militaire identique aux précédents.

Nous longeons ensuite le Djebel-Tebagua.

A onze heures quinze minutes, nous franchissons l'oued Foum-el-Faou, et à midi, l'oued Faou-Mechgoug.

A une heure, l'Oued-el-Melah nous présente dans son lit desséché une blanche surface de sel cristallisé.

A une heure quarante-cinq minutes, accablés de chaleur et de soif, nous faisons halte près d'une source appelée Aïn-Oum-el-Hanach (la source mère des serpents). Autour de cette source croissent des roseaux gigantesques et s'élève un gros bouquet de palmiers. L'eau en est un peu marécageuse; néanmoins nous la savourons avec délices, et nos chevaux, impatients de s'y abreuver, se précipitent avec une sorte de fureur dans le bassin où elle se rassemble.

Une colline commande l'Aïn. On y remarque les débris d'un château aux trois quarts démoli et appelé Kasr-Aïn-Oum-el-Hanach.

A deux heures quinze minutes, nous nous remettons en marche. Nous avions, depuis la veille, traversé la plus grande partie du territoire où campe d'ordinaire la tribu des Beni-Zid; mais l'excessive sécheresse de cette année a forcé d'émigrer ailleurs, pour y chercher des pâturages plus abondants, la plupart des douars de cette tribu. Nous allons maintenant entrer dans le pays de Nefzaoua.

CHAPITRE VINGT-SIXIÈME.

Description des principales oasis du Belad-Nefzaoua. — Bazma. — Kebilli. — Mansourah. — Telmine, jadis peut-être Turris-Tamalleni. — Guelah. — Menchia. — Oum-es-Semah. — Debabcha. — Traversée de la sebkha Faraoun, le lac Triton des anciens.

27 mars.

Le Belad-Nefzaoua est une sorte d'archipel d'une quarantaine d'oasis plus ou moins considérables, disséminées au milieu d'une mer de sable et séparées du Belad-el-Djerid par l'immense sebkha Faraoun, le fameux lac Triton des Grecs et des Romains.

Je vais décrire toutes celles que j'ai rencontrées sur ma route.

Après nous être arrachés à regret aux ombrages des hauts palmiers qui croissent autour de l'Aïn-Oum-el-Hanach, nous cheminons péniblement sur un terrain onduleux et couvert d'un sable très-profond.

A trois heures, nous nous arrêtons un instant dans un village nommé Bazma. Ce village, comme la plupart de ceux du Nefzaoua, est enfermé dans une muraille environnée elle-même d'un fossé. Le mur d'enceinte est grossièrement bâti avec des pierres brutes ou à peine taillées. Le ciment qui les unit consiste uniquement en terre battue. De distance en distance, des troncs de palmiers sont engagés dans la construction, pour la soutenir. L'intérieur du hameau est percé de rues très-étroites. Au bas de la colline sur laquelle il est situé est un grand bassin circulaire qu'entourent de superbes palmiers qui croissent par touffes de sept ou huit arbres à la fois jaillissant d'un même pied, comme autant de fûts de colonnes d'une même base. L'eau qui remplit ce bassin, bien qu'elle serve à l'alimentation des habitants, est rendue toute verdâtre par la présence d'une grande quantité d'herbes marécageuses, qu'ils ne se donnent pas la peine d'enlever.

De Bazma, poursuivant notre marche vers le nord-ouest, nous arrivons à quatre heures à Kebilli.

C'était, il y a peu d'années encore, la ville la plus importante du Nefzaoua. Environnée d'un mur, elle est en outre défendue par un fossé rempli d'eau. Elle a beaucoup souffert, par suite de la guerre qu'elle a soutenue dernièrement contre les armes du bey de Tunis. En la parcourant, je remarque que la moitié des maisons sont détruites ou en partie renversées : plusieurs mosquées sont démolies; à chaque pas, on aperçoit la trace du feu, des boulets et des balles; tout, en un mot, atteste les dévastations qu'elle a subies. Obligés de céder au nombre, les habitants, après une résistance acharnée, avaient été contraints de fuir leur patrie; mais ensuite on leur permit, moyennant une forte rançon, de racheter leurs maisons et leurs jardins, qui avaient été concédés à d'autres.

Ces jardins, plantés de hauts palmiers qu'entremêlent diverses espèces d'arbres fruitiers, sont très-fertiles. Ils sont séparés les uns des autres par de petits murs en terre battue, hérissés de branches de palmier entrelacées. D'innombrables rigoles les arrosent.

Kebilli a dû succéder à une ville antique, car dans beaucoup de constructions des blocs et divers débris accusent évidemment une époque antérieure à celle de l'invasion arabe. Shaw et S. Grenville Temple croient devoir l'identifier avec l'ancienne Vepillium signalée par Ptolémée. Le scheik nous offre l'hospitalité pour la nuit, dans sa maison. Il nous raconte plusieurs des scènes de carnage qui ont suivi la prise de la ville, et regrette amèrement la prospérité passée de cette oasis.

27 mars.

A six heures trente minutes du matin, nous quittons Kebilli.

Au bout de quinze minutes de marche dans la direction du nord, nous arrivons à l'henchir El-Efqueria. Il est situé près d'une source appelée Ras-el-Aïn. C'était jadis un bourg dont il ne reste au-dessus du sol que quelques blocs, et, entre autres, deux tronçons de colonnes mutilées qui gisent à terre, en attendant qu'on les transporte à Kebilli.

Cet endroit est délicieux. Plusieurs bassins naturels creusés par les eaux et ombragés par de vieux palmiers qui s'élèvent par touffes gigantesques, renferment cinq sources différentes, dont l'eau, s'écoulant ensuite par plusieurs ravins, se dirige vers Kebilli, dont elle va fertiliser les jardins.

A une faible distance de là, sur une colline, quelques débris portent le nom de Kasr-Beiaz. Ce kasr est presque entièrement détruit, et les gros blocs avec lesquels il avait été bâti ont été en grande partie enlevés; il était de forme ronde.

A neuf heures, près d'une source appelée Aïn-Chariah, j'observe les traces d'un autre kasr, dont il ne subsiste plus également que des vestiges peu considérables.

A neuf heures trente minutes, nous traversons l'Oued-el-Melah, dont le lit est couvert d'une couche de sel cristallisé. Cet oued sépare Kebilli de Telmine et de Mansourah. Nous atteignons ce dernier bourg à dix heures. Il est situé sur une hauteur. Environné d'une enceinte murée, il est en outre protégé par un fossé rempli d'eau. Une seule porte donne entrée dans l'intérieur de la place, qui est percée de rues irrégulières; les maisons sont grossièrement construites.

Au bas du plateau de Mansourah serpente un oued divisé en plusieurs bras et où coule une eau intarissable. Ses rives sont ombragées par de magnifiques palmiers. Il paraît avoir été jadis canalisé et renfermé entre une double bordure de belles pierres de taille qui en dessinait tous les contours.

Au delà de cet oued, sur un plateau qui fait face à celui de Mansourah, s'élève un fort carré, de construction arabe. On l'appelle Bordj-el-Mansourah. C'est là que réside le kaïd du Nefzaoua. L'un de mes hambas va lui présenter mon amarbey. Nous sommes bientôt admis dans l'intérieur du bordj. Après quelques instants de repos, le kaïd me propose de me rendre avec lui à Telmine, ville voisine où une affaire l'appelle, et où je dois trouver moi-même, dit-il, deux inscriptions.

Un intervalle de deux kilomètres environ sépare Telmine de Mansourah. La route que nous suivons est charmante : elle traverse d'admirables jardins plantés de superbes palmiers; les uns dressent dans les airs, à une très-grande hauteur, leur tige unique et hardiment élancée; les autres, moins élevés, croissent par touffes énormes de sept ou huit arbres à la fois, souvent même de dix ou de douze, qui, surgissant de la même souche, rayonnent autour d'une tige centrale en formant une sorte de corbeille gigantesque. D'autres arbres fruitiers, des légumes et une multitude de petits carrés ensemencés d'orge ou de blé y sont arrosés par de nombreuses rigoles qui dérivent de plusieurs canaux, alimentés eux-mêmes par un oued.

Telmine est précédée d'un grand étang qui ne tarit jamais. Située sur un plateau, elle est enfermée dans une enceinte murée, construite en partie, mais fort grossièrement, avec des matériaux antiques. En parcourant l'intérieur de cette petite ville, je remarque d'autres débris de l'époque romaine encastrés dans des bâtisses modernes. Le fils du kaïd me fait entrer lui-même dans deux maisons, qui me sont ouvertes grâce à son entremise. Dans l'une, on me montre un piédestal placé sens dessus dessous, et servant de soutien à la voûte d'une petite chambre : j'y lis l'inscription suivante :

36 [1].

SEX COCCEIO VIBIANO
PROCOS PROVINCIAE AF
PATRONO M D D P P

(*Estampage.*)

Dans l'autre maison, un second piédestal engagé au milieu d'un mur m'offre les caractères que voici :

37.

HADRIANO
CONDITORI
MVNICIPI
D D P P

L'empereur Adrien est désigné ici comme le fondateur de ce municipe, dont le nom, malheureusement, n'est pas plus indiqué que dans la précédente inscription ; mais les distances et la dénomination même de Telmine peuvent autoriser à penser qu'il s'agit ici de la Turris Tamalleni, que l'Itinéraire d'Antonin place à LXXVIII milles à l'ouest de Tacape, intervalle qui correspond précisément à celui qui sépare Telmine de Gabès.

La ville contient dans son enceinte une source abondante. Plusieurs marches que l'on descend conduisent au petit bassin d'où elle sort ; de là elle se répand dans un second plus considérable, et ensuite elle se ramifie en une foule de ruisseaux qui arrosent les plantations voisines.

De Telmine, je reviens avec le kaïd à Mansourah par une

---

[1] S. Grenville Temple, t. II, Appendice, n° 79.

route différente de celle que nous avions prise en allant. Après avoir traversé quelques jardins, où, grâce à l'eau qui les féconde, s'épanouit la végétation la plus luxuriante, nous franchissons une colline sablonneuse que couvrait jadis un village dont il ne subsiste plus que de rares vestiges. Cet endroit est connu aujourd'hui sous le nom de Lemes.

Un peu plus loin, nous rencontrons un petit village placé sur un monticule et environné d'une enceinte murée. Un fossé, comblé en quelques endroits, lui sert également de défense. Ce village s'appelle Rapta.

28 mars.

A six heures trente minutes du matin, je remercie le kaïd de sa bienveillante hospitalité, et nous quittons Bordj-el-Mansourah.

A sept heures quinze minutes, nous laissons sur notre gauche l'oasis du Teumbib, petit village environné de plantations de palmiers.

A sept heures trente-cinq minutes, nous passons non loin d'une autre oasis appelée Teumbar.

Nous cheminons péniblement à travers un terrain très-marécageux, où nous sommes assaillis par des nuées de moustiques. Ces marécages, qu'il serait facile de faire disparaître en pratiquant quelques saignées qui auraient pour effet de rassembler dans le lit d'un canal les eaux éparses et dormantes de plusieurs sources, engendrent souvent parmi les habitants des oasis voisines des fièvres pernicieuses.

A huit heures trente minutes, nous atteignons l'oasis et le petit village de Guelah.

Le sol commence à devenir très-accidenté. Nous franchissons une gorge de montagne, et bientôt nous avons à notre droite le village de Menchia. Il est situé sur une colline et environné d'une enceinte murée. A l'entour coule dans un ravin profond l'eau d'une source abondante qui alimente le village et arrose les jardins voisins. Dans ces jardins, c'est toujours le palmier qui domine; mais là, comme ailleurs, d'autres arbres fruitiers réussissent parfaitement.

A neuf heures quinze minutes, nous arrivons au village Bou-Abd-Allah.

A neuf heures trente minutes, nous faisons halte à Oum-es-Semah. C'est un bourg de quelque importance, assis sur une montagne que hérissent d'énormes blocs de rochers, et qui doit à sa position élevée le nom qu'il porte. Il a remplacé certainement un bourg antique, car sur le sommet du plateau où il est situé on remarque plusieurs rangées de grosses pierres de taille qui ont appartenu à d'anciennes constructions.

Quatre oasis, arrosées par autant de sources, occupent au bas et autour d'Oum-es-Semah quatre points distincts. Le travail de l'homme consiste à lutter sans cesse par une répartition intelligente de l'eau de ces sources contre la sécheresse de cette région sablonneuse et rocheuse en même temps, qui sans cela serait condamnée à une stérilité complète. Partout, en effet, où s'étend le bienfait de cette eau vivifiante, le sable du désert se transforme en un limon fécond; là, au contraire, où il cesse de se faire sentir, la nature dépérit, et le règne de la végétation s'arrête.

Dans l'impossibilité de pouvoir ce jour-là même traverser le lac Faraoun, nous demandons l'hospitalité pour la nuit au scheik d'Oum-es-Semah.

29 mars.

A cinq heures trente minutes du matin, nous descendons de ce bourg.

A six heures, nous passons devant la petite oasis de Zaouïet-Jemniin.

Un peu plus loin, nous laissons à notre gauche celle de Becheri.

A notre droite est une plaine onduleuse de sable, au milieu de laquelle s'élèvent, de distance en distance, des touffes de tarfas (tamariscs), et au delà s'étend l'immense sebkha Faraoun. Dans le fond du tableau se dessine à l'horizon la grande chaîne de montagnes qui borne au nord la sebkha.

A six heures trente-cinq minutes, nous passons à côté d'un réservoir naturel assez profond; l'eau en est, dit-on, peu bonne à boire, mais elle fertilise les jardins de Fetnassa, hameau d'une dizaine de maisons.

A sept heures, nous parvenons au village de Debabcha. C'est le dernier vers le nord-ouest de la presqu'île que forme de ce côté le Nefzaoua. Les dattiers de cette petite oasis sont renommés pour l'excellence de leurs fruits.

La pointe de la presqu'île dont je viens de parler s'avance dans la sebkha comme un promontoire très-allongé. Le sol en est fort accidenté. Il est en quelque sorte tout boursouflé de petits monticules de sable couronnés par des touffes de tarfas.

A neuf heures, nous commençons à traverser la sebkha. Elle présente de l'est à l'ouest une longueur qui peut être évaluée à cent soixante-cinq kilomètres; sa plus grande largeur est de cinquante-six. Actuellement presque à sec, elle ressemble à une immense plaine basse où le regard se perd dans un lointain vaporeux. Une atmosphère lourde et écrasante semble peser sur sa surface, que recouvre une couche épaisse de sel cristallisé. Ce sel, étendu en vastes nappes argentées, offre l'apparence de la neige; les yeux en sont éblouis.

La chaussée que nous suivons est, de distance en distance, bordée à droite et à gauche de bornes consistant en pieux ou en pierres, qui indiquent la route dont on ne doit point s'écarter; autrement on courrait le risque de s'engloutir dans des fondrières ou des sables mouvants. Lorsque des pluies abondantes ont rempli d'eau le lit de la sebkha, et que cette chaussée est profondément détrempée, quelquefois même submergée, il faut s'y avancer avec précaution, le terrain devenant alors très-glissant, comme s'il était savonné.

Vers onze heures, nous faisons halte à un endroit appelé Hadjar-en-Noss (la pierre du milieu). Là, en effet, s'élève une borne plus haute que les précédentes et qui tire son nom de la position mitoyenne qu'elle occupe, d'un côté, entre Debabcha, oasis du Nefzaoua, et, de l'autre, Cédéda, oasis du Djerid, qu'un intervalle de cinquante kilomètres environ sépare l'une de l'autre. Cet endroit s'appelle également Bir-en-Noss, parce qu'autrefois il y avait en ce point un puits qui est comblé depuis longtemps.

A onze heures trente minutes, nous nous remettons en marche ; mais la chaleur est si intense, le reflet du soleil sur la surface étincelante de la sebkha est si ardent, et les croûtes salines si profondes, que nos chevaux n'avancent que lentement et non sans regimber souvent contre l'éperon qui les presse.

A trois heures trente minutes enfin, à moitié suffoqués nous-mêmes par la réverbération des rayons solaires sur cette plaine brûlante de sel, nous avons heureusement achevé de la traverser, et à quatre heures quinze minutes nous atteignons le village et les frais ombrages de Cédéda.

Cette sebkha, comme je l'ai dit, est ordinairement désignée par les Arabes sous le nom de Sebkha-Faraoun (le lac Pharaon). Ils l'appellent également Chott-el-Djerid (la plage du Djerid), ou Chott-m'ta-Faraoun (la plage de Pharaon).

C'est le fameux lac Triton de l'antiquité, sur les bords duquel les poëtes et même les historiens ont placé tant de fables, et entre autres celle de la naissance de Pallas, qui de là tirait son surnom de Tritogenia. Pindare[1] y conduit Jason et les Argonautes. Hérodote[2] signale un fleuve, appelé Tri-

---

[1] *Pythiq.*, IV, 44 et seq.
[2] Hérod., IV, 179.

ton, se jetant dans un grand lac du même nom, et au milieu de ce lac, l'île de Phla. Scylax[1], Pomponius Méla[2], Pline[3] mentionnent ce même fleuve. Ptolémée entre à ce sujet dans des détails plus précis. Il nous apprend que le fleuve Triton avait ses sources dans la montagne Ousaleton (Οὐσάλετον ὄρος), et qu'il formait le lac Libya (Λιβύη λίμνη), le lac Pallas (Παλλὰς λίμνη) et le lac Tritonitis (Τριτωνίτις λίμνη). Dans un autre passage, ce géographe marque l'embouchure du fleuve au nord de Tacape.

Actuellement aucun fleuve ne traverse la sebkha Faraoun pour aller ensuite se jeter dans la mer, et les cours d'eau qui ont leur embouchure au nord de Gabès, à savoir l'Oued-Gabès, et, plus au nord encore, l'Oued-el-Akarit, les seuls qui puissent prétendre à l'honneur de représenter l'ancien fleuve Triton, ne prennent pas leur source dans la montagne indiquée par Ptolémée, laquelle paraît être le Djebel-Ousselet d'aujourd'hui, et ne traversent pas non plus le lac Pharaon, qui est évidemment le lac Triton de l'antiquité.

Comme cette sebkha offre plusieurs passages et forme ainsi différents bassins séparés les uns des autres par des chaussées que fréquentent les caravanes, on y retrouve facilement les trois lacs de Ptolémée : le lac Libya à l'ouest, le lac Pallas au centre, et le lac Tritonitis à l'est. Telle est du moins l'opinion de Shaw et de S. Grenville Temple, à laquelle je me range volontiers. Je serais porté également à adopter l'opinion de ce dernier voyageur, qui pense que l'île de Phla d'Hérodote est probablement la presqu'île semée d'oasis que j'ai décrite plus haut, et qui, à partir d'Oum-es-Semah surtout, s'avance en pointe étroite et allongée dans la sebkha Faraoun. Cette sebkha, en effet, dans l'état actuel des choses, ne renferme pas d'île proprement dite, mais seu-

---

[1] Scylax, p. 49.
[2] P. Méla, I, 7.
[3] Pline, V, 4.

lement quelques îlots qui ne peuvent être identifiés avec l'île mentionnée par Hérodote.

CHAPITRE VINGT-SEPTIÈME.

Description du Belad-el-Djerid. — Oasis de Cédéda et de Kriz. — Ruines de Taguious, jadis Thiges. — Djebel-Ras-Aïn-Breian. — Oasis d'Oulad-Madjed, de Zeurgan, de Zaouïet-el-Arab et de Degache. — Tempête de sable. — Arrivée à Tozer.

On désigne en Tunisie sous le nom de Belad-el-Djerid ou simplement de Djerid la contrée sablonneuse parsemée de grandes et fertiles oasis qui, au nord et à l'ouest de la sebkha Faraoun, confine avec le Sahara ou le Djerid algérien, et qui doit la dénomination qu'elle porte aux magnifiques forêts de palmiers qui y croissent. Le mot *djerid* signifie en effet une palme, une branche de palmier, et par extension un palmier. Belad-el-Djerid veut donc dire *le pays du palmier, la région qui est par excellence sa véritable patrie.*

Cédéda, où nous faisons halte pour la nuit, est un village mal bâti. Chaque maison renferme, en général, plusieurs chambres placées autour d'une cour carrée. Dans chacune de ces chambres, la première et souvent la seule chose qui frappe l'attention, c'est une paire d'énormes jarres, hautes de plus d'un mètre et larges à proportion, où les habitants déposent leur provision de dattes.

La source qui alimente le village et les jardins qui en dépendent coule à une faible distance des dernières maisons, dans un ravin, d'où ensuite plusieurs canaux creusés par la main de l'homme la conduisent et la distribuent dans les vergers et les plantations de palmiers. La répartition des eaux est naturellement l'un des points les plus importants, et par conséquent les plus anciennement réglés entre les habitants des oasis. Chaque propriétaire de jardin a une heure déterminée pendant laquelle il a le droit d'ouvrir les écluses qui permettent à l'eau de se répandre dans les nombreuses rigoles pratiquées au milieu de son terrain. Ce terrain, en effet, ici comme dans le Nefzaoua, est partagé en une foule de petits carrés que sépare les uns des autres une étroite et basse chaussée de terre, appelé tabia, autour de laquelle l'eau coule, puis pénètre par une ouverture dans chaque compartiment, qu'elle arrose et féconde. Sans cela, vu la rareté des pluies dans les oasis, toute végétation périrait bientôt au sein d'une contrée sablonneuse que dévorent sans fin les rayons d'un soleil brûlant.

30 mars.

A six heures trente minutes du matin, nous abandonnons Cédéda pour nous diriger vers Kriz, en longeant de frais jardins plantés de magnifiques dattiers et de divers arbres fruitiers. Je remarque que très-peu de palmiers sont ététés, dans le but d'en extraire du lagmi. Deux raisons me sont données comme explication de ce fait. D'abord, le palmier du Djerid est beaucoup trop productif en dattes pour qu'on l'expose à une mort plus ou moins certaine, en épuisant sa séve par l'amputation d'où résulte l'écoulement du lagmi ; ensuite, les habitants attendent le départ du bey du camp avant de pratiquer cette opération aux arbres qu'ils ont destinés à la subir. Autrement l'armée, lors de son passage, consommerait en quelques jours toute leur provision de vin de palmier. C'est effectivement un véritable vin, de couleur dorée, très-sucré au goût, et qui, en fermentant, devient une liqueur fort enivrante.

A sept heures, nous arrivons à Kriz, qu'on prononce plus ordinairement Griz, par l'adoucissement de la première lettre. C'est un village plus important que le précédent, bien qu'il renferme un grand nombre de maisons à moitié détruites. Il est situé sur une colline. Je laisse mon bagage dans la maison du scheik, et il me conduit lui-même, à la distance d'un kilomètre du village, vers l'est, dans un endroit appelé dans le pays Guebbah, ou bien encore Takianous. Une troisième dénomination, celle de Taguious, est également usitée parmi les indigènes; elle rappelle de très-près le nom antique, qui était très-probablement Tiges, Thiges ou Tices. Pline[1], parmi les villes libres de l'Afrique carthaginoise, signale l'oppidum Tigense. Dans la Table de Peutinger, il est question de Thiges comme étant située entre Thusuros au sud et Speculum au nord. Enfin, un *episcopus Ticensis* est mentionné dans la Notice des siéges épiscopaux de la Byzacène.

Je ferai néanmoins observer ici que la distance indiquée par la Table de Peutinger entre Thusuros et Thiges est plus grande de moitié que celle qui sépare en réalité Tozer, l'ancienne Thusuros, des ruines de Taguious; mais les chiffres marqués dans cette Table sont souvent erronés, et l'analogie des mots Taguious et Thiges, dont les lettres radicales sont les mêmes, me paraît tellement frappante, qu'on a eu raison, à mon avis, de les confondre et d'identifier ensemble l'henchir Taguious avec la ville antique de Thiges.

Quoi qu'il en soit, les ruines de Takianous ou Taguious sont éparses au milieu de beaux jardins plantés de superbes palmiers qu'entremêlent des oliviers, des figuiers, des amandiers et des grenadiers. Je remarque d'abord, le long d'un oued, de nombreuses pierres antiques de grande dimension. Cet oued est divisé en plusieurs bras, jadis bordés, comme le canal principal, de blocs bien équarris qui ont été en partie enlevés. Plusieurs petits ponts, jetés d'une rive à l'autre, ont été construits avec de belles dalles encore en place. Ce qui ensuite frappe le plus mon attention, ce sont deux magni-

---

[1] Plin., V, 4.

fiques pans de mur, dont le premier est long de cinquante pas, et le second de trente-cinq. Ils sont construits l'un et l'autre avec des blocs très-puissants et appartiennent très-probablement à l'ancienne enceinte de la ville. L'un de ces pans de mur m'est désigné sous le nom de Dar-Bent-es-Soultan (la maison de la fille du sultan). L'épaisseur en est de deux mètres, et la hauteur des assises encore debout ne dépasse pas un mètre quatre-vingt-dix centimètres.

Au delà, je distingue la direction de plusieurs rues. Les plantations de palmiers n'ont pas fait disparaître complétement les vestiges d'un certain nombre de maisons ; les unes étaient construites en belles pierres de taille, les autres avec des matériaux plus petits et mêlés de briques. Ces ruines sont dominées par celles d'une tour carrée dont la base seule subsiste encore. Les assises inférieures consistent en de superbes blocs rectangulaires au-dessus desquels sont des couches d'énormes briques posées à plat dans un ciment d'une extrême dureté. Les Arabes appellent ce reste de tour Semah, c'est-à-dire le clocher, le minaret.

Le scheik m'apprend qu'en dehors des jardins, du côté de la sebkha, les sables ont envahi de gigantesques pans de mur identiques à ceux que je venais de voir, et qu'en pratiquant des fouilles tant soit peu profondes au milieu des plantations de palmiers, on découvrait fréquemment des débris de constructions antiques.

Après avoir parcouru les ruines de cette ancienne cité et admiré en même temps les verdoyants jardins du village actuel, je me fais conduire par deux Arabes sur la montagne connue sous le nom de Djebel-Ras-el-Aïn-Breian. Cette montagne, haute d'environ deux cent cinquante mètres, fait partie de la grande chaîne qui borde les rives septentrionales de la sebkha : elle s'élève à neuf cents mètres environ au nord de Griz, à égale distance de ce village et de celui de Cédéda. Aux trois quarts de la montagne, sur une surface rocheuse, inclinée et aplanie par la main de l'homme, je remarque les fragments d'inscriptions suivants, gravés assez grossièrement en divers endroits :

38 [1].

MADDSILACVS PPO

Les deux premières lettres et les quatre dernières de cette ligne sont figurées en caractères beaucoup plus grands que celles du milieu.

39 [2].

SILVANO
MERCVRIO

40 [3].

CONSACRATI

41.

AT . . . VS

42.

AF

43.

N·BONI

Ces différentes inscriptions très-mutilées et d'autres encore qu'il m'a été impossible de déchiffrer remontent probablement à l'époque où le Djebel-Ras-el-Aïn-Breian était exploité

[1] S. Gr. Temple, Appendice, n° 80.
[2] Id., n° 81.
[3] Id., n° 80.

comme carrière. On observe en effet de tous côtés le long des flancs de cette montagne des entailles profondes pratiquées par la pioche des carriers, et c'est de là qu'ont été tirés les matériaux qui ont servi à bâtir la ville antique dont les ruines portent le nom de Taguious.

Parvenu au sommet du mont, j'embrasse de là, du regard, une grande partie de la sebkha Faraoun, ainsi que des montagnes qui en suivent les contours. De distance en distance, des forêts de palmiers forment le long de cet immense bassin, à la surface toute blanchissante de sel, une lisière verdoyante et cultivée qui charme et repose la vue : au delà et principalement vers le sud, c'est le désert dans sa majestueuse et triste nudité. Sans les rafales d'un vent impétueux qui balayait alors la cime où j'étais placé, j'y serais resté longtemps à contempler cette double mer de sel et de sable qui s'étendait au loin autour de moi toute miroitante sous les rayons du soleil, et çà et là, au milieu de cet océan embrasé, ces fraîches et délicieuses oasis semées, par intervalle, comme des îles de verdure, où la nature semblait vouloir contraster par le luxe de la plus riche végétation avec la stérilité environnante.

Mes guides me conduisent ensuite, en redescendant de cette montagne, à l'entrée d'une caverne à la fois naturelle et artificielle et communément appelée par les indigènes Rhar-Sebaa-Argoud (la caverne des sept dormants). On y pénètre en rampant par un long corridor très-bas et très-étroit qui mène à une salle assez spacieuse. Les habitants du pays racontent au sujet des prétendus hôtes qui y résident et dont ils n'osent pas affronter la présence en franchissant le seuil de la grotte, les légendes les plus étranges et les plus fantastiques.

Au pied de la même montagne on remarque l'emplacement d'une antique nécropole, c'était celle de la ville dont Taguious offre les débris. Le sol y est fouillé de tous côtés, et les anciennes sépultures ont été presque toutes violées : seulement, quelques fragments de sarcophages en pierre sont épars çà et là : ces sarcophages consistaient en des espèces de cuves rectangulaires arrondies aux deux extrémités et recouvertes d'une longue dalle de pierre.

A midi, je suis de retour à Griz, où je rejoins mon escorte.

A midi quinze minutes, nous quittons ce village pour nous diriger vers l'ouest.

A midi vingt-cinq minutes, nous arrivons à un endroit appelé Ras-el-Aïn. Là se réunissent dans un bassin circulaire qu'ombragent quelques bouquets de palmiers les eaux d'une source très-abondante qui forme l'oued au moyen duquel sont arrosés les jardins de l'oasis de Griz. Ces eaux sont tièdes en sortant de la source; elles peuvent avoir trente degrés centigrades.

Cet endroit porte également le nom de Sebaa-Biar (les sept puits), dénomination qui n'est plus justifiée maintenant par l'existence d'autant de puits; car je n'en ai vu qu'un seul au-dessus de la source; il est creusé sur une plate-forme rocheuse que couronne la koubba, à moitié détruite, d'un santon.

A midi trente-cinq minutes, nous traversons le village d'Oulad-Madjed. Il est situé sur un monticule. Une partie de ses maisons sont démolies. Il est dominé par une haute tour carrée appelée Semah (le clocher). Construite en briques, elle paraît plus ancienne que la galerie voûtée qui la surmonte.

De riches jardins, qui font suite à ceux de Griz, appartiennent à ce village.

A midi quarante minutes, nous rencontrons un autre hameau du nom de Zeurgan ou Zergan.

A midi cinquante minutes, en continuant à marcher toujours à travers une forêt de palmiers, nous arrivons à Zaouïet-el-Arab, village divisé en deux parties distinctes.

A une heure, nous atteignons Degache. C'est un bourg assez important qui forme avec les villages que j'ai cités précédemment, à savoir : Cédéda, Griz, Oulad-Madjed, Zeurgan et Zaouïet-el-Arab, le district d'Oudiane, qui est sous le commandement d'un kaïd particulier. Celui-ci réside ordinairement à Degache. La plupart des maisons de ce bourg sont construites en briques; car les pierres étant rares dans cette localité et le tuf des collines sur lesquelles Degache est situé étant extrêmement friable, les habitants suppléent à ce manque de matériaux compactes et durables par des briques cuites au four ou même simplement séchées au soleil. Ils savent dans leurs constructions les agencer extérieurement avec une certaine symétrie qui n'est pas toujours dépourvue d'élégance et qui témoigne de leur part d'une sorte de goût artistique qu'on ne s'attendrait point à trouver parmi eux.

Les jardins de Degache sont fertilisés par un oued qui serpente à travers d'admirables plantations de palmiers, d'oliviers, d'amandiers et de figuiers.

A une heure trente minutes, nous avons fini de les traverser, et nous entrons alors dans un véritable désert où aucune végétation, à l'exception de quelques touffes d'herbes sauvages, ne perce la surface du sable épais qui le recouvre. Vers deux heures, le vent, qui soufflait depuis le matin avec force, prend une intensité extraordinaire, et une furieuse tempête soulève autour de nous des tourbillons qui nous enveloppent de toutes parts. Ces tourbillons nous fouettent le visage avec une telle violence que nous sommes contraints, pour n'en être pas meurtris, de nous voiler presque complétement la face. Courbés en avant sur le cou de nos chevaux et cramponnés à notre selle, nous avons sans cesse à résister à des rafales nouvelles qui menacent de nous renverser en arrière. Nos pauvres bêtes, malgré l'éperon qui les aiguillonne et qui déchire leurs flancs, ne savent comment se frayer une route à travers les vagues de sable qui tournoient devant elles et qui, projetant continuellement dans leurs yeux et dans leurs naseaux une poussière brûlante, les harcèlent et les irritent.

A trois heures trente minutes enfin, nous parvenons, non sans peine, à la ville et à l'oasis de Tozer.

CHAPITRE VINGT-HUITIÈME.

Description des oasis de Tozer, jadis Thusuros, de Nefta, l'antique Aggarsel-Nepte, et d'El-Hamma.

Le khalife de Tozer nous offre l'hospitalité dans une maison particulière, inhabitée en ce moment. Je venais à peine de m'y installer que je reçois la visite d'un jeune Français arrivé la veille dans cette oasis; c'est celle de M. Henri Duveyrier, que j'avais connu à Paris et que je suis fort heureux de revoir dans le Djerid tunisien. A peine âgé de vingt-quatre ans, M. Duveyrier, après de sérieuses études et notamment celle de l'arabe, rayonne déjà depuis un an et demi à travers les mystérieuses profondeurs du Sahara. Il le parcourt d'oasis en oasis, déguisé en Arabe, afin de pouvoir, sous ce costume, circuler plus facilement au milieu des diverses populations musulmanes qu'il visite tour à tour. Hardi et entreprenant, passionné pour les explorations aventureuses, et jaloux, lui aussi, d'ajouter son nom à la liste des voyageurs célèbres qui ont le plus contribué à étendre le domaine de la géographie, de la cosmographie et de l'ethnologie, il est plus que personne propre à mener à bonne fin les recherches qu'il poursuit avec autant de science que de courage. Nous nous serrons avec joie la main, et nous oublions bientôt dans l'épanchement d'un mutuel entretien nos fatigues passées.

Pendant que nous conversons ensemble, survient Mohammed-ben-Rebah, agent consulaire de France. Il a été placé dans cette oasis à cause des nombreuses relations commerciales qu'elle entretient avec les régions méridionales de l'Algérie. Cet agent me fournit d'utiles renseignements sur le pays; puis, à ma demande, il me donne un chaouch pour me montrer la ville.

Tozer est le véritable chef-lieu du Djerid. C'est un assemblage de plusieurs villages dont voici les noms tels qu'on me les a indiqués :

    1° Sahraoui.
    2° Zebda.
    3° Oulad-el-Hadef.
    4° Zaouïet-el-Debabsa.
    5° Oussoua.
    6° Zaouïa-Sidi-Abid.
    7° Guetna.
    8° Mesrhouna.
    9° Cheurfa.

Ces villages constituent par leur agglomération les différents quartiers d'une même cité. Celle-ci est mieux construite que la plupart des villes de la Tunisie. Sans doute, là comme partout ailleurs dans cette contrée, beaucoup de maisons tombent en ruines. Dans quelques rues principalement, tous les sens sont péniblement affectés à la fois par le spectacle de la misère et de la saleté qui y règnent; mais, par contre, d'autres offrent un certain nombre d'habitations moins grossièrement bâties et moins délabrées que dans les trois quarts de la Régence. Les maisons sont presque toutes à un seul étage et en briques cuites ou seulement séchées au soleil. Ces briques, ici plus encore qu'à Degache, sont quelquefois agencées entre elles de manière à figurer extérieurement certains dessins; ordinairement elles simulent de petits frontons au-dessus des portes.

Sur une grande place s'étend Dar-el-Bey, assez vaste

demeure en forme de caserne, qu'on est en train de nettoyer et de meubler, au moment où je la visite, à cause de l'arrivée prochaine du bey du camp.

Cinq ou six mosquées et plusieurs zaouïas sont bâties moitié en pierres et moitié en briques. Je remarque dans les soubassements et les assises inférieures de quelques-unes d'entre elles de gros blocs enlevés à des édifices antiques, ainsi que des tronçons de colonnes, des fragments d'entablements, des parties de chapiteaux et même des débris de sculptures encastrés pêle-mêle au milieu de matériaux plus modernes.

31 mars.

L'armée qui, sous le commandement du bey du camp, c'est-à-dire de l'héritier présomptif de la couronne, visite chaque année le Djerid pour y recueillir l'impôt, doit faire ce matin, vers sept heures, son entrée dans Tozer. Tous ceux des habitants qui n'ont pas encore remis leurs trente-six piastres entre les mains du kaïd Si-Aly-Sacy se hâtent de les lui apporter, dans la crainte des châtiments qui les attendent. Dans la maison voisine de celle que j'habite, j'entends, à l'aube du jour, une discussion très-vive qui s'engage. Ce sont des chaouchs qui, au nom du kaïd, viennent contraindre un malheureux à acquitter sa cote personnelle qu'il prétend avoir déjà payée : ailleurs, les mêmes scènes se renouvellent.

Cependant des coups de fusil commencent à se faire entendre dans le lointain; les détonations bientôt redoublent et deviennent peu à peu plus éclatantes. Cette fantazia annonce l'approche de l'armée; celle-ci arrive enfin, précédée par des milliers de chameaux et de mulets portant le bagage. Les troupes régulières se massent à droite et à gauche de la grande place qui s'étend devant Dar-el-Bey, et les troupes irrégulières, c'est-à-dire les différents goums fournis par certaines tribus et notamment par celle des Drid, gagnent les emplacements qui leur sont assignés. A l'arrière-garde paraît, accompagné d'un nombreux état-major, Sidi-Hamouda, bey du camp. Il est tout chamarré d'or et monte un superbe cheval : de bruyantes acclamations retentissent sur son passage; elles partent de tous les points de la place, mais principalement de toutes les terrasses des maisons environnantes qui sont encombrées d'une foule compacte d'hommes, de femmes et d'enfants. Les femmes poussent ce cri particulier *you, you,* qui leur est propre chez tous les peuples de race arabe, et qui de leur part, suivant les circonstances, exprime les sentiments les plus divers et les impressions de l'âme les plus opposées.

Sidi-Hamouda entre dans le palais qui lui a été préparé, et bientôt il se montre au balcon. Alors l'élite des cavaliers Drid exécute devant lui sur la place des charges brillantes. Ils s'élancent ensemble de toute la rapidité de leurs bouillants coursiers et s'arrêtent soudain à deux pas du palais en déchargeant leur coup de fusil. Les chevaux qu'ils montent sont richement enharnachés; derrière leur croupe pendent jusqu'à terre de belles housses en soie de diverses couleurs qui flottent au vent quand ces chevaux, rivalisant d'ardeur, se précipitent comme un trait vers le but qui leur est marqué. Eux-mêmes sont vêtus avec une noble et mâle élégance. Leurs armes brillantes étincellent au soleil; ils les manient avec autant de dextérité que leurs chevaux, et, simulant un combat véritable, ils traversent plusieurs fois la place dans toute sa longueur, en dévorant l'espace, aux applaudissements répétés de la foule, qui peut à peine les suivre de l'œil et qui les encourage de la voix et du geste. Ils recommencent ainsi, à cinq reprises différentes, cette course effrénée; mais, au sixième tour, un des chevaux s'abat sous son cavalier, qui tombe et se blesse à la tête : on l'emporte tout couvert de sang, et cet accident met fin au melab.

Après avoir assisté à cette fantazia, je vais examiner avec

M. Duveyrier les ruines de la ville antique, à laquelle a succédé la moderne Tozer. Les débris de cette cité ont en grande partie disparu pour être employés comme matériaux de construction dans les divers villages dont l'ensemble constitue le chef-lieu actuel du Djerid. Néanmoins on trouve encore dans un endroit appelé Belidet-el-Adher les vestiges d'un grand édifice orné jadis de plusieurs rangées de colonnes dont quelques fûts brisés gisent sur le sol. C'était probablement, dans le principe, un temple qui aura été transformé plus tard en basilique chrétienne et ensuite en mosquée musulmane. Au milieu de la vaste plate-forme dont ce monument occupait une partie s'élève une semah ou tour carrée bâtie en briques, dont la base est construite en belles pierres de taille; elle devait servir de minaret à la mosquée et précédemment, sans doute, de clocher à l'église chrétienne; car par les assises inférieures au moins, cette tour paraît antérieure à l'invasion arabe.

Près de là est un puits antique, bâti en pierres de taille et très-profond.

En descendant de cette plate-forme dans les magnifiques jardins qui l'avoisinent, on remarque presque à chaque pas de beaux blocs antiques, et notamment le long de l'oued qui arrose et fertilise l'oasis. Cet oued, connu sous le nom d'Oued-Berkouk (la rivière aux prunes), se subdivise, à partir d'un barrage antique, construit avec des blocs d'un grand appareil, en trois branches principales, qui elles-mêmes se ramifient en une multitude de petits canaux. Ces branches et plusieurs de ces canaux étaient jadis bordés de belles pierres de taille; on les traverse sur de petits ponts, les uns modernes, les autres antiques.

La Table de Peutinger signale à XXV milles au sud-ouest de Thiges la ville de Thusuros. En réalité, la distance qui sépare Taguious, où l'on s'accorde à placer Thiges, de Tozer, dont le nom est identique à celui de Thusuros, est à peine de

XI milles romains. Mais où chercher ailleurs cette dernière ville? Le nom de la moderne Tozer, l'importance de cette oasis, les ruines et les nombreux matériaux antiques qu'elle renferme, tout cela ne prouve-t-il point que les villages dont l'agglomération constitue la ville actuelle ont succédé à l'ancienne Thusuros et qu'il doit, par conséquent, y avoir une erreur de chiffres dans la Table de Peutinger?

La même cité est mentionnée sous le nom de Tisurus (Τίσουρος) dans Ptolémée.

Dans la Notice des siéges épiscopaux de la Byzacène, il est question d'un *episcopus Tusuritanus*.

A l'époque où vivait El-Bekri, Tozer avait une enceinte murée aujourd'hui détruite; car voici ce qu'on lit dans ce géographe arabe [1].

« Le pays de Castiliya contient plusieurs villes, telles que Touzer, El-Hamma et Nefta. Touzer, qui en est la métropole, est une grande ville environnée d'une muraille de pierres et de briques. Elle possède un djamé solidement bâti et plusieurs bazars. Tout autour s'étendent de vastes faubourgs remplis d'une nombreuse population. — Cette place, qui est très-forte, continue El-Bekri, a quatre portes, un grand nombre de jardins, beaucoup de dattiers et d'autres arbres fruitiers; la canne à sucre et le bananier sont les seules plantes qui n'y viennent pas bien. Les dattiers forment autour de la ville un grand et sombre massif. Il n'y a point d'autre endroit en Ifrikiya qui produise autant de dattes : presque tous les jours il en sort mille chameaux, ou même davantage, chargés de ce fruit. Touzer est arrosée par trois ruisseaux qui prennent leur source dans une couche de sable fin et blanc comme de la farine. Cet endroit est nommé en leur langue Serech. Les ruisseaux dont nous venons de parler sont les branches d'une rivière formée par la réunion des

---

[1] *Descript. de l'Afrique septentrionale*, p. 116 et 117.

eaux qui sortent du sable et nommée Ouadi-'l-Djemal....
Chacun des trois ruisseaux se partage ensuite et forme six
canaux d'où rayonnent une quantité innombrable de conduits
construits en pierre d'une manière uniforme; aussi ont-ils
tous la même dimension. »

Depuis le siècle où El-Bekri a écrit ce passage, Tozer a
perdu de son importance. Ses murailles ont été démolies, et
ce n'est plus maintenant, comme je l'ai dit, qu'un assemblage
de plusieurs villages. Mais, toute déchue qu'elle est, elle n'en
conserve pas moins l'un des premiers rangs parmi les villes
de la Régence. Ses jardins, grâce à l'oued intarissable qui les
féconde, sont toujours d'une admirable fertilité. Assiégés de
tous côtés par les sables, ils étalent sous ce ciel torride toutes les
richesses de la plus splendide végétation. On y compte, m'a-
t-on dit, plus de deux cent cinquante mille pieds de palmiers,
les plus beaux qu'on puisse voir. Sous la couronne éternellement verte qui surmonte leurs tiges élancées et d'où pendent
à l'automne, en longs régimes, les dattes les plus savoureuses
du Sahara, croissent un grand nombre d'autres arbres fruitiers, tels que des orangers, des citronniers, des grenadiers,
des figuiers, des oliviers, des jujubiers et des abricotiers. Ces
arbres mêlent ensemble leur feuillage, leurs fleurs et leurs
fruits divers. A leurs pieds sont disposées en petits carrés
soit des planches de légumes, soit des semailles de blé et
d'orge. Une eau vivifiante circule chaque jour en mille sens
dans ces vergers, et sa vertu, jointe à celle d'un soleil tro-
pical, y entretient une fertilité que rien n'épuise.

La population totale de l'oasis se monte à dix mille âmes.
Outre la culture du sol qui occupe beaucoup de bras et qui
est la principale richesse du pays, la fabrication de tissus de
laine justement renommés, tels que burnous, haïks, couvertures, etc., constitue pour ce chef-lieu du Djerid une branche
d'industrie assez importante, qui augmente les ressources de
ses habitants.

1ᵉʳ avril.

Laissant M. Duveyrier à Tozer, je me dirige avec mon escorte vers Nefta.

Partis à six heures trente minutes du matin, nous atteignons à sept heures Ras-el-Oued, ravin où l'oued qui alimente l'oasis de Tozer a l'une de ses sources. Ce ravin est planté de palmiers dont la cime dépasse à peine la hauteur des berges ; il se rattache, après avoir décrit plusieurs détours, à la vallée oblongue qui constitue cette oasis.

Nous marchons vers l'ouest-sud-ouest à travers une plaine immense toute couverte d'un sable fin et profond. A notre gauche s'étend la sebkha Faraoun ; à notre droite ondulent des monticules sablonneux. De temps à autre nous entendons siffler un petit oiseau qui sautille sur le sable ; les Arabes l'appellent moka.

A dix heures trente minutes, nous commençons à apercevoir les palmiers de Nefta.

A onze heures quinze minutes, nous parvenons à l'un des principaux villages qui, par leur ensemble, composent cette oasis. Ces villages sont les suivants :

1° Oum-Mada.
2° Cheurfa.
3° Zaouïet-Sidi-Salem.
4° Beni-Aly.
5° Zaouïet-Gueddilah.
6° Oulad-Cherif.
7° Alkamah, qu'on prononce aussi Algmah.
8° Zebda.
9° Souk.

Ces villages, ou, si l'on veut, ces divers quartiers de la même ville, bordent, à droite et à gauche, les berges de l'oued qui féconde cette oasis. Le plus important, appelé Souk, parce que c'est là que se tient le marché, est le mieux construit. Il renferme une grande maison appartenant au gouvernement et désignée à cause de cela Dar-el-Bey. Le khalife m'y offre l'hospitalité. Il fait ensuite avec moi le tour de l'oasis entière, et il m'accompagne successivement dans les différents villages que j'ai indiqués. Bâtis sur des collines sablonneuses qui se touchent les unes les autres, ils renferment une population totale d'environ huit mille âmes; la plupart des maisons sont construites en briques. Les habitants se livrent à la fois à la culture du sol et à la confection d'étoffes de laine qui ont un grand débit dans la Régence.

Même après les jardins de Tozer, ceux de Nefta méritent une mention toute particulière. Ils sont arrosés par un oued qu'alimentent deux sources principales; l'une s'appelle Ras-el-Aïn-el-Guettar, l'autre Faouera. Cet oued serpente à travers une véritable forêt de palmiers mêlés d'orangers, de citronniers et de grenadiers. Ces arbres déjà en fleur embaument l'air de leurs parfums. Çà et là, des vignes capricieuses, aux ceps gigantesques, grimpent le long des dattiers, s'enroulent autour de leurs troncs ou courent en guirlandes d'un arbre à l'autre. D'innombrables petits compartiments ensemencés d'orge et de blé ou plantés de légumes sont arrosés chaque jour par l'eau qui dérive de l'oued. Cette eau est tiède comme dans la plupart des oasis; je lui ai trouvé une température de 28 degrés centigrades.

Le soleil, près de s'éteindre, dorait déjà de ses feux mourants la verte cime des palmiers, que j'errais encore de jardin en jardin, savourant le charme de ces soirées enchantées dans cette sorte de paradis terrestre que les sables malheureusement envahissent de plus en plus et qu'ils engloutiraient même complétement, si l'homme ne luttait avec énergie pour repousser leurs vagues mobiles et progressives, de jour en jour plus menaçantes. Qu'on ne se figure pas, du reste, que cet Éden, embelli par la nature, secondée du travail de l'homme, soit le séjour de la félicité et du bonheur. Non ; là, comme partout et plus qu'ailleurs peut-être, faute d'une administration éclairée et équitable, la misère et les dissensions habitent. Des impôts très-lourds pèsent sur le cultivateur du sol, et pendant les quelques heures que j'ai passées à Nefta, j'ai entendu bien des plaintes sortir de la bouche des indigènes.

2 avril.

Avant de quitter cette oasis pour retourner à Tozer, je vais, à six heures du matin, visiter les ruines ou plutôt l'emplacement de l'ancienne ville à laquelle a succédé la moderne Nefta. Cette antique cité était située sur les bords de la sebkha. Elle est aujourd'hui entièrement ensevelie sous des monticules de sable, espèces de dunes dont l'étendue semble indiquer celle qu'elle avait elle-même. Après avoir traversé vers l'est de fertiles jardins, puis des plantations plus maigres et plus rares de dattiers à moitié submergés dans le sable, on parvient à une solitude triste et désolée, dépourvue de toute végétation. Là s'élève la koubba d'un santon appelé Sidi-Hassan-Aïad et qui a donné son nom à l'emplacement primitif de la ville. A en croire l'Arabe que j'avais pris pour guide dans cette excursion, ce serait ce santon qui, il y a trois cent cinquante ans environ, aurait engagé les habitants de l'oasis à transporter leurs pénates sur les collines qu'occupent les villages actuels, et ce serait depuis cette époque seulement que la ville ancienne aurait été complétement abandonnée et aurait peu à peu disparu, par suite de l'envahissement continu des sables.

Quel était le nom de cette antique cité? On croit généralement que c'était celui d'Aggar-Selnepte ou Aggarsel-Nepte, mentionné dans la Table de Peutinger. A la vérité, la ville ainsi appelée est marquée dans la Table comme séparée de

Thusuros par une distance de XXX milles, distance beaucoup plus grande que celle qui s'étend entre Tozer et Nefta; mais c'est très-probablement là une erreur, car le nom même de Nefta n'est-il point identique, avec un léger adoucissement, à la dernière partie du mot composé Aggarsel-Nepte?

A l'époque chrétienne cette ville avait un évêché, comme le prouve la Notice des siéges épiscopaux de la Byzacène, où il est fait mention d'un *episcopus Neptitanus* ou *Neptensis*, et nous voyons que dès lors l'usage avait prévalu de retrancher le mot Aggarsel du nom composé Aggarsel-Nepte.

Nous traversons une seconde fois les jardins de l'oasis, et arrivés au nord de la vallée qui les renferme, nous parvenons à un endroit appelé Zafrana-Kedima, assez vaste enceinte sablonneuse entourée de dunes et qui m'est désignée comme l'emplacement d'un bourg antique. On m'affirme que dans cette enceinte les habitants de Nefta, en creusant le sol, ont souvent trouvé de gros blocs parfaitement équarris, et que dernièrement un violent coup de vent, en balayant le terrain, a mis à jour un ancien puits construit en belles pierres de taille, qu'un autre coup de vent a bientôt enseveli de nouveau.

A une heure de l'après-midi, nous sommes de retour à Tozer.

3 avril.

Je fais le matin mes adieux à M. Henri Duveyrier, qui abandonne Tozer pour regagner le Sahara tunisien; de mon côté, à quatre heures de l'après-midi, je me mets en marche pour l'oasis d'El-Hamma. Nous l'atteignons à cinq heures cinquante minutes. La route qui y conduit n'offre rien de remarquable; elle traverse, dans la direction du nord, une grande plaine très-sablonneuse. Nous passons la nuit au village de Lemlat.

4 avril.

L'oasis d'El-Hamma se compose de quatre villages, qui sont :

1° Lemlat.
2° El-Heureg, que j'ai entendu prononcer également Leurg.
3° El-Mahreb.
4° Es-Saïba.

Ces quatre villages sont administrés chacun par un scheik particulier ; réunis, ils renferment une population de deux mille âmes. Le plus considérable est celui de Lemlat.

Près de ce village, sur le bord d'un oued, s'élève un sanctuaire musulman consacré à Sidi-Hakat. Ce santon a communiqué son nom et, suivant les indigènes, des propriétés merveilleuses à une source d'eaux minérales à côté de laquelle sa chapelle a été construite. Cette source coule dans deux bassins antiques voisins l'un de l'autre, le premier oblong et en partie détruit, le second carré et encore intact. Bâtis tous deux avec de belles pierres de taille, ils remontent à l'époque romaine. Les Arabes de la localité continuent à se baigner dans le dernier ; ils l'ont environné d'une cabane faite avec des poutres et des branches de palmier entrelacées. L'eau de cette source est légèrement sulfureuse ; sa température est d'environ 36 degrés centigrades.

Six autres sources fertilisent cette oasis, à savoir :

1° Aïn-Sidi-Hafsi : elle se répand dans un petit bassin entouré de quelques troncs de palmiers, où l'on prend également des bains.

2° Aïn-Sidi-Ibrahim-Khelil.
3° Aïn-Mabrouka (la source bénie).
4° Aïn-Aïoun-es-Souani (la source des sources des jardins).
5° Aïn-Aïoun-Shrira-m'ta-es-Souani (la petite source des sources des jardins).

J'ai oublié le nom de la sixième.

Toutes ces sources sont plus ou moins chaudes. Les palmiers qui croissent dans cette oasis occupent une grande vallée environnée ou plutôt assiégée par des dunes de sable toujours prêtes à s'avancer et que l'homme a sans cesse à repousser.

CHAPITRE VINGT-NEUVIÈME.

De l'oasis d'El-Hamma à celle de Gafsa. — Description de Gafsa, l'antique Capsa. — Rhar-el-Gellaba.

A minuit, nous montons à cheval. Dans la journée, la chaleur avait été accablante. Ayant à faire une très-longue étape à travers un désert stérile avant d'atteindre la grande oasis de Gafsa, la plus septentrionale du Djerid, nous nous mettons en marche aussitôt que la lune commence à éclairer nos pas.

Tout se tait autour de nous. La température est encore très-élevée, et le vent qui souffle du sud-ouest nous envoie des bouffées chaudes qui heureusement ne nous frappent pas le visage de face. L'atmosphère est lourde et le ciel couvert; l'astre silencieux des nuits ne brille qu'à demi dans le firmament, et des nuages voilent par intervalle son disque obscurci.

5 avril.

Vers une heure du matin, nous apercevons quelques Bédouins armés, et nous leur demandons à distance le qui-vive. Ils nous répondent qu'ils sont de la tribu des Haméma, qu'ils ne forment aucun projet hostile contre nous et qu'ils se rendent à Tozer. Bientôt ils passent à côté de nous, et nous échangeons de part et d'autre des saluts amis. Néanmoins nous avons soin de nous rapprocher du mulet qui porte notre bagage, et sur lequel ils jetaient obliquement un regard de convoitise.

A cinq heures du matin, nous commençons à longer, à notre gauche, l'oued Tarfaoui. Il a été ainsi nommé à cause des tarfas ou tamarises qui croissent par touffes nombreuses dans son lit, actuellement à sec. Chemin faisant, nous entendons chanter quelques mokas, oiseaux siffleurs qui, par leur chant matinal, annoncent le réveil du jour. Le terrain sur lequel nous marchons est inégal et partout relevé de bosses qui ressemblent à de grosses taupinières.

A cinq heures trente minutes, nous traversons l'oued Tarfaoui; son lit sablonneux est très-large en cet endroit. Nous côtoyons dès lors cet oued sur sa rive droite.

Dix kilomètres plus loin, bien que les tarfas continuent à se montrer au milieu de son lit, il perd son nom de Tarfaoui pour prendre celui de Gourbata.

A neuf heures, nous franchissons cet oued pour nous retrouver sur sa rive gauche et éviter ainsi plusieurs détours qu'il décrit.

De neuf heures dix minutes à neuf heures cinquante minutes, nous faisons halte afin de donner quelque repos à nos montures, qui marchent depuis minuit sans interruption.

L'oued Gourbata, dont nous continuons à remonter le cours, s'appelle désormais Cheraïa.

A dix heures, nous remarquons le long de ses berges un grand nombre de mechads.

A midi, nous rencontrons un henchir consistant en quelques blocs rectangulaires épars sur un monticule; mes hambas en ignorent le nom.

A une heure trente minutes, nous franchissons l'oued Beïache, dénomination nouvelle qui remplace celle d'oued Cheraïa.

A deux heures trente minutes enfin, nous atteignons,

épuisés de fatigue, de soif et de chaleur, l'oasis de Gafsa. Depuis celle d'El-Hamma, nous n'avions pas trouvé une seule goutte d'eau potable dans le désert que nous venions de franchir. J'évalue à soixante-quinze kilomètres la longueur de la route que nous avions parcourue. Aussi saluons-nous avec joie les admirables palmiers de Gafsa, et bien que la première eau courante que nous rencontrons ait déjà arrosé beaucoup de jardins et soit loin d'être limpide, elle nous paraît un breuvage délicieux, et nos pauvres bêtes, qui, pendant quatorze heures d'une marche forcée, ont eu à porter, outre leurs cavaliers, le poids plus écrasant encore d'une atmosphère embrasée, ne peuvent s'arracher au ruisseau vivifiant où elles se désaltèrent à longs traits. Pindare, au début de sa première olympique, chante l'eau comme la plus excellente des choses :

Ἄριστον μὲν ὕδωρ....

Ce grand poëte de l'antique Grèce avait bien raison. L'eau, en effet, est le plus grand don que le ciel ait fait à la terre; le pain ne vient qu'après. Mais pour apprécier dignement tout le prix de ce bienfait, il faut avoir, pendant de longues et mortelles heures, cheminé péniblement à travers un vaste désert où pas un arbre n'apparaît aux regards attristés, où la seule verdure qui frappe les yeux est celle de quelques maigres arbrisseaux poussant dans le lit d'oueds taris, où rien par conséquent ne récrée la vue et ne défend le voyageur des rayons d'un soleil de feu, enfin où nulle part la moindre source d'eau douce ne permet de calmer les tortures délirantes de la soif.

La ville de Gafsa est située sur un plateau qu'entourent de trois côtés, à une certaine distance, des montagnes assez élevées. Elle est sous la juridiction d'un kaïd qui commande en même temps à une partie de la tribu des Haméma. Il s'appelle en ce moment Sidi-Ahmed-ben-Yousef. J'ai, vers

CHAPITRE VINGT-NEUVIÈME.

quatre heures, une entrevue avec ce gouverneur; il m'offre l'hospitalité à Dar-el-Bey.

6 et 7 avril.

Je consacre ces deux journées à parcourir la ville, rue par rue, copiant partout les moindres fragments épigraphiques qui attirent mes regards. Malaspina me seconde avec zèle et intelligence; il me signale lui-même plusieurs inscriptions qu'il a découvertes en grattant la couche de chaux qui les cachait presque entièrement. Mes hambas et un chaouch du kaïd s'évertuent, de leur côté, mais souvent en vain, à tenir à distance les curieux qui se pressent autour de moi.

A l'angle d'une mosquée consacrée à Sidi-Beddacha, je lis sur un piédestal brisé, encastré dans la muraille, les caractères suivants :

44[1].

AIANOHADRIANO
LOCVM STATVAE
N OB HONOR...
COS........

Sous une voûte soutenue par huit colonnes ornées de chapiteaux corinthiens mutilés, colonnes qui sont composées de tronçons divers, j'en remarque un qui a été jadis une borne milliaire, comme le prouve l'inscription que voici :

---

[1] Pellissier, *Rev. archéol.*, IV, 271. — Berbrugger, *Rev. afric.*, févr. 1858, p. 209.

45 [1].

IMP· CAES·
M·AVRELIVS
ANTONINVS
PIVS AVGVSTVS
PART· MAX·
BRIT·MAX·GERM·
MAX·TRIB·POT·
XVIIII·CONS..
RESTITVIT

Avant d'arriver à la kasbah, je passe sous une voûte romaine cintrée, construite avec de belles pierres de taille; les pieds droits de la porte sont surmontés d'impostes dont les moulures ont beaucoup souffert du temps et des hommes.

La kasbah forme un grand carré irrégulier, flanqué de tours. Les hautes murailles qui l'enferment sont revêtues extérieurement de grosses pierres de taille provenant d'anciennes constructions; on y observe çà et là des fragments d'entablement, plusieurs chapiteaux élégamment sculptés, quelques beaux morceaux de corniche, le tout encastré avec plus ou moins de saillie dans l'épaisseur de la bâtisse, comme des espèces de trophées d'architecture enlevés à des monuments détruits. On y remarque aussi en divers endroits des lambeaux dispersés d'inscriptions latines. Je donne ici ceux qui, n'étant pas placés à une trop grande hauteur, étaient accessibles à ma vue, ou que la couche de chaux qui les recouvre presque tous ne rendait pas complétement illisibles.

---

[1] Shaw, t. I, p. 272. — S. Grenv. Temple, t. II; Append., n° 82. — Berbrugger, *Rev. afric.*, févr. 1858, p. 209.

CHAPITRE VINGT-NEUVIÈME.

46 [1].

TEMPORIBVS PIISSIMO
NEM EXCELLENTI
MVRI FELICIS SI

Les deux S du dernier mot de la troisième ligne ont été séparés l'un de l'autre plus qu'ils n'auraient dû l'être, à cause d'un défaut de la pierre.

47 [2].

RVM
LITV
ECA

48 [3].

RFAV
ERICE
NTI

49.

ITATI

50 [4].

RAEP
RVMA
NDAM

---

[1] S. Grenv. Temple, t. II; Append., n° 87. — Pellissier, *Description de la Régence de Tunis*, p. 411. — Berbrugger, *Rev. afric.*, févr. 1858, p. 208, n° 89.
[2] Berbrugger, *loc. cit.*, n° 90.
[3] Pellissier, p. 411. — Berbrugger, *ibid.*, n° 91.
[4] S. Grenv. Temple, t. II; Append., n° 86. — Berbrugger, *ibid.*, n° 92.

Ces quatre derniers fragments appartiennent probablement à la même inscription, car ils se ressemblent pour la forme et la grandeur des caractères.

Lorsqu'on a franchi la porte d'entrée de la kasbah, on suit un corridor qui se replie à dessein plusieurs fois sur lui-même. Ce corridor est pavé avec de larges dalles antiques et bordé de murs entièrement construits avec des matériaux qui le sont également. Parmi les pierres du revêtement, j'ai distingué deux anciens cippes dont les inscriptions sont tellement effacées qu'il m'a été impossible de les déchiffrer.

On pénètre de là dans une cour plantée de quelques palmiers, qui renferme dans son enceinte deux mosquées, l'une couronnée d'un minaret élancé et appelée Djama-el-Kebir, l'autre plus petite et connue sous le nom de Djama-Sidi-Merzoug.

Au centre de cette enceinte est aussi une prison. Je la trouve pleine de malheureux qui n'ont pu encore acquitter l'impôt des trente-six piastres. L'un des détenus me reconnaissant pour Français à travers les barreaux de la geôle obscure où il languit : « Salut, me dit-il; ah! pourquoi tes compatriotes ne viennent-ils point s'emparer de ce pays, afin de nous gouverner plus justement que ceux qui nous régissent et de nous délivrer des impôts qui nous écrasent? »

Autour de la cour règne un parapet élevé sur lequel on monte par plusieurs escaliers; je n'y ai aperçu qu'un seul canon sans affût.

Les bastions ne m'ont pas été montrés. Le mieux armé, appelé Bordj-el-Medafa (la tour des canons), est défendu, m'a-t-on dit, par neuf grosses pièces; mais les canonniers manquent, et sauf quelques gardiens, cette kasbah ne contient plus actuellement de garnison. Les nombreuses chambres qui servaient à la loger sont toutes abandonnées et commencent à tomber en ruine. En m'introduisant dans l'une de ces salles, j'en ai fait fuir une jolie gazelle privée, qui, d'un bond léger, s'est précipitée dans la cour, dont elle anime la solitude par sa présence.

Avant de quitter cette forteresse, je ne dois point oublier d'y mentionner une source intarissable qui est recueillie dans un bassin antique et dont la température est de trente et un degrés centigrades. On descend dans ce bassin par un escalier d'une vingtaine de marches. Une foule de petits poissons se jouent dans ses eaux, lesquelles s'écoulent par un conduit souterrain dans un second réservoir extérieur à la kasbah, appelé Termil, et qui est également un ouvrage antique.

Un autre Termil désigné par les indigènes sous la dénomination de Termil-el-Bey, parce qu'il avoisine Dar-el-Bey, renferme une source semblable dont la température est identique à celle de la précédente, et qui alimente plusieurs petits cabinets de bain séparés. De là l'eau se répand dans deux grands bassins rectangulaires appelés, l'un Termil-er-Radjal (bassin des hommes), l'autre Termil-en-Nsa (bassin des femmes).

Le premier est long de vingt-cinq pas et large de vingt. Construit par les Romains de même que Termil-el-Bey, il est bâti avec de belles pierres de taille dont les assises inférieures sont encore à leur place, et les autres ont subi divers déplacements et replacements successifs. Il communique par un conduit voûté avec Termil-en-Nsa.

Celui-ci s'appelle également Aïn-Zagaïn ou encore Aïn-Ansara. Cette dernière désignation de *source des chrétiens* ne veut pas dire que ce soient des chrétiens qui l'aient construit, mais seulement que c'est un ouvrage antique, les Arabes ayant l'habitude d'attribuer aux chrétiens les monuments qui ont précédé leur arrivée, monuments qui très-souvent ont été en réalité l'œuvre des païens.

Termil-en-Nsa est un peu moins grand et moins profond que Termil-er-Radjal. A ciel ouvert comme le bassin des hommes, mais environné de murs élevés qui en dérobent la vue aux regards indiscrets, il paraît avoir subi, lui aussi, plusieurs transformations, car les assises inférieures sont seules à leur place primitive. Dans l'une des murailles est une niche cintrée destinée autrefois à une statue, et au-dessus de cette niche, encore intacte, on distingue sur neuf blocs différents qui ont été déplacés et replacés ensuite, mais dans le plus grand désordre, les restes incomplets d'une inscription latine qui semble avoir contenu la dédicace de ce bain.

Voici ces neuf blocs :

51[1].

1 AQVAE
2 CN FILIV
3 VNIVS
4 {SVAPEC
    CAVIT
5 ACRVM
6 MPIIISS
7 AFEC
8 . . . . N
9 . . I . N

Je transcris maintenant successivement les autres inscriptions que j'ai copiées à Gafsa.

[1] S. Grenv. Temple, t. II; Append., n° 88. — Pellissier, p. 411. — Berbrugger, *ibid.*, p. 211.

CHAPITRE VINGT-NEUVIÈME.

52 [1].

Sur un gros bloc encastré dans le mur d'une maison, près de la porte :

```
ORVM  NOSTRORVM
MAGISTRVMMILITVM
 TINIANE  CAPSE
```

(*Estampage.*)

Ce fragment épigraphique, pour la forme des caractères et pour le sens, appartient évidemment à la même inscription dont le n° 46, transcrit plus haut, semble être le commencement.

La dernière ligne, comme on le voit, renferme le nom de la ville antique.

53.

Sur un bloc engagé dans le mur d'une maison :

```
SEMPER AVGVST
HVMINIST
```

54 [2].

A l'angle d'une maison, près de la grande mosquée :

```
PERII   D  D
PLIFICARE  RE
S OPIBVS CONS
```

---

[1] Shaw, t. I, p. 272. — Pellissier, p. 300. — Berbrugger, *ibid.*, p. 207.

[2] S. Grenv. Temple, t. II, Append., n° 84. — Pellissier, p. 411. — Berbrugger, *ibid.*, p. 209, n° 94.

55.

Sur un bloc brisé :

PER

56.

Sur un bloc mutilé formant l'un des montants d'une porte :

.... D
PIVMO

57.

Sur un bloc encastré dans le mur d'une maison, près du seuil :

RVM SENATV

58[1].

Sur une pierre tumulaire placée près du seuil d'une maison :

D . . .
. . . . E
. . . . S
VALGIO SE
CVNDI FILI
VSDECVRIOC
APSENSISVICX
AICXANNISXXX
CVRANTEVALGIO
DATIANOFRATTRE (sic.)
O· T· B· Q

(*Estampage.*)

[1] Berbrugger, *ibid.*, p. 208, n° 88.

CHAPITRE VINGT-NEUVIÈME.

A la fin de la sixième ligne et au commencement de la septième, le surnom CAPSENSIS donne l'ancien nom de la ville, sous forme d'ethnique. Dans la première partie de la huitième, il y a une erreur évidente du graveur.

59.

Sur une pierre tumulaire qu'un juif m'a montrée dans l'intérieur de sa maison :

```
     D        M .    · S
     DOMITIA·CAESIA·OPTIMA
     IN VITA.............
     PVDICISSIMA·FEMINA
     RARISSIMAE·FRVGALITA
     TIS·ET·INDVLGENTISSIMA·MA
     TRONA·VIXIT·ANNIS·LXVIII
     MONVMENTVM·AGENDVM
     CVRAVIT·IVLIVS·SENTEANVS
         FILIVS·EIVS
     O · T ·  B ·  Q ·
```

60.

Sur une pierre tumulaire encastrée dans le mur d'une maison :

```
        C·DONATI·DA
        TIANI·VIXIT
        ANNIS·XXXIII·CO
        NIVGIS·O·T·B·Q
```

Le commencement manque

61[1].

Sur une pierre tumulaire engagée dans une muraille :

```
    D ·  M ·  S ·
    VINDICIAETH..
    TICERENIS....
    ANNIS LXXX...
    TONIO FVLD..
     FILIO EIVS
```

62[2].

Sur une pierre tumulaire placée à l'un des angles de la mosquée Sidi-ben-Agoub :

```
    D ·  M  · S
    C · FABI..
    F R O N T O
    V · A · N · XXV
    CVR · FABIIS
    PATRINIO
    . . . . . . ʼ . .
    FRA · N B S
    O · T · B · Q
```

A la quatrième ligne, les lettres V·A·N forment un monogramme.

---

[1] Berbrugger, *ibid.*, p. 210, n° 96.
[2] S. Grenv. Temple, t. II ; Append., n° 83.

63.

Sur une pierre tumulaire encastrée dans le mur d'une maison :

```
     M·AVRE....
     VIX· ANNIS
     LXX·CVRA FE
     CIT IORTS
```

Sur la même pierre, au-dessous des lignes précédentes :

```
     D   M ·  S
     FL· FORTVNA
     T·VIX·ANNISXXX
```

64.

Sur une pierre tumulaire placée dans l'un des montants de la porte d'une maison :

```
     D ·    M ·    S
     AEMILIVS AVRELIVS SATVRNINVS
     VIXIT ANNIS........
            XX
```

65.

Sur une pierre tumulaire encastrée dans le mur d'une maison :

```
     D · M · S
     B . . . . D
     VS POT...
      VIXIT
      ANNIS
      X X X X
```

La première fois que l'histoire fait mention de Capsa, c'est à propos de la guerre de Jugurtha. Salluste[1] décrit cette place comme une ville grande et puissante, située au milieu d'immenses solitudes, et fondée, dit-on, par l'Hercule Libyen. Strabon[2] nous apprend que Jugurtha l'avait choisie pour y renfermer ses trésors. Marius s'en rendit maître par surprise, au moment où beaucoup de ses habitants se trouvaient en dehors des remparts, et il la détruisit, afin de n'être point obligé d'y laisser une garnison. Mais bientôt elle se releva de ses ruines, grâce à la fertilité de son sol et aux avantages inappréciables résultant au milieu d'un désert sans eau des sources qui jaillissaient en abondance dans son sein.

Dans Pline[3], en effet, les Capsitani sont cités comme une nation libre. Mentionnée par Ptolémée, Capsa est indiquée comme colonie dans la Table de Peutinger. L'Itinéraire d'Antonin la signale sous le nom de Capse, nom qui se retrouve avec la même orthographe dans le fragment d'inscription, n° 52, que j'ai copié à Gafsa après plusieurs autres voyageurs.

A l'époque chrétienne, elle avait un évêché, comme le prouve la Notice des églises épiscopales de la Byzacène.

Sous Justinien[4], elle était alternativement, avec Leptis Parva, la résidence du *dux*, ou commandant militaire de cette province.

Mannert[5] croit devoir l'identifier avec l'Hékatompylos de Libye, ville dont la conquête illustra Hannon, lors de la seconde guerre punique.

Au moyen âge elle gardait encore des traces bien plus

---

[1] *Bell. Jug.*, c. LXXXIX.
[2] L. XVII, p. 572.
[3] *Hist. nat.*, V, 4.
[4] Justin., *Codex*, I, 27, lex 1.
[5] *États barbaresq.*, d'après l'allemand de Mannert, par MM. Marcus et Duesberg, p. 410 et 411.

apparentes de sa splendeur première que maintenant, car voici comment s'exprime à ce sujet El-Bekri[1].

« Cafsa, dit cet écrivain arabe, est une ville bâtie en totalité sur des portiques de marbre dont on a bouché les arcades avec de fortes cloisons construites en moellons. On dit que les remparts furent élevés par Chentian, page de Nimrod, qui y fit graver son nom dans une inscription qu'on lit encore. — La muraille de Gafsa, ajoute-t-il, est si bien conservée qu'elle semble avoir été faite d'hier. Dans l'intérieur de la ville, l'eau sort de terre par deux sources très-abondantes, et forme autant de ruisseaux qui coulent avec bruit et vont arroser les jardins et les champs ensemencés qui se trouvent aux environs de la place. Le djamé même renferme dans son enceinte une grande source dont le bassin, construit en pierre par les anciens, a quarante coudées de longueur et autant de largeur. »

Les murailles dont parle El-Bekri et auxquelles il attribue une origine si reculée, pour ne pas dire fabuleuse, sont en grande partie détruites, et la ville est actuellement ouverte de tous côtés. On n'y admire plus les vestiges des superbes portiques de marbre dont il est question dans ce passage. Quant au grand bassin antique de la mosquée principale, je n'ai pu, à cause de mon titre de chrétien, le visiter en pénétrant dans cette enceinte sacrée. Peut-être aussi y a-t-il ici une erreur commise par El-Bekri, et s'agit-il seulement de la source qui alimente les bassins voisins de Dar-el-Bey et dont j'ai parlé plus haut.

La population actuelle de Gafsa ne dépasse guère trois mille musulmans, auxquels il faut joindre huit cents juifs environ qui occupent un hara ou quartier particulier.

On fabrique dans cette ville de beaux burnous et des couvertures de laine estimées.

---

[1] El-Bekri, p. 113 et 114.

Les jardins qui l'entourent forment autour d'elle une charmante oasis d'une fertilité extrême. Ils m'ont paru plus attrayants encore que ceux de Gabès, de Tozer et de Nefta, parce que les sources qui les arrosent sont tellement abondantes que les nombreux ruisseaux qui en découlent, au lieu de promener successivement comme ailleurs, à travers les différentes parties de l'oasis, leurs eaux intermittentes, y serpentent et y murmurent sans cesse partout en même temps. Grâce à cette irrigation continue, les palmiers et les autres arbres fruitiers qui croissent dans les vergers de Gafsa y atteignent des proportions colossales.

8 avril.

Je vais visiter une caverne célèbre qui se trouve à vingt minutes de distance au nord de la ville : elle porte le nom de Rhar-el-Gellaba. Ce n'est autre chose qu'une ancienne carrière où l'on a puisé la plupart des matériaux qui ont servi à construire l'antique Capsa. Elle consiste en une vaste galerie souterraine qui s'enfonce à une grande profondeur dans le Djebel-As-Salah. Il est très-difficile de la parcourir, à cause des monceaux d'éclats de pierre et aussi des blocs gigantesques détachés de la montagne, les uns déjà équarris, les autres encore bruts, qui obstruent à chaque instant les pas du visiteur. Les guides qui m'accompagnent, armés de torches, me racontent diverses anecdotes au sujet de ce souterrain. A les en croire, on pourrait marcher une journée entière avant d'atteindre l'extrémité de ces mystérieuses profondeurs : elles serviraient de retraite à des fantômes et à des génies, gardiens invisibles de trésors secrets; en un mot, leur vive imagination les peuple de mille chimères qu'enfante leur esprit crédule.

Après avoir erré quelque temps dans ce labyrinthe tortueux, je reviens à Gafsa, en passant par le village de Sidi-Mansour, situé au delà de l'oued Beïache et environné d'un petit bois de palmiers. Là, je rencontre un spahi venant de Tunis et envoyé comme courrier au camp du Djerid : il m'apprend qu'il a été dévalisé le matin même par cinq Arabes appartenant à la tribu des Haména, lesquels l'ont meurtri de coups et dépouillé d'une partie de ses vêtements.

CHAPITRE TRENTIÈME.

De Gafsa à Feriana. — Henchir-el-Harmoul. — Henchir Semat-el-Hamra. — Henchir Sidi-Aïch, jadis peut-être Gemellae. — Henchir Oum-er-Rhir. Henchir-es-Sedid. — Kasr-el-Foul. — Arrivée à Feriana.

9 avril.

A cinq heures quarante-cinq minutes du matin, nous nous mettons en marche pour Feriana.

A six heures, nous franchissons l'oued Aïelou; d'autres prononcent Aïellou.

Nous nous avançons entre deux chaînes de montagnes parallèles, dépourvues de toute végétation : l'une, à droite, est le Djebel-As-Salah; l'autre, à gauche, est le Djebel-Atigue. La route est semée de mechads qui témoignent des nombreux meurtres commis en cet endroit; j'en compte près d'une centaine.

Un kilomètre de large sépare ces deux chaînes.

A l'extrémité septentrionale de la vallée qu'elles forment s'élève une colline appelée Guelib-el-Maza.

A six heures trente minutes, nous traversons l'oued Gious. Là, nous rencontrons les débris d'un petit poste de défense. Nous entrons ensuite dans une grande plaine un peu onduleuse.

A sept heures trente minutes, nous franchissons l'oued Safioun; le lit de ce torrent est extrêmement large et ne renferme pas le moindre filet d'eau. J'y remarque beaucoup de touffes de rhamnus lotus, arbrisseau qui passe pour être le fameux lotos de l'antiquité.

A gauche, une chaîne de montagnes, connue sous le nom de Djebel-beni-Younès, borde le lit de l'oued; à droite s'étend une vaste plaine. On m'affirme qu'une mine d'argent a été découverte dernièrement dans le Djebel-beni-Younès. La plaine que nous traversons s'appelle Bahirt-el-Makta, à cause des carrières qui ont été pratiquées dans quelques collines voisines.

Vers huit heures, cette plaine, d'abord un peu accidentée, devient plus unie. Dans le lointain, au nord-ouest, apparaît le Djebel-Souïnia; à l'est, s'élève toujours le Djebel-beni-Younès. De nombreuses gazelles errent par bandes au milieu des steppes arides qui se déroulent devant nous.

A huit heures trente minutes, nous parvenons à l'Henchir-el-Harmeul. Il consiste en un hameau antique, complétement détruit.

Un peu plus loin, nous franchissons l'oued Semah; il tire ce nom d'un mausolée romain très-remarquable, connu dans la contrée sous la dénomination de Semat-el-Hamra. Nous faisons halte près de cet henchir.

La forme de ce mausolée est celle d'une construction rectangulaire de neuf pas de long sur sept de large; il repose sur une sorte de stylobate continu. Bâti en belles pierres de taille, il est orné aux quatre angles de pilastres couronnés de chapiteaux corinthiens dont deux seuls sont encore intacts. Sur l'une de ses faces on lit l'épitaphe suivante, gravée en magnifiques caractères :

66.

1. VRBANILLA MIHI CONIVNX VERECUNDIA PLENA HIC SITA EST
2. ROMAE COMES NEGOTIORVM SOCIA PARSIMONIO FVLTA
3. BENE GESTIS OMNIBUS CVM IN PATRIAM MECVM REDIRET
4. AV MISERAM CARTHAGO MIHI ERIPVIT SOCIAM ⊘
5. NVLLA SPES VIVENDI MIHI SINE CONIVGE TALI
6. ILLA DOMVM SERVARE MEAM ILLA ET CONSILIO IVVARE
7. LVCE PRIVATA MISERA QVESCIT IN MARMORE CLVSA
8. LVCIVS EGO CONIVNX HIC TE MARMORE TEXI
9. ANC NOBIS SORTE DEDIT FATVM CVM LVCIDAREMVR

La chambre sépulcrale où reposait cette riche Romaine nommée Urbanilla, mesure cinq pas de long sur trois de large. On y pénétrait par une ouverture rectangulaire fermée jadis hermétiquement au moyen d'une dalle qui se levait ou se baissait à volonté.

A côté de cette chambre en est une seconde plus étroite, à moitié démolie. On observe cinq niches carrées dans les parois du mur de gauche; celui de droite n'existe plus. Au-dessus de ces chambres régnait un deuxième étage dont la partie supérieure est détruite. Extérieurement, à la hauteur du premier étage, on admire une corniche élégante assez bien conservée.

Outre l'épitaphe antique que j'ai donnée, une foule d'inscriptions arabes gravées grossièrement avec un couteau ou un poignard, couvrent les parois intérieures et extérieures de ce monument; j'y ai remarqué aussi quelques dessins tracés d'une main non moins barbare et représentant principalement des cavaliers.

Ce mausolée était environné d'une enceinte murée dont on peut suivre encore çà et là sur le sol les fondations. A l'entour, on ne découvre aucun vestige d'habitations antiques, mais seulement quelques tombes musulmanes. Parmi les blocs mutilés qui forment chacune d'elles, blocs enlevés au monument romain, j'ai reconnu les débris du sarcophage de marbre qui contenait le corps d'Urbanilla et dont l'épitaphe fait mention :

« *Lucius ego conjunx hic te marmore texi.* »

Les cendres de la défunte ont été depuis longtemps jetées au vent et son nom seul survit encore, au milieu de ce désert, sur le mausolée solitaire qui n'a pu garder sa dépouille.

A une heure de l'après-midi, nous remontons à cheval.

A une heure cinquante minutes, nous traversons l'oued Beïache, qui, en cet endroit, prend le nom d'Oued-Sidi-Aïch.

A trois heures trente minutes, je jette un coup d'œil sur l'henchir Gueniche; il est fort peu important.

A quatre heures, nous demandons l'hospitalité pour la nuit à un douar dont les tentes sont dressées près du Djebel-Sidi-Aïch; il appartient à la tribu des Haméma.

10 avril.

A cinq heures du matin, je vais examiner les ruines voisines, connues sous le nom de Henchir-Sidi-Aïch. Elles sont situées au pied méridional de la montagne ainsi appelée, et couvrent un espace assez considérable; ce sont celles d'un bourg antique détruit de fond en comble. On suit seulement

CHAPITRE TRENTIÈME.

encore sur quelques points les traces d'un gros mur qui environnait probablement ce bourg; on reconnaît aussi les vestiges d'un aqueduc qui descendait de la montagne.

A l'ouest de la cité des vivants, presque entièrement anéantie, s'étendait celle des morts, dont deux beaux monuments sont encore debout.

L'un des mausolées de cette nécropole a dix mètres d'élévation. Il consiste en une petite tour carrée de deux mètres cinquante centimètres sur chaque face, et construite en pierres de taille parfaitement équarries et ajustées ensemble. Cette tour est encadrée extérieurement, à la hauteur du premier étage, d'une corniche élégamment sculptée.

Au-dessus de ce premier étage renfermant la chambre sépulcrale, dans laquelle on pénètre par une porte très-basse, est une niche qui contenait jadis une statue de grandeur naturelle et qui forme comme le second étage de la tour; elle est elle-même surmontée d'une petite pyramide qui couronne le mausolée.

Une plaque encastrée dans la paroi principale et extérieure de la chambre sépulcrale est revêtue de l'épitaphe suivante, dont quelques caractères seuls sont effacés.

67.

```
     D·     M·     S·
  Q · IVNVS ·  ROGATVS
  VIXIT·ANNIS·LXI·IVNI·RO
  GATVS·VRBANVS·QVNO
  SVS · AR . . . . . D D Q
  TIMERIVIA·SOROR·VIX·AN·XXV
```

Au commencement de la dernière ligne, TI forment un monogramme.

Vis-à-vis ce monument et comme lui faisant pendant s'en élève un autre, construit à peu près sur le même modèle, sauf de légères différences. On lit sur la façade principale l'épitaphe que voici :

68.

D·M·S·C·IVLIVS ROGATVS VIX·AN·LXXXXI
ET POMPONIA VICTORIA VXOR EIVS VIX·AN
NIS LXIII ET C·IVL·M.NICVS VIX·AN·XXV
ET NVMISIA SECVNDA VXOR VIX · ANNIS
XX·ROGATVS·SS·F·ASE VIVO F· ET DD

Plusieurs autres mausolées dont la base seule existe, mais qui très-probablement devaient avoir la même forme que les deux précédents, sont aux trois quarts renversés. L'un d'eux était décoré aux quatre angles de pilastres corinthiens qui gisent mutilés à terre. Au pied de ce monument, j'ai lu sur un bloc qui en provient et qui est mêlé avec beaucoup d'autres, le fragment épigraphique que je transcris ici :

69.

DONATVS FILIVS FOR.....
: . IVNVS FRATER EIVS.....
FECERVNT ET DEDICAVERVNT

Indépendamment de ces mausolées érigés à la mémoire de morts opulents, on observe en ce même lieu un assez grand nombre de pierres sépulcrales brisées ou enfouies dans le sol, qui recouvraient des cendres plus modestes : j'ai fait exhumer plusieurs de ces pierres, sur lesquelles j'ai lu les épitaphes suivantes :

CHAPITRE VINGT-NEUVIÈME.

70.

D· M· S·
AEMILIVS EVASI
VS FVSCI
ANI VIXI
T ANNIS XI

71.

D· M· S·
AEMILIVS EVA
SIVS VIXIT
ANNIS LI
O· T· B· Q·

Sur la même pierre, au-dessous de l'inscription précédente :

D· M· S·
FABIA RVFI
NA TVNIVI
NI FILIA VIX
IT ANNIS
XVIII FECIT ET
DEDICAVIT

72.

A G M V A
QVIETAME
DVRIA VI
XIT ANNIS LIII
O· T· B· Q·

A la première ligne les lettres M et V forment un monogramme.

A la seconde ligne les lettres A et M forment un monogramme.

73.

```
. . . . V I C T O R
. . . . V I X I T  X X X V
O R E V S . . . . . . .
D
O·    T·    B·    Q·
```

Quel était le nom antique de l'henchir Sidi-Aïch? Je n'ai trouvé sur l'emplacement qu'il occupe aucune inscription qui pût me le révéler : mais il est très-vraisemblable qu'il faut voir là le vico Gemellas marqué sur la table de Peutinger à XXIV milles au nord de Capsa, sur la route conduisant à Thelepte. L'Itinéraire d'Antonin place sur la même route et à la même distance de Capsa la station Gremellas qu'il faut par conséquent identifier avec le vico Gemellas, de la Table de Peutinger, bien que l'Itinéraire l'en distingue, en reportant ce dernier XXV milles plus au nord, c'est-à-dire à XLIX milles de Capsa et à XXII de Thelepte, ce qui me paraît une erreur évidente, la distance comprise entre Gafsa (Capsa) et Feriana près de laquelle gisent probablement les ruines de Thelepte étant loin d'égaler LXXI milles, car en réalité elle ne dépasse guère XL.

A neuf heures vingt minutes, nous poursuivons notre marche vers Feriana.

A neuf heures trente minutes, nous traversons l'oued Céiche dont le lit sinueux est bordé quelque temps par une double chaîne de montagnes, le Djebel-Sidi-Aïch, à l'est, et le Djebel-Nadour, à l'ouest.

A neuf heures quarante-cinq minutes, j'examine en passant, près de cet oued, l'henchir Tin, qui ne m'offre que des débris insignifiants.

A dix heures cinq minutes, nous rencontrons des ruines plus importantes connues sous le nom de Henchir-Oum-er-Rhir. Ces ruines occupent une sorte de petite presqu'île comprise entre l'oued Reçof à l'orient et l'oued Céiche à l'occident. Le bourg dont ils sont les vestiges est entièrement renversé; il était situé sur un terrain accidenté et renfermait plusieurs édifices construits avec des blocs rectangulaires d'un puissant appareil. La seule construction encore debout, du moins en partie, est une enceinte longue de vingt pas et large de onze. Les assises inférieures sont seules à leur place et remontent à l'époque romaine; les autres, mal agencées entre elles et formées de blocs divers, notamment de pierres sépulcrales arrachées à des tombeaux démolis, indiquent une époque postérieure. Cette dernière enceinte paraît avoir été un poste de défense.

J'ignore quel était le nom antique de cet henchir, à moins qu'il ne faille y voir le vico Gemellas que j'ai placé à Sidi-Aïch, dont les ruines sont plus étendues que celles-ci.

A onze heures cinquante minutes, nous traversons l'henchir Es-Sedid (henchir de la rouille) ainsi appelé, sans doute, à cause de la couleur des pierres dont le sol est jonché et que le temps a comme rouillées. On y distingue les vestiges de plusieurs constructions bâties avec des blocs d'un puissant appareil; en outre, on foule à chaque pas sur l'emplacement de ce bourg antique une grande quantité de poteries brisées, ce qui ferait croire qu'on y fabriquait des vases en argile.

A une heure, nous laissons derrière nous quelques ruines insignifiantes, qui me sont désignées sous le nom d'Henchir-el-Heugle; et l'oued dont nous continuons toujours à côtoyer les bords à une distance plus ou moins rapprochée, souvent même dans le lit duquel nous marchons, s'appelle pareillement, en cet endroit, Oued-el-Heugle. C'est en définitive la même rivière que celle que j'ai commencé à signaler bien au sud de Gafsa, et qui, le long de son cours, change tant de fois de dénomination. Son lit actuellement desséché et généralement fort large se resserre ici et forme une khanga ou gorge très-redoutée des caravanistes, à cause des embuscades qu'elle favorise. Cette khanga est bordée par une double chaîne de montagnes. Le bassin de l'oued s'élargit ensuite en forme elliptique, pour se resserrer de nouveau près des ruines de Kasr-el-Foul. Ce sont celles d'un poste militaire qui commandait une autre khanga. Il consistait en une enceinte rectangulaire longue de quarante-deux pas et large de vingt-sept, dont les assises inférieures sont encore à leur place. Elle a été construite avec des blocs gigantesques, les uns parfaitement équarris, les autres à moitié bruts. Intérieurement, elle est divisée en trois salles séparées entre elles par des murs bâtis avec des blocs semblables.

A côté de cette enceinte en est une seconde plus étendue, mais construite avec des matériaux beaucoup moins considérables.

Ces ruines portent le nom de Kasr-el-Foul (le château de la fève) ou d'Henchir-el-Foul (la ruine de la fève), à cause de la forme de la vallée à l'une des extrémités de laquelle ce poste militaire était situé, forme que les Arabes assimilent à celle d'une fève.

Nous franchissons le nouveau défilé qui se présente devant nous, et nous y remarquons plusieurs mechads.

Les montagnes qui s'étaient rapprochées de l'oued pour constituer cette khanga s'en éloignent bientôt, et la vallée devient peu à peu moins étroite.

A deux heures cinquante minutes, nous abandonnons définitivement le lit de l'oued, et, gravissant ses berges, nous entrons dans la grande plaine de Feriana.

A quatre heures quinze minutes, nous parvenons à ce village.

CHAPITRE TRENTE ET UNIÈME.

Feriana. — Medinet-el-Kedima, jadis peut-être Thelepte. — El-Kis. — Djebel-Feriana.

Feriana renferme six cents habitants, divisés en deux quartiers ou hameaux distincts, lesquels par leur réunion composent la zaouïa ainsi appelée. Ce village, ou, si l'on veut, cette zaouïa forme comme une sorte d'oasis au milieu d'une plaine déserte et inculte, dans laquelle campent çà et là des douars appartenant à la tribu des Oulad-Sidi-Abid.

Les jardins de Feriana sont plantés de palmiers, de figuiers, de grenadiers et d'orangers. Quelques champs de blé et d'orge les avoisinent; mais cette année, faute de pluies, les semences ont presque complétement avorté.

Le scheik nous offre l'hospitalité dans une maison particulière.

11 avril.

A six heures du matin, je pars avec Malaspina et deux guides, pour aller étudier dans le voisinage les ruines immenses qui sont situées au nord et au nord-ouest de Feriana.

Nous longeons d'abord l'oued Bou-Haya; puis, franchissant son lit dont les eaux qui ne tarissent jamais fertilisent les jardins de Feriana, nous arrivons, vers six heures vingt minutes, à de vastes carrières creusées dans une montagne nommée Makta-el-Bethouma. Elles annoncent par elles seules que la ville, bâtie avec les matériaux qui en ont été tirés, était très-considérable. Des flancs tout entiers de la montagne ont été coupés verticalement par la main de l'homme; ailleurs, de profondes excavations ont été pratiquées horizontalement; partout gisent encore sur le sol d'énormes blocs détachés.

Le sommet de cette montagne, haute d'environ cent mètres au-dessus de la plaine, a été fortifié. On y remarque une enceinte aujourd'hui abandonnée qui continue toujours à être appelée par les indigènes El-Kalah (la citadelle).

A six heures trente-cinq minutes, nous atteignons une première grande ruine que mes guides me désignent sous le nom d'El-Hammam (le bain). Elle consiste en une construction gigantesque bâtie presque entièrement en briques. On y admire une belle salle centrale ornée jadis de six statues dont les niches cintrées existent encore, trois de chaque côté de la salle. D'autres salles latérales, assez bien conservées, accompagnent celle-ci, et derrière elle on en compte un certain nombre d'autres, à moitié démolies, dont les voûtes sont tombées et couvrent le sol de leurs débris. Des fouilles faites dans l'une de ces salles prouvent qu'elles étaient pavées en mosaïque. Intérieurement, les parois des murs épais qui les séparent étaient revêtues d'un enduit imitant le stuc, enduit qui a été enlevé presque partout, mais dont on retrouve encore çà et là des traces.

La destination primitive de ce vaste édifice semble avoir été conforme à celle que le nom actuel qu'il porte lui assigne. Il descendait en pente douce jusqu'à l'oued Bou-Haya dont les eaux l'alimentaient, et qui était jadis bordé d'un quai du côté de la ville. Le lit de cet oued est rempli de touffes gigantesques de lauriers-roses : une eau permanente y coule d'une source peu éloignée appelée Ras-el-Aïn.

A cent cinquante pas environ au nord d'El-Hammam s'élève une colline que couronnent des constructions très-puissantes; elle est connue sous le nom de Koudiet-es-Safra (la colline jaune), à cause de la couleur que le sol y affecte en certains endroits. Il m'est difficile de déterminer avec exactitude la nature et la destination des édifices qu'on y avait bâtis et qui sont maintenant renversés, à l'exception de quelques assises inférieures encore debout. Ils étaient construits avec de magnifiques pierres de taille reposant sans ciment les unes sur les autres.

Près de cette colline, en se dirigeant vers l'oued, on reconnait les vestiges d'un théâtre. La forme demi-circulaire en est indiquée par des amas de gros blocs entassés confusément qui en dessinent les contours. Quelques gradins subsistent encore.

En continuant à s'avancer vers le nord et après avoir traversé l'emplacement et les débris de plusieurs édifices, on parvient à une grande enceinte, longue de quatre cent vingt pas et large de cent quatre-vingts. Elle était environnée d'un mur très-épais, construit avec des blocs d'un appareil colossal. Ce mur, démoli aux trois quarts, était défendu aux quatre angles par autant de tours, comme le prouvent, sur ces quatre points, des monceaux plus considérables d'énormes pierres de taille renversées pêle-mêle les unes sur les autres. En pénétrant dans l'enceinte qu'il détermine, on heurte à chaque pas des blocs du même appareil; çà et là aussi on rencontre des fûts de colonnes mutilées et des fragments d'entablement. Dans la partie septentrionale surtout, ces fûts de colonnes sont assez nombreux, et tout porte à croire que là s'élevait un temple ou un palais. Cette ruine particulière m'est désignée par mes guides sous la dénomination d'Henchir-el-Khima. Quant à l'enceinte tout entière, ils l'appellent Kasbah-m'ta-Ras-el-Aïn; effectivement, elle formait dans la ville une véritable forteresse renfermant plusieurs édifices. Son rapprochement de l'une des sources de l'oued Bou-Haya l'a fait pour cela surnommer par les Arabes *Forteresse de la tête de la source.*

Je parcours ensuite pendant plus de trois heures consécutives l'ensemble des ruines de la ville proprement dite. Non-seulement les monuments publics, mais encore les maisons particulières, avaient été bâtis avec des matériaux de grande dimension. On croirait errer au milieu d'un immense chantier de pierres de taille, les unes entassées dans un désordre affreux, les autres éparses, beaucoup enfin ayant conservé leur place primitive et délimitant une foule d'enceintes plus ou moins étendues. Plusieurs rues sont parfaitement reconnaissables. Je ne dois point oublier de signaler les débris d'une construction carrée qui semble avoir été une fontaine, et aux quatre angles de laquelle s'élève encore une colonne qui servait à la fois d'ornement à cet édifice et de soutien à la voûte depuis longtemps écroulée. Ces quatre colonnes couronnées de leur chapiteau et d'une partie de leur entablement, sont d'un seul fût en pierre; mutilées par les hommes, elles sont également très-rongées par le temps. Les Arabes appellent les restes de ce monument Henchir-el-Akhrouat (henchir des frères), sans doute parce que ces quatre colonnes sont autant de piliers fraternels s'unissant jadis ensemble dans le même but, celui de soutenir une coupole qui n'existe plus.

La nécropole a été bouleversée de fond en comble. Toutes les tombes ont été violées, et je n'ai plus trouvé dans cet antique cimetière que des fragments de sarcophages brisés ou de pierres tumulaires rompues et sans inscriptions.

J'estime à cinq kilomètres au moins le pourtour des ruines de cette cité. Les Arabes, qui n'en connaissent pas l'ancien nom, se contentent de la désigner sous celui de Médinet-el-Kedima (la vieille ville). En l'explorant avec soin, je n'y ai découvert que le petit fragment d'inscription qui suit; il est gravé sur un bloc mutilé, vers l'extrémité nord-ouest de ce vaste henchir.

74.

OCIA
LCID
VIC
ANI
P P
DEBI

Mes guides m'avaient d'abord affirmé qu'il y avait beaucoup de pierres revêtues d'inscriptions parmi les débris de cette ville, et j'avais espéré y faire une ample moisson épigraphique; mais lorsque ensuite, après des recherches inutiles, je leur demandai de me montrer ces prétendues inscriptions, « Vous les avez vues, » me répondirent-ils, et pour m'en convaincre, ils me ramenèrent devant plusieurs chapiteaux gisants à terre, ainsi que devant cinq ou six morceaux de corniche élégamment sculptés, dont les moulures leur paraissaient être autant de caractères ayant une signification particulière. Cette méprise, dans laquelle j'ai vu en maintes circonstances beaucoup d'Arabes tomber, ne doit point étonner de leur part, car l'écriture coufique monumentale affecte quelquefois la forme de sculptures qu'un Européen pourrait prendre, au premier abord, pour de simples moulures, et non pour des lettres véritables. Il n'est donc pas surprenant que, de leur côté, ils confondent avec des caractères dont ils ignorent la forme et la valeur, des moulures entièrement dépourvues de sens.

De Médinet-el-Kedima tournant nos pas vers l'est, nous franchissons, l'espace d'un kilomètre environ, une petite chaîne de collines des flancs desquelles on a autrefois tiré des pierres de taille et même, en certains endroits, des blocs de marbre. Un canal antique, tantôt apparent, tantôt caché sous le sol, et éclairé alors, de distance en distance, par des regards, continue à conduire dans la vallée d'El-Kis, que nous atteignons bientôt, les eaux d'une source abondante qui coule dans un endroit appelé Guelaa-ben-Fetima.

La première chose qui frappe l'attention dans cette vallée, c'est un bassin carré mesurant trois mètres trente centimètres sur chaque face et construit avec de magnifiques pierres de taille. Ce bassin sert de réservoir à l'eau qu'amène l'aqueduc dont j'ai parlé; de là elle se répand dans le lit d'un oued appelé Oued-el-Kis, lequel arrose les jardins qui environnent un village du même nom.

A côté de ce petit bassin carré en est un second, de forme circulaire, beaucoup plus considérable, puisqu'il mesure cinquante-sept pas de diamètre. Il est depuis longtemps comblé; mais les rebords extérieurs en sont encore visibles, et prouvent qu'il avait été de même construit avec des pierres du plus bel appareil.

Le village et les jardins d'El-Kis sont remplis de débris antiques, parmi lesquels je remarque plusieurs fûts de colonnes, et sur l'un de ces fûts une croix grecque assez bien conservée semble indiquer qu'à l'époque byzantine une église chrétienne s'élevait en ce lieu. D'El-Kis nous revenons à Feriana en traversant un dernier henchir qui m'est désigné sous la dénomination bizarre de Dar-el-Quethath (la maison des chats). Ce sont quelques ruines disséminées dans un champ et sur deux monticules qui l'avoisinent.

Quel était jadis le nom de ce village détruit? Je l'ignore. Comment s'appelait aussi El-Kis, qui semble avoir été un bourg d'une certaine importance? Je l'ignore de même. Peut-être était-ce un faubourg de Médinet-el-Kedima. Quant à cette dernière ville, Shaw, S. Grenville Temple et Pellissier pensent, et je crois avec raison, que c'est l'ancienne Thelepte. Dans la Table de Peutinger, elle est marquée par erreur sous le nom de Theleote, qui est évidemment pour Thelepte, et indiquée comme colonie. L'Itinéraire d'Antonin écrit Telepte. A l'époque chrétienne, elle avait un évêché, car la Notice des églises épiscopales de la Byzacène signale un *episcopus Teleptensis*.

Shaw suppose également que Thelepte peut être identifiée avec la fameuse Thala dont il est question dans la guerre de Jugurtha, et que ces deux villes n'en font qu'une seule sous deux noms différents. Je reviendrai plus tard sur cette conjecture. Enfin, frappé de la ressemblance assez grande de noms qui existe entre Feriana et Feraditana, ce savant Anglais émet l'idée qu'il ne faudrait pas chercher ailleurs l'une des villes épiscopales appelées, la première, Feraditana Major, et la seconde, Feraditana Minor, dont il est fait mention dans la Notice des siéges épiscopaux de la Byzacène. Dans ce cas, ce serait à El-Kis probablement, village voisin de Feriana et couvert de ruines, qu'il faudrait placer l'une ou l'autre de ces deux Feraditana.

De retour à Feriana, je vais examiner, à dix minutes au sud du village, un quartier de rocher assez considérable qui s'élève là solitaire, et que les indigènes appellent Hadjar-Souda (la pierre noire). Ce bloc énorme a en effet cette dernière couleur et semble avoir été calciné par le feu. Il offre les mêmes caractères, mais dans des proportions plus gigantesques, qu'une autre Hadjar-Souda qui m'avait été montrée dans le Djerid, près de l'oasis d'El-Hamma. Peut-être faut-il voir dans ces blocs des aérolithes; ils sont de la part des indigènes l'objet de fables singulières.

En continuant à marcher dans la direction du sud, je franchis un oued appelé Oued-el-Mendjour. Sur ses bords, on me fait remarquer d'anciens tombeaux qui sont tous violés; puis, gravissant vers l'ouest les flancs rocheux d'une montagne jadis exploitée comme carrière et faisant partie d'une chaîne connue sous le nom de Djebel-Feriana, je pénètre dans une galerie souterraine à laquelle les habitants de la contrée rattachent des souvenirs romanesques, et qu'ils appellent Ghorfah-bent-er-Roumia (la cachette de la fille de la chrétienne).

Mes guides me conduisent ensuite au fond d'un ravin sauvage, situé sur le versant opposé de cette montagne, et qu'ils nomment Chaba-et-Tahouna (le ravin du moulin). Il tire cette dénomination d'une fissure naturelle fort étroite qu'on y voit dans le roc. En posant l'oreille à l'ouverture de ce trou, on entend un bruissement continu, dû au vent qui se dégage par cette issue. Les indigènes, amis du merveilleux, comme le sont tous les Arabes, prétendent que ce bruit est celui d'un moulin mystérieux caché dans le sein même de la montagne, et qui, par le mouvement de ses ailes, produit ce murmure. On me montre près de là l'endroit où, deux jours auparavant, un âne a été dévoré par un lion. En général, les lions ne sont pas rares dans toute la chaine des montagnes de Feriana.

Le coucher du soleil nous ramène à ce village.

CHAPITRE TRENTE-DEUXIÈME.

De Feriana aux ruines de Kasrin. — Description de plusieurs henchirs rencontrés chemin faisant, et entre autres des henchirs Haouch-el-Khima, Es-Satah et Makdoudech. — Smala des Oulad-Ouezaz, fraction de la tribu des Frachich.

12 avril.

A quatre heures trente minutes du matin, nous quittons Feriana pour nous diriger, au nord, vers les ruines de Kasrin.

A cinq heures, près des rives de l'oued Bou-Haya, nous rencontrons l'henchir Aïn-Oulad-en-Noisseur; il consiste en quelques gros blocs antiques, de forme rectangulaire, gisants sur le sol.

A cinq heures trente minutes, je jette un coup d'œil sur l'henchir Oued-ech-Cherik. C'est le nom que prend en cet endroit l'oued Bou-Haya. Dans le ravin que s'est creusé ce torrent, j'aperçois au milieu de hautes touffes de lauriers-roses une vingtaine de tentes formant un douar et appartenant à la tribu des Oulad-Sidi-Abid. Les débris de l'henchir Oued-ech-Cherik sont peu étendus; les blocs néanmoins en sont tous de grand appareil. Non loin de là est un autre henchir connu sous le nom d'El-Goussah. C'était jadis probablement un poste militaire. Il se borne à une enceinte rectangulaire construite avec de beaux blocs bien équarris.

Sur la rive opposée de l'Oued-ech-Cherik s'élevait un second poste militaire; il est désigné actuellement par la dénomination d'Henchir-Oulad-el-Djenna (henchir des enfants du paradis), dénomination singulière dont j'ignore l'origine. Cet henchir consiste en une enceinte rectangulaire construite avec de gros blocs en grande partie renversés. Un peu plus au nord, une enceinte pareille porte le même nom.

Inclinant alors vers le nord-est, nous atteignons, à six heures trente minutes, l'henchir Haouch-el-Khima. Il est situé au milieu d'une vaste plaine déserte. On y remarque les débris d'un mausolée antique, bâti en belles pierres de taille; l'inscription qu'il devait porter a disparu avec le bloc sur lequel elle était gravée. Autour de ce monument, quelques vestiges de constructions peu considérables s'élèvent à peine au-dessus du sol.

A sept heures, nous passons à côté de l'henchir Bel-el-Khâdem; il est de médiocre importance.

A sept heures trente minutes, l'henchir Es-Satah attire davantage mon attention. On y voit une enceinte rectangulaire qui mesure trente pas de long sur vingt de large. A l'entour, d'autres enceintes moins étendues, mais construites également avec de gros blocs, sont aux trois quarts renversées.

Nous commençons bientôt à descendre d'une plaine plus haute dans une plaine plus basse, bordée d'une double chaîne de montagnes, et qui, pendant l'hiver, à l'époque des pluies, devient très-marécageuse. On l'appelle Gueraat-Khrechem-el-Kelb.

A neuf heures trente minutes, nous laissons à notre droite quelques amas de blocs connus sous le nom d'Henchir-er-Rouijel.

A neuf heures cinquante minutes, au pied des montagnes

qui s'élèvent à notre droite, on me signale un henchir du nom de Bou-Edma et qui me paraît de loin avoir été un ancien poste militaire.

A dix heures, nous apercevons à notre gauche un autre henchir appelé Bou-Safa.

A onze heures, nous faisons halte un instant à l'henchir Makdoudech. J'examine d'abord une grande enceinte ruinée construite avec des blocs d'un très-puissant appareil et qui a dû avoir une destination militaire. Dans l'intérieur de cette enceinte, je copie sur une pierre tumulaire à moitié brisée le fragment d'épitaphe que voici :

75.

D·M·S·AQ
C·IVLIVS
NOVELL

A une faible distance de là est un monument long de sept mètres et large de quatre. Il est divisé en deux parties, dont l'une est comme le vestibule de l'autre. Celle-ci est ornée extérieurement de pilastres corinthiens et couronnée de deux frontons; le toit manque. Cet édifice, qui semble n'avoir jamais été terminé complétement, a la forme d'un petit temple, mais c'est probablement un ancien mausolée. Je n'y ai découvert aucune inscription.

Sur l'emplacement du même henchir, on distingue encore une autre enceinte rectangulaire, grossièrement formée avec des blocs gigantesques empruntés à des monuments antérieurs.

A midi, l'henchir Bou-Grara se montre distinctement à notre droite, au pied des montagnes qui, de ce côté, dominent et limitent la plaine.

A midi quinze minutes, nous passons au milieu des ruines peu étendues de l'henchir Ouerdouracha.

A midi trente minutes, sur le dernier flanc des montagnes qui, à notre gauche, longent également la plaine, l'henchir Ksour-ed-Dahab m'est indiqué comme ayant jadis renfermé un riche trésor, d'où serait venue la dénomination de *châteaux de l'or* donnée à cet ensemble de constructions renversées.

A midi quarante-cinq minutes, puis à une heure quinze minutes, nous dépassons successivement deux autres henchirs : le premier assez éloigné sur notre gauche, appelé Henchir-Dougra; le second sur la route même que nous suivons, et qui se nomme Henchir-el-Hegel.

A deux heures, nous franchissons une espèce de petit défilé pratiqué dans une colline transversale qui sépare la plaine, ou, si l'on veut, la vallée que nous venons de parcourir, de celle dans laquelle nous allons entrer.

A deux heures vingt minutes, nous demandons l'hospitalité à l'une des smalas de la tribu des Frachich. Cette smala a dressé ses tentes sur l'une des dernières pentes du Djebel-Chaambi. Le kaïd Mohammed-ben-Aly, qui commande à la berada ou fraction de cette tribu connue sous le nom d'Oulad-Ouezaz, m'accueille d'une manière toute patriarcale.

Les Frachich constituent une tribu importante partagée en trois beradas, chacune de ces fractions ayant une smala particulière, sous l'autorité d'un kaïd distinct. Ils habitent tous sous la tente et sont à la fois cultivateurs et nomades. Leurs nombreux troupeaux errent à travers un vaste territoire qui s'étend à l'ouest jusqu'aux frontières de l'Algérie. Avec les laines de leurs moutons, ils fabriquent des couvertures et des burnous très-recherchés, plutôt à cause de la force que de la finesse de leur tissu. Les vallées qu'ils occupent sont quelquefois visitées, la nuit, par des lions et des panthères qui habitent au sein des montagnes dont ces vallées sont bordées; aussi, de temps à autre, organisent-ils des battues pour se débarrasser de ces hôtes redoutables, qui ravagent leur bétail.

13 avril.

La nuit a été glaciale; le vent mugit toute la journée avec fureur : c'est un ouragan véritable, qui menace plusieurs fois d'emporter les tentes de la smala. Le kaïd nous engage amicalement à ne pas quitter l'abri hospitalier qu'il nous a offert.

CHAPITRE TRENTE-TROISIÈME.

Smala des Oulad-Aly, autre berada des Frachich. — Description des ruines de Kasrin, l'ancienne Colonia Scillitana.

14 avril.

A huit heures du matin, la tourmente s'étant calmée, nous abandonnons la smala des Oulad-Ouezaz pour gagner celle des Oulad-Aly qui forment une autre berada de la tribu des Frachich. Chemin faisant, nous examinons un bain d'eaux thermales qui se trouve dans le voisinage. La température de l'eau est de 29 degrés centigrades. Le petit bâtiment qui enferme la source est moderne, mais il semble avoir succédé à une construction plus ancienne.

Près de là nous franchissons l'oued El-Hatab, dont l'eau est intarissable, sans être abondante. Cette rivière coule entre des bords assez escarpés.

De l'autre côté de l'oued est un marabout consacré à Sidi-Bou'l-Aba. La koubba de ce santon s'élève près du Djebel-Semmena, montagne qui fait face, au nord, au Djebel-Chaambi situé au sud. Autour du marabout est un cimetière musulman; les tombeaux qui le remplissent appartiennent à la tribu des Frachich et, en particulier, à la smala des Oulad-Ouezaz. La veille, pendant toute la journée, nous avions entendu des gémissements non interrompus partir d'une tente voisine de celle que nous occupions ; ils étaient poussés par une pauvre femme qui pleurait la perte de son mari, récemment enterré dans ce cimetière. Tout en travaillant, elle avait répété éternellement sa complainte funèbre, et, par intervalle, suivant la coutume des femmes arabes, elle faisait entendre des sanglots plus perçants et des cris plus lamentables, afin de s'exciter elle-même et de raviver en quelque sorte sa douleur.

A neuf heures quinze minutes, nous arrivons à la smala des Oulad-Aly. Son kaïd, Hadj-Kaïed, ordonne aussitôt qu'on nous prépare une tente. Nous y étions à peine installés qu'une pluie torrentielle commence à tomber ; elle est accompagnée d'un vent impétueux, et nous sommes encore forcés de différer l'exploration des ruines de Kasrin dont nous ne sommes séparés que par une distance de sept kilomètres. Je questionne le kaïd sur les divers henchirs qui parsèment le vaste territoire où la tribu des Frachich promène ses tentes, et je recueille de sa bouche plusieurs renseignements utiles dont je ferai usage en temps et lieu.

15 avril.

Une violente tempête n'a cessé de gronder toute la nuit et de secouer affreusement les tentes. Nous avons eu aussi la visite d'une bête féroce qui, vers une heure du matin, s'est approchée du camp. Aussitôt tous les chiens de la smala, en sentinelles avancées et vigilantes, ont poussé des aboiements répétés ; puis, se réunissant pour ne plus former qu'une seule troupe, ils se sont élancés en masse contre l'ennemi commun. Celui-ci, lion ou panthère, car l'épaisseur des ténèbres a empêché de le reconnaître, a reculé peu à peu, tenant toujours en respect ses nombreux assaillants, qui, à la manière arabe, tantôt se précipitaient en avant, tantôt, par une fuite soudaine, se rabattaient en arrière pour revenir ensuite à la charge; enfin il regagna les fourrés du Djebel-Semmena, et les échos de la montagne près de laquelle la smala était campée cessèrent de retentir des hurlements de la meute aboyante, qui reprit alors les divers postes qu'elle occupait autour des tentes.

A quatre heures du matin le vent tomba, et à six heures je vis le kaïd qui sortait de sa tente. « Vous avez dû passer une bien mauvaise nuit, me dit-il en m'abordant au moment où, quittant également la mienne, j'allais lui demander de me donner un guide pour me conduire aux ruines de Kasrin, mais Allah est grand, ajouta-t-il, et la tourmente est maintenant apaisée. Quant à la visite nocturne qui est venue nous surprendre, nous en avons de semblables de temps à autre, et dernièrement un lion nous a dévoré plusieurs moutons. »

A sept heures, nous nous mettons en marche pour Kasrin. Nous avions déjà passé, trois jours auparavant, à peu de distance de l'emplacement de cette antique cité; mais, pressés à cause du mauvais temps et de l'état de fatigue dans lequel nous étions tous, de chercher un refuge quelque part, nous n'avions fait que les apercevoir, sans nous y arrêter.

Après avoir franchi l'Oued-el-Hatab, nous traversons une grande plaine où paissent quelques troupeaux.

A huit heures quinze minutes, nous arrivons au bas des collines sur le haut et sur la pente desquelles la ville dont j'allais étudier les débris était placée, au point de jonction et, si je puis dire, au confluent de trois vallées, courant l'une vers le sud, l'autre vers le nord-ouest, la troisième vers l'est.

Le premier monument qui attire mon attention est un haut et superbe mausolée. Divisé en trois étages, il repose sur quatre gradins qui lui servent de soubassement.

Le premier étage mesure trois mètres soixante-trois centimètres sur chaque côté. A la hauteur de quatre mètres, il est bordé d'une corniche.

Le second étage est légèrement en retraite sur le précédent. Chacune de ses faces est ornée de quatre pilastres corinthiens. Ceux du milieu, dans la face principale, sont plus espacés l'un de l'autre que des pilastres des angles, afin de laisser plus de place pour l'inscription qu'on a gravée dans l'intervalle qu'ils délimitent. Ailleurs, sur les trois autres faces, les pilastres sont à égale distance les uns des autres.

Au-dessus de ce second étage règne une corniche semblable à celle du premier.

Le troisième étage est formé par une niche carrée extérieurement, cintrée intérieurement, qui renfermait jadis une statue et qui est elle-même en retraite sur le second étage. C'est au-dessus de cette niche, sur la petite plate-forme qui la couronne, qu'on voyait autrefois le coq dont il est question dans la grande inscription en vers que je vais reproduire tout à l'heure.

Deux portes basses et étroites donnaient entrée dans la chambre sépulcrale; l'une sur la façade principale ou celle du sud-ouest, l'autre sur celle du nord-ouest. La première a quatre-vingt-neuf centimètres de hauteur sur soixante-six de largeur. Quelques moulures consistant en de simples filets règnent à l'entour. La seconde a également quatre-vingt-neuf centimètres de hauteur sur soixante-trois seulement de largeur; elle est sans moulures. Une dalle de pierre fermait probablement ces ouvertures rectangulaires; elle se levait ou se baissait à volonté, engagée dans des rainures verticales qu'on avait pratiquées dans l'épaisseur de la baie.

Voici les inscriptions qu'on lit encore sur ce beau monument :

76 [1].

Sur la façade principale, immédiatement au-dessous de la niche qui renfermait la statue, entre les deux pilastres du milieu :

```
    T· FLAVIVS SE
   CVNDVS FILIVS
        FECIT
```

Au-dessous de l'inscription précédente, mais toujours entre les deux pilastres du milieu :

```
       T·  FLAVIO   SECVN
       DO  PATRI   PIO
        MIL·  AN·  XXXIII
       VIX· AN· CX·H·S·E
    5. FLAVIAE   VRBANAE
       MATRI·  PIAE·  VIX
       AN · CV·   H·  S·   E
       FL· SECVNDAE  SO
       RORI  P·V·A·XX·H·S·E
   10. L· MARCELLO  FRA
       TRI P·V·A·XX·H·S·E
       T·FL·MARTIALI FRATR
       I·MIL·A·XII·V·A·XXXV·H·S·E
       FL·  SPERATAE  SORO
   15. RI P·V·A·XXXVI·H·S·E
       AEMILIAE·SEX·FIL·
```

[1] Shaw, t. I, p. 262. — Maffei, *Mus. Ver.* 461, 3. — Sir Grenville Temple. t. II, Appendice, n° 108. — Pellissier, p. 274.

```
                PACATAE VXORI PIAE
                FLAMINICAE· PERP·
                VIX·AN·LIII·H·S·E
           20.  T·FLAVIVS FILIVS
                PAP· SECVNDVS IPSE
                FLAMEN PERP· VIX·
                AN·LX·H·S·E·
                FL·T·FILIAE PACATAE FLA
           25.  MINICAE·PERP·COL·THE
                LEPT·FIL·PIAE FL·LIBERA MA
                TER STATVAM POSVIT
                V·A·XV·M·X·H·S·E
                T·LIBERA T·FL·SECVNDI
                VXOR·PIA·VIX·AN·LXXXVIII
                     ∅ H ∅ S ∅ E ∅
```

77 [1].

Longue épitaphe en vers occupant, sur deux colonnes, au-dessous de l'inscription qui précède, toute la largeur du premier étage de la même façade.

1. SINT·LICET·EXIGVAE·FVGIENTIA·TEMPORA·VITAE
2. PARVAQ·RAPTORVM·CITO·TRANSEAT·HORA·
   DIERVM
3. MERGAT·ET·ELYSIIS·MORTALIA·CORPORA·
   TERRIS
4. ADSIDVE·RVPTO·LACHESIS·MALE·CONSCIA·
   PENSO

---

[1] Sir Grenville Temple, t. II; Append., n° 112.

5. IAM·TAMEN·INVENTA·EST·BLANDAE·RATIONIS· IMAGO
6. PER·QVAM·PROLATOS·HOMINES·IN·TEMPORA· PLVRA
7. LONGIOR·EXCIPIAT·MEMORATIO·MVLTAQ· SERVET
8. SECVM·PER·TITVLOS·MANSVRIS·FORTIVS· ANNIS
9. ECCE·RECENS·PIETAS·OMNI·PLACITVRA·FAVORE
10. INGENTEM·FAMAE·NVMERVM·CVM·LAVDE· MERETVR
11. EXEMPLO·IAM·PLENA·NOVO·QVAM·FLAVIVS· ALTO
12. MORE·SECVNDVS·AGENS·PATRIO·SIGNAVIT· HONORE
13. QVIS·NON·IAM·PRONIS·ANIMI·VIRTVTIBVS· ADSIT
14. QVIS·NON·HOC·MIRETVR·OPVS·FVSASQ· VIDENDO
15. DIVITIAS·STVPEAT·TANTOS·SE·CERNERE· CENSVS
16. PER·QVOS·AETHERIAS·SVRGVNT·MONIMENTA· PER·AVRAS
17. HAEC·EST·FORTVNAE·MELIVS. LAVDANDA· FACVLTAS
18. SIC·SIBI·PERPETVAS·FACIVNT·IMPENDIA·SEDES
19. SIC·IMMORTALES·SCIT·HABERE·PECVNIA· MORES
20. AETERNO·QVOTIENS·STABILIS·BENE·FIGITVR· VSV
21. VIDERIT·ILLE·FVROR·NIMIO·QVI·DVCITVR·AVRO

CHAPITRE TRENTE-TROISIÈME.

22. QVEM · TRAHIT · ARGENTI · VENALIS · SANGVINE · CANDOR
23. VIDERIT·ET·FVSAE·VANIS·IN·AMORIBVS·ERRANS
24. GLORIA · LVXVRIAE · PEREGRINAS · QVAERERE · MAGNO
25. QVAE·DIDICIT·VESTES GEMMASQ·NITORE· PLACENTES
26. AVT·AB·AERYTHREO·VENIENTIA·MVNERA· FLVCTV
27. QVAM · LAEDVNT · GENTES · VARIO · CERTAMINE · RERVM
28. GRAECIA·CVM·PVERIS·HISPANIA·PALLADOS·VSV
29. VENATV·LIBYAE·TELLVS·ORIENTIS·AMOMO
30. AEGYPTOS·PHARIIS·LEVITATIBVS·ARTIBVS·ACTIS
31. GALLIA·SEMPER·OVANS·DIVES·CAMPANIA·VINO
32. HAEC·CITO·DEFICIVNT·ET·HABENT·BREVE· MVNVS·AMORIS
33. MOMENTIS·DAMNATA·SVIS·SET·SI·QVIS·AD· OMNES
34. RESPICIAT·VITAE·CASVS·HOMINEMQVE· LABORET
35. METIRI·BREVITATE·SVA·TVNC· CREDERE·DISCIT
36. NIL · ALIVT · MELIVS · FIERI · NISI · VIRIBVS · AEVI
37. QVOT·POSSIT·DVRARE·DIV·SVB·HONORE· DEORVM·
38. NVNC·EGO·NON·DVBITEM·TACITIS·ACHE- RONTOS·IN·VMBRIS
39. SI · POST · FATA · MANENT · SENSVS · GAVDERE · PARENTEM
40. SAEPE·SECVNDE·TVVM·RELIQVAS·ET· SPERNERE·TVRMAS

41. QVOD·SCIAT·HIC·TANTAM·FACIEM·SVPERESSE
SEPVLCHRI
42. PERPETVA·NOVITATE·SVI·SIC·STARE·NITENTES
43. CONSENSVS·LAPIDVM·SIC·DE·RADICE·LEVATOS
44. IN·MELIVS·CREVISSE·GRADVS·VT·ET·ANGVLVS.
OMNIS
45. SIC·QVASI·MOLLITAE·DVCTVS·SIT·STAMINE·
CERAE
46. MOBILIBVS·SIGNIS·HILARIS·SCALPTVRA·
NOVATVR
47. ET·LICET·AESIDVE·(sic) PROBET·HOS·VAGA·
TVRBA...OPES
48. LVCENTES·STVPEAT·PARITER·PENDERE·
COLVMNAS
49. QVIT·CVM·MILITIAE·TITVLOS·IPSVMQ·
PARENTEM
50. NVMINIBVS·DEDERIS·HAEC·GAVDIA·SAEPE·
NITENTEM
51. QVAE·QVONDAM·DEDIT·IPSE·LOCO·
DVM........
52. MVLTA·CREAT·PRIMASQ·CVPIT·COMPONERE·
V..ES
53. ET·NEMVS·EXORNAT·REVOCATIS·SAEPIVS·VNDIS
54. PERMITTANT·MIHI·FATA·LOQVI·NOCTISQ·
TIMENDAE
55. REGNATOR·STYGIVS·SIC·IMMORTALIS·HABERI
56. IAM·DEBET·PATER·ECCE·TVVS·DITISQ·RETEGIT
57. TRISTEM·DESERVISSE·DOMVM·DVM·TEMPORE
TOTO
58. MAVOLT·HAEC·MONVMENTA·SEQVI·SCRIPTISQ·
PER·AEVOM (sic)

CHAPITRE TRENTE-TROISIÈME.

59. ..VERE·NOMINIBVS·SOLITIS·INSISTERE·LVCIS
60. ADSIDVE·PATRIAS·HINC·CERNERE·DVLCITER·ARCES
61. QVOSQ·DEDIT·NATIS·PROPE·SEMPER·HABERE·PENATES
62. FORSITAN·HAEC·MVLTI·VANO·SERMONE·FERENTES
63. VENTVRAE·CITIVS·DICANT·PRAESAGIA·MORTIS
64. SI QVIS·DVM·VIVIT·PONAT·MONIMENTA·FVTVRIS
65. TEMPORIBVS·MIHI·NON·TALES·SVNT·PECTORE·SENSVS
66. SET·PVTO·SECVROS·FIERI·QVICVMQ·PARARE
67. AETERNAM·VOLVERE·DOMVM·CERTOQ·RIGORE
68. NVMQVAM·LAPSVROS·VITAE·DEFIGERE.MVROS
69. FATIS·CERTA·VIA·EST·NEQVE·SE·PER·STAMINA·MVTAT
70. ATROPOS·VT·PRIMO·CAEPIT·DECVRRERE.FILO
71. CREDE·SECVNDE·MIHI·PENSATOS·IBIS·IN·ANNOS
72. SET·SECVRVS·ERIS·SET·TOTO.PECTORE.DIVES
73. DVM·NVLLI·GRAVIS·ESSE·POTES·NEC·PLENA·LABORE
74. TESTAMENTA·FACIS·TVVS·HOC·DVM·NON·TIMET·HERES
75. VT·SIC·AEDIFICET·IAM·NVNC·QVODCVMQ·RELINQVES
76. TOTVM·PERVENIET·TVA·QVO·VOLET·IRE·VOLVNTAS
77. SED·REVOCAT·ME·CVRA·OPERIS·CELSIQ·DECORES

78. STAT · SVBLIMIS · HONOR · VICINAQVE · NVBILA · PVLSAT
79. ET · SOLIS · METITVR · ITER · SI · IVNGERE · MONTES
80. FORTE · VELINT · OCVLI · VINCVNTVR · IN · ORDINE · COLLES
81. SI · VIDEAS · CAMPOS · INFRA · IACET · ABDITA · TELLVS
82. NON · SIC · ROMVLEAS · EXIRE · COLOSSOS · IN · ARCES
83. DICITVR · AVT · CIRCI · MEDIAS · OBELISCVS · IN · AVRAS
84. NEC · SIC · SISTRIGERI · DEMONSTRAT · PERVIA · NILI
85. DVM · SVA · PERSPICVIS · APERIT · PHAROS · AEQVORA · FLAMIS (sic)
86. QVID · NON · DOCTA · FACIT · PIETAS · LAPIS · ECCE · FORATVS
87. LVMINIBVS · MVLTIS · HORTATVR · CVRRERE · BLANDAS
88. INTVS . APES · ET · CERINEOS . COMPONERE · NIDOS
89. VT · SEMPER · DOMVS · HAEC · THYMBREO · NECTARE · DVLCIS
90. SVDET · FLORISAPOS · DVM · DANT · NOVA · MELLA · LIQVORES ⌀

Ces quatre-vingt-dix vers hexamètres sont suivis des vingt vers élégiaques que voici :

1. HVC · ITERVM · PIETAS · VENERANDAS · ERIGE · MENTES
2. ET · MEA · QVO · NOSTI · CARMINA · MORE · FOVE
3. ECCE · SECVNDVS · ADEST · ITERVM · QVI · PECTORE · SANCTO

CHAPITRE TRENTE-TROISIÈME.   319

4. NON·MONIMENTA·PATRI·SED NOVA·TEMPLA·DEDIT
5. QVO·NVNC·CALLIOPE·GEMINO·ME·LIMITE·COGIS
6. QVAS·IAM·TRANSEGI·RVSVS· (sic) ADIRE·VIAS
7. NEMPE·FVIT·NOBIS·OPERIS·DESCRIPTIO·MAGNI
8. DIXIMVS·ET·IVNCTIS·SAXA·POTITA·LOCIS
9. CIRCVITVS·NEMORVM·CVRRENTES·DVLCITER·VNDAS
10. ATQVE·REPORTANTES·MELLA·FREQVENTER·APES
11. HOC·TAMEN·HOC·SOLVM·NOSTRAE·PVTO·DEFVIT·ARTI
12. DVM·CADIS·AD·MVLTOS·EBRIA·MVSA·LOCOS
13. IN·SVMMO·TREMVLAS·GALLI·NON·DIXIMVS·ALAS
14. ALTIOR·EXTREMA·QVI·PVTO·NVBE·VOLAT
15. CVIVS·SI·MEMBRIS·VOCEM·NATVRA·DEDISSET
16. COGERET·HIC·OMNES·SVRGERE·MANE·DEOS
17. ET·IAM·NOMINIBVS·SIGNANTVR·LIMINA·CERTIS
18. CERNITVR·ET·TITVLIS·CREDVLA·VITA·SVIS
19. OPTO·SECVNDE·GERAS·MVLTOS·FELICITER·ANNOS
20. ET·QVAE·FECISTI·TV·MONIMENTA·LEGAS ⰔⰕ

Les vers de ces deux petits poëmes sont, comme on le voit, tourmentés et prétentieux ; quelquefois même le sens en est assez difficile à saisir. Le mausolée qui nous occupe y est longuement décrit et le plus souvent en des termes hyperboliques dont l'exagération touche au ridicule.

78 [1].

Sur la façade sud-est du même mausolée, entre les deux pilastres de l'angle gauche :

```
FL· FAVSTINA
PIA· VIX· AN
XXXVIII·H·S·E
T·FL·FAVSTINVS
ET FL· VICTORI
A·PARENTES PO
   SVERVNT
```

79.

Entre les deux pilastres du milieu :

```
FL·LIBERA·⌀PIA
VIX·⌀AN·XVI·M·VI
T·FL·FAVSTINVS·ET
FL·  VICTORIA
PARENTES   PO
SVERVNT·H·S·E⌀
```

[1] Sir Grenv. Temple, Append., nos 109, 110 et 111.

CHAPITRE TRENTE-TROISIÈME.

80.

Entre les deux pilastres de l'angle droit:

```
    T·FL...RECEPTVS
    AEDILICIVS·Q·AE
    RARI·  DECVRIO
    COL·THELEPT·PIVS
    VIX·AN·   XXXVI
        H·S·E
    T· FL· FAVSTINVS
    ET FL· VICTORIA
    PARENTES POSV
         ERVNT
```

Remarquez à la quatrième ligne de cette dernière inscription les mots COL·THELEPT·, qui se retrouvent également à la vingt-cinquième ligne du n° 76. Ces mots confirment le témoignage de la Table de Peutinger, qui nous apprend que Thelepte était une colonie, et ils fixent en même temps d'une manière définitive la véritable orthographe du nom de cette ville, que l'Itinéraire d'Antonin écrit sans *h* après le *T* (*Telepte*).

Le soleil était sur le point de se coucher, que j'étais encore occupé à déchiffrer et à copier sur ce tombeau monumental les inscriptions qui précèdent. Je dus alors remettre la fin de ce travail au lendemain et reprendre avec ma petite escorte la route de la smala. Le kaïd, qui ne m'avait pas vu revenir au moghreb, craignant que je n'eusse été attaqué par une bande de Bédouins vagabonds, avait envoyé au-devant de moi plusieurs cavaliers que nous rencontrâmes à moitié chemin. « Je commençais à être inquiet sur votre compte, » me dit-il avec bienveillance, quand j'allai le remercier, à mon arrivée, de cette attention délicate. « La nuit, ajouta-t-il, appartient aux animaux féroces et aux voleurs, et lorsqu'elle ramène les ténèbres, et, avec les ténèbres, l'heure des embûches, nous avons soin de nous retirer dans nos tentes, sous la garde de nos chiens fidèles, qui nous avertissent toujours par avance du danger. »

16 avril.

Je retourne de bonne heure aux ruines de Kasrin, et après avoir achevé de copier le poëme qui m'avait, la veille, retenu si longtemps devant le même monument, je vais, avant de gravir le plateau où gisent les restes de la ville antique, examiner dans la plaine les débris d'un autre mausolée que j'aperçois à un kilomètre environ de distance. Ce mausolée, situé au delà d'un oued appelé Oued-ed-Derb, était bien conservé à l'époque du voyage de Shaw. Un siècle plus tard, sir Grenville Temple le vit encore debout. Aujourd'hui, il est en grande partie détruit, sauf deux pans de murs qui ont été épargnés. De forme carrée, il avait deux mètres dix-sept centimètres sur chaque face et était à deux étages; douze pilastres corinthiens en décoraient les parois extérieures. Les blocs rectangulaires qui étaient revêtus des deux longues inscriptions signalées par ce dernier voyageur sont ou gisants à terre, ou brisés ou emportés. La première de ces inscriptions contenait l'énumération des services militaires de Petronius Fortunatus, qui reposait dans ce mausolée avec sa femme Claudia Marcia Capitolina et son fils M. Petronius Fortunatus. La seconde était un petit poëme élégiaque en l'honneur de ce même personnage. Sir Grenville Temple[1] s'est contenté de copier seulement cinq vers de celle-ci;

---

[1] Sir Grenville Temple, t. II, Append., nos 106 et 107.

CHAPITRE TRENTE-TROISIÈME.

mais il a transcrit avec soin la précédente, que nous connaissions déjà, du reste, par la copie de Shaw[1].

En examinant les débris amoncelés qui jonchent en cet endroit le sol, j'ai lu sur quatre blocs quelques fragments mutilés de l'une ou l'autre de ces deux inscriptions. Les voici :

81.

Sur un premier bloc :

```
. . . . . . . A N N I S
. . . . . . . D I C A T
E  S V P E R . . S T A T
. . . R E   C V N C T A
. . . C E   M O L E S
```

82.

Sur un second bloc aux trois quarts brisé :

M

83.

Sur un troisième :

FILIO

84.

Sur un quatrième :

M . . .
MILI

Non loin de ce mausolée, sir Grenville Temple en avait observé un troisième, déjà en ruines au moment où il visita

---

[1] Shaw, t. I, p. 263.

cette localité : il est aujourd'hui complètement démoli ; les fondations seules en sont encore apparentes.

Traversant de nouveau l'Oued-ed-Derb, j'aborde ensuite l'exploration des débris de la ville proprement dite. Assise sur plusieurs collines, elle était défendue de deux côtés par un ravin escarpé et profond, dans le lit duquel coule une eau intarissable, c'est l'Oued-ed-Derb.

L'un des plus remarquables monuments qu'elle offre encore aux regards est un arc de triomphe. L'ouverture de la porte est de trois mètres soixante-cinq centimètres; les deux pieds-droits ont une largeur de trois mètres quatorze centimètres. Les blocs des assises inférieures sont taillés et agencés ensemble avec moins de soin que ceux de la partie supérieure de l'édifice. Il est couronné par un attique dont la moitié seule est intacte, l'autre est détruite.

Vers le haut de cet arc de triomphe, on lit l'inscription suivante gravée en très-grands caractères.

85 [1].

COLONIAE SCILLITANAE

Au-dessous, en caractères plus petits, sur deux lignes :

1° Q·MANILIVS·FELIX·C·FILIVS·PAPIRIA·
RECEPTVS·POST·ALIA ARCVM·QVOQVE·CVM·
INSIGNIBVS·COLONIAE

2° SOLITA·IN·PATRIAM·LIBERALITATE·
EREXIT·OB·CVIVS DEDICATIONEM·DECVRIONIBVS·
SPORTVLAS·CVRIIS·EPV. . . . .

Cette inscription révèle le nom de la cité ancienne, qui était Scillitana Colonia ou Scillium. C'est la même évidem-

---

[1] Shaw, t. I, p. 261. — Maffei, *Mus. Ver.*, p. 462, n° 3. — Sir Grenv. Temple, t. II, App., n° 113. — Pellissier, p. 278.

ment que celle qui, dans l'Itinéraire d'Antonin, est marquée, sous la dénomination de Cilio, comme se trouvant entre Meneggere et Sufetula, à XXV milles de l'une comme de l'autre.

Dans la Notice des évêchés de la Byzacène, il est question d'un *episcopus Cilitanus* ou *Cillitanus;* d'après l'inscription précédente, la véritable orthographe paraît avoir été *Scillitanus,* et par conséquent, pour le nom de la ville, *Scillium.*

Victor de Vite [1], dans son ouvrage sur la persécution des Vandales, fait mention des martyrs Scillitains (martyres Scillitani) comme étant vénérés dans l'une des basiliques de Carthage; mais, ainsi que semblent le prouver les actes [2] d'un ancien concile, le lieu d'où ils étaient originaires aurait appartenu à la province proconsulaire et non à la Byzacène. Il y avait donc probablement dans l'Afrique carthaginoise deux villes du nom de Scillium.

Quoi qu'il en soit, au-dessous de la frise et immédiatement au-dessus de la clef de voûte de ce même arc de triomphe, on remarque une autre inscription en cinq lignes. Elle est assez difficile actuellement à déchiffrer, les caractères ayant été peu profondément gravés sur l'unique bloc qu'ils recouvrent; la voici :

86 [3].

1. CLEMENTIA·TEMPORIS·ET·VIRTVTE
2. DIVINA·DD·NN·CONSTANTINI ET DECIMINVC..
3. SEMP·AVG·ORNAMENTA·LIBERTA·RESTITVTA· ET VETERA CIVI
4. TATIS·INSIGNIA·CVRANTE·CELONIO· APRONIANO·CX A
5. PATRO·CIVITATIS

---
[1] Vict. Vit., *Pers. Vand.*, l. I, c. III.
[2] Apud Hard., *Concil.*, t. III, p. 750.
[3] S. Gr. Temple, t. II, Append., n° 114.

Les deux dernières lettres, X et A, de la quatrième ligne, sont en caractères beaucoup plus petits que les autres.

Indépendamment de cet arc triomphal, on distingue sur l'emplacement de l'antique Scillium les restes de cinq enceintes qui sont les vestiges d'autant d'édifices publics.

L'une est longue de quarante-deux pas et large de trente. Tous les blocs qui la composaient sont d'un appareil colossal; ils sont rectangulaires et reposaient les uns sur les autres sans ciment. Déplacés pour la plupart en ce moment, ils forment un amas confus de grosses pierres de taille amoncelées.

L'autre mesure vingt et un pas de long sur dix-neuf de large; elle avait été construite également avec des blocs gigantesques.

La troisième paraît avoir été une église chrétienne qui a pu succéder à un temple antique et être consacrée, à son tour, au culte musulman. On y trouve encore quelques fûts de colonnes, et aux deux portes latérales, placées de chaque côté de la porte principale, une sculpture très-mutilée représente des colombes autour d'un vase où elles semblent boire.

La quatrième est la plus intacte et néanmoins peut-être la plus ancienne. Carrée et mesurant douze pas sur chaque face, elle est encore en partie debout. Ses blocs, parfaitement taillés et agencés ensemble, indiquent que ce monument avait été construit avec un soin tout particulier. Était-ce la cella d'un temple?

La cinquième enceinte enfin a été de même bâtie avec de grandes pierres de taille; mais, sauf la précédente, qui, à cause de la disposition régulière de ses blocs, atteste un travail primitif, elle paraît, ainsi que les trois premières, avoir subi un remaniement postérieur et plus grossier avant d'être renversée de nouveau.

Plusieurs pierres tumulaires m'ont offert çà et là quelques traces d'inscriptions très-mutilées et à peine déchiffrables; je donne ici la moins incomplète.

87.

```
    D   ·   M   ·   S
. . . . . . . . . .
V I X · A N ·  X X X X
CVRA·FECIT·MASVL·VIR
E I V S ·  H · S · E
```

CHAPITRE TRENTE-QUATRIÈME.

Bahirt-el-Foussanah. — Henchir-es-Siouda. — Smala des Oulad-Nadji, autre berada des Frachich. — Henchir Oum-el-Haout. — Henchir Bou-Taba. — Henchir Sidi Bou-Rhanem-Kedim, jadis peut-être Menegesem. — Henchir-el-Hameïna, emplacement probable de Meneggere.

17 avril.

A six heures trente minutes du matin, je fais mes adieux au kaïd Hadj-Kaïed, qui me remet un teskéré pour Thala et Haïdrah, localités soumises à sa juridiction.

A sept heures quinze minutes, marchant vers l'ouest, nous passons devant le marabout Sidi-Bou'l-Aba. A notre droite, s'élève le Djebel-Semmena aux pentes nues et rocheuses, du moins vers le sud, et coupé par des gorges âpres et sévères. A notre gauche coule l'Oued-el-Hatab.

A neuf heures, nous rencontrons, près de la route que nous suivons, quelques ruines connues sous le nom d'Henchir-el-Guetaf, et qui consistent en un certain nombre de gros blocs rectangulaires debout ou renversés.

A neuf heures trente minutes, la vallée dans laquelle nous marchons s'élargit de plus en plus et forme une grande plaine elliptique appelée Bahirt-el-Foussanah; naturellement très-fertile, elle n'est qu'en partie cultivée.

L'henchir Bou-Dourhan nous offre un amas de blocs confusément étendus sur le sol.

A dix heures vingt-cinq minutes, nous franchissons l'Oued-el-Hatab, et un henchir un peu plus considérable que les deux précédents m'est désigné sous la dénomination d'Henchir-Redir-Ratmaïa. J'y observe plusieurs enceintes de diverses grandeurs, formées de gros blocs, les uns parfaitement équarris, les autres à moitié bruts : çà et là quelques fûts de colonnes brisées gisent à terre.

A onze heures trente minutes, nous faisons halte jusqu'à une heure de l'après-midi à l'Henchir-es-Siouda. Cet henchir occupe un espace qui peut être évalué à deux kilomètres de pourtour. Une quantité de gros blocs y parsèment un champ et un épais fourré de cactus. Deux grandes enceintes semblent avoir été, l'une un poste militaire, l'autre une église chrétienne. Je copie sur deux pierres tumulaires les deux inscriptions qui suivent :

88.

D · M · S
GESSIVS AEV
AGIVS · VIXIT
ANNIS LXXII

89.

D · M · S
EMVIA · SEQV
DA · VIX · ANNIS
LVIII

A trois heures, nous traversons l'oued Bou-Driass, appelé aussi Oued-er-Remel ; c'est un affluent de l'Oued-el-Hatab.

CHAPITRE TRENTE-QUATRIÈME. 329

A trois heures quinze minutes, nous demandons l'hospitalité à la smala des Oulad-Nadji, autre fraction de la tribu des Frachich. Le kaïd Si-Thaïeb nous offre l'abri de sa tente pour la nuit.

18 avril.

A six heures du matin, départ.

A six heures trente minutes, nous franchissons l'oued Fekka-er-Riahi.

A sept heures, nous nous arrêtons un instant au milieu de l'henchir Oum-el-Haout. La première chose qui frappe mon attention, c'est un grand nombre de tombeaux; ils sont tous ouverts, et les cendres en ont été jetées au vent. Leur forme est celle d'espèces d'auges peu profondes, de la longueur et de la largeur des corps qui devaient y être renfermés; la place de la tête est marquée par un enfoncement demi-circulaire dans lequel elle s'engageait. Les dalles qui recouvraient ces sarcophages ayant été enlevées ou détruites, les inscriptions qui pouvaient y avoir été gravées ont disparu par cela même.

Un peu au delà de ce cimetière gisent les débris du bourg antique auquel il appartenait. Un vaste amas de pierres couvre un champ cultivé. Au milieu de gros blocs soit amoncelés, soit dispersés, soit alignés encore à leur place primitive, on remarque une dizaine de tronçons de colonnes plus ou moins mutilés.

A huit heures quinze minutes, un autre henchir appelé Bou-Taba me présente les vestiges très-confus d'un second bourg entièrement renversé, sauf une construction rectangulaire encore debout, qui paraît être un mausolée romain. Elle est longue de trois mètres soixante-dix centimètres, large de trois mètres vingt et haute de deux mètres. Je n'y ai aperçu aucune trace d'inscription.

A dix heures, nous commençons à entrer dans une khanga

ou gorge de montagne appelée Khanguet-es-Selouki (la gorge du lévrier). Une dizaine de mechads nous prouvent que cet endroit a été le théâtre de plusieurs meurtres. Bientôt après, nous traversons l'Oued-es-Selouki, et nous arrivons à des ruines assez étendues. L'emplacement qu'elles occupent porte le nom de Sidi-Bou-Rhanem-Kedim.

La ville antique dont elles sont les restes s'élevait sur un terrain très-accidenté; elle avait un peu plus de trois kilomètres de pourtour. Défendue du côté de la plaine par un mur épais dont on distingue les vestiges, elle était protégée des autres côtés par d'âpres montagnes ou par les berges escarpées de l'Oued-es-Selouki. Sur le point culminant de la cité, une enceinte puissante semble avoir été celle d'un château fort. Ailleurs, plusieurs autres enceintes construites de même avec des blocs gigantesques, les uns rectangulaires, les autres à moitié équarris, délimitent d'anciens édifices qui ont été bouleversés de fond en comble.

J'ai beau examiner les amas de décombres que je heurte à chaque pas, je ne découvre aucune inscription qui puisse m'éclairer sur le nom antique de cette ville; les seuls qui attirent mes regards sont de simples épitaphes; les voici :

90.

Sur la même pierre tumulaire :

```
   D · M · S                D · M · S
  GAIA IVLIA               NVNNIVS
   PIA VIXIT                V  ·  A  ·
   ANNIS LX                L  X  X  V
   NEPTVNIA                PII · PAT ·
  LIS ET FILI              POSVERVNT
  POSVERVNT                 H · S · E?
```

91.

Sur une pierre tumulaire à moitié brisée :

. . . . . .
V I R G O
VIX·AN·LI

Quatre kilomètres et demi au sud-est de Sidi-Bou-Rhanem-Kedim, s'étend au bas et sur le sommet d'une colline un autre henchir appelé El-Hameïma. Moins considérable que le précédent, il n'offre que des débris très-indistincts d'édifices presque entièrement détruits, la plus grande partie des blocs rectangulaires avec lesquels ils avaient été bâtis ayant été enlevés. Quelques tombeaux seuls ont échappé à la dévastation générale.

92.

Sur une pierre tumulaire :

D · M · S
. . . . . . A
S E C V N D A
S A C E R D O S
V I X · A N
LXIII·S·M·P·P

93.

Sur une autre pierre tumulaire :

D · M · S
M · VOLVSIVS
FELICA VIXIT
ANNIS XXXXX
. . . . . . QVARTA
. . . FECERVNT

94.

Sur une seule et même pierre tumulaire :

<table>
<tr><td>

D · M · S
N V N N I V S
......I N V S
Q V I R I N A
L V C I O L V S
VIXIT ANNIS
L X X V I I I I
H · S · E

</td><td>

D · M · S
S P E R O N I A
S A T V R N I N A
VIXIT·ANNIS
L X X V I
FILI MATRI
DVLCISSIME (sic)
POSVERVNT
H · S · E

</td></tr>
</table>

95.

Sur une quatrième pierre tumulaire :

D · M · S
N V N N I V S Q V I
R I N V S IANVARIVS
VIXIT·ANNIS·LXXX
FILI PATRI
POSVERVNT
H · S · E

96.

Sur une cinquième pierre tumulaire :

D · M · S
IVLIA ROGATA
VICSIT ANNIS
VII· PARENTES· P·

Comme cet henchir est situé à XXV milles romains à l'ouest de Ksarin (Scillium) et à XXV milles également à l'est de Tebessa (Theveste), il répond très-bien à la position assignée par l'Itinéraire d'Antonin à Meneggere.

Quant aux ruines de Sidi-Bou-Rhanem-Kedim, elles me paraissent être celles de Menegesem, ville signalée par l'Itinéraire comme se trouvant à XX milles à l'est de Theveste, sur une autre voie gagnant pareillement Sufetula et passant au nord de celle qui conduisait à ce même point par Meneggere et Cilio (ou Scillium); la précédente y menait par Menegesem et Vegesela.

Voici donc, si mes conjectures sont fondées, les noms anciens et les noms modernes des villes par où passaient ces deux voies, ainsi que les distances qui les séparaient :

Première voie.

Theveste	(aujourd'hui Tebessa).	
Meneggere	(Henchir-el-Hameïma).	XXV milles.
Cilio	(Kasrin).	XXV —
Sufetula	(Sbeïtla).	XXV —

Deuxième voie.

Theveste	(Tebessa).	
Menegesem	(Sidi-Bou-Rhanem-Kedim). . . .	XX milles.
Vegesela	(position non encore retrouvée).	XX —
Sufetula	(Sbeïtla).	XXX —

Cette dernière route, comme on le voit, était plus courte de V milles, car elle n'était que de LXX milles, la première étant de LXXV.

A trois heures trente minutes de l'après-midi, surpris par un orage, nous allons demander l'hospitalité à un douar dont nous apercevons les tentes, à deux kilomètres environ de l'Henchir-el-Hameïma, et nous y passons la nuit.

CHAPITRE TRENTE-CINQUIÈME.

Itinéraire suivi jusqu'à Thala. — Henchir Rechah. — Henchir Hammada. — Henchir Aïn-m'ta-Aleb. — Henchir Oum-el-Hanach. — Arrivée à Thala. — Hospitalité d'abord refusée, puis accordée. — Ruines considérables de la ville antique dont la moderne Thala semble avoir conservé le nom.

19 avril.

A cinq heures du matin, départ. Notre direction est d'abord celle de l'est.

A six heures dix minutes, je jette un coup d'œil sur un henchir consistant en quelques gros blocs, les uns encore debout, les autres renversés; ils sont mêlés à un amas de matériaux moins considérables. On ne peut m'indiquer le nom de cet henchir, du reste peu important.

A sept heures, nous quittons la plaine et la direction de l'est pour prendre celle du nord et franchir une khanga à l'entrée de laquelle je remarque plusieurs puits antiques creusés dans le roc.

A sept heures quinze minutes, nous rencontrons des ruines peu étendues et sans nom. La région dans laquelle nous pénétrons devient de plus en plus accidentée; elle est couverte de pins, de thuyas et de genévriers et hérissée de divers arbustes, tels que cistes, genêts épineux, lentisques. Elle est, en outre, entrecoupée de ravins, et nos montures n'avancent qu'avec la plus grande difficulté à travers les broussailles qui ont envahi le sentier étroit et montueux que nous suivons.

Le guide qui nous accompagne nous dit que les lions ne sont pas rares dans cette contrée sauvage et boisée, et qu'il serait fort imprudent de s'y aventurer après le coucher du soleil, au moment où ils sortent de leurs tanières.

A neuf heures trente minutes, nous passons près de l'henchir Rechah. Autour d'une enceinte construite avec de gros blocs rectangulaires, le sol est jonché d'un amas de matériaux de dimensions moins considérables, restes de maisons entièrement détruites.

A onze heures trente minutes, nous faisons halte près d'une source jusqu'à midi. La terre est tapissée en cet endroit d'une foule d'herbes odoriférantes dont le parfum embaume l'air.

A midi vingt-cinq minutes, l'henchir Hammada offre à mes yeux une enceinte carrée, mesurant quatorze pas sur chaque face et divisée en plusieurs compartiments intérieurs. Elle a été bâtie avec de gros blocs dont la plupart n'ont été qu'à moitié équarris. Non loin de là, on remarque les vestiges de quelques autres constructions moins puissantes.

A une heure trente minutes, continuant à marcher dans la direction du nord, nous parvenons à l'henchir Aïn-m'ta-Aleb. Comme les précédents, il me paraît avoir été un ancien poste militaire et consiste principalement en une enceinte bâtie avec d'énormes pierres plus ou moins bien taillées et reposant les unes au-dessus des autres sans ciment.

A deux heures, l'henchir Oum-el-Hanach est le dernier que nous rencontrons avant d'atteindre Thala. Il se borne à un amas de gros blocs, debout ou renversés. La route est bordée, à droite et à gauche, de collines rocheuses, dont quelques-unes ont été jadis fortifiées.

Vers trois heures, nous entrons à Thala. Nous trouvons cette petite ville en proie à la plus vive agitation. Elle vient de chasser les agents du kaïd Hadj-Kaïed contre lequel elle s'est insurgée, et, comme j'arrive avec un teskéré signé par ce chef dont elle secoue l'autorité, mes hambas, qui ignorent la cause de ce mouvement, sont fort mal accueillis au moment où ils exhibent cette malheureuse pièce, qui, au lieu de nous servir de lettre de recommandation, provoque contre eux et contre moi un mauvais vouloir général. Ils me conseillent donc d'abandonner aussitôt cette ville inhospitalière où nous n'entendons retentir de toutes parts à nos oreilles que des menaces et des injures; mais sachant que des ruines importantes méritent en ce lieu d'être étudiées avec soin, je leur déclare que mon intention formelle est de ne point partir avant de les avoir examinées, et, à force de pourparlers, nous obtenons enfin le droit de rester. L'abri d'une mauvaise chambre nous est offert pour la nuit, et peu à peu les habitants s'humanisent avec nous.

20 avril.

Thala compte environ douze cents habitants. Les maisons en sont basses et assez grossièrement construites. Elles n'occupent plus maintenant qu'une faible partie de la ville antique, dont le pourtour peut être estimé à six kilomètres. Celle-ci occupait les pentes et le plateau de deux grandes collines; dans la vallée qui les sépare s'allongeait la rue principale. A en juger par la quantité énorme de belles pierres de taille dont l'emplacement qu'elle couvrait est jonché, elle doit avoir été jadis une cité puissante. Une source abondante coulait dans l'intérieur de ses murs; quatre autres l'avoisinaient.

En descendant vers le nord le ruisseau formé par la première source, on arrive à un mausolée long de quatre mètres quatre-vingt-dix centimètres et large de trois mètres quatre-vingts centimètres. Il était à deux étages; toute la partie supérieure est démolie. On pénètre dans la chambre sépulcrale par une ouverture rectangulaire. Les blocs qui ont servi à la construction de ce monument sont d'un très-bel appareil. L'inscription qu'il devait porter n'existe plus, ou du moins je n'en ai retrouvé aucun fragment sur aucun des blocs gisants à terre que j'ai pu faire retourner.

Un peu plus loin, dans la même direction, est une enceinte carrée, bâtie avec de gros blocs, les uns encore bruts ou à moitié équarris, les autres taillés avec plus de soin. Cette ruine m'est désignée sous le nom de Bordj-Moëz ou Henchir-Moëz. Parmi les pierres accumulées en dedans

CHAPITRE TRENTE-CINQUIÈME.

et en dehors de cette enceinte, j'en remarque quatre qui sont d'anciennes pierres tumulaires; elles sont revêtues d'inscriptions très-effacées dont je copie les parties déchiffrables.

97.

Sur la première :

```
L · CALPVRNIVS · F
PRODOMA . . . S
STATELIS · VIXIT · AN
XXXV · MILITAVIT · AN
IX · MILES · LEG III · AVG
. . ISLIB · PHLINI · SVS
EVTYCHVS · AMARAN
```

(*Estampage.*)

98.

Sur la seconde :

```
D · M · S              D · M · S
. . . . . . B I        OTAVIA
. . . TRIV             SATVR . . . .
. . . IIL · R          . . . . VIX
VIX · AN               ANNIS
NIS LXXXXV             LX . VII
H · S · FE             H · S · FE
```

99.

Sur la troisième :

```
D · M · S
SVLPICI
VS FELIX
```

Le reste est illisible.

100.

Sur la quatrième, qui est mutilée :

```
. . . . E
. . T V R
N I N A
V·A·LIII
```

A une faible distance de cette enceinte en est une seconde, construite également avec des blocs gigantesques; elle est aux trois quarts renversée. On l'appelle Henchir-Aïn-Guemel, parce qu'elle avoisine une source de ce nom; c'est l'une de celles qui coulaient près des remparts de l'ancienne ville, et qui continue à former un ruisseau intarissable.

En revenant vers le bourg actuel, j'aperçois sur le seuil d'une maison l'inscription tumulaire que voici :

101.

```
C· CALPVRNIVS
CAPRARIVS
V·A·L·H·S·E
```

Traversant ensuite ce bourg dans toute sa longueur, pour me diriger vers le sud, en suivant jusqu'à la distance de neuf cents mètres environ la route par laquelle nous sommes arrivés la veille, j'observe, à droite et à gauche de cette route, dans des champs actuellement cultivés, plusieurs enceintes ruinées, restes d'édifices considérables, construits avec des blocs d'un très-grand appareil. Je cherche en vain à y découvrir quelque inscription importante; les deux suivantes seules attirent mon attention sur deux pierres tumulaires voisines l'une de l'autre :

102.

MEVIA MVIO
ORFA VIXIT
ANNIS LXXV
H·S·E·S·V

103.

ANTONIA A
MIA PIA VIX
IT ANNIS
L X X X X
H · S · E

La ville antique s'étendait ainsi, au nord et au sud, bien au delà de la moderne Thala, laquelle ne comprend guère dans son périmètre que le centre de la première. Quel était le nom de celle-ci? Tout porte à croire que c'était le même que celui par lequel on désigne encore actuellement cette localité, et peut-être faut-il voir en cet endroit, avec sir Grenville Temple, les ruines de cette fameuse Thala dont il est fait mention dans Salluste[1], comme d'une ville grande et opulente où Jugurtha avait renfermé ses trésors et sa famille. Après sa défaite par Métellus, ce prince numide y chercha lui-même un refuge; mais ensuite, craignant d'y être forcé par son adversaire, qui le poursuivait avec acharnement, il

---

[1] *Bell. Jug.*, c. LXXV, LXXVI et LXXXIX.

s'enfuit furtivement de cette place, d'où il avait retiré préalablement ses enfants et la plus grande partie de ses richesses. Abandonnés à eux-mêmes et trahis par leur propre souverain, les habitants se défendirent contre les Romains avec le courage du désespoir, et ceux-ci ne purent s'emparer de la ville qu'après quarante jours d'attaques et de combats continuels. Sur le point de tomber entre les mains des assiégeants, les transfuges se réunirent tous dans le palais du roi, y entassèrent l'or, l'argent et tous les objets précieux qui allaient devenir la proie des vainqueurs, puis, y mettant le feu, ils se précipitèrent eux-mêmes au milieu de cet immense bûcher, et s'ensevelirent ainsi sous les décombres fumants du palais.

Les sources auxquelles il est fait allusion dans Salluste [1], sources que l'on retrouve à Thala, l'importance des ruines qui abondent autour de ce bourg, bâti lui-même tout entier sur l'emplacement de constructions antiques, enfin l'identité absolue de nom, sont autant d'arguments assez concluants en faveur de l'opinion de sir Grenville Temple; d'un autre côté, je dois reconnaître qu'elle ne s'accorde pas avec une autre assertion de Salluste qui prétend qu'entre Thala et le fleuve le plus voisin il y avait L milles de pays aride, tellement que Métellus dut faire transporter de l'eau dans des outres à la suite de son armée. Or le bourg qui nous occupe actuellement n'est qu'à quelques milles à l'est de l'oued Haïdra. Cette difficulté n'avait point échappé à Shaw; aussi place-t-il à Medinet-el-Kedima, près de Feriana, la Thala de l'historien latin, en l'identifiant avec la ville de Thelepte. Une troisième opinion a été émise par M. Pellissier [2]. Ayant rencontré à une vingtaine de kilomètres à l'est de Gafsa un henchir appelé également Thala, il y voit les restes de la ville conquise par Métellus, ajoutant que la Thala signalée

---

[1] *Bell. Jug.*, c. LXXXIX.
[2] *Description de la Tunisie*, p. 137 et 304.

par sir Grenville Temple [1] lui paraît être le Præsidium Thala dont il est question dans Tacite [2], à l'époque de la guerre de Tacfarinas. Il avoue néanmoins que les ruines de l'henchir Thala se réduisent à celles d'un grand château sarrasin dont les bases seules sont romaines. La Thala que je viens de décrire, au contraire, a été jadis une cité considérable, *oppidum magnum et opulentum*, comme dit Salluste, et l'on y foule partout aux pieds les vestiges de constructions très-puissantes.

A deux heures de l'après-midi, ayant achevé de les examiner, je me mets en marche pour Bordj-el-Arbi.

CHAPITRE TRENTE-SIXIÈME.

Bordj-el-Arbi. — Smala des Madjer. — Ruines d'Aïn-Kedim, peut-être l'ancienne Mutia. — Henchir-el-Hammam, jadis Saltus Massipianus.

Un intervalle de six kilomètres sépare Thala de Bordj-el-Arbi. C'est là que réside le kaïd des Madjer, Sidi-el-Arbi, dans un bordj bâti depuis une vingtaine d'années par ce kaïd, dont il porte le nom. Quelques maisons y sont attenantes et forment en ce lieu comme le quartier général de la smala de ce chef puissant, smala dont les tentes, au nombre d'une centaine, sont dressées dans une plaine voisine.

Sidi-el-Arbi m'offre l'hospitalité dans l'une des chambres du bordj, et il m'apprend lui-même que des ruines, connues sous le nom d'Henchir-el-Hammam, sont éparses au milieu des plantations de cactus qui environnent sa résidence, et que d'autres ruines, appelées Henchir-Aïn-Kedim, sont peu éloi-

---

[1] S. Grenv. Temple, t. II, p. 220.
[2] *Annal.*, l. III, c. xxi.

gnées des précédentes. Une forte pluie qui survient m'empêche d'aller les visiter immédiatement.

21 avril.

C'est aujourd'hui la fin du rhamadan, c'est-à-dire du carême des musulmans. Dès le lever de l'aurore, de nombreux coups de fusil retentissent en signe de joie près du bordj. Tous les scheiks de la smala viennent présenter leurs hommages au kaïd; puis ils s'accroupissent autour d'énormes plats renfermant des beignets et du miel que Sidi-el-Arbi leur fait distribuer par ses chaouchs. Tel est, en effet, le mets traditionnel qu'en Tunisie les Arabes affectionnent particulièrement. La gaieté la plus expressive éclate sur tous les visages, et comme un pareil jour doit appartenir tout entier à l'allégresse et au bonheur, le kaïd remet au lendemain le jugement et peut-être la condamnation de plusieurs détenus qui attendent de sa bouche leur arrêt.

Après avoir assisté et pris part à ce régal matinal qui inaugure la fête appelée par les musulmans Aïd-es-Srhir (la petite fête), pour la distinguer d'une autre qu'ils qualifient d'Aïd-el-Kebir (la grande fête), je vais avec Malaspina et deux Arabes de la smala étudier d'abord les ruines d'Aïn-Kedim, réservant pour mon retour celles d'El-Hammam.

A deux kilomètres et demi à l'est du bordj s'étendent, sur deux collines, des débris considérables; ils portent la dénomination d'Henchir-Aïn-Kedim (henchir de la source ancienne), parce qu'au pied occidental de ces collines coule une source très-abondante, recueillie dans un bassin maintenant à moitié détruit, qui annonce un travail antique.

Ces collines sont couvertes de blocs gigantesques appartenant à divers édifices dont les uns paraissent romains, et les autres datent probablement d'une époque plus récente. La ville qui renfermait ces deux monticules dans son enceinte avait au moins trois kilomètres de circonférence. L'intérieur en est actuellement hérissé en partie de cactus et de broussailles, du milieu desquelles surgissent d'énormes pierres de taille, restes de constructions presque complétement démolies ou qui en dessinent encore les contours. Je n'y ai découvert aucune inscription qui ait pu m'éclairer sur le nom antique de cette localité, mais seulement sur quatre pierres tumulaires les quatre épitaphes ou fragments d'épitaphes que voici :

104.

D · M · S
FORTVNATA·SACERDOS·CERERVM
VIXIT·ANNIS·LXXII·H·S·E
VETVRIA·SECVNDA·FIL·MATRI·POSVIT

105.

TVLIASPES
PIVS·VIXIT
ANNIS LX
H·S·E·EXTVLIT

La première lettre de la première ligne est indistincte; c'est un T ou un I.

106.

D · M · S
AELIO·PR
..OSO·PIO

Le reste manque par suite d'une brisure de la pierre.

107.

....PIA
....VIS
.....ET

La pierre tumulaire qui porte ce fragment est aux trois quarts brisée.

A quelque distance de celle-ci, j'en aperçois une cinquième marquée d'une croix grecque, mais sans inscription. Cette croix prouve qu'à l'époque chrétienne, la ville à laquelle ces débris appartiennent existait encore ; ce qui l'atteste aussi, ce sont les vestiges de plusieurs édifices postérieurs aux Romains, ou du moins qui paraissent avoir subi des reconstructions un peu hâtées à une époque de guerre, et probablement dans les derniers temps de la domination byzantine.

La Table de Peutinger place à XVI milles vers le nord-est d'Ad-Medera (Haïdra) la ville de Mutia, qui du reste est entièrement inconnue : l'henchir Aïn-Kedim répond assez bien à cette position ; je propose donc comme probable cette identification.

De là, nous nous transportons à l'ouest-nord-ouest vers l'henchir El-Hammam. Il est situé dans une plaine, au milieu d'un épais fourré de cactus, et peut avoir trois kilomètres de circonférence. L'édifice le mieux conservé est un petit arc de triomphe construit avec de belles pierres de taille, et sur l'une des faces duquel on lit l'inscription suivante :

108[1].

1. PRO SALVTE·IMP·CAES·M·AVRELI·ANTONINI·LI
2. BERORVMQ·EIVS·COLONI·SALTVS·MASSIPIANI· AEDIFICIA·VETVSTATE
3. CONLAPSA·S·P·R·ITEM·ARCVVS·DVOS·A·S·F· IVBENTE·PROVIN
4. CIALE·AVG·LIB·PROC·EODEMQVE·DEDICANTE

---

[1] Pellissier, *Description de la Tunisie*, p. 294.

Cette inscription, découverte pour la première fois par M. Pellissier, ne manque pas, comme on le voit, d'importance; car elle nous révèle le nom d'une localité qui n'est mentionnée nulle part dans les écrivains anciens et qui s'appelait Saltus Massipianus.

A côté de cet arc de triomphe est, renversé par terre, un gros bloc revêtu de caractères très-effacés; voici les seuls que j'ai pu y déchiffrer :

109.

PRO SALVTE..............
PP $\overline{\text{III}}$ COS................
AVGVST................

Les autres monuments dont les débris jonchent le sol sont tellement bouleversés de fond en comble, que la forme et l'étendue en sont actuellement méconnaissables. Sidi-el-Arbi y a puisé tous les matériaux dont il avait besoin pour la construction de son bordj et des maisons qui l'avoisinent.

De même que l'henchir Aïn-Kedim doit la fondation de l'ancienne cité dont il n'offre plus que les vestiges à l'existence d'une source intarissable, ainsi l'henchir El-Hammam jouit de l'avantage de deux sources, l'une chaude, l'autre froide, qui ont évidemment déterminé en cet endroit la création d'un centre de population. La source chaude était recueillie autrefois dans un bassin particulier et ne confondait pas ses eaux avec la source froide qui l'avoisine, comme cela a lieu aujourd'hui, et il est très-probable que les Romains avaient profité de la première pour fonder à Saltus Massipianus un petit établissement thermal. La dénomination moderne d'El-Hammam (le bain chaud) donnée à l'henchir autorise cette conjecture; elle est, du reste, justifiée par l'habitude qu'ont encore les Arabes de la smala et des douars voisins de venir se baigner dans le bassin à moitié détruit dont j'ai parlé tout à l'heure.

Un ruisseau fertilise en outre les terres de cette localité. J'ai remarqué non loin de ses bords trois pierres sépulcrales presque entièrement enfouies dans le sol. Malaspina les ayant exhumées à l'aide d'un Arabe, j'ai lu sur l'une d'entre elles l'inscription suivante :

110.

```
    D · M · S
 GELLIVS·SATV
 RNINVS·VIX
  IT · ANNIS
 X X X X X V
```

La seconde porte une double inscription dont le commencement est mutilé; la voici :

111.

```
. . . . . . . .           C . . . . . . .
VIXIT ANNIS              VIXIT AN
LXX                       NIS LXXX
HIC PIE                   H · S · E
TATIS
HONOS
```

La troisième n'offre qu'un fragment d'épitaphe plus incomplet encore.

CHAPITRE TRENTE-SEPTIÈME.

De Bordj-el-Arbi à Haïdra. — Description des ruines de cette ville, l'ancienne Ammaedara. — Retour à Bordj-el-Arbi.

22 avril.

La veille au soir, j'avais demandé au kaïd un guide pour me conduire aux ruines de Haïdra. Il m'avait aussitôt répondu que cet endroit étant souvent infesté par les brigandages des Nemencha et des Hanencha, il me fournirait cinq cavaliers, tous scheiks et bien armés, qui se joindraient à ma petite escorte habituelle, qu'autrement ce serait une témérité de ma part d'entreprendre cette excursion dans une contrée qui, se trouvant sur la limite de la Tunisie et de l'Algérie, n'est en réalité bien soumise ni au bey ni à la France, et devient parfois le théâtre d'hostilités et de razzias réciproques entre les tribus limitrophes des deux pays.

Le lendemain donc, 22 avril, à six heures du matin, je me mets en marche avec mes deux hambas, Malaspina et l'un des principaux scheiks de la smala des Madjer; les autres scheiks désignés pour m'accompagner doivent me rejoindre plus loin.

A sept heures, nous franchissons l'oued Madjer.

A huit heures, nous arrivons à l'henchir El-Menchia. On y remarque sur une colline une enceinte assez grande formée de gros blocs soit debout, soit renversés. D'autres ruines sont éparses à côté d'une source qu'environne une construction moderne dont les fondements paraissent antiques. Près de là s'élève une zaouïa, et autour de ce sanctuaire s'est établi un hameau de quelques maisons.

Nous faisons halte un instant dans cet endroit, où le rendez-vous avait été donné aux quatre autres scheiks. Bientôt un petit nuage de poussière nous annonce leur arrivée, et quand ils ne sont plus qu'à une faible distance de Menchia, nous les apercevons qui lancent leurs chevaux à fond de train ; puis, au moment où ils passent devant la zaouïa, ils déchargent dans les airs leurs longs fusils.

Après quelques saluts échangés de part et d'autre, nous nous remettons tous en route pour Haïdra.

A huit heures quarante-cinq minutes, nous franchissons l'Oued-ech-Cherif.

Trente minutes plus loin, nous rencontrons un autre oued appelé Oued-el-Kol. Le pays que nous traversons est très-accidenté ; il est coupé de ravins sauvages, plantés de pins, de thuyas et de genévriers, ou seulement hérissés de hautes broussailles.

A dix heures trente minutes, nous franchissons un oued beaucoup plus considérable que les précédents, c'est l'Oued-el-Haïdra, dans lequel coule une eau intarissable qui en a profondément creusé le lit, et nous arrivons enfin aux grandes ruines de la cité antique que j'étais venu visiter.

Cette cité était située sur les deux rives de l'oued, mais principalement sur la rive gauche. Un quai en pierres de taille bordait les berges du torrent, et un pont, entièrement écroulé aujourd'hui, permettait de passer d'une rive à l'autre et reliait ainsi les deux parties de la ville.

Disons d'abord un mot de la rive droite. Les ruines de ce côté de l'oued ont appartenu à un quartier distinct ou à un faubourg. On y admire les restes d'une longue voie antique pavée avec de magnifiques dalles rectangulaires agencées ensemble diagonalement. Cette voie conduit à un petit arc de triomphe. L'ouverture de la porte est de deux mètres cinquante centimètres ; la largeur des pieds-droits sur lesquels elle s'arrondit en arcade est de deux mètres trente-trois centimètres. Chacun de ces piliers renferme une niche qui devait jadis être ornée d'une statue. L'inscription qui était placée au-dessus de la clef de voûte n'existe plus, ce monument étant découronné de toute sa partie supérieure. Seulement, parmi les blocs qui jonchent le sol à l'entour, j'en ai remarqué deux sur lesquels sont gravés les caractères suivants :

112.

Sur le premier bloc :

TEMBRIA

Sur le second :

AME

La hauteur des lettres, sur ces deux blocs, est de vingt et un centimètres, et ce sont là deux fragments, très-certainement, de l'inscription qui a disparu.

Plusieurs autres constructions importantes parsèment de leurs débris les pentes douces des collines qui de ce côté dominent l'oued; l'une de ces constructions semble avoir été un ancien poste militaire destiné à défendre ce faubourg.

Que si maintenant nous nous transportons sur la rive gauche pour explorer les ruines de la ville proprement dite, de nombreux édifices, les uns rasés presque entièrement, les autres encore en partie debout, s'offrent de toutes parts à l'attention du voyageur. Je vais seulement énumérer les principaux.

1° Un grand arc de triomphe. Il est précédé, sur ses deux faces, de deux espèces de portiques, s'élevant l'un à droite et l'autre à gauche, et ornés chacun de deux colonnes et de deux pilastres corinthiens. L'ouverture de l'arcade est de six mètres; la hauteur, sous clef de voûte, est égale au moins à cette largeur. Les colonnes sont d'un seul fût; elles mesurent un peu plus de six mètres de hauteur et ont une circonférence de deux mètres dix centimètres.

Sur la façade orientale de cette belle porte, qui servait, du côté du nord, d'entrée monumentale à la ville, on lit l'inscription suivante, gravée le long de la frise, en magnifiques caractères :

113¹.

IMP·CAES·L·SEPTIMIO·SEVERO·PERTINACI·AVG·P·M
TRIB·POT·III·IMP·V·COS·II·PP·PARTHICO·ARA
BICO·ET PARTHICO·AZIABENICO·DD·PP

Cette inscription, déjà copiée par plusieurs voyageurs, nous apprend que cet arc de triomphe avait été dédié à l'empereur Septime Sévère, et, ainsi que le fait observer une note de M. Hase insérée dans l'ouvrage de M. Pellissier², la date de cette inscription, et par conséquent de la dédicace du monument, remonte à l'an 195 de notre ère.

A une époque postérieure, il fut enclavé dans une vaste enceinte et transformé de la sorte en une véritable forteresse. Cette enceinte, grossièrement construite avec de grosses pierres de taille enlevées à divers édifices et agencées à la hâte entre elles, est aujourd'hui en partie renversée et percée de nombreuses brèches. Plusieurs blocs sont revêtus de caractères appartenant à une même inscription dont les fragments sont dispersés.

114³.

On lit sur l'un de ces blocs :

IMP·CAES·L·S
EP...IS

---

[1] S. Grenv. Temple, t. II, p. 325, n° 92. — Pellissier, p. 296. — L. Renier, *Inscriptions de l'Algérie*, p. 379, n° 3191.

[2] Pellissier, p. 297.

[3] S. Grenv. Temple, t. II, p. 326, n° 93. — L. Renier, *Inscript. de l'Algérie*, p. 379, n° 3192.

115.

Sur un second :

SEVERI

116.

Sur un troisième :

BICI AD
D

117.

Sur un quatrième :

ADIABENIC
D · P

118[1].

Sur un cinquième :

ERM· P P
P P

2° Une grande construction de forme demi-circulaire qui paraît être un ancien théâtre. De gigantesques pans de murs voûtés y couvrent le sol de leurs débris; ils sont bâtis en blocage. On remarque aussi en cet endroit un conduit souterrain de peu d'étendue. En somme, ce monument est bouleversé de fond en comble, et il a été tellement détruit que je ne puis pas affirmer positivement qu'il ait eu jadis la destination que je lui assigne.

---

[1] S. Greñv. Temple, t. II, p. 326, n° 93. — L. Renier, *Inscript. de l'Algérie*, p. 379, n° 3193.

3° Une basilique chrétienne. Elle consiste en une enceinte rectangulaire de cinquante pas de long sur vingt de large, et terminée au fond par une abside demi-circulaire. Cette basilique avait une nef centrale soutenue par des colonnes d'un seul fût et deux nefs latérales. Sur l'un des pieds-droits de la porte d'entrée j'observe une ancienne pierre sépulcrale avec l'inscription suivante :

119.

D · M · S
SEX . . . . .
FORTVNAT.
VIXIT ANNIS

Le reste manque.

Dans la même basilique, un autre bloc m'offre le monogramme du Christ ainsi figuré :

120.

4° Une seconde basilique chrétienne. Elle est à trois nefs comme la précédente, mais un peu moins grande. Du reste, elle est bâtie sur le même modèle. Les colonnes qui soutenaient la nef centrale gisent à terre ou ont été enlevées.

5° Une troisième basilique chrétienne. Sa forme est celle des deux que je viens de mentionner. Sa longueur est de quarante pas et sa largeur de vingt. J'y copie les cinq inscriptions tumulaires que voici :

121[1].

Sur un dé d'autel :

```
    D   M   S
  Q · SEMPRONI
  VS·Q·F·QVIR·
    LVCIFER·
  PIVS·V·A·LXXX
  Q · SEMPRO
  NIVS · ANTE
  NOR·ET·SEM
  PRONIA · MAL
  LINA · HER ·
  PATRONO·POS
```

122.

Sur un dé d'autel :

```
    D · M · S
  ASSIDONIVS·LI
  BERALIS·V·A·XLVII
  M·IIII·D·V·H·S·E
  ASSIDONIVS · CAL
  VVS·DOMINO·MEO
  FRATRI · RARIS
  SIMO · POSVI
```

123.

Sur un dé d'autel :

```
      D · M · S
  MEVIA · FELICITAS · VIXIT
  ANNIS XL·Q·CALPVRNIVS
  FORTVNATVS·MARITVS·CONIV
  GI·RARISSIMAE · POSVIT
```

[1] L. Renier, Inscript. de l'Algérie. p. 383, n° 3222.

124[1].

Sur un dé d'autel dont le côté droit a été brisé :

```
DIS · MAN
SEX · IVLIV
QVIR · TERT
IIVIR ALIC
  ANNIS
 . . . . .
  H · S ·
```

125.

Sur un dé d'autel mutilé :

```
Q · AVEIVS · . . . . NA
MARITVS · DVLCISSIME
ATQVE · CASTISSIME · DO
LENS · FECI · H · S · E
```

Le commencement de l'inscription manque, par suite de la brisure supérieure du bloc.

6° Une quatrième basilique chrétienne, consistant, comme les autres, en une enceinte rectangulaire terminée par une abside, et partagée en trois nefs dont celle du centre était séparée par des colonnes des nefs latérales. Sa longueur est seulement de vingt-cinq pas sur onze de large. J'y copie sur une pierre tumulaire l'inscription ci-jointe :

126.

```
  D · M · S
VETILA · LELI
A · POTILLIA
VIXIT · AN · LXVIII
```

---

[1] L. Renier, *Inscript. de l'Algérie*, p. 380, n° 3196.

CHAPITRE TRENTE-SEPTIÈME.

7° Un grand et beau mausolée divisé en deux étages. Le premier, sorte de tour rectangulaire, a dix-huit mètres de long sur quatre mètres dix centimètres de large. Le second, ouvert sur la face principale, est orné de ce côté de quatre colonnes corinthiennes. Le toit qui le couronne est décoré de deux frontons. La hauteur totale du monument est de neuf mètres. Une longue inscription couvre la façade principale du premier étage; elle est malheureusement très-effacée, et je n'ai pu déchiffrer que les mots qui suivent sur les dix lignes que cette épitaphe contient :

127 [1].

```
   Q·VRB.......................
   .....................EM..
   ............................
   ............................
5. IM..........................
   ..COS.......................
   LOC.........................
   ............................
   HAEC..............HON....
   .OCSI·LEGISTI·VADE VALEQ·P.....
```

8° Un second mausolée, sur les bords d'un torrent qui se jette dans l'oued Haïdra. Ce monument s'élève sur plusieurs gradins, ce qui lui donne plus de légèreté et d'élégance. Il est à deux étages et à six faces : trois d'entre elles ont deux mètres quatre-vingt-trois centimètres de large, et les trois autres deux mètres soixante-dix-sept centimètres. Intérieurement, le toit aujourd'hui détruit reposait sur un pilier central. La hauteur actuelle de ce mausolée est de six mètres. L'inscription n'existe plus.

[1] L. Renier, *Inscript. de l'Algérie*, p. 383, n° 3229.

9° Un troisième mausolée en marbre blanc, de forme carrée. Il mesure un mètre soixante centimètres sur chaque face, et est orné à chaque angle d'un pilastre corinthien. La plaque où est gravée l'épitaphe est renversée à terre; on y lit :

128[1].

D · M · S
P · RVTILIVS · P · F · QVIR · VITALIS
VIX · ANN · XXXVIII
H · S · E
P · RVTILIVS · FORTVNATVS · FRAT · O · P

(Estampage.)

10° Une voie pavée de larges dalles. Assez bien conservée sur certains points, elle traversait une grande partie de la ville et était bordée, l'espace de plusieurs centaines de mètres, de mausolées et de tombeaux moins somptueux, actuellement détruits, mais dont on retrouve encore l'emplacement et de nombreux vestiges.

11° Deux hautes colonnes en pierre très-mutilées par le temps et par les hommes, et qui s'élevaient solitaires, l'une près de l'autre, comme une simple décoration de la ville, au milieu d'une place publique, ou bien qui appartenaient à un monument complétement rasé.

12° Plusieurs enceintes de maisons particulières, et entre autres celle d'une vaste et belle habitation construite en magnifiques pierres de taille, dont la disposition intérieure est encore facilement reconnaissable.

Il me reste à parler de la citadelle et des divers monuments qu'elle renfermait; mais ne l'ayant visitée que le lendemain, j'en diffère à cause de cela la description.

---

[1] L. Renier, *Inscript. de l'Algérie*, p. 382, n° 3220.

CHAPITRE TRENTE-SEPTIÈME.

Vers quatre heures de l'après-midi, en effet, au moment où j'allais y pénétrer pour l'examiner en détail, l'un des scheiks qui m'avaient accompagné m'avertit, en me montrant le soleil qui baissait à l'horizon, qu'il était temps de songer à la retraite et de chercher un refuge pour la nuit dans le douar le plus rapproché de Haïdra. J'interrompis donc mes recherches, et nous remontâmes tous à cheval. Bientôt les grandes ruines de la cité déserte fuient derrière nous, et nous n'apercevons plus que la masse imposante de l'arc triomphal de Septime Sévère.

A quatre heures vingt minutes, nous laissons à notre droite, au nord de Haïdra, les débris d'une construction assez considérable, bâtie avec de belles pierres de taille, près d'une zaouïa appelée Sidi-Aly-ben-Ibrahim.

— A quatre heures quarante minutes, nous rencontrons un henchir plus étendu, dont mes guides ignorent le nom. Je mets pied à terre un instant, et parmi d'autres ruines éparses, je remarque celles d'une construction rectangulaire, longue de huit mètres cinquante centimètres et large de quatre mètres quatre-vingts centimètres, qui me paraît être un ancien mausolée ou une chapelle sépulcrale. Elle est bâtie avec des blocs très-réguliers et de grandes dimensions. A l'entour gisent un certain nombre de pierres tumulaires, la plupart mutilées et dont les inscriptions sont très-effacées. Il est facile néanmoins de déchiffrer celle qui suit :

129.

D · M · S
NONIA
MARCI·FILIA
SVRISCINA
H · S · E

A cinq heures dix minutes, nous apercevons enfin la fumée d'un douar, et nous nous dirigeons droit vers les tentes qui sont dressées en cercle devant nous. Aussitôt que les Arabes de ce douar jettent eux-mêmes de loin les yeux sur nous, s'imaginant que les cavaliers qui peu à peu se rapprochent de leur campement appartiennent à une tribu ennemie, ils s'agitent tumultueusement, et des cris de femmes et d'enfants, que dominent les aboiements des chiens, parviennent bientôt jusqu'à nos oreilles. Pour faire cesser cette alarme, l'un des scheiks de mon escorte se détache de notre petite bande au galop de son cheval, et, arrivé à la distance d'une centaine de pas du douar, il demande à parler au scheik de cette réunion de tentes. L'entrevue a lieu ; elle est de part et d'autre très-cordiale, car les deux scheiks se reconnaissent pour de vieux amis. Nous survenons nous-mêmes sur ces entrefaites, et nous recevons un accueil très-hospitalier de ces Bédouins nomades, dont nous voyons les troupeaux qui reviennent du pâturage. Une tente est dressée pour nous, et un mouton est tué en notre honneur.

23 avril.

Nous retournons de bonne heure à Haïdra, et je poursuis l'exploration des ruines de la ville.

La citadelle, que je n'avais pas eu le temps de visiter la veille, forme une vaste enceinte à peu près carrée, d'un kilomètre environ de circonférence. Flanquée de tours carrées, à l'exception d'une seule qui est demi-circulaire, elle s'étend en pente douce depuis le point culminant de la ville jusqu'à l'oued, dont elle longe la rive gauche. Les murs qui l'environnent sont construits avec des blocs d'un puissant appareil, et accusent deux époques. Bâtis d'abord par les Romains, du moins je le suppose, ils paraissent avoir été relevés à la hâte par les Byzantins. Trois portes donnent entrée dans cette forteresse : la première à l'est, la deuxième à l'ouest, la troisième au sud. Cette dernière ouvre sur les restes du pont que j'ai déjà mentionné comme traversant jadis l'oued Haïdra.

En faisant le tour extérieur de cette enceinte, je trouve et je copie parmi les blocs renversés appartenant autrefois à ces murs, en partie démolis actuellement, les inscriptions que voici :

130.

Sur un petit autel votif :

VICTORIAE
AVG·SACR·
M . . . I·VS
DONATVS·SA
CERDOS·V·S
L·   A·

131.

Sur une pierre sépulcrale :

. . . .
NOMINEQVE SALVTOR
ET SVM POST OBITVM FELIX CVI
CARI SODALES
STVLO FIXERVNT NO
MEN   AETERNVM
DECASI VALETE ET SEMPER
. . . .
VIX . . . .

132.

Sur une pierre tumulaire :

```
    D · M · S
    DONATVS
   VIX·ANNIS·VI·M·
    V · H · S · E
```

133.

Sur une pierre tumulaire :

```
    D · M · S
    MARMARIS
    VIX·AN·LVII
     H · S · E
```

134.

Sur une pierre tumulaire :

```
    D · M · S
   IVLIA VRBA
   NA  FELIX
    VIX·AN· . . .
     H · S · E
```

Au-dessous :

```
   ASSIDONIA
   ASCLEPIA
   VIX·AN· . . .
```

135.

Sur une pierre tumulaire :

>   MANITAE PIAE
>   LVCISCAE
>   OPTIMAE·AVIAE
>   VIX·ANN·LXXX
>   GARGILIAE·SATVRNINAE·PIAE
>   VIX·ANNIS·LXXX·H·S·E
>   POSTVMIAE·PACATA·SPERATA·QVIETA·FILIAE
>   MACRINAE POSVERVNT.

A la première ligne, au lieu de MANITAE, peut-être faut-il lire MANLIAE.

136.

Sur une pierre tumulaire :

>   D · M · S
>   REMMIAE
>   C ·   F ·
>   SECVNDAE
>   . . . . . . A E
>   VIX·AN·XXVIII

137.

Sur une pierre tumulaire :

>   CAIA VE
>   TVTIA
>   MATR
>   ONA·VIX
>   ANNIS
>   . . . .

138[1].

Sur un dé d'autel :

```
    D · M · S
Q·IVLIVS·SATVRVS
  PIVS·VIX·ANNIS
 XXXV· H · S · E
Q·IVLIVS·FORTVNA
TVS· FRATRI·P·P
   HOMO BONVS
```

Pénétrant ensuite dans l'intérieur de l'enceinte, j'y recueille les trois autres inscriptions funéraires que j'ajoute ici :

139[2].

Sur un cippe en forme d'autel :

```
  DIS · MANIBVS · SACR ·
L·CAELIVS EPICVRVS PIVS
VIX·ANNIS XXXII·MEN·VI
       H · S · E
 P· CAELIVS NVMISIANVS ·
     FRATRI OPTIMO
```

---

[1] L. Renier, *Inscript. de l'Algérie*, p. 382, n° 3215.

[2] S. Grenv. Temple, t. II, p. 327, n° 99. — L. Renier, *Inscript. de l'Algérie*, p. 381, n° 3206.

140[1].

Sur un dé d'autel :

```
    D  ·  M  ·  S
   ARRIA · SPERA
  TA·VIXIT·AN·LIII
      H · S · E
   APVLEIVS · LICI
   NIANVS · VXORI
    PIAE· POS·
```

141[2].

Sur une pierre tumulaire :

```
    D  ·  M  ·  S
   FLAVIA · SECVRE
  Q·VIXIT·ANNIS·XVIII
     H ·  SITVS       (sic)
```

Ces différents blocs prouvent que, soit pour bâtir, soit pour réparer la citadelle, on avait, sans respect pour les sépultures, enlevé à la nécropole antique quelques-uns des matériaux dont on avait besoin.

Ailleurs, sur une espèce de longue dalle placée horizontalement pour former avec d'autres le plafond d'une chambre, je remarque les lettres suivantes en caractères hauts de vingt-sept centimètres :

142.

A X

---

[1] L. Renier, *Inscript. de l'Algérie*, p. 380, n° 3200.
[2] S. Grenv. Temple, t. II, p. 327, n° 101. — L. Renier, *Inscript. de l'Algérie*, p. 381, n° 3212.

A quelque distance de là, un bloc semblable et renversé
à terre m'offre les deux lettres :

143.

S I

Elles ont la même forme et la même hauteur que celles
du numéro précédent. En les préposant à celles-ci, on obtient

S I A X

Peut-être, sur un troisième bloc que je n'ai point retrouvé,
lisait-on autrefois en caractères identiques les lettres

P H

et alors on avait le mot complet

S I P H A X

mot qui rappelle le nom d'un prince numide bien connu.

J'aime mieux, en effet, supposer la disparition d'un bloc
revêtu de ces deux lettres, que de voir, avec sir Grenville
Temple[1], dans l'A du n° 142, telle que cette lettre est
figurée sur la pierre, un monogramme renfermant à la fois
les trois lettres P, H et A.

Plusieurs constructions étaient contenues dans cette enceinte, et entre autres, une église dont l'abside est encore
assez bien conservée.

Un palais est aussi attenant à la citadelle, et semble
accuser une date antérieure à la sienne. Sa longueur est de
soixante-dix pas, et sa largeur de quarante. L'une de ses
façades est percée de cinq grandes fenêtres rectangulaires.
L'intérieur en est complétement détruit.

[1] S. Grenv. Temple, t. II, p. 211.

Il touche à une sorte de forum, orné jadis de nombreuses colonnes dont les fûts brisés gisent à terre.

Telles sont, en résumé, les principales ruines de Haïdra. Le pourtour de l'emplacement qu'elles occupent, en y comprenant le quartier situé sur la rive droite de l'oued, est d'environ six kilomètres.

Shaw [1] avait supposé que cette ville était l'ancienne Thunudromum colonia de Ptolémée; mais l'identification proposée par sir Grenville Temple paraît beaucoup plus probable. Ce voyageur [2], en effet, y voit l'Ammaedara du même géographe, l'Admedera de l'Itinéraire d'Antonin, l'Ad Medera de la Table de Peutinger, colonie marquée comme se trouvant à XXV milles au nord-est de Theveste, distance qui répond très-bien à celle qui sépare Tebessa (Theveste) de Haïdra.

Une inscription découverte dans cette localité par M. Pellissier [3], et que je n'ai pu retrouver, renferme un mot qui, complété par M. Hase, serait celui de Amederenses ou Amedarenses. Si cette restitution est fondée, il n'y a plus aucun doute à conserver sur l'identité de la colonie antique avec les ruines que je viens de décrire. D'ailleurs, le nom même de Haïdra ne semble-t-il pas une pure corruption du mot Ammaedara, Ad Medera, Admedera, Ammedera, Amedera ou Amedara, contracté en Aïdra, qui devient Haïdra avec l'aspiration arabe?

Dans la Notice épiscopale d'Afrique, il est question d'un *episcopus Ammederensis* ou *Amaderensis*, compris, suivant les uns, parmi les évêques de la Province Proconsulaire, et suivant les autres, parmi ceux de la Numidie. C'est entre Ammaedara et Theveste, sur les bords de la rivière d'Ardalio (aujourd'hui l'oued Haïdra), que fut vaincu le tyran Gildon

---

[1] Shaw, t. I, p. 256.
[2] S. Grenv. Temple, t. II, p. 212.
[3] *Descript. de la Régence de Tunis*, p. 297.

par Mascézil, général de l'empereur Honorius (l'an 398 de notre ère)[1].

Procope[2] signale la place d'Aumetera comme ayant été fortifiée par Justinien : « Φρούριον τειχισάμενος ὅπερ καλοῦσιν οἱ ἐπιχώριοι Αὐμετέρα. »

Il est très-probable qu'il s'agit ici d'Ammaedara. Dans ce cas, c'est à Justinien qu'il faut attribuer, sinon la fondation primitive, du moins la réparation et l'agrandissement de la citadelle de Haïdra.

J'avais achevé vers midi et demi l'examen succinct des ruines de cette ville; à une heure, nous reprenons la route de Bordj-el-Arbi, où nous arrivons à cinq heures du soir.

CHAPITRE TRENTE-HUITIÈME.

De Bordj-el-Arbi à Sbiba. — Henchir-ben-Sadoun. — Henchir-Terba. — Kasr-Mouro. — Smala des Madjer. — Henchir-Dammarin. — Description des grandes ruines de Sbiba, l'ancienne Colonia Sufetana.

24 avril.

A six heures du matin, départ de Bordj-el-Arbi.

A six heures quarante-cinq minutes, nous traversons l'oued Lakmas : il coule au sud-est du Djebel-el-Hanach, montagne qui s'élève devant nous et que nous laissons bientôt à notre gauche. Près de cet oued gisent en cet endroit quelques ruines peu considérables.

Un peu plus loin nous rencontrons l'oued Diar-er-Rhanem; il est dominé par un petit monticule couvert de débris.

A sept heures trente-cinq minutes, continuant à marcher toujours vers l'est, nous franchissons l'oued Hammala.

---

[1] Orosius, VI, 36.
[2] *De ædificiis*, l. VI, c. vi.

A sept heures quarante minutes, les ruines d'un village situé sur une colline attirent mon attention. Je remarque principalement les débris d'une enceinte construite avec de gros blocs rectangulaires, qui paraît avoir été un ancien poste militaire. Cinq ou six tombeaux l'avoisinent; un seul porte une épitaphe que voici :

144.

```
    D · M · S
  LOLLIVS·FELI
  X·VIXIT·ANNI
  S ·   L X I I
    H · S · E
```

Plusieurs tronçons de colonnes sont épars au milieu des décombres de cet henchir, qui porte le nom de Ben-Sadoun.

Vers neuf heures, nous arrivons à une vallée qu'arrose et fertilise un oued dont les eaux tarissent rarement. Elle est dominée par deux monticules que couronnent quelques ruines connues sous le nom d'Henchir-Terba. Au pied d'une de ces collines gisent un certain nombre de sarcophages à moitié brisés.

A onze heures trente minutes, nous atteignons une localité où, entre autres ruines, s'élève sur une colline un monument que les Arabes appellent Kasr-Mouro. C'est un mausolée antique, ou peut-être une chapelle sépulcrale. Extérieurement il mesure huit mètres de long sur six de large. Sa hauteur actuelle est de cinq mètres. Il est divisé en deux compartiments, dont le premier sert de vestibule au second. Les frontons qui décoraient le sommet des façades de cet édifice n'existent plus. Comme la plupart des monuments de ce genre que j'ai rencontrés en Tunisie, il est construit avec de beaux blocs bien équarris, reposant, sans ciment, les uns sur les autres. Je n'ai trouvé aucune inscription sur les parties encore intactes de ce monument, non plus que sur les blocs qui en proviennent et qui jonchent le sol à l'entour.

A quelques centaines de pas de là, sur un autre monticule, on distingue les vestiges d'une enceinte circulaire qu'environnent plusieurs tas de décombres.

Deux kilomètres plus loin, nous parvenons à l'une des smalas de la tribu des Madjer. Le khalife nous y offre l'hospitalité.

25 avril.

A six heures du matin, nous prenons la route de Sbiba, guidés par un Arabe de la smala. Notre direction est celle du sud-sud-est.

A six heures dix minutes, nous avons à notre droite le Djebel-Reukaba, et à notre gauche le Djebel-Rouhia. Nous nous avançons à travers une plaine coupée par plusieurs ravins et parsemée de monticules.

A six heures trente-cinq minutes, nous laissons à notre gauche le Koudiet-ech-Chaïr, colline de cent vingt mètres environ d'élévation.

A sept heures trente minutes, j'examine un instant l'Henchir-Kriba, consistant en quelques débris de constructions éparses au pied du Djebel-Reukaba.

A neuf heures quinze minutes, nous franchissons l'oued Djedelian. Sur les bords de ce torrent, on reconnaît les traces d'une enceinte qui semble avoir été un poste militaire.

A dix heures, nous faisons halte pendant vingt minutes au milieu d'une plus grande enceinte, mesurant quarante-six pas sur chaque face. Elle est formée avec d'énormes blocs, les uns taillés avec soin, les autres à peine équarris. Intérieurement gisent plusieurs fûts de colonnes. Près de cette enceinte, des tas de décombres et de pierres, de différentes grandeurs, proviennent de maisons complétement démolies. Mon guide ignore le nom de cet henchir.

A dix heures cinquante minutes, une enceinte semblable, construite de même, avec des blocs d'un puissant appareil, m'est désignée sous la dénomination d'Henchir-Dammarni. Elle a quarante-six pas de long sur trente-neuf de large. J'y remarque deux cippes dont les inscriptions sont entièrement effacées. D'autres constructions renversées avoisinent cette enceinte.

A onze heures, nous atteignons les grandes ruines de Sbiba. C'est une ville depuis longtemps déserte et inhabitée; elle a dû avoir jadis quelque importance, car le pourtour de son enceinte peut être évalué à six kilomètres. Elle s'élevait sur plusieurs collines, descendait en pente vers la plaine, et couvrait assez loin cette plaine elle-même. Sur ce vaste emplacement je n'ai plus trouvé qu'un misérable hameau de cinq ou six cabanes, et près de là un douar d'une dizaine de tentes appartenant à la tribu des Madjer.

Dans la plaine d'abord, à quelques pas de l'oued Sbiba, dont l'eau est aussi limpide qu'abondante, on observe une enceinte de cent trente-deux pas de long sur cent vingt-deux de large : formée de blocs de différentes grandeurs, enlevés à divers monuments antiques, elle date soit de la fin de l'époque byzantine, soit du commencement de l'époque musulmane, et semble avoir eu une destination militaire. L'intérieur en est actuellement cultivé et est devenu un champ de blé.

Quant aux principaux édifices qui méritent le plus l'attention, sur le plateau onduleux qu'occupait la cité proprement dite, dont les faubourgs s'étendaient dans la plaine, les voici dans l'ordre où je les ai tour à tour examinés.

1° Une grande construction que l'on peut considérer comme d'anciens thermes : elle a été bâtie en briques et en petits moellons. La salle principale contient deux niches cintrées, destinées sans doute jadis à renfermer des statues.

2° Une enceinte rectangulaire, construite avec des blocs de dimensions colossales et superposés sans beaucoup de régularité. A l'un des angles extérieurs de cette enceinte je remarque, sur un bloc, les traces malheureusement très-effacées d'une inscription qui me semble numide; du moins je crois y reconnaitre plusieurs caractères appartenant à l'alphabet de cette langue. J'ai soin d'en prendre plusieurs estampages, mais qui réussissent peu, à cause du vent et de la pluie qui me contrarient dans cette opération, à cause aussi de l'état de la pierre, dont la surface est très-rongée par le temps.

3° Une belle fontaine demi-circulaire, construite avec de petits moellons en blocage, mais revêtue extérieurement d'un appareil de magnifiques blocs rectangulaires, dont les trois quarts ont été enlevés ou gisent à terre. Elle affecte la forme d'un théâtre : la corde de l'arc est de dix-huit mètres. Des colonnes corinthiennes et des statues décoraient la façade extérieure de cet édifice. Un réservoir carré fournissait par derrière à la fontaine l'eau dont elle était alimentée et qui s'échappait extérieurement par trois ouvertures. Celle du milieu occupe la partie inférieure d'une niche cintrée qu'ornait jadis sans doute une statue. L'eau arrivait au réservoir par le moyen d'un aqueduc dont il n'existe plus que de faibles vestiges.

4° Une grande enceinte carrée, formée avec des blocs gigantesques enlevés à des monuments plus anciens. Intérieurement s'élèvent encore, sur six rangées, trente-six colonnes que couronnaient des chapiteaux corinthiens. Les Arabes désignent cet édifice sous le nom de Djama-Sidi-Okba, et ils en attribuent la fondation à cet illustre guerrier. Mais avant d'être consacrée au culte musulman, la Djama-Sidi-Okba avait été probablement une église chrétienne.

CHAPITRE TRENTE-HUITIÈME. 371

5° Une autre enceinte, délimitée également par des blocs énormes et dont je ne puis indiquer nettement la destination. Près de là je copie, sur un bloc brisé gisant à terre, le fragment d'inscription que voici :

145.

DENTIMEMA
AE·LEG·XV
ANNON...
NO OB
ALVMNO

(*Estampage.*)

6° Une église chrétienne renversée.

Au moment où j'allais abandonner les ruines de cette ville, un vieillard de la localité m'apprend qu'il a vu, dans son enfance, une grande pierre revêtue d'une longue inscription et qui depuis a été enfouie.

Le prenant aussitôt pour guide, je me dirige vers l'endroit où il me conduit, et la nuit me surprend au milieu des fouilles que je fais exécuter sur ce point.

Je demande un asile dans le douar voisin.

26 avril.

Les indications du vieil Arabe sont parfaitement vraies, car, étant revenu vers six heures du matin au point où j'avais commencé à faire fouiller la veille, je découvre un long bloc à peu près intact, sauf quelques brisures, et revêtu sur l'une de ses faces de l'inscription latine que voici :

146.

SPLENDIDISSIMVS ET
FELICISSIMVS ORDO
COL· SVFETANAE
P·MAGNIO AMAN..O
5. P·P·INTER QVIN......
CIOS·ADLECTO QV.....
TER·SVMM·HONO.....
FLAMONI·PP·ET QVINQVEN
NALITATIS ANPLIVS HSLN
10. OBTVLERIT EX CVIVS QVANTI
TATIS VSVRIS QVODANNIS
XII K·NOV·DIE NATALI DEI
HERC·GENI PATRIAE DIVISI
ONES DEC·DANTVR
15. Q· MAGNIVS MAXIMVS
FLAVIANVS FIL·EIVS E·Q·R
HONORE CONT·S·P·F· ET
OB DEDIC·SPORTVLAS
DEDIT L·D·D·D

(*Estampage.*)

Il est inutile de faire remarquer l'importance de cette inscription. La troisième ligne, **COL·SVFETANAE**, confirme par une preuve irrécusable la conjecture, généralement adoptée du reste, en vertu de laquelle on plaçait à Sbiba la ville de Sufibus, mentionnée dans l'Itinéraire d'Antonin comme étant située à **XXV** milles de Tucca Terebenthina au sud, et à **XXV** milles également de Sufetula au nord.

C'était une colonie, ainsi que nous l'indique cette inscription. Elle nous apprend en même temps qu'Hercule était la divinité protectrice de la cité. Une lettre de saint Augustin [1] parle du martyre de soixante habitants de cette ville, mis à mort par ordre des magistrats, pour avoir brisé une statue consacrée à ce dieu. Leur mémoire est célébrée dans le Martyrologe romain le 30 du mois d'août.

Dans la Notice des églises épiscopales de la Byzacène, il est question d'un *episcopus Sufetanus*.

A l'époque byzantine appartient un court fragment d'inscription grecque que j'ai trouvé à quelque distance du bloc précédent. Il est gravé en très-gros caractères sur une pierre mutilée; le voici :

147.

ΝΔΕ·
ΔΩΜΟ
V.ΝΕV
ΠΟVΜΑ
ΟΔΟΜΗΘΗ

El-Bekri fait mention de cette ville comme existant encore de son temps; mais elle avait déjà perdu son nom antique, car cet écrivain la désigne sous celui de Sbiba.

« De Tebessa, dit-il [2], on arrive à Sbiba, ville très-ancienne, construite en pierre et renfermant un djamé et plusieurs bains. Elle est arrosée par des ruisseaux qui font tourner des moulins. Le territoire de cette ville est couvert de jardins, et produit du safran dont la qualité est parfaite. Tout autour s'élèvent de grandes montagnes, habitées par une population arabe nommée Beni'l-Moghallès, et par une tribu berbère, les Beni-Keslan. »

[1] *Epistola* 50.
[2] *Descript. de l'Afrique septentrionale*, p. 324.

Aujourd'hui, la ville de Sbiba est, comme je l'ai dit, déserte et abandonnée; ses beaux jardins n'existent plus. Néanmoins, la fertilité de son territoire, qu'arrosent des sources abondantes, y retient toujours, ou sous la tente ou dans de pauvres cabanes, une cinquantaine d'Arabes occupés à la culture du sol.

CHAPITRE TRENTE-NEUVIÈME.

De Sbiba à Sbéitla. — Henchir-Fartout. — Henchir-el-Meguith. — Henchir-el-Oust. — Arrivée à Sbéitla. — Description des ruines de ce vaste henchir, l'ancienne Sufetula. — Rencontre d'un esclave français chez le marabout Sidi-Ibrahim; je l'emmène avec moi.

A huit heures du matin, je quitte les ruines de Sbiba, et, descendant dans la plaine, à l'est, je me dirige vers un henchir appelé Fartout. Il est situé à une faible distance de Sbiba, sur les bords de l'oued Contra, et consiste principalement en une enceinte rectangulaire construite avec de gros blocs, dont l'assise inférieure est seule en place, du moins en partie.

Plusieurs tombeaux l'avoisinent; l'un est un cippe tumulaire à quatre faces qu'ornent des figures actuellement mutilées, dont deux représentent des génies ailés. Je copie sur la face principale, qui a beaucoup souffert, le fragment d'inscription que voici :

148.

```
D · M · S
C·STA....
NA......
BRVT....
STA.....
ST......
VSCAR...
```

A onze heures, nous faisons halte jusqu'à deux heures de l'après-midi dans un douar de la tribu des Madjer.

Continuant à nous avancer ensuite vers l'est, nous atteignons à trois heures l'Henchir-el-Meguitla. Il occupe deux collines près de l'oued Gilgel, qui, coulant au pied du Djebel-Gilgel, sépare le territoire des Madjer de celui des Oulad-Ayar. Cet henchir est aussi désigné sous le nom d'Henchir-Gilgel, parce qu'il avoisine la montagne et l'oued ainsi appelés. Le point culminant de l'une des deux collines qu'il couvre est environné d'une enceinte bâtie avec de gros blocs mal équarris, qui semble avoir été un poste militaire. Çà et là plusieurs autres enceintes moins étendues, indiquées seulement par l'assise inférieure, s'élèvent au milieu de débris divers. Une quantité assez considérable de fragments de poterie jonchent le sol.

A cinq heures, nous cherchons un refuge pour la nuit dans un douar peu éloigné de cet henchir.

27 avril.

A cinq heures du matin, nous nous mettons en marche dans la direction du sud-ouest, et après avoir traversé successivement deux oueds, dont le premier s'appelle Oued-el-Hatab, et le second Oued-Sbiba, nous entrons vers six heures dix minutes dans une vallée bordée par deux chaînes de montagnes; celle qui s'élève à notre droite s'appelle Djebel-Goft-Roumia, et celle qui la domine à notre gauche est le Djebel-Merihla.

Notre direction devient alors celle du sud.

A sept heures, nous nous arrêtons un instant près d'une enceinte ruinée, appelée Souk-m'ta-Aïn-ed-Diba (le marché de la source des chacals). Ce n'est autre chose qu'un réservoir antique construit avec de petits matériaux bien cimentés. L'eau y était amenée des hauteurs voisines au moyen d'un aqueduc.

A sept heures vingt-cinq minutes, nous franchissons un torrent peu important appelé Oued-Aïn-el-Khemasia.

A sept heures trente-cinq minutes, une petite colline transversale qui s'élève devant nous m'est désignée sous le nom de Fedj-el-Adjouz.

A huit heures trente minutes, nous passons à côté de l'henchir Sar-el-Araba; ce sont probablement les restes d'une grande ferme antique.

A neuf heures, nous faisons halte dans un douar de la tribu des Madjer. Il est caché au milieu de hautes broussailles et de cactus gigantesques.

A dix heures quinze minutes, nous remontons à cheval.

A midi douze minutes, nous traversons l'oued Esmoul, le même qui, plus loin, prend le nom d'Oued-Sbéitla. Sur ses bords, nous rencontrons en cet endroit un douar des Oulad-Selama, fraction de la tribu des Hamema.

A une heure vingt-cinq minutes, nous parvenons à l'Henchir-el-Oust. Là, parmi d'autres ruines, je remarque un assez grand nombre de tronçons ou même de fûts de colonnes d'un seul bloc, soit debout, soit gisants à terre. Ces colonnes sont les unes en pierre, les autres en marbre rouge; elles ont appartenu, peut-être, à un temple antique consacré plus tard au culte chrétien. Je copie sur l'abaque d'un chapiteau les caractères suivants :

149.

ISVES
INDEO

Un kilomètre et demi plus loin vers le sud-est, nous arrivons aux grandes ruines de Sbéitla.

Cette cité, jadis peuplée et florissante, ressemble maintenant à une vaste nécropole silencieuse et solitaire. Un marabout avec sa famille y a seul fixé sa résidence. Il s'y est fait bâtir une maison près de la cella d'un temple antique. Cette cella, longue de dix mètres quatre-vingts centimètres et large de neuf mètres soixante-dix centimètres, sert actuellement d'écurie pour les chevaux et les chameaux des caravanes qui passent par Sbéitla. Nous y installons nos montures et nous cherchons nous-mêmes un asile dans l'une des dépendances du temple. J'envoie ensuite acheter des vivres au marabout appelé Sidi-Ibrahim, qui survient bientôt avec quelques provisions qu'apporte l'un de ses domestiques, revêtu d'un burnous déguenillé. Quelle n'est pas ma surprise, quand, sous les misérables haillons qui couvrent à peine ce malheureux, je reconnais un Français! « Est-ce que vous êtes Arabe? lui dis-je; vous en portez le costume, mais votre figure, quoique bronzée par le soleil d'Afrique, accuse en vous un Européen et même un Français. — Effectivement, me répond-il, je suis de Paris. Voici la première fois depuis neuf ans que j'ai l'occasion de revoir un de mes compatriotes et de parler ma langue maternelle. Je l'ai presque désapprise, ou du moins, comme vous pouvez en faire la remarque vous-même, je ne la parle qu'avec difficulté. Quant à mon histoire, je vous la raconterai plus tard, lorsque mon maître ne sera plus là pour épier mes regards et pour tâcher de surprendre sur mon visage et sur le vôtre les secrets que je vous communiquerai. »

Vers trois heures de l'après-midi, je commence avec Malaspina l'exploration des ruines de Sbéitla, et la nuit nous surprend au milieu des débris de ses divers monuments.

28 avril.

Je poursuis dès le matin l'étude des restes de cette cité.

Sbéitla, dont le nom moderne rappelle dans sa corruption même le nom antique Sufetula, occupe un plateau étendu sur la rive droite de l'oued qui porte la même dénomination. Cet oued est assez profondément encaissé; l'eau qui y coule est alimentée par plusieurs sources, dont la principale est tiède. Sur la rive gauche, des traces de constructions semblent avoir appartenu à un faubourg. On y observe aussi d'anciennes carrières dans les flancs d'une montagne qui domine l'oued de ce côté. Un pont à quatre arches, dont celle du milieu est très-hardie, rejoint les deux rives; il servait en même temps autrefois d'aqueduc et amenait à la ville les eaux d'une source voisine. Sous l'arche principale est l'inscription latine que voici. Elle est gravée sur un bloc rectangulaire encastré dans l'une des piles :

150[1].

M · AELIO AV
RELIO VERO
CAES · COS · II
IMP · CAES · T · AE
L · HADRIANI
ANTONINI · AVG ·
PII · PP · F · DD · P · P

(Estampage.)

Près de cette rivière, sur la rive droite, les restes d'un grand édifice, qui semble avoir été à la fois des thermes et un palais, attirent ensuite mon attention. Cet édifice était orné de colonnes d'un seul fût à chapiteau corinthien; les salles étaient pavées en mosaïque. J'y lis sur un gros bloc gisant à terre, les mots suivants gravés en caractères hauts de vingt-quatre centimètres :

151.

CONS · PP

[1] S. Grenv. Temple, t. II, p. 339, n° 119.

CHAPITRE TRENTE-NEUVIÈME.

Les autres monuments qui méritent le plus de fixer les regards sont ceux que je vais énumérer.

1° Une enceinte longue de trente-deux pas et large de vingt-deux. Elle est construite avec de magnifiques blocs rectangulaires ; les assises inférieures sont encore debout. J'y copie sur un piédestal renversé l'inscription que voici :

152 [1].

```
    Q · FABIO · SA
  TVRNINO · HONO
  RATIANO · SACERDO
  TI · DEI · PATRII · OB · IN
  NOCENTE · ACTV · IN V
  . . OVE · ĪĪVIRATV
  . . . . . MI · FLAVIANI
  . . . . . VNIVERSAE
       VALE
```

2° Une autre enceinte rectangulaire un peu moins grande que la précédente sur un monticule soit factice, soit naturel. Les blocs qui composent les assises inférieures paraissent appartenir à la construction primitive ; les autres ont été replacés à une époque postérieure. J'y distingue sur un cippe l'épitaphe qui suit :

153.

```
     D · M · S
    GRATIANO
    CRISPINO
  . . . . . . . . .
    PATRONO
   SEPTIMIVS
      LIB ·
```

[1] S. Grenv. Temple, t. II, p. 339, n° 118.

3º Un bel arc de triomphe qui s'élève à l'extrémité méridionale de la ville. La longueur totale de ce monument est de dix mètres trente-cinq centimètres; l'ouverture de l'arcade est de cinq mètres soixante-dix centimètres. La hauteur, sous clef de voûte, est d'environ sept mètres. Au-dessus de la corniche règne un attique. La hauteur entière de l'édifice est de onze mètres. Sur ses deux faces, à droite et à gauche de la porte, deux colonnes d'un seul fût, à chapiteau corinthien, forment une sorte de petit vestibule en saillie devant chaque pilier; on remarque aussi dans chacun de ces pieds-droits une niche carrée, destinée jadis à renfermer une statue.

Au-dessus de l'arcade, du côté qui regarde la campagne, une inscription couvre trois larges blocs; elle est actuellement en partie effacée. Voici ce que j'ai pu en déchiffrer :

154[1].

```
D D · N . . . . . . . . . . . . . . . . . . . . . . . . . .  •
INVICTIS·AVG·ITEM..CONSTANTIO..MAXIMIANO....
LISSIMIS CAESARIBVS·D N......CVSTO........
ISTIC IN PROVINCIA SVA....TVTOS........
```

Une superbe voie dallée part de ce monument pour aboutir à d'autres édifices actuellement ruinés.

4º Une vaste enceinte ou péribole renfermant trois temples.

Ce péribole est percé de trois portes cintrées, l'une, au milieu, faisant face au grand temple ou temple central, et les deux autres, latérales, de moindres dimensions. Au-dessus de la première, qui est la porte principale, règne une inscription

---

[1] S. Grenv. Temple, t. II, p. 339, nº 117. — Pellissier, *Descript.*, p. 273.

CHAPITRE TRENTE-NEUVIÈME. 381

qui a beaucoup souffert du temps. Je reproduis ici ce qu'il m'a été possible de lire :

155 [1].

```
........IVI HADRIANI ANTONINI
 ....DIVI NERVAE PRONEP........R
 ....INO....PONT·MAX·T......II·PP
```

Au-dessus de l'une des portes latérales, celle de droite en entrant, j'ai distingué les mots :

156 [2].

```
IMP....
. . . . . . .
NI·ANTONI
NI·AVG·PII
P·P·F·D D·PP
```

La porte latérale de gauche était également surmontée d'une inscription qui faisait pendant à la précédente; mais les caractères en sont complétement effacés.

En franchissant l'une de ces portes, on arrive dans une vaste cour qui s'ouvre devant trois temples séparés les uns des autres par un intervalle de quelques mètres.

Comme sir Grenville Temple et M. Pellissier les ont décrits et en ont donné les dimensions, il me parait inutile de revenir après eux sur les mêmes détails. Je me contenterai de dire ici que ces temples, construits sur le même modèle, avec de belles pierres de taille dont le soleil a doré la surface, réunissent la simplicité à l'élégance.

[1] S. Grenv. Temple, t. II, p. 339, n° 115.
[2] S. Grenv. Temple, t. II, p. 339, n° 116.

Celui qui s'élève au centre était probablement consacré à la divinité tutélaire de Sufetula; les deux autres, en effet, sont plus petits et évidemment subordonnés au précédent; on devait y honorer des dieux secondaires. La cella et l'opisthodome de ces trois sanctuaires sont à peu près intacts; mais les toitures, les façades et les portiques sont écroulés; les gracieuses colonnes corinthiennes qui les ornaient sont renversées à terre, et de riches fragments de frise et de corniche gisent ensevelis sous d'autres débris. Les inscriptions, qui peut-être ont été gravées au-dessous des frontons, pourraient sans doute être retrouvées si l'on déblayait les trois pronaos, qui sont encombrés de blocs énormes entassés là pêle-mêle.

Je ne serais pas éloigné de croire que l'enceinte qui enferme ces monuments ait servi de citadelle à l'époque de l'invasion arabe; car le mur du péribole n'est certainement pas de la même date que les temples. Il a été construit ou relevé à la hâte avec des matériaux empruntés à d'autres édifices renversés, dans le but, probablement, de convertir en une sorte de camp retranché l'espace qu'il délimitait. J'y ai remarqué et copié, sur vingt-deux blocs placés au hasard en différents endroits, les fragments épigraphiques que voici :

157.

1	2	3	4	5	6	7
FEC	ERA	VRIAEM	SSIM	C	NIM	VM

8	9	10	11	12	13	14	15
OSI	ORBI	RIMIS NEC	SV	NI	AN	D	Q.

16	17	18	19	20	21	22
FRIC	AET	PROVISIS O	SP	VLIS	RAE	VM

Ces fragments appartiennent très-vraisemblablement à une même inscription dont ils offrent quelques-uns des éléments dispersés, attendu que, dans tous ces fragments, la forme et la hauteur des caractères sont identiques; celle-ci est de vingt-quatre centimètres.

5° Un amphithéâtre. Il est presque circulaire, l'ellipse qu'il détermine étant peu prononcée. Tous les gradins ont disparu et il est ruiné de fond en comble. Néanmoins, la configuration générale en est encore reconnaissable. Il mesurait quatre-vingts pas de long sur soixante-seize de large. Sur un pan de mur encore debout, deux blocs, revêtus de caractères semblables à ceux que je viens de reproduire, ont aussitôt attiré mon attention et m'ont fait penser que le péribole des trois temples avait été rebâti avec des matériaux enlevés principalement à ce dernier monument. Si cette conjecture est fondée, les divers fragments épigraphiques épars sur les murs de ce péribole faisaient partie d'une grande inscription monumentale gravée primitivement sur ceux de l'amphithéâtre. Quoi qu'il en soit, voici les caractères que j'ai lus sur les deux blocs en question :

158.

1   2
LIB   RI

D'autres édifices encore ont laissé plus ou moins de vestiges à Sbéitla, comme, par exemple, un second arc de triomphe dont il n'existe plus que le soubassement, et une basilique chrétienne aux trois quarts démolie.

Je dois signaler enfin plusieurs tombeaux qui portent les inscriptions suivantes :

159[1].

Sur un cippe en forme de piédestal :

```
    SERVEAE
    NOVELLAE
    RVFINAE
    POTITIANAE
       CF
    SERVAEII
   EVGINIVSET
    VAGVIVS
      LIBB
```

160.

Sur un second cippe semblable au précédent et déterré par Malaspina :

```
   FL·STATIANIL
   LAE·C·M·F·
   AVIAE·AD EXEM
   PLVM PIISSIMAE
   L·SERVAEVS AMI
   CVS POTITIA
   NVS·V·C·NEPOS
```

(*Estampage.*)

---

[1] S. Grenv. Temple, t. II, p. 340, n° 122.

161.

Sur une pierre tumulaire :

```
   D · M · S
  . AVRELI
  VS...COR
  VIX·ANNIS
  . . . . . . .
```

162.

Sur une autre pierre tumulaire :

```
    D · M · S
  AEMILVS DONATVS
   VIXIT ANNIS
   . . . . . . . . .
```

163.

Sur une troisième pierre tumulaire :

```
   PRIMA
   IN·PACE
   BIXIT·AN
   . . . . .
```

Ces trois épitaphes sont incomplètes, les pierres sur lesquelles elles sont gravées étant endommagées.

Je consacrai la journée entière à parcourir et à étudier les ruines de Sbéitla. Ahmed, c'est le nom musulman du domestique français au service du marabout Sidi-Ibrahim, vint me rejoindre de bonne heure au milieu de cette exploration, et, jusqu'à la nuit, il m'accompagna avec Malaspina, ou plutôt il me guida dans mes recherches. Chemin faisant aussi, il me raconta son histoire.

Arrêté à Paris en juin 1848, transporté à Belle-Ile, puis à Lambese, en Algérie, il s'était échappé de là en 1851, et avait gagné, non sans peine, les frontières de la Tunisie. Il se croyait libre alors; mais, attaqué presque aussitôt par une bande de Frachich, il avait été dépouillé de tout et forcé, le yataghan sous la gorge, de se faire musulman. Livré à un marabout, pour être instruit dans les préceptes de la loi mahométane, il avait été chargé par ce dernier de lui bâtir une zaouïa, ne recevant d'autre salaire qu'une maigre nourriture et des coups de bâton quand il osait se plaindre ou qu'il ne se conformait pas assez fidèlement aux pratiques du Koran. On lui imposait surtout des jeûnes prolongés, tant ceux qui sont prescrits que d'autres qui ne sont point ordonnés par Mahomet. Du service de ce marabout il était passé à celui de Sidi-Ibrahim, pour lequel il avait construit une maison au milieu des ruines de Sbéitla. Un méchant burnous avait été l'unique prix de sa peine.

« Eh quoi! lui dis-je, n'avez-vous jamais cherché à vous affranchir d'une pareille tyrannie?

— Pardonnez-moi, me répondit-il; j'ai essayé plusieurs fois de m'enfuir vers Tunis, n'osant pas retourner en Algérie, où je craignais de retomber entre les mains des gendarmes français; mais toujours j'ai été repris par les Arabes et accablé de mauvais traitements. On m'a menacé dernièrement de me mettre à mort, si je tentais une nouvelle évasion.

— Êtes-vous néanmoins décidé, ajoutai-je, à reconquérir avec votre liberté le titre de Français et de chrétien que vous avez perdu? suivez-moi demain. Mes hambas, quoique musulmans, me sont dévoués et ne vous trahiront pas. Malaspina et moi nous sommes bien armés; je vous prêterai à vous-même une paire de pistolets. Saisissez donc l'occasion qui vous est offerte de sortir enfin de votre esclavage, et de revoir bientôt vos parents et vos amis. Oui, si vous parvenez avec moi à rentrer à Tunis, M. le consul général vous facilitera les moyens de retourner en France. Les insurgés de juin sont maintenant presque tous amnistiés, et vous n'avez plus à redouter d'expier par une nouvelle captivité votre évasion de Lambese. »

Un éclair de joie et de bonheur brilla alors dans les yeux du pauvre Français, et il fut convenu que le lendemain matin il s'échapperait furtivement de la maison de son maître et se tiendrait prêt à me suivre au moment de mon départ. En attendant, il devait retourner auprès d'Ibrahim, afin de ne lui inspirer aucun soupçon. Autrement ce marabout pourrait, pendant la nuit, prévenir les Arabes des douars voisins et non-seulement rendre sa fuite impossible, mais encore nous faire tous égorger, et lui-même tout le premier.

29 avril.

A six heures du matin, je jette un nouveau coup d'œil sur les ruines de Sbéitla, et je cherche encore, mais en vain, l'inscription signalée par Peyssonnel et par Shaw[1], et qui renfermait le mot SVFFETVLENSIVM. Elle a peut-être disparu, car elle n'a été retrouvée, depuis ce dernier voyageur, ni par sir Grenville Temple ni par M. Pellissier. Dans tous les cas, elle détermine par un monument épigraphique la position de Sufetula, position qui, du reste, est fixée très-nettement, sans qu'il y ait place au moindre doute, par l'indication des distances, telle qu'elle est marquée dans l'Itinéraire d'Antonin, et par le nom même de Sbéitla que

---

[1] Peyssonnel, p. 120. — Shaw, t. I, p. 259.

les Arabes continuent à donner à cet henchir, et qui est une altération évidente du nom antique.

Sufetula ou Suffetula, en adoptant l'orthographe de l'inscription copiée par Peyssonnel et par Shaw, est placée dans l'Itinéraire d'Antonin à XXV milles romains au sud de Sufibus (Shiba), ce qui est parfaitement exact. C'est à Suffetula que convergeaient la plupart des voies romaines qui sillonnaient l'intérieur du pays. La Notice des églises épiscopales de la Byzacène fait mention d'un *episcopus Sufetulensis*.

A l'époque de l'invasion arabe, cette ville était l'une des plus importantes de l'Afrique, comme l'atteste le passage suivant d'Édrisi [1] :

« Sobeïtala était, avant l'islamisme, la ville de Gergès, roi (ou plutôt de Grégoire, préfet) des Romains d'Afrique; elle était remarquable par son étendue ainsi que par la beauté de son aspect, par l'abondance de ses eaux, par la douceur de son climat et par ses richesses; elle était entourée de vergers et de jardins. Les musulmans s'en emparèrent dès les premières années de l'hégire, et mirent à mort le grand roi nommé Gergès. »

La décadence de la ville date de ce moment. Aujourd'hui, elle n'a plus d'autre habitant que Sidi-Ibrahim, qui s'y est fixé depuis quelques années avec sa famille.

A neuf heures je fais mes adieux à ce marabout, et je lui déclare alors sans détour que j'emmène avec moi son esclave Ahmed, parce qu'il m'est impossible de laisser un de mes compatriotes dans un pareil état d'abjection et de misère; puis, me tournant vers Ahmed qui était debout près de son maître : « Montez sur mon cheval, lui dis-je, et partons. » En un instant Ahmed est en selle, au grand ébahissement du marabout, qui ne peut en croire ni ses oreilles ni ses

---

[1] *Géographie d'Édrisi*, trad. de M. Jaubert, p. 259.

yeux; nous le laissons encore tout étourdi de cet enlèvement inattendu, et nous nous mettons en marche.

Pour en finir avec l'histoire d'Ahmed, qui reprit bientôt avec moi son nom chrétien d'Antoine, et sans entrer dans des détails qui seraient ici hors de propos, je me contenterai de dire que j'eus la consolation de le ramener heureusement à Tunis, où nous parvinmes le 12 mai. Deux jours après, il voguait pour Marseille, grâce à M. le consul général de France qui s'était intéressé à son sort, et qui se hâta de le rendre à sa patrie, d'où il avait été banni douze ans auparavant.

CHAPITRE QUARANTIÈME.

Henchir-el-Begar. — Découverte d'une inscription qui semble prouver que c'est l'ancienne ville Ad Casas. — Henchir-Dougga dans le Sraa-Ouartan; c'est probablement l'ancienne Tucca Terebinthina.

Le vent est d'une violence extrême et retarde notre marche. Nous nous avançons dans la direction du nord-ouest, à travers une plaine immense légèrement accidentée et en grande partie inculte.

A midi, nous parvenons à l'henchir Girgir. C'est une enceinte longue de trente pas et large de douze, qui s'élève sur un monticule isolé. Construite avec de gros blocs antiques, elle ne paraît pas néanmoins remonter au delà des derniers temps de l'époque byzantine; elle avait pour but, évidemment, de commander la plaine et devait avoir une destination militaire.

Nous faisons halte une demi-heure en cet endroit.

A une heure trente minutes, nous rencontrons d'autres ruines, connues sous le nom de Maserek-ech-Chems. Je remarque d'abord une enceinte bâtie avec de gros blocs rectangulaires. A côté est une fesguia ou réservoir antique de forme circulaire, destiné à alimenter d'eau ce poste militaire. Une seconde fesguia, également circulaire, avoisine celle-ci; à l'entour gisent les débris d'un ancien village complètement détruit.

A deux heures trente minutes, nous traversons l'oued Emsaël; il serpente en certains endroits resserré entre des rives escarpées et rocheuses; ailleurs, son lit s'élargit et ses rives s'aplanissent; elles sont bordées de pins et de genévriers, tantôt clair-semés, tantôt formant des fourrés épais.

A quatre heures, nous nous arrêtons dans un douar des Oulad-Omran, où nous passons la nuit.

30 avril.

A cinq heures du matin, nous poursuivons notre route dans la direction du nord.

Après avoir franchi, à cinq heures quinze minutes, l'oued Emsaël, nous rencontrons l'henchir Emsaël. On y trouve une construction rectangulaire longue de vingt pas sur douze de large et formée de gros blocs, plus ou moins bien équarris, comme la plupart des enceintes de ce genre qui, de distance en distance, jalonnent en quelque sorte tout l'intérieur de la Tunisie. Près de là gisent les ruines d'un petit village et s'élève un marabout consacré à Sidi-Mansour.

Six kilomètres plus loin, au nord-nord-est, nous faisons halte un instant, pour abreuver les chevaux à l'une des sources de l'oued Emsaël; l'eau en est presque tiède, comme celle de l'oued Sbéitla.

A sept heures cinquante minutes, nous passons à côté d'un henchir peu important, dont personne ne peut m'indiquer le nom. La route ou plutôt le sentier que nous suivons, traverse un bois de pins et de genévriers.

A huit heures quarante-cinq minutes, nous parvenons à l'Henchir-el-Begar.

Des ruines assez considérables couvrent en cet endroit

CHAPITRE QUARANTIÈME.

des champs actuellement cultivés par un douar des Oulad-Omran. Çà et là des amas de gros blocs épars sont les restes d'autant d'édifices entièrement renversés. L'un de ces édifices, néanmoins, est encore en partie debout; il consiste en une grande enceinte rectangulaire dont le toit était soutenu par des piliers carrés. Mais ce que cet henchir m'a offert de plus intéressant, c'est une pierre haute d'un mètre cinquante-quatre centimètres sur soixante-huit centimètres de large, que j'ai trouvée aux trois quarts enfouie dans le sol. Maluspina l'ayant déterrée à l'aide de deux Arabes, je me suis aperçu que l'une de ses faces était entièrement revêtue d'une longue inscription latine de trente lignes. Malheureusement toute la partie supérieure a été rongée par une sorte de lichen qui a altéré profondément la plupart des caractères, ce qui ne m'a permis de déchiffrer qu'un petit nombre de mots dans les dix-neuf premières lignes; les onze dernières sont beaucoup plus faciles à lire; les voici :

164.

1. REGIONE·BEGVENSI·TERRITORIO·MVSVLAMIO-RVM·AD CASAS
2. NVNDINAS·IIII·NON·NOVEMBR·ET XII·K· DECEMBR·ET·EXEO·OM
3. NIBVS·MENSIBVS·IIII·NON·ET XII·K·SVI CVIVSQ·MENSIS·IN
4. STITVERE·ET HABERE·EOQVE VICINIS ADVENISQ·NVNDINANDI
5. DVMTAXAT·CAVSA·COIRE·CONVENIRE·SINE· INIVRIA·ET·IN
6. COMMODO·CVIVSQVAM·LICEAT·ACTVM·IDIBVS· OCTOBR·
7. P·CASSIO·SECVNDO·M·NONIO·MVCIANO·EODEM· EXEMPLO

8. DE·EADEM·RE·DVAE·TABELLAE·SIGNATAE·SVNT·
SIGNATORES
9. C·FL·COMIANI·SCRIB·C·IVLI·FORTVNATI·SCRIB·
M·CAESI·HELVI
10. EVHELPISTI·Q·METILI·ONESIMI·C·IVLI·
PERIBLEPTI
11. L·VERANI·PHILEROTIS·T·FLAVI·CRESCENTIS

(*Estampage.*)

Remarquez l'importance de la première ligne, qui est la vingtième de l'inscription complète. Cette ligne en effet renferme trois noms :

1° Celui d'une région, *regio Beguensis*.

2° Celui du territoire d'un peuple, les *Musulamii*.

3° Enfin celui d'une petite ville ou d'un bourg appelé Ad Casas, dénomination antique, très-probablement, de l'Henchir-el-Begar, car c'est ici, je pense, qu'il faut reconnaitre ce bourg, bien que la Table de Peutinger recule les Musulamii plus vers l'ouest, et que Ptolémée place les Μισούλαμοι, identiques très-certainement aux Musulamii de la Table, au pied du mont Audus, les monts Aurès d'aujourd'hui.

Les dix dernières lignes de l'inscription précédente ne sont pas moins dignes d'attention; elles contiennent l'indication des jours où devront se tenir des marchés mensuels, auxquels seront admis librement les peuples voisins et même les étrangers. Suivent les signatures de tous ceux qui ont participé à cet acte.

A un kilomètre environ des restes de l'enceinte dont j'ai parlé plus haut, s'étendent sur un petit plateau, au milieu de la plaine, d'autres ruines connues également sous le nom d'Henchir-el-Begar, et qui appartenaient jadis vraisemblablement à la même localité. Le monument le mieux conservé est un ancien mausolée romain qui semble avoir été agrandi à une époque postérieure. J'y remarque une croix grecque sculptée sur un bloc, ce qui me porterait à croire qu'à l'époque chrétienne et peut-être byzantine, ce mausolée a été transformé en sanctuaire chrétien.

A deux heures trente minutes de l'après-midi, nous nous remettons en marche dans la direction du nord.

A quatre heures quinze minutes, nous cherchons un refuge pour la nuit dans un douar de la tribu des Oulad-Omran. Cette tribu passe pour être très-pillarde et jouit d'un assez mauvais renom dans la Régence. Néanmoins, le scheik de ce douar important me fait un excellent accueil, et un homme de chaque tente est convoqué à un grand festin arabe qu'il donne en mon honneur. Plusieurs des convives racontent avec orgueil différentes razzias auxquelles ils ont pris part contre des tribus voisines.

1er mai.

A cinq heures trente minutes du matin, nous quittons ce douar et nous continuons à marcher dans la direction du nord.

A six heures trente minutes, nous rencontrons l'Henchir-et-Tagga, consistant en quelques blocs debout ou renversés confusément; ce sont peut-être les débris d'un ancien poste militaire.

A six heures quarante-cinq minutes, un autre henchir, appelé Frena, me parait également avoir eu la même destination.

A sept heures trente minutes, nous passons au pied d'un bordj carré, du nom de Kasr-Tlili. Situé sur une colline rocheuse, il mesure treize pas sur chaque face; il est de fondation romaine ou peut-être byzantine. Les vestiges de plusieurs petites constructions l'environnent; là est un cimetière où cinq douars des Oulad-Omran enterrent leurs morts.

A sept heures trente-deux minutes, nous laissons à notre droite l'henchir Oulad-Arif. On y observe sur une colline les restes d'une enceinte bâtie avec des blocs rectangulaires de grandes dimensions et longue de cinquante pas sur cinq seulement de large.

A huit heures cinquante minutes, nous faisons halte quelques instants à l'henchir Oulad-Rhaoui, amas assez étendu de gros blocs rectangulaires, dispersés sur deux collines que sépare un oued du même nom. Cet henchir est également appelé El-Bouager.

A onze heures vingt-cinq minutes, je jette un coup d'œil, chemin faisant, sur l'henchir Maharga, qui ne m'offre rien à signaler; il occupe le sommet d'une colline.

A deux heures, nous parvenons à la même smala des Madjer qui nous avait déjà offert l'hospitalité le 24 avril. Le khalife m'invite de nouveau à me reposer sous sa tente jusqu'au lendemain matin.

2 mai.

Départ à six heures dix minutes du matin; notre direction est celle du nord-nord-est. Nous franchissons successivement trois collines, puis nous entrons dans le Sraa-Ouartan, district très-fertile, où nous traversons de beaux champs de blé et d'orge qui nous rappellent que l'Afrique carthaginoise était autrefois l'un des principaux greniers de Rome.

A neuf heures quinze minutes, nous faisons halte sur l'emplacement de ruines étendues, appelées Henchir-Dougga.

J'examine d'abord une enceinte longue de quatre-vingts pas et large de soixante-dix; elle était jadis flanquée d'une petite tour carrée à chaque angle. Construite avec de gros blocs rectangulaires qui paraissent enlevés à des monuments plus anciens, elle ne remonte pas probablement au delà de l'époque byzantine. L'intérieur en est rempli de décombres et de hautes herbes.

CHAPITRE QUARANTIÈME.

A quelque distance de là, une autre enceinte rectangulaire, ayant vingt et un pas de long sur treize de large, renferme cinq fûts de colonnes, dont deux en marbre blanc et trois en pierre. Les Arabes désignent cet édifice sous le nom de Djama-Sidi-Okbah; mais la régularité des puissantes assises de cette enceinte semble prouver qu'elle est antérieure à l'époque musulmane; peut-être, dans le principe, était-elle un temple païen, transformé plus tard en église chrétienne, puis enfin en mosquée, consacrée à Sidi-Okbah. J'y copie sur un cippe en forme de piédestal, qu'ornent sur trois faces des figures mutilées, l'inscription suivante :

165.

D · M · S
L · IVLIVS
KASTVS
PIVS · VI
XIT · ANN
IS   XXI

(*Estampage.*)

A côté de cette épitaphe en est gravée une seconde sur la même face du cippe; elle est aujourd'hui aux trois quarts effacée.

Au bas du monticule sur lequel cet édifice avait été élevé gisent d'énormes blocs rectangulaires; deux sont marqués des caractères que voici :

166.

ECVNIA · PVBLICA · EX . . VC

167.

. . NOEV

Les caractères, sur ces deux blocs, ont la même forme et la même hauteur, c'est-à-dire vingt-six centimètres.

Entre les deux enceintes dont je viens de parler, plusieurs fûts de colonnes, mêlés à beaucoup d'autres débris, sont renversés sur le sol. Malaspina me signale un long bloc à moitié enfoui et qu'il déterre; j'y lis :

168.

AVG·FORVM

Les caractères ont vingt-six centimètres de hauteur; la première partie de la lettre M est seule visible.

Dans les champs cultivés qui avoisinent ces ruines, les traces de trois ou quatre autres enceintes, bâties de même jadis avec des blocs considérables, attirent ensuite mon attention.

Cet henchir, et par son nom et par sa situation, me paraît répondre à l'ancienne Tucca Terebinthina, identifiée, à tort selon moi, par quelques voyageurs, avec l'henchir Makter. En effet, le nom de Dougga n'est-il pas d'abord une pure altération de celui de Tucca? Puis la position de cet henchir, qui se trouve à XV milles romains au sud de Zanfour, l'antique Assuras, et à XXV au nord de Sbiba, jadis Sufibus, est identique à celle de Tucca Terebinthina, marquée dans l'Itinéraire d'Antonin à XV milles au sud d'Assuras et à XXV au nord de Sufibus. Il est vrai que, dans deux autres passages de ce même Itinéraire, l'intervalle qui sépare Tucca Terebinthina d'Assuras est réduit à XII milles; mais c'est évidemment une erreur de copiste, car aucune ruine de quelque importance n'existe à XII milles au sud de Zanfour (Assuras), tandis que Dougga, XV milles au sud de l'henchir précédent, offre les vestiges d'une ville antique.

Il faut bien distinguer cette localité d'une autre qui est située plus au nord, près de Teboursouk. Ce second henchir, appelé également Dougga, est l'ancienne civitas Thugga, qu'on a confondue quelquefois avec Tucca Terebinthina. J'en décrirai plus tard les ruines remarquables.

A midi trente minutes, nous nous remettons en marche dans la direction de l'est. La route que nous suivons est bordée de moissons florissantes qui ondulent avec grâce sous le vent; partout les oiseaux chantent du milieu des sillons, et, de quelque côté que se porte le regard, il est réjoui par le spectacle de la vie, de la richesse et de la fécondité de la nature, spectacle bien différent de celui que nous avaient présenté les steppes arides du sud de la Tunisie.

A midi trente-cinq minutes, nous traversons l'Oued-el-Melah.

A midi quarante minutes nous longeons, à notre gauche, des carrières creusées dans les flancs d'une colline rocheuse. Une voie romaine y conduit de Dougga; elle est indiquée par deux lignes parallèles de blocs enfoncés verticalement en terre, comme des espèces de bornes. Ces carrières sont celles où ont été puisés les matériaux qui ont servi à bâtir la ville dont je viens de signaler les débris.

CHAPITRE QUARANTE ET UNIÈME.

Henchir-Meded, jadis peut-être oppidum Miditense. — Henchir Bou-Faha.

A deux heures, continuant à marcher dans la direction de l'est, nous rencontrons les restes d'un poste militaire, ou du moins d'une construction bâtie avec de gros blocs. Ces ruines me sont désignées sous le nom d'Henchir-Serdj (henchir de la selle), à cause de la forme de la colline sur laquelle elles sont situées.

A deux heures quarante-cinq minutes, je remarque sur un

oued appelé Oued-es-Souatin, ou bien encore Oued-Meded, les débris d'un pont romain, et bientôt après nous parvenons à l'henchir Meded.

La ville dont cet henchir considérable offre les ruines occupait un plateau qu'environne de trois côtés l'Oued-es-Souatin, lequel était jadis, en plusieurs endroits, bordé d'un quai aujourd'hui presque entièrement détruit. Les constructions descendaient en pente et par des espèces de gradins jusqu'à cet oued, qui fournissait aux habitants une eau intarissable. Tout l'espace que la ville couvrait est actuellement envahi soit par des plantations de cactus gigantesques, entremêlés d'épaisses broussailles, soit par des champs de blé et d'orge.

J'étudie d'abord la nécropole de cette antique cité. Plusieurs mausolées romains y attirent mon attention; ils sont la plupart démolis, à l'exception des assises inférieures, qui sont encore debout : il en est d'autres dont les fondements seuls sont visibles. L'un de ces monuments, néanmoins, est assez bien conservé. Il repose sur trois gradins qui lui servent de soubassement. La chambre sépulcrale a, extérieurement, quatre mètres quatre-vingt-dix centimètres de long sur quatre mètres quatre centimètres de large. Un double fronton ornait le toit, qui est renversé. La façade principale était décorée aux deux angles d'un pilastre corinthien. Aucune trace d'inscription ne se montre au-dessus de la porte d'entrée.

Près d'un autre mausolée, dont la chambre sépulcrale est aux trois quarts détruite, gît par terre, au milieu de plusieurs beaux blocs rectangulaires provenant de cette démolition, une pierre longue d'un mètre soixante-dix-sept centimètres et haute de quarante-neuf centimètres. On y lit l'inscription suivante, qui est incomplète, par suite des mutilations qu'a subies la pierre :

CHAPITRE QUARANTE ET UNIÈME.

169.

```
. . . . . . . . . ENTVM   QVOD
L·VOLVSIO·SATVRNINO·QVI·VIXIT ANNIS XXC
L·VOLVSIAE·SATVRNINAE MAXIMVS . . .
PIISSI . . . PATRI . . . . . . . . . . . . . .
ETIV . . . E SEVERAE CONIVGI . . . . . . .
. . . . . . . . SVIS   FECIT
```

Indépendamment de ces mausolées, qui par le caractère de leur architecture rappellent l'époque romaine, cette nécropole renferme un grand nombre de tombeaux beaucoup plus élémentaires, qui me semblent appartenir à une époque plus ancienne. Ils consistent en une chambre sépulcrale formée avec quatre blocs verticaux sur lesquels repose, en guise de toit, un seul bloc horizontal. Une petite entrée latérale avait été ménagée à l'une des faces de la chambre, afin de pouvoir y introduire le cadavre ou simplement les urnes cinéraires. Les blocs qui constituent les parois de ces chambres sépulcrales, principalement ceux qui servent à les couvrir, sont de dimensions gigantesques, et la plupart fort grossièrement équarris. J'en ai mesuré quelques-uns qui dépassaient en longueur trois mètres soixante centimètres, et en hauteur deux mètres soixante-dix centimètres. Plusieurs de ces chambres sont divisées intérieurement en deux compartiments : elles ont toutes été violées, et les morts qui y reposaient ont été depuis de longs siècles sans doute dépossédés de leur dernière demeure.

Une seconde nécropole semble avoir été celle d'un faubourg de la ville. On y trouve une dizaine de chambres sépulcrales parfaitement conservées et formées également avec des blocs d'appareil colossal. Quelques-unes servent actuellement de refuge ou contre le soleil, ou contre la pluie, aux pâtres qui mènent paitre leurs troupeaux en ce lieu.

La nuit survenant, je remets au lendemain l'étude des ruines de la ville proprement dite, et nous demandons l'hospitalité à un douar des Oulad-Ayar qui a dressé ses tentes au milieu de cet henchir.

3 mai.

Quatre Arabes du douar travaillent dès le matin, sous la direction de Malaspina, à déterrer un bloc énorme profondément enfoncé dans le sol, et dont une faible partie seulement était visible et m'avait paru revêtue de caractères. En attendant qu'ils aient achevé cette tâche, je parcours l'emplacement de la cité antique, autant que me le permettent les fourrés de cactus et de broussailles qui en recouvrent maintenant la moitié environ; le reste a subi depuis longtemps l'action de la charrue, et de belles moissons, déjà assez élevées, dérobent à mes yeux la plupart des débris qui rampent à terre.

Les principales constructions, aux trois quarts renversées, qui attirent mon attention, sont :

1° Une grande enceinte rectangulaire qui semble avoir eu une destination militaire. Celles des assises qui sont encore debout sont bâties avec de gros blocs, les uns taillés avec soin, les autres à peine équarris;

2° Une basilique chrétienne;

3° Un forum orné d'un portique et d'un petit arc de triomphe.

Il est question de ce forum, de ce portique et de cet arc de triomphe dans l'inscription qui recouvre le bloc dont j'ai parlé tout à l'heure. Une fois qu'il est déterré complétement, je trouve que, sur une longueur de deux mètres soixante-cinq centimètres et une hauteur de soixante-sept centimètres, il est revêtu de l'épigraphe latine que voici, épigraphe dont les caractères, malheureusement, sont en partie effacés; elle forme six lignes :

170.

1. FELICISSIMO SAECVLO DOMINORVM NOSTRO-
RVM·C·AVRELI·VALERI......................
2. ....
......MEI VALERI CONSTANTI ET·C·VALERI
3. ....M NOBILISSIMORVM CAESS·ET
CONSVLVM QVORVM VIRTVTE AC PROVIDEN
4. TIA OMNIA IN MELIVS REFORMANTVR PORTICVM
CVM ARCV SVO QVAE FORO AMBIENDO DEERAT
5. A SOLO COEPTAM ET........P·AVR·ARISTOBVLVS
V·C·PROCOS·AFRICAE PER INSI....M MACRINI SOS
6. SIANI·C·V·FEC·CVM EODEM DEDICAVIT CORAM
POPVLO....................... DD PP

(*Estampage.*)

Ailleurs, sur un beau bloc de marbre gisant dans le ravin de l'Oued-es-Souatin, je copie le fragment d'inscription qui suit :

171.

N PRIVATO SOLO SVO SVIS SVMTIBVS
ANVS FILIVS EIVS PATRIAE SVAE

Enfin, deux pierres tumulaires m'offrent les inscriptions que je reproduis ici :

172.

```
  D  ·  M  ·  S
OCT · FORTVNATIA
NO · L · IVL · DEXTER · ET · LA
TINIVS  ROGATIA
NVS    MONVMEN
TVM   FECERVNT
  VIX · AN · XXX
```

173.

```
Q · VIENS.....
HIC IACET....
RATVS FI......
IN PACE RE.....
NS · VIXIT · AN...
LXVIIII · ME · VII
```

Cette dernière inscription est incomplète, la pierre étant très-mutilée.

Dans la Notice des évêchés de la Byzacène, il est fait mention d'un *episcopus Miditensis* ou *Miditanus*. N'y a-t-il point un rapport frappant entre le nom actuel de l'henchir Meded et celui de la ville qui servait de résidence à cet évêque?

A deux heures trente minutes, nous nous remettons en marche; notre direction est toujours celle de l'est.

A trois heures, nous rencontrons l'henchir Ksour-el-Hamema; il consiste en un amas de quelques gros blocs ayant appartenu probablement à un poste militaire.

A quatre heures, nous laissons à notre gauche l'henchir Kouka, et à notre droite l'henchir El-Ioudi, d'une faible importance tous deux. Notre direction est alors celle du nord.

A quatre heures cinquante minutes, nous faisons halte quelques instants près d'un ancien mausolée qui s'élève sur les bords d'un oued. Ce mausolée, d'origine romaine, est désigné par les Arabes sous le nom de Bit-el-Hadjar (la maison de pierre). Il a onze pas de long sur six de large. Extérieurement, il est orné de six pilastres corinthiens dans le sens de sa longueur et de quatre dans celui de sa largeur. L'inscription qui a dû être placée au-dessus de la porte d'entrée n'existe plus. Intérieurement, il renferme deux chambres. Dans l'une, on remarque, à droite et à gauche, huit petites niches cintrées ou columbaria, pratiquées dans les murs latéraux. Par terre gît renversé et à moitié brisé un bloc sur lequel est représentée une figure aujourd'hui très-mutilée.

Près de ce mausolée, on distingue les traces d'une seconde enceinte dont il n'existe plus que les fondements. Elle était divisée en plusieurs compartiments et mesurait trente pas de long sur dix-huit de large.

A cinq heures vingt-cinq minutes, nous demandons l'hospitalité pour la nuit à un douar de la tribu des Oulad-Ayar.

4 mai.

Une nuit froide et pluvieuse a succédé à une journée brûlante. Cette grande différence qui existe souvent, en Afrique, entre la température du jour et celle de la nuit, principalement dans les régions montagneuses, comme est celle où campent les Oulad-Ayar, est l'une des choses qui attaquent et en même temps qui fortifient le plus la santé de l'homme, quand il s'habitue dès l'enfance à supporter de pareilles alternatives de chaud et de froid. En visitant plusieurs tribus montagnardes du centre et du nord de la Tunisie, j'ai souvent admiré avec quelle facilité les Arabes de ces tribus savaient braver, sous une tente ouverte à tous les vents, des vicissitudes de température qui sembleraient devoir altérer profondément leur constitution, et qui, au contraire, ne font qu'endurcir leur corps, accoutumés qu'ils sont dès le bas âge à d'aussi brusques changements.

A six heures du matin, nous nous dirigeons vers l'est pour aller examiner l'henchir connu sous le nom de Kasr-bou-Fatha.

A six heures trente minutes, nous sommes au pied de ce château. Il est assis sur une colline qui commande l'oued Miran, le même qui, dans M. Pellissier, est appelé oued Zafet. Sa longueur est de trente-sept pas et sa largeur de trente-cinq. Les blocs qui forment cette enceinte, d'origine byzantine probablement, appartiennent à d'anciens édifices détruits. L'intérieur en est actuellement hérissé d'un fourré presque inextricable de cactus gigantesques au milieu desquels je trouve et je copie les inscriptions suivantes :

174[1].

Sur un magnifique bloc brisé; les caractères sont très-effacés :

```
...IMIO SEVERO
ARABICO·ADIABEN
......S P..OM.
....IMP·COS·II
.....AELIA....
IS · DD · PP
```

---

[1] Pellissier, p. 418.

CHAPITRE QUARANTE ET UNIÈME.

175.

Sur un cippe que j'ai fait déterrer :

```
    D · M · S                  D · M · S
    AVRELIA                   M · AVRELI
    VINDICIA                  VS SACERDOS
    SACERDOS                  . . . . . VIX ·
    VENERIS                   ANN · LXX
    VIX · ANN ·
      LXXX
```

(*Estampage.*)

176[1].

Sur l'une des faces d'un cippe :

```
    VMBRIVS VICTORIA
    NVS NE DVBIVM LONG-
    VM QVAM VERERETVR
    INEB·O·QVIS HOC MOR
    TALIVM FVISSET CONDITV
    S HVMO VICTORIANVM
    SCRIBERE CVRAE FVIT Q
    VI SVIS OMNES PARTITVS
    OPES POSTERITATI FAMA
    GNA PIAETATE RELIN
    QVIT VICXIT ANIS
       LX · M · ϚIII
```

(*Estampage.*)

---

[1] Pellissier, p. 418.

177 [1].

Sur une autre face du même cippe :

```
VMBRIA VEIA
VICXIT IN PACE
ANIS XIIII·MS·V
```

178 [2].

Sur une troisième face du même cippe :

```
VMBRIA C...IDO
IN PACAE (sic) VIC
XIT ANNIS XLIIII
MENSES III
```

179.

Sur une pierre tumulaire dont une partie est mutilée :

```
       D     M     S
LICINIVS MAVRVS HVIVS OPERIS CONDITOR
SIBI SVISQVE POSTERIS SPONTE TRIBVIT
MVNERI VT SEMPER MAN............
  RVMETARTIAREN...............
LICINIAE VR.....CAE LICINIVS........
DAM SVAE HANC OPERIS S............
```

[1] Pellissier, p. 419.
[2] Pellissier, p. 419.

CHAPITRE QUARANTE-DEUXIÈME.

```
VII SEMPER VILIA . . R . . . . . . . . . . . . . . .
. . MEMORIAM PIAE CŌNIVGI . . . . . . . . . . . .
RI HECTORE IN QVE EO SVO TEMPORE . . . .
  SIMO  CVM   EA  CONCLVDERE
IN · ANIS · XIV : QVIBVS DATVM EST VT
. . . . . . VIVERENT · IAMQVE
. . . . . . . . MATRI PIAE·V·A·LXXXV
            H · S · E
```

(*Estampage.*)

Une pluie battante qui survient vers dix heures nous force à aller chercher un refuge dans un douar très-rapproché de l'henchir Makter.

CHAPITRE QUARANTE-DEUXIÈME.

<small>Description des ruines de l'henchir Makter, jadis oppidum Mactaritanum.</small>

<small>5 et 6 mai.</small>

Je consacre ces deux journées à l'examen des ruines de Makter.

Ces ruines considérables occupent un plateau élevé, entre deux oueds qui ne tarissent ni l'un ni l'autre : au sud, l'oued Miran, dont j'ai déjà parlé ; au nord, l'oued Bou-Saboun. Un horizon aussi vaste que varié se déroule devant les regards du voyageur quand il est parvenu au sommet de ce plateau. Presque tout l'emplacement de la ville ancienne (oppidum Mactaritanum) dont l'henchir Makter rappelle le nom, est actuellement cultivé, et je l'ai trouvé envahi par de superbes moissons de blé et d'orge, du milieu desquelles s'élevaient, entre autres ruines, celles que je vais mentionner.

1° Un arc de triomphe. Il est orné sur ses deux faces de quatre colonnes corinthiennes à demi engagées. L'ouverture de l'arcade est de trois mètres quatre-vingt-dix centimètres, la hauteur sous clef de voûte de trois mètres trente centimètres, et la longueur totale de l'édifice de onze mètres neuf centimètres.

Sur la frise on lit :

180 [1].

1. IMP·CAESARI·DIVI·NERVAE F·NERVAE·TRAIANO· OPTIMO·AVG·
2. GERMANICO· PARTHICO · P·M·TRIB·POTEST·XX· IMP·XII·COS·VI
3. . . . . .VSTIN . . . . COS·DEDIC·DD·PP

Au-dessus de la frise, on remarque un petit fronton en saillie, et au milieu de ce fronton, une niche rectangulaire qui jadis, probablement, renfermait une statue. Cet arc de triomphe a été, à une époque postérieure, environné d'une enceinte destinée à le transformer en une petite forteresse.

2° Un grand édifice construit partie en petits moellons, partie en grosses pierres de taille. La salle principale a vingt-sept pas de long sur seize de large. L'épaisseur des murs dépasse deux mètres. De cette salle on pénétrait, au moyen de six arcades, trois de chaque côté, dans des salles latérales aujourd'hui détruites.

Cet ancien palais a été renfermé, à une époque postérieure, dans une vaste enceinte construite à la hâte en gros blocs, les uns équarris, les autres presque bruts. A côté est un large puits antique et quelques citernes voûtées. Je

---

[1] S. Grenv. Temple, t. II, p. 341, n° 126. — Pellissier, p. 285.

remarque sur l'un des blocs de cette enceinte les caractères suivants :

181.

O M V

La hauteur des lettres est de vingt-trois centimètres.

3° Un second arc de triomphe plus considérable que celui que j'ai déjà mentionné. Il s'élève sur les bords d'un ravin au fond duquel coule une source abondante près d'un bouquet d'oliviers. L'ouverture de l'arcade est de cinq mètres vingt centimètres, et la hauteur sous clef de voûte de huit mètres. A droite et à gauche, dans les deux piliers latéraux, sont des niches destinées à contenir des statues et flanquées de pilastres corinthiens; en avant de ces niches, un petit vestibule est soutenu sur deux colonnes corinthiennes. L'inscription qui doit avoir été gravée sur la frise du monument a complétement disparu, et je n'en ai distingué aucune trace ni sur la partie encore debout de cette porte triomphale, ni sur les nombreux blocs qui en sont détachés et qui sont amoncelés à l'entour. Sur l'un de ces blocs, j'ai observé une croix grecque sculptée, ce qui assignerait à la fondation de cet édifice une date chrétienne, à moins, par hasard, que cette croix n'ait été ajoutée après coup.

Une belle voie romaine formée avec de magnifiques dalles emboîtées en quelque sorte les unes dans les autres, conduisait de cet arc de triomphe dans l'intérieur de la ville.

4° Les vestiges d'un temple. Une vingtaine de fûts de colonnes renversés gisent confusément dans l'enceinte qu'il occupait.

5° Un amphithéâtre. Construit en blocage, il mesure seulement cent soixante pas de tour. Les voûtes et les gradins qu'elles soutenaient n'existent plus.

6° Les débris d'un assez vaste édifice qui paraît avoir été

un temple consacré à Diane. Du moins en cet endroit, sur un bloc de marbre brisé qui semble avoir servi de base à une statue, je lis le mot DIANAE, commencement d'une inscription qu'il m'est impossible de déchiffrer. A côté gisent pêle-mêle plusieurs beaux fragments d'entablement, quelques bases et cinq ou six fûts de colonnes très-mutilés.

7° Les restes d'un grand aqueduc. Douze arcades seulement sont encore debout; mais j'en compte quatre-vingts autres environ, dont les blocs renversés semblent avoir été projetés sur le sol par un tremblement de terre. Ces blocs sont de dimensions considérables et en général assez mal équarris.

8° Un édifice à arcades, bâti en partie avec de petites pierres et en partie avec de gros blocs rectangulaires. Dans l'intérieur de cette construction, plusieurs fûts de colonnes sont ou debout ou renversés.

Non loin de là, deux piédestaux de statues attirent mon attention et m'offrent les inscriptions suivantes :

182.

Q·RVPILIO·Q·FILIO
PAP·HONORATO
IN·EQVESTRES
TVRMAS·ADLEC
TO·A·DIVO·ALEXAN·
DRO·FLAMINI·P P
L·POPILIVS SA
TVRNINVS
PATRONO IN
COMPARABILI

(*Estampage*.)

A la fin de la cinquième ligne, AN forment un monogramme.

CHAPITRE QUARANTE-DEUXIÈME.

183 [1].

IMP·CAESARI DIVI HADRI
ANI F·DIVI TRAIANI PARTHI
CI N·DIVI NERVAE PRON·
T·AELIO HADRIANO AN
TONINO AVG·PIO PONT·MAX·
TRIB·POT·X̅X̅·IMP·I̅I̅·COS·I̅I̅I̅I̅·PP

Suivent cinq autres lignes qu'il m'a été impossible de déchiffrer.

(*Estampage.*)

9° Un mausolée fort élevé. Il consiste en une sorte de tour carrée ayant deux mètres quatre-vingt-quinze centimètres sur chaque face et reposant sur trois gradins. Cette tour est flanquée sur trois de ses côtés de trois pilastres corinthiens; deux seulement ornent la façade principale dans laquelle a été pratiquée la porte d'entrée. Au-dessus de cette porte, un bas-relief mutilé représente un taurobole. L'inscription funéraire, sauf quelques caractères, est complétement effacée.

La chambre sépulcrale contient intérieurement dix-sept columbaria ou petites niches cintrées.

Le second étage de ce monument est une deuxième tour rectangulaire bâtie en retraite sur la tour inférieure et décorée également de pilastres corinthiens. Elle renferme une grande niche cintrée qui probablement était jadis ornée d'une statue. Cette deuxième tour, couronnée d'une élégante corniche, est en outre surmontée d'un toit en forme de pyra-

---

[1] S. Grenv. Temple, t. II, p. 341, n° 127. — Pellissier, p. 416.

mide. La hauteur totale du mausolée est d'environ quinze mètres.

10° Un second mausolée dont la partie inférieure est seule intacte. C'est une tour à peu près carrée, ayant deux mètres quatre-vingt-sept centimètres de long sur deux mètres quatre-vingt-quatre de large. Une porte très-basse donne entrée dans la chambre sépulcrale. Sur la face opposée à cette porte on lit :

184 [1].

```
            D  ·  M  ·   S
1. C·VERRIVS ROGATVS Q·QVINTILI·FIL·FL·PP·
            III VIR ET
2. OMNIBVS HONORIBVS FVNCTVS PIE VIX.
3.          AN·LXV·H·S·E
```

11° Un troisième mausolée dont la partie inférieure également est seule debout et forme une petite tour à peu près carrée, ayant trois mètres huit centimètres de long sur trois mètres quatre centimètres de large. Au-dessus de la porte d'entrée est un bas-relief représentant un taurobole ; on amène un bœuf près de l'autel du sacrifice pour l'immoler. Les têtes des divers personnages qui figurent dans cette scène sont toutes mutilées. La face principale de la base du monument est revêtue presque entièrement par trois inscriptions gravées sur trois colonnes parallèles, les deux premières renfermant chacune treize vers, et la dernière cinq seulement.

---

[1] S. Grenv. Temple, t. II, p. 259. — Pellissier, p. 285.

185[1].

Épitaphe de gauche.

1. C·IVLIO·PROCVLO·FORTVNATIANO·PATER
2. FILIO·MEMORIAE·TITVLVM·SIBI·EREPTO· REDDIDIT
3. IN·ANNIS·VIGINTI·DVOBVS·QVOS·PARCAE· PRAEFINIERANT·EDITO
4. INNVMERIS·VITAE·LAVDIBVS·OMNEM·AETATEM· REDDIDIT
5. NAM·PVER·PVBERTATIS·EXEMPLA·OPTVMA· BENE·VIVENDO·DEDIT
6. PVBERTATIS·INITIA·IVVENILI·CORDE·EDIDIT
7. IVVENTVTIS·VITAM·MAXVMA·EXORNAVIT·GLORIA
8. SIC·NAMQVE·VT·IN·EXIGVO·TEMPORE·MVLTIS· ANNIS·VIXERIT
9. PVER·INGENIO·VALIDVS·PVBES·PVDICVS· IVVENIS·ORATOR·FVIT
10. ET·PVBLICAS·AVRES·TOGATVS·STVDIIS· DELECTAVIT·SVIS
11. IN·PARVO·ITAQVE·TEMPORE·VITA·MVLTIS· LAVDIBVS······
12. INQVE·ISTO·PATRIO·OPERE·IVVEN····IVS·VT· SENEX
13. PERPETVA·QVIESCIT·REQVIE·CONDITORI··· ORATO·SPIRITV

---

[1] S. Greuv. Temple, t. II, p. 341 et 342. — Pellissier, p. 286.

186.

Épitaphe du milieu.

1. PALLIAE · SATVRNINAE · IVLIVS · MAXIMVS · QVONDAM · SVAE
2. HANC · OPERIS · STRVEM · DICAVIT · SEMPER · VT · HABERET · MVNERI
3. SIMVLQVE · MEMORIAM · PIAE · CONIVGIS · . . . .
4. INQVE · EO · SVO · TEMPORE · SEMET . . . .
5. IN · ANNIS · TRICENIS . . . .
6. SAT · PROBE · MVLIER . . . .
7. NIHIL · POTIVS · CVPIE . . . . GAVDERET · DOMVS
8. NAM · IN · REBVS . . . . . ET · SVIS · MATER · COMMVNIS · IVVENIS
9. SIMPLICI · ANIMO · VIVENS · VIX · MVLIEBREM · MVNDVM · VINDICABAT · SIBI
10. IN · VIRVM · RELIGIOSA · IN · SE · PVDICA · IN · FAMILIA · MATER · FVIT
11. IRASCI · NVMQVAM · AVT · INSILIRE · QVEMQVAM · NOVERAT
12. CVLTV · NEGLECTO · CORPORE · MORIBVS · SE · ORNABAT · SVIS
13. ET . . . . SVDORE · SOLO · COMITABATVR · SVO

187.

Épitaphe de droite.

1. .... M ... ER	....
2. .... ORE ...	VIBVS·EVM·VSQVE· SEQVTA
3. .... TVR·QVO·	SEMPER·OPTAVIT·SIBI
4. .... VIRGO·BIS·	DENIS·MORATA· ORBIBVS
5. .... EVES·HIC·	SEPVLTA·SEMPER· VIVIT ; SIBI

La partie de droite de cette dernière épitaphe est gravée sur un bloc actuellement détaché du monument, et que j'ai découvert parmi les décombres.

Ce même mausolée renferme intérieurement dix petites niches cintrées, pratiquées dans les parois de la chambre sépulcrale.

Au-dessus de cinq de ces niches on lit les noms que voici :

188 [1].

Au-dessus de la première :

M·IVL·MAX·FLAV·

189.

Au-dessus de la seconde :

PAL·SAT

---

[1] S. Grenv. Temple, t. II, p. 343, nos 129, 130, 131 et 132.

190.

Au-dessus de la troisième :

C·IVL·FOR·

191.

Au-dessus de la quatrième :

VICTORINAE

192.

Au-dessus de la cinquième :

M·IVL·MAXI
MI CONDITO
RIS

Il est facile de reconnaître parmi ces noms ceux des deux personnages dont les deux premières épitaphes célèbrent les louanges, à savoir celui de C. Julius Fortunatianus et celui de Pallia Saturnina. Quant au nom de Victorina, c'est, sans aucun doute, celui de la vierge morte à vingt ans, *virgo bis denis morata orbibus,* dont il est question dans la troisième épitaphe. On y reconnaît également le nom du mari de Pallia Saturnina, qui est en même temps le père de C. Julius Fortunatianus et probablement aussi de Victorina.

Outre les monuments que je viens de signaler, il en est d'autres dont les débris sont épars sur le sol; mais j'ai mentionné les plus importants.

J'ajoute ici trois autres inscriptions que j'ai recueillies en parcourant cet henchir.

CHAPITRE QUARANTE-DEUXIÈME.

193.

Sur un piédestal déterré par Maláspina :

> L · IVLIO Q · F
> HORATIANO
> TORIOPTATIA
> NO CVRTAE CI
> VI OPTIMO

(*Estampage.*)

A la fin de la troisième ligne, TI forment un monogramme.

194[1].

Sur une pierre tumulaire encastrée dans le mur d'une koubba consacrée au scheik Sidi-Amer-Saïari :

> D · M · S
> POMPE
> IVS CER
> CADIO IN
> PACE VIX
> ANNIS XV
> SEV

---

[1] S. Grenv. Temple, t. II, p. 343, n° 135.

195.

Sur une pierre tumulaire :

```
    D · M · S
   S E N P R O N
  IVS SATVRIN (sic)
   NVS VIX·ANNIS
   LXXXXV·H·S·E
```

Au-dessous :

```
     D · M · S
   C·O·S VICTOR
   IA . . . . . .
   . . . . . . . .
```

Nous savons par la Notice des évêchés de l'Afrique qu'il y avait dans la Byzacène un *episcopus Mactaritanus*. Ce nom rappelle de trop près celui de Makter pour ne pas autoriser la supposition de l'identité de cet henchir avec l'*oppidum Mactar* ou *oppidum Mactaritanum*, où résidait cet évêque.

CHAPITRE QUARANTE-TROISIÈME.

Henchir Ksouria. — Henchir Raïada. — Smala des Oulad-Aoun.
Henchir Fournu, jadis oppidum Furnitanum.

7 mai.

A cinq heures quinze minutes du matin, nous quittons les rives de l'oued Bou-Saboun, près duquel nous avions passé la nuit dans un douar des Oulad-Ayar.

A sept heures dix minutes, après avoir traversé, dans la

direction du nord, une contrée très-accidentée, nous parvenons à l'henchir Ksouria, ainsi nommé probablement parce qu'il renferme plusieurs kasr ou enceintes plus ou moins étendues, construites avec des blocs d'un puissant appareil.

Cet henchir présente les ruines d'une petite ville située sur les deux rives d'un oued dont le lit parait avoir été jadis dallé et bordé d'un quai en pierres. Sur la rive droite de l'oued, on aperçoit une enceinte rectangulaire, bâtie avec des blocs gigantesques et surplombant ce torrent, à l'endroit même d'où sort la source connue sous le nom d'Aïn-Mededja. C'était, selon toute probabilité, un poste militaire. Je remarque une croix grecque sur l'un des blocs de cette construction, qui, comme beaucoup d'autres de ce genre, appartient à différentes époques et est formée de matériaux divers, enlevés à des édifices antérieurs. Le dedans de cette enceinte est hérissé de broussailles.

Plusieurs autres, plus petites, l'avoisinent; elles sont également construites avec des blocs considérables.

Mais on distingue surtout, sur cette même rive, un édifice rectangulaire bâti avec de belles pierres de taille et autrefois à deux étages. C'était, primitivement, un mausolée romain qui plus tard a pu avoir une autre destination, par exemple celle d'une chapelle. L'étage inférieur est seul debout, l'étage supérieur étant à moitié démoli. Ce dernier était orné, extérieurement, de quatre pilastres corinthiens dans le sens de la longueur, et de trois seulement dans celui de la largeur.

Une porte très-basse donne entrée dans la chambre sépulcrale. On y observe, à droite et à gauche, deux enfoncements formant une espèce de demi-voûte surbaissée, et séparés l'un de l'autre par un pilier engagé dans la construction générale. Ils mesurent chacun deux mètres trente centimètres de long et cinquante-six centimètres de large. Sous ces enfoncements étaient placés sans doute quatre sarcophages, deux de chaque côté de la chambre.

Sur la rive gauche de l'oued s'élèvent deux monticules, tous deux couronnés par de grandes enceintes construites avec de gros blocs, et, entre ces enceintes, d'autres plus petites sont les restes d'habitations particulières renversées.

J'ignore le nom antique de cet henchir. Aujourd'hui, un douar de la tribu des Oulad-Aoun y a dressé ses tentes.

A neuf heures, nous poursuivons notre marche vers le nord-est.

A midi, je jette un coup d'œil sur l'henchir Raïada, situé entre deux ravins, sur un plateau qui ressemble à une petite presqu'île.

Le sentier que nous suivons est très-accidenté.

A une heure trente minutes, voyant que le ciel se surcharge de plus en plus de sombres nuages, nous allons demander un refuge à la smala des Oulad-Aoun, établie dans une plaine voisine. Le kaïd fait dresser une tente pour nous près de la sienne. A peine y étions-nous installés qu'un violent orage éclate, et des torrents d'eau tombent jusqu'à la nuit. Le tonnerre gronde sans cesse et semble rebondir, d'écho en écho, dans toutes les anfractuosités des montagnes qui nous entourent. Au fracas de la tempête se mêlent les gémissements plaintifs des nombreux troupeaux de la smala, que les pâtres se sont hâtés de ramener des pâturages, et qu'aucun abri ne protége contre la pluie diluvienne qui fond sur eux. Nous-mêmes, sous notre tente, nous finissons par être inondés, et nous ne savons comment refouler l'eau qui nous assiége de toutes parts.

8 mai.

Le ciel s'est éclairci, et un soleil radieux sèche peu à peu la terre, que l'orage a profondément détrempée.

A neuf heures trente minutes, nous quittons la smala des Oulad-Aoun.

A dix heures, nous faisons halte un instant sur les ruines

de l'henchir Kasr-Hadid. Ces ruines occupent un plateau actuellement livré à la culture. Elles ne présentent rien qui mérite d'être signalé.

Au bas du plateau, non loin de l'oued Siliana, s'élève, sur un monticule, une assez grande enceinte rectangulaire, construite avec des blocs grossièrement taillés en bossage, mais tous en place et régulièrement agencés ensemble. Intérieurement, cette enceinte était jadis divisée en plusieurs compartiments qui sont démolis.

A dix heures quarante-cinq minutes, nous franchissons l'oued Siliana. C'est l'un des plus importants de la Régence, après l'oued Medjerdah, bien entendu. Comme il est grossi par l'orage de la veille, nos chevaux ont grand'peine à le traverser. Puis nous nous engageons dans le sentier qui, vers l'est-nord-est, doit nous conduire à l'henchir Aïn-Fournu. Le pays accidenté au milieu duquel nous cheminons est très-fertile. Tantôt ce sont de belles prairies naturelles, émaillées de fleurs, tantôt des champs couverts de magnifiques moissons.

A trois heures, nous arrivons à l'henchir Denaba, amas de quelques blocs, les uns debout, les autres renversés. Il occupe le sommet d'une colline qui commande la route.

A notre droite s'allonge la chaîne du Djebel-Barkou.

A quatre heures, nous atteignons l'henchir Aïn-Fournu.

Il consiste en un vaste ensemble de ruines dispersées ou entassées sur la pente d'une colline.

Parmi ces ruines, on distingue les vestiges de plusieurs édifices considérables; çà et là des tronçons de colonnes, des chapiteaux mutilés, des fragments d'entablement gisent à terre.

Plus bas s'étend une grande enceinte délimitée par un mur construit avec de gros blocs; elle a environ huit cents mètres de circonférence et est à peu près carrée. Des tours, dont la partie supérieure est démantelée, la flanquent de distance en distance. Le sommet du mur lui-même est renversé. Les blocs qui ont servi à le bâtir appartiennent la plupart à des édifices plus anciens. Sur l'un de ces blocs, en beau marbre blanc et à moitié brisé, les mots suivants sont gravés :

196.

CAES·M·AVRELIVS
VERI·AVG··

Dans l'intérieur de cette forteresse, des broussailles et de hautes herbes ont pris racine au milieu des débris de toutes sortes que l'on foule aux pieds.

Une source abondante coule auprès; elle était jadis contenue dans un réservoir en pierres de taille, et le ruisseau qu'elle forme avait été canalisé aux approches de la ville.

L'emplacement de la nécropole antique est maintenant cultivé; quelques restes de mausolées presque entièrement démolis y sont néanmoins reconnaissables. En me dirigeant vers ce point, je lis sur une pierre tumulaire :

197.

D · M · S
PERELLIA·L·
FIL·MAIOR
PIA·VIXIT·AN
NIS XXXXVI
H · S · E

(*Estampage.*)

Au-dessus des ruines de la ville, sur une colline qui domine celle qu'elle occupait elle-même, on aperçoit les débris d'une enceinte rectangulaire, construite avec des blocs énormes et désignée sous le nom d'Henchir-Ragouba. C'est évidemment un ancien poste militaire. Un douar, composé d'une trentaine de tentes et appartenant à la tribu des Oulad-Zelass, s'est établi à l'entour.

A six heures, nous abandonnons l'henchir Aïn-Fournu, dont le nom rappelle l'oppidum Furnitanum, qui nous est connu par la liste des siéges épiscopaux de la province Proconsulaire. Nous savons également qu'à Carthage une porte s'appelait Furnitana ou Fornitana; c'était celle par où l'on sortait quand on se dirigeait vers la ville de Furni ou Furnitanum oppidum, celle-là même, très-probablement, dont je viens de décrire les ruines.

Nous cherchons pour la nuit un refuge dans un douar voisin, composé d'une cinquantaine de tentes et appartenant à la tribu des Oulad-Yahia.

CHAPITRE QUARANTE-QUATRIÈME.

Vallée de l'Oued-Melian. — Henchir Sidi-Amara. — Khanga Sidi-Naouï. — Vaste plaine du Fahs. — Henchir Aïn-Tarf-ech-Chena. — Henchir Bou-Arada.

9 mai.

A cinq heures quarante minutes du matin, nous nous mettons en marche dans la direction du nord-nord-est. Nous suivons une belle vallée, extrêmement fertile et couverte d'admirables moissons. Bordée à droite et à gauche par deux chaînes de montagnes parallèles, elle est arrosée par l'oued Melian, qu'on appelle aussi Oued-el-Kebir. Des douars appartenant à des tribus très-diverses sont venus des régions méridionales de la Régence y dresser leurs tentes et y chercher pour eux-mêmes et pour leurs troupeaux des ressources que le sud leur refusait cette année.

A huit heures, nous rencontrons un henchir peu important, sur un monticule qui domine l'oued. C'était peut-être un poste militaire. Les oliviers, dont nous n'avions depuis quelque temps aperçu que de rares bouquets, commencent à reparaître.

A huit heures trente minutes, nous laissons à notre gauche, sur une colline, un second henchir également peu considérable et dont je demande en vain le nom.

A neuf heures, nous faisons halte pendant cinquante minutes à l'henchir Sidi-Amara. Il consiste en un amas confus de blocs qui couvrent une colline aujourd'hui cultivée. Ces blocs, pour la plupart de grande dimension, appartiennent à différentes constructions entièrement renversées; je remarque, entre autres, une enceinte plus étendue que celles qui l'avoisinent, et qui paraît avoir eu une destination militaire : elle mesure trente-deux pas de long sur vingt-trois de large.

A dix heures quarante-cinq minutes, nous franchissons l'oued Melian, et, inclinant alors vers l'ouest, nous commençons à gravir la khanga Sidi-Naouï, ainsi appelée à cause d'un santon de ce nom. Ce défilé de montagnes exige une heure environ pour le traverser. Le sentier sinueux où nous cheminons lentement serpente au milieu d'un bois de pins, de genévriers et de lentisques. Parvenus au sommet du Djebel-Sidi-Naouï, appelé encore Djebel-Tell'-el-Fahs, nous jouissons de là d'un superbe coup d'œil. Au nord-est, le Djebel-Zaghouan, que nous apercevions déjà depuis deux jours, dresse dans les airs sa masse énorme. A nos pieds s'étend la plaine du Fahs, où nous distinguons çà et là les douars de la tribu des Oulad-Arfa. Au nord, la Sebkha-el-Koursia et les deux cimes du Djebel-Bou-Kourneïn attirent également nos regards.

Descendus dans la plaine du Fahs, nous laissons à notre gauche, vers une heure, un henchir peu considérable appelé Aïn-Naga.

CHAPITRE QUARANTE-QUATRIÈME.

A une heure dix minutes, un autre henchir m'est désigné sous le nom singulier de Habs-el-Kelab (la prison des chiens).

A une heure trente-cinq minutes, nous faisons halte au milieu d'un henchir beaucoup plus important.

Il est situé près de la source d'un oued, appelée Aïn-Tarf-ech-Chena, qui lui a communiqué son nom. Cet oued traversait la petite ville antique qui s'élevait sur ses rives; ses berges étaient soutenues par un quai en pierres de taille.

Les ruines principales se trouvent sur la rive gauche du torrent. Là, en effet, on remarque, sur un plateau, les restes d'une vaste enceinte mesurant plusieurs centaines de pas de tour, et construite à une époque postérieure, avec de gros blocs rectangulaires enlevés à des monuments plus anciens.

Deux portes à arcade remontent à la ville primitive.

Dans l'intérieur de cette enceinte les vestiges de plusieurs édifices, entièrement renversés, sont épars confusément sur le sol; quelques fûts de colonnes et cinq ou six chapiteaux mutilés paraissent avoir appartenu à une basilique chrétienne, et peut-être, antérieurement, à un temple païen.

En dehors de l'enceinte que je viens de signaler, d'autres constructions démolies jonchent de leurs débris une belle colline actuellement livrée à la culture.

Quel était le nom antique de cette localité peu connue? c'est ce que ne m'a appris aucune inscription trouvée sur place. La seule qui ait frappé mes regards est un fragment de quelques mots, gravé sur une magnifique plaque de marbre brisée; le voici :

198.

EIVS·ARAM·OMNIBVS·O

A trois heures trente minutes, nous nous dirigeons vers l'henchir Bou-Arada, situé à une heure de marche environ au nord-ouest de l'henchir précédent. Il consiste uniquement en un monument carré ayant six mètres sur chaque face et qui paraît avoir été un mausolée romain. Il avait deux étages. A l'étage inférieur est une chambre obscure dans laquelle on pénètre par une porte très-basse. Voûtée intérieurement, elle est recouverte avec de larges et longues dalles qui constituent le sol du second étage, auquel on monte par un escalier fort étroit, ménagé dans l'épaisseur du mur de l'étage inférieur. La partie supérieure du monument est aux trois quarts détruite. De l'inscription qui y avait été gravée il ne subsiste plus que le fragment qui suit, sur un bloc, à l'angle droit, au-dessus du premier étage :

199.

ICATVM
ENTI·ET
OLVNTA
L·MARI

Le nom de l'henchir Bou-Arada rappelle celui de l'un des siéges épiscopaux de la province Proconsulaire, qui comptait parmi ses évêques un *episcopus Araditanus*. Néanmoins, autour de ce mausolée, on ne distingue pas de ruines assez étendues pour être celles d'une ville; et si l'*oppidum* Araditanum s'élevait dans les environs, c'est peut-être à l'Aïn-Tarf-ech-Chena qu'il faut en reconnaître les débris.

A six heures, nous rencontrons un douar de la tribu des Oulad-Arfa, où nous passons la nuit.

CHAPITRE QUARANTE-CINQUIÈME.

Henchir Bou-Ftis, jadis civitas Avittensis Bibba, comme me le révèle une inscription que j'y découvre. — Henchir Bou-Kournein. — Henchir Boucha, l'ancienne Turuza. — Retour à Tunis; fin de ma première exploration dans la Régence.

10 mai.

A cinq heures du matin, nous nous dirigeons, au nord-est, vers l'henchir Bou-Ftis, où les Arabes du douar qui venait de me donner l'hospitalité m'avaient signalé l'existence de ruines considérables.

Cet henchir, que nous atteignons à six heures trente minutes, occupe un plateau incliné qui est aujourd'hui en partie livré à la culture; le reste est envahi par des broussailles.

Les ruines qui méritent le plus l'attention, au milieu du chaos de blocs et de décombres qui jonchent le sol, sont les suivantes :

1° Un arc de triomphe. L'arcade seule est debout : elle a cinq mètres quatre-vingt-huit centimètres d'ouverture et une hauteur d'environ six mètres, sous clef de voûte. Les pieds-droits étaient ornés de pilastres corinthiens et renfermaient une petite niche carrée. La longueur totale de ce monument était de onze mètres trente-cinq centimètres. Toute la partie supérieure est actuellement détruite, et d'énormes blocs gisent à terre. Je ne découvre aucune inscription ni sur ces blocs ni sur ceux qui sont encore en place.

2° Une enceinte rectangulaire assez étendue. Elle a été soit construite, soit refaite à une époque postérieure; car les blocs qui la composent appartiennent évidemment à de plus anciens édifices, et sont de grandeurs très-différentes. En les examinant, j'en remarque un long de quatre-vingt-quatre centimètres et large de soixante-six, sur lequel sont gravés en caractères hauts de dix-huit centimètres les mots que voici :

200.

F · DIVI
PONT · M
RIMVNO

A quelques pas de là en est un second, long d'un mètre trente-trois centimètres et large de soixante-six centimètres, sur lequel on lit :

201.

R A I A N I
NO · HADRI
II · COS · III · PP

Les caractères, comme les précédents, ont dix-huit centimètres de hauteur.

Un peu plus loin, un troisième bloc mutilé m'offre ceux que je reproduis ici ; ils sont identiques, pour la forme et la grandeur, à ceux des deux derniers numéros :

202.

VII · CAES

Enfin, sur un quatrième bloc, je lis :

203.

F · SABIN

Mais les caractères gravés sur celui-ci n'ont que treize centimètres de hauteur ; ils appartiennent donc à une inscription différente. Quant aux trois premiers fragments, ce sont peut-être quelques-uns des éléments dispersés de l'inscription qui a dû couvrir la frise de l'arc de triomphe dont j'ai parlé.

3° Les vestiges d'un temple sur une colline. Il est complétement écroulé ; mais, sur l'emplacement où il s'élevait, on admire encore plusieurs blocs élégamment sculptés.

4° Les enceintes distinctes de deux autres édifices détruits également de fond en comble.

5° Un mausolée long de quatre mètres dix centimètres et large de trois mètres quatre-vingts centimètres. Il forme un rectangle voûté ; les pierres de la voûte reposent en retraite sur les assises qui composent la chambre sépulcrale. Une ouverture extrêmement basse donne entrée dans l'intérieur.

J'allais abandonner l'emplacement de cette ville sans en avoir découvert le nom, lorsque Malaspina me fit observer quelques caractères sur le haut d'un bloc aux trois quarts enterré dans le sol, et qui avait l'apparence d'un piédestal. Nous le dégageons aussitôt de la terre et des pierres au milieu desquelles il était comme enseveli ; et, à ma grande joie, je lis sur la face principale de ce bloc, ancien autel votif :

204.

VICTORI
AE · AVG ·
CIVITAS · AVIT
TENSIS·BIBBA
D · D · P · P
MANLIVS ⌀
HONORATVS
ET . . . . . TEL
LVS · SVFETES
FACIVNDAM
CVRAVERVNT

(*Estampage.*)

A la fin de la troisième ligne, IT forment un monogramme. Comme on le voit, la troisième et la quatrième ligne de cette inscription nous révèlent le nom antique *Avittensis Bibba*, de la cité dont je viens de décrire les ruines.

Cette cité, ainsi que son nom même l'indique, semble avoir été une colonie de celle d'Avitta, qui est marquée dans la Table de Peutinger à V milles à l'ouest de Thuburbo majus. Il est question, dans cette même Table, d'une ville appelée Bibae, située entre Mediocera et Onellana, à XVI milles de l'une comme de l'autre. Il y a une ressemblance frappante, ou plutôt une identité presque complète entre la dénomination de Bibae et celle de Bibba, et peut-être est-il permis d'identifier également ces deux villes. Toutefois, si les indications de la Table de Peutinger ne sont pas fautives sur ce point, Bibae parait devoir être placée moins à l'ouest que ne l'est l'henchir Bou-Ftis, l'ancienne Avittensis-Bibba.

A dix heures quinze minutes, nous nous remettons en marche.

De onze heures à midi, nous longeons la Sebkha-el-Koursia, qui s'étend à notre gauche.

A une heure, nous faisons halte un instant près d'un petit henchir appelé Bou-Kourneïn, parce qu'il avoisine la montagne de ce nom. Il consiste en une enceinte renversée, construite jadis avec de gros blocs, sur un monticule. J'y trouve une pierre tumulaire sur laquelle on lit :

205.

D · M · S
Q · GALLONIVS
VICTORIANVS
PIVS VIXIT
. . . .

CHAPITRE QUARANTE-CINQUIÈME.

A deux heures quinze minutes, nous passons devant le Djebel-Bou-Kourneïn, qui s'élève à notre droite et qui doit à ses deux cimes le nom qu'il porte (mont aux deux cornes).

Au pied de cette montagne, les restes d'un poste militaire et d'un petit village antique sont épars au milieu de touffes gigantesques de lentisques et me sont désignés pareillement sous la dénomination de Henchir-Bou-Kourneïn.

A quatre heures, nous parvenons à un henchir beaucoup plus considérable appelé Boucha.

Les ruines de Boucha occupent un espace d'environ trois kilomètres de pourtour. Des champs de blé ont succédé aux maisons et aux édifices publics renversés. Plusieurs enceintes aux trois quarts détruites dominent seulement çà et là, par leurs premières assises, les riches moissons qu'elles semblent encadrer. Du reste, il est impossible de reconnaître la configuration primitive de la ville.

A six heures, nous allons chercher un asile dans un douar peu éloigné de là.

11 mai.

A cinq heures du matin, je reviens examiner plus attentivement les mêmes ruines, et bientôt je découvre, près d'une construction en blocage, dont quelques parties subsistent encore, un piédestal revêtu d'une inscription actuellement difficile à lire, beaucoup de lettres ayant été rongées par le temps.

206.

Au haut du piédestal, sur la bande qui le couronne, est gravé en gros caractères :

MAGNILIANORVM

Au-dessous, en caractères moindres :

```
Q·VETVTINIVS·VRBANVS·HERENNIANVS.
FL·PP·CVRR·APO..TRIV..NO.VM
IND..........IS EXEVNTIBVS
A SOLO CONSTRVCT........AS QVAS
CETERAR..AVRATA AD.STATVIS
MARMORIBVS TABVLIS PICTIS
COLVMNIS..............ARV.
A HADRIANI ORNATA SVMPTV PROPRIO
CVM MAGNILIANO FILIO SVO
FLORENTISSIMO EXCELLENTISSIMO
ADVLESCENTI VOTO OMNIVM....
PERFECIT ADQVE DICAVIT ET VNIVER
SAE PLEBI EPVL·PER TRIDVM DEDIT NEC
NON ET LVDOS SCENICOS EXHIBVIT
```

(*Estampage.*)

Ailleurs, un second piédestal attire mon attention. Déjà vu par plusieurs voyageurs, il est aujourd'hui brisé en deux morceaux; néanmoins la plus grande partie de l'inscription intéressante qui y avait été gravée s'y retrouve encore.

207 [1].

Sur le premier morceau du piédestal :

```
C·ATTIO·ALCIMO·FELICIANO·P·V.
VICEPRAEFF·PRAET·PRAEF·ANNO
NAE·VICEPRAEF·VIGVLVM MAG....
SVMMAE·PRIVATAE·MAGISTR......
VM·RATIONVM·CVRATORI·OPER....
.RI·PROC·HEREDITATIVM........
```

---

[1] Shaw, t. I, p. 230. — Maffei, *Mus. Ver.*, 402, 2.

Sur le second :

```
. CRAE · MONETAE · PE . . . . . . . . . .
. ROV · NARBONENS · PROC · PRIV · PER SALARI . .
TIBVRTINAM · VALERIAM · TVSCIAM · PROC · PE .
FLAMINIAM · VMBRIAM · PICENVM · ITEM · VICE
PROC · QVADRAG · GALLIAR · PROC · ALIMENTOR · PE .
TRANSPADVM · HISTRIAM · LIBVRNIAM . . . . M
FISCI · PROVINCIAR · XI · OB · EXIMIVM · AMOREM · IN
PATRIAM · SPLENDIDISSIMVS · ORDO TVR . . .
              PATRONO
```
(*Estampage.*)

L'avant-dernier mot de la dernière ligne est maintenant mutilé; il a été lu auparavant, soit TVRZET, soit TVRCET, abrégé pour TVRZETANORVM ou TVRCETANORVM; mais la première version semble préférable, ce qui nous donne, sous forme d'ethnique, le nom antique de l'henchir Boucha, qui s'appelait probablement Turza ou Turuza.

Cette ville est peut-être la même que celle qui est mentionnée par Ptolémée sous la dénomination de Τούρζω. S'il en est ainsi, ce géographe se trompe en la plaçant au sud d'Hadrumète.

A l'époque chrétienne, elle était la résidence d'un évêque, comme nous le savons par la Notice des églises épiscopales de l'Afrique.

A huit heures trente minutes, nous remontons à cheval pour n'en plus descendre qu'à Tunis.

Le pays que nous traversons est accidenté. De distance en distance nous rencontrons quelques pauvres douars.

A midi trente minutes, nous laissons respirer un instant nos montures près d'un puits où elles se désaltèrent. Ce puits, appelé Bir-Chouban, appartient à un petit village connu sous le nom de Bordj-Chouban.

A une heure vingt minutes, nous franchissons une montagne, du haut de laquelle nous apercevons enfin la capitale de la Régence, trois mois et onze jours après l'avoir quittée. « Tunis, Tunis! » s'écrient mes hambas; et aussitôt, déchargeant leurs fusils en signe de joie, ils essayent, avec leurs chevaux, de faire de la fantazia; mais les pauvres bêtes, épuisées par tant de longues et pénibles marches, demandent grâce à leurs cavaliers, et l'éperon qui les aiguillonne en vain n'arrache d'elles qu'un soupir, sans hâter leur allure.

Descendus dans la plaine, nous laissons à notre gauche la zaouïa Sidi-Ali-el-Hatab, où les femmes de l'aristocratie tunisienne vont souvent en pèlerinage, et, plus près de nous, la Mornakia, maison de plaisance bâtie par l'un des derniers beys. Nous longeons ensuite les bords occidentaux de la Sebkha-es-Sedjoumi, qui est, à cette époque de l'année, en grande partie desséchée.

A quatre heures trente minutes, nous passons non loin du Bardo : une demi-heure encore et nous étions de retour à Tunis, après avoir heureusement achevé cette première et longue exploration.

FIN DU TOME PREMIER.

TABLE DES CHAPITRES.

Avant-propos v

PREMIÈRE PARTIE.

CHAPITRES   PAGES

I. Débarquement à la Goulette. — Un mot sur ce bourg et sur le lac qui le sépare de Tunis. — Arrivée dans cette dernière ville. 3

II. Description générale de Tunis. 14

III. Excursion à Carthage; description sommaire des ruines de cette grande cité. 34

IV. Visite au Bardo. — Grande fantazia arabe. 69

V. De Tunis à Sousa. — Oued Melian. — Darbet-meta-Sidna-Aly. — Hammam-el-Lif (peut-être l'ancienne Maxula). — Groumbélia. — Belad-Tourki. — Bir-el-Bouïta. — Kasr-el-Menara. — Henchir-es-Selloum. — Herglah, jadis Horrea-Cælia. — Arrivée à Sousa. 76

VI. Départ de Sousa pour El-Djem, l'antique Thysdrus. — Description de l'amphithéâtre et des autres ruines de Thysdrus. — Retour à Sousa. 87

VII. Description de Sousa, l'antique Hadrumetum. 101

VIII. De Sousa à Monastir. — Description de cette dernière ville, jadis peut-être Ruspina. 118

IX. De Monastir à Lemta. — Description des ruines de Leptis Parva. 124

X. Teboulba. — Ruines de Thapsus. — Dimas. — Arrivée à Mahédia. 128

XI. Description de la ville de Mahédia. 131

XII. Départ de Mahédia. — Ksour-es-Sef. — Selekta, autrefois Syllectum. — El-Alia, probablement l'ancienne Acholla. ... 145

XIII. Cheba. — Ras-Capoudiah, jadis Caput-Vada. — Emplacement du camp de Bélisaire et de Justinianopolis. — Emplacement présumé de Ruspae. — Meloulèche. — Kasr-Gigel. — Azèque. — Djebeliana. — Inchilla, probablement l'ancienne Usilla. — Arrivée à Sfax. 149

XIV. Description de Sfax, regardée généralement comme l'ancienne Taphrura. 155

XV. Henchir Belliana. — Henchir Ksour-Siad. — Louza. — Henchir El-Mesallah. — Henchir Badria. — Smala des Métélit. — Henchir Rouga, jadis Bararus municipium. — El-Djem, nouvelle visite des ruines de Thysdrus. — Halte à Bir-Cheba, dans le camp commandé par le général Sidi-Bahram. — — Kasr-Teniour. — Retour à Sfax. 160

TABLE DES CHAPITRES.

CHAPITRES   PAGES

XVI. Excursion aux îles Kerkenna. — Description de ces deux îles, la Cercina et la Cercinitis des anciens. — Retour à Sfax. . . 170

XVII. Départ de Sfax. — Henchir-Thiné, jadis Thenae. — Mahrès. 176

XVIII. De Mahrès à Gabès. — Henchir Liche. — Henchir Oungha, jadis probablement Macomades minores. — Zaouïa-Sidi-Maheddeb. — Emplacement présumé de Cellae-Picentinae. — Oued-el-Akarit. — Henchir Tarf-el-Ma, peut-être l'ancienne Lacene. — Oasis de Aïounet, de Ouderef et de Métouïa. — Emplacement probable de la station Ad Palmam. — Arrivée à Gabès. 181

XIX. Description de l'oasis de Gabès, l'ancienne Tacape. — Bourgs et villages qui la composent. — Ses magnifiques jardins. — Oued Gabès. — Port peu sûr. — Ruines de la ville antique. 190

XX. De Gabès à l'île de Djerba. — Zerat. — Henchir-el-Medeïna. — Henchir Roumia. — Tarf-el-Djorf. — Passage du détroit. — Arrivée dans l'île de Djerba. 198

XXI. Description générale de l'île de Djerba. — Houmt-Ajim. — Houmt-Souk ou Souk-el-Kebir. — Houmt-Cédrien, résidence actuelle du kaïd. — Henchir Borgo. — Houmt-Cedouikhes. — Henchir Rhaba-Taorit. — Henchir Thala. — Ruines de l'ancienne capitale de l'île. — Bordj-el-Kantara. — Rhir. 203

XXII. Embarquement à Rhir. — Arrivée à Zarziss, l'ancienne Gergis. — Razzia arabe. — Excursion aux ruines de Medinet-Zian, peut-être celles de Ponte-Zita municipium. — Retour à Rhir. 218

XXIII. De Rhir à Houmt-Ajim. — Embarquement pour Si-Salembou-Grara. — Découverte de la ville de Gigthis. — Retour à Houmt-Ajim. 223

XXIV. Un dernier mot sur l'île de Djerba. — Départ définitif de Bordj-el-Mersa. — Débarquement au fond de la baie de Zerat. — Retour à Gabès. — Excursion à la source de l'Oued-Gabès. 230

XXV. Départ de Gabès. — Oasis d'El-Hamma, jadis Aquae Tacapitanae. — Henchir Grado. — Henchir Guermad. — Kasr-Benia. — Kasr-Aïn-Oum-el-Hanach. 234

XXVI. Description des principales oasis du Belad-Nefzaoua. — Bazma. — Kebilli. — Mansourah. — Telmine, jadis peut-être Turris-Tamalleni. — Guelah. — Menchia. — Oum-es-Semah. — Debabcha. — Traversée de la sebkha Faraoun, le lac Triton des anciens. 240

XXVII. Description du Belad-el-Djerid. — Oasis de Cédéda et de Kriz. — Ruines de Taguious, jadis Thiges. — Djebel-Ras-Aïn-Breian. — Oasis d'Oulad-Madjed, de Zeurgan, de Zaouïet-el-Arab et de Degache. — Tempête de sable. — Arrivée à Tozer. 250

TABLE DES CHAPITRES.

CHAPITRES		PAGES
XXVIII.	Description des oasis de Tozer, jadis Thusuros, de Nefta, l'antique Aggarsel-Nepte, et d'El-Hamma.	258
XXIX.	De l'oasis d'El-Hamma à celle de Gafsa. — Description de Gafsa, l'antique Capsa. — Rhar-el-Gellaba.	270
XXX.	De Gafsa à Feriana. — Henchir-el-Harmeul. — Henchir Semat-el-Hamra. — Henchir Sidi-Aïch, jadis peut-être Gemellae. — Henchir Oum-er-Rhir. — Henchir-es-Sedid. — Kasr-el-Foul. — Arrivée à Feriana.	287
XXXI.	Feriana. — Medinet-el-Kedima, jadis peut-être Thelepte. — El-Kis. — Djebel-Feriana.	297
XXXII.	De Feriana aux ruines de Kasrin. — Description de plusieurs henchirs rencontrés chemin faisant, et entre autres des henchirs Haouch-el-Khima, Es-Satah et Makdoudech. — Smala des Oulad-Ouezaz, fraction de la tribu des Frachich.	304
XXXIII.	Smala des Oulad-Aly, autre berada des Frachich. — Description des ruines de Kasrin, l'ancienne Colonia Scillitana.	308
XXXIV.	Bahirt-el-Foussanah. — Henchir-es-Siouda. — Smala des Oulad-Nadji, autre berada des Frachich. — Henchir Oum-el-Haout. — Henchir Bou-Taba. — Henchir Sidi-Bou-Rhanem-Kedim, jadis peut-être Menegesem. — Henchir-el-Hameïma, emplacement probable de Meneggere.	327
XXXV.	Itinéraire suivi jusqu'à Thala. — Henchir Rechah. — Henchir Hammada. — Henchir Aïn-m'ta-Aleb. — Henchir Oum-el-Hanach. — Arrivée à Thala. — Hospitalité d'abord refusée, puis accordée. — Ruines considérables de la ville antique dont la moderne Thala semble avoir conservé le nom.	334
XXXVI.	Bordj-el-Arbi. — Smala des Madjer. — Ruines d'Aïn-Kedim, peut-être l'ancienne Mutia. — Henchir-el-Hammam, jadis Saltus Massipianus.	341
XXXVII.	De Bordj-el-Arbi à Haïdra. — Description des ruines de cette ville, l'ancienne Ammaedara. — Retour à Bordj-el-Arbi.	347
XXXVIII.	De Bordj-el-Arbi à Sbiba. — Henchir-ben-Sadoun. — Henchir-Terba. — Kasr-Mouro. — Smala des Madjer. — Henchir-Dammarin. — Description des grandes ruines de Sbiba, l'ancienne Colonia Sufetana.	366
XXXIX.	De Sbiba à Sbéitla. — Henchir-Fartout. — Henchir-el-Meguitla. — Henchir-el-Oust. — Arrivée à Sbéitla. — Description des ruines de ce vaste henchir, l'ancienne Sufetula. — Rencontre d'un esclave français chez le marabout Sidi-Ibrahim; je l'emmène avec moi.	374
XL.	Henchir-el-Begar. — Découverte d'une inscription qui semble prouver que c'est l'ancienne station Ad Casas. — Henchir-Dougga dans le Sraa-Ouartan; c'est probablement l'ancienne Tucca Terebinthina.	389

CHAPITRES	PAGES
XLI. Henchir-Meded, jadis peut-être oppidum Miditense. — Henchir Bou-Fatha.	397
XLII. Description des ruines de l'henchir Makter, jadis oppidum Mactaritanum.	407
XLIII. Henchir Ksouria. — Henchir Haïada. — Smala des Oulad-Aoun. — Henchir Fournu, jadis oppidum Furnitanum.	418
XLIV. Vallée de l'Oued-Melian. — Henchir Sidi-Amara. — Khanga Sidi-Naouï. — Vaste plaine du Fahs. — Henchir Aïn-Tarf-ech-Chena. — Henchir Bou-Arada.	423
XLV. Henchir Bou-Ftis, jadis civitas Avittensis Bibba, comme me le révèle une inscription que j'y découvre. — Henchir Bou-Kourneïn. — Henchir Boucha, l'ancienne Turuza. — Retour à Tunis ; fin de ma première exploration dans la Régence.	427

FIN DE LA TABLE.

www.ingramcontent.com/pod-product-compliance
Lightning Source LLC
Chambersburg PA
CBHW051825230426
43671CB00008B/835